Regina Navarro Lins

O LIVRO DO AMOR

Vol. 2

Do Iluminismo
à atualidade

Regina Navarro Lins

O LIVRO DO AMOR

Vol. 2

Do Iluminismo
à atualidade

CIP-BRASIL. CATALOGAÇÃO-NA-FONTE
SINDICATO NACIONAL DOS EDITORES DE LIVROS, RJ

L733l   Lins, Regina Navarro, 1948-
         O livro do amor, volume 2/ Regina Navarro
         Lins. - Rio de Janeiro: Best*Seller*, 2012.

         ISBN 978-85-7684-614-7

         1. Amor. 2. Sexo. 3. Relação amorosa. 4. História.
         I. Título.

12-0580.   CDD: 306.7
                                      CDU: 392.6

Texto revisado segundo o novo Acordo Ortográfico da
Língua Portuguesa.

Título original
O LIVRO DO AMOR
Copyright © 2012 by Regina Navarro Lins

Capa: Estúdio Insólito
Editoração eletrônica: Ilustrarte Design e Produção Editorial

Direitos exclusivos de publicação em língua portuguesa para
o mundo reservados pela
EDITORA BEST SELLER LTDA.
Rua Argentina, 171, parte, São Cristóvão
Rio de Janeiro, RJ – 20921-380

Impresso no Brasil

ISBN 978-85-7684-614-7

Seja um leitor preferencial Record.
Cadastre-se e receba informações sobre nossos lançamentos
e nossas promoções.

Atendimento e venda direta ao leitor
mdireto@record.com.br ou (21) 2585-2002

Para

Giovanni de Polli, grande amigo, que muito contribuiu para que eu me tornasse escritora.

Gilda Cerqueira Lima, amiga querida, que leu atentamente todos os capítulos e fez preciosas observações.

Flávio Braga, amigo, amante, parceiro.

Taísa e Deni, meus filhos, e Diana, minha neta.

Agradeço aos amigos

Ana Cláudia Simão, Bernardo Valansi, Cristina Gama Filho, Francisco Azevedo, Fernanda Borges, Flávio Braga, Giovanni de Polli, Henrique Guimarães, Jefferson Guedes, Ju Barros, Leila Ferreira, Leila Navarro Lins, Luís Daltro, Marcelo Verzoni, Neide Pacheco, Rozane Braga, Telma Ruth, Vera Antoun, Walmor Pamplona, Zil Ribas,

por terem lido trechos do livro e comentado.

SUMÁRIO

A idade da razão. As novas ideias. A enciclopédia. Os pensadores. A busca do prazer. O amor torna-se ridículo. Escondendo as emoções. Baile de máscaras. Disfarces e metamorfoses. O sexo nos bailes. Equívocos perigosos. Ninguém pode ser acusado. As boas maneiras. A herança das preciosas. A ambição mundana. O flerte. Galanteria. Ninon, a cortesã. Luís XIV. Charles II, da Inglaterra. Seduzir e abandonar. Vício e virtude. A pornografia. Os libertinos. D. Juan, Casanova e Sade. A Revolução Francesa.
Links: Sedução e conquista. Padrão comum no flerte. Quando a mulher toma a iniciativa. Erotismo ou pornografia?

O amor romântico. A própria vida de Goethe. Do amor cortês ao amor romântico. O amor romântico como transgressão. Excesso de sentimentalismo. A era vitoriana. A nova religião médica. O século do pudor. Desigualdade entre homens e mulheres. Ascensão social. As classes inferiores. A mulher dependente e frágil. A mulher estúpida. O jeito de vestir. A mulher imobi-

lizada. *A tortura do espartilho. O piano, haxixe das mulheres. Psicanálise. Histeria.*
Links: Heroínas românticas. Em busca do homem "certo". Expectativas. Desencanto. Culpa. Frustrações. Herança casta.

Século XX: Primeira metade — 1900 a 1945
Obcecados pelo amor. Arte e literatura. Picasso e o cubismo. Anos loucos. A Era do jazz. A moda. As melindrosas. A crise de 1929. Cartas de amor. O medo de não ser amada. Vozes contra a mulher. Inveja da mulher. Esportes: o novo corpo. Romances água com açúcar. M. Delly. Controle da natalidade. Locais de encontro e sedução. Telefone e automóvel. Encontro marcado. Fim do casamento arranjado. Esposa virtuosa x garota dos anos loucos. A teoria do orgasmo de Reich. A influência de Hollywood. Baby boom.

Século XX: Pós-guerra — 1945 a 1964
American way of life. Anos dourados. Retorno à feminilidade. A mulher e o trabalho. As "solteironas". Revistas femininas. Moças direitas x malfaladas. O relatório Kinsey. Namoros íntimos. O dia a dia da dona de casa. A reputação da esposa. Sinais de mudança. A Geração Beat. Rock and roll. A pílula.

Século XX: Revoluções — dos anos 1960 até hoje
A contracultura. Drogas. Liberdade. Revolução sexual. Maio de 1968. Prazer para todos. Movimento Hippie. Woodstock. Desbundados e politizados. Movimento feminista. A mística feminina. Movimento Gay. Stonewall. Direito à diferença.
Links: Paixão x amor romântico. A difícil vida a dois. Rancor matrimonial. Dependência e hostilidade. Solidão a dois. Sede do novo. Inveja no amor. O ciúme é sempre limitador. A arte de se separar. Estar só nem sempre é solidão. O amor romântico começa a sair de cena. Novas formas de amar.

RESUMO DO VOLUME 1:

Introdução

A Pré-História — Até a invenção da escrita, em 3000 a.C.

A luta pela sobrevivência. A primeira manifestação de amor. A vida nas cavernas. As divindades. O surgimento do patriarcado — a dominação do homem. Links: O machão e o sexo. Masculino e feminino não existem. Bissexualidade.

Grécia — 4500 a.C. a 146 a.C.

Homero. A guerra de Troia. Ulisses e Penélope. Afrodite e Eros. Mito do andrógino. Mulheres de Atenas. Repulsa ao casamento. A vida conjugal. Prostitutas, concubinas e hetairas. O dilema do homem grego. O amor entre homens. Os efebos. Safo. Os limites do amor grego. O declínio grego.
Links: Homossexualidade. Homofobia. Abandono e vingança. Sexo.

Roma — 146 a.C. ao século III

A paixão de Catulo. O homem prudente. O amor sem pecado. A civilização romana. O imperador Augusto e Lívia. Mulheres romanas. O poder do homem. O medo da liberdade. Cleópatra. A procura de marido. A primeira noite. Contraceptivos. Infanticídio. Infertilidade. Obrigação de casar. Sexo oral, não!!! Adultério. Lex Julia. A filha rebelde do imperador.
Links: Amor e ódio. Medo de amar. Intimidade. Sexo. A mulher fatal.

ANTIGUIDADE TARDIA — SÉCULO III AO V

Os primeiros cristãos. A recusa do prazer. A castidade. Maravilhas da virgindade. Santo Agostinho. A culpa cristã. Luta contra a luxúria. Fuga para o deserto. Flagelação. Eunucos voluntários. Regras conjugais. Casamento continente. Adultério. Casamento espiritual. Repressão ao paganismo. A queda de Roma. O fim do mundo clássico.

Links: Não ao prazer. Desvalorização do corpo. Contato físico: uma necessidade. A comunicação do corpo. Vida sem sexo. Os riscos da ausência de sexo. Casamento: onde menos se faz sexo.

IDADE MÉDIA — SÉCULO V AO XV

Ausência de individualidade. Amor: só a Deus. Contradições. Erotização de Deus. O corpo desprezado. Veneno da alma. Nudez. A doença e o pecado. Luxúria e gula. Impossível controlar o corpo. Origem da repressão ocidental. O pecado original. Antifeminismo. Luta contra as tentações. Rapto e estupro. O Renascimento do século XII. Amor cortês: novo sentido para o amor.

Links: O amor. Amor não correspondido. Mulheres: Evas e Marias. Violência no casal. Agressões físicas. Violência sexual. Por que as vítimas não vão embora. Stalking.

RENASCENÇA — SÉCULOS XV E XVII

Vantagem do casamento para a mulher. Em busca de uma esposa. A esposa ideal. O amor no casamento. A vida cotidiana. Casamentos secretos. Amor puro X amor sensual. O ideal romântico se propaga. Mulher: um ser inferior. O corpo da mulher. Mulheres rebeldes. Amor e ódio pelas mulheres. Caça às bruxas. As feiticeiras. Sexo com o diabo. O martelo das feiticeiras. A reforma protestante: Lutero e Calvino. Henrique VIII.

Links: Ódio às mulheres. Idosas. Amor romântico. Casamento. Fidelidade. A infidelidade feminina. O controle da fidelidade. O porquê das relações extraconjugais. Orgasmo. O controle dos prazeres. A bíblia e a ciência.

INTRODUÇÃO

Desejos, seduções, encontros, paixões, casamentos, ciúme, infidelidade, separações... Este livro não trata do amor pelos filhos, pelos pais, pela arte, pelos animais de estimação. Nem trata do amor a Deus ou à humanidade. Trata do amor que pode existir entre um homem e uma mulher, ou entre dois homens ou entre duas mulheres. Refere-se a qualquer forma de relação entre seres humanos que tem a ver com as expressões "apaixonar-se" ou "estar enamorado de".

Como foi o amor nos últimos três milênios? A pesquisa para este livro durou cinco anos, durante os quais li, fichei e cruzei informações de mais de duzentas obras. Começo na Pré-História e sigo por todos os períodos da História do Ocidente: Grécia, Roma, Antiguidade Tardia, Idade Média, Renascença, Iluminismo, Romantismo, século XX — primeira metade, pós-guerra e revoluções — e século XXI. No final de cada um, seleciono aspectos que nos afetam hoje. A essa parte dei o nome de Links.

Exponho casos amorosos das diversas épocas. Como as pessoas viviam, pensavam, o que desejavam ou temiam. Isso só foi possível porque no século XX, diferente de antes, quando só aprendíamos fatos e datas, surgiu a História das Mentalidades. Estudos que se referem a sentimentos e comportamentos coletivos de determinado período ou lugar. Mas, como se pode imaginar, a massa de informações excedeu em muito o espaço das obras para um único volume. Optamos por dividir o texto em duas partes.

A primeira conduz o leitor da Pré-História à Renascença e a segunda, do Iluminismo aos nossos dias. Cada um dos volumes pode ser lido de forma independente, mas em conjunto formam a unidade pretendida.

A atuação profissional como psicanalista e em várias mídias — coluna em jornal, programa de rádio, palestras, Twitter, Facebook — me fez perceber que as relações amorosas e sexuais, excluindo a miséria e a doença, claro, são a maior fonte de sofrimento humano. Apesar da evolução nas décadas de 1960 e 1970, homens e mulheres ainda sofrem demais com seus medos, suas culpas e frustrações.

Mas felizmente as mentalidades mudam. Nem precisamos ir tão longe para comprovar isso. Nos anos 1950 a virgindade era valor; uma moça que não a preservasse teria dificuldade em se casar. Viviam-se as separações de forma dramática. A mulher e os filhos sofriam discriminação a ponto de vários colégios não aceitarem alunos de pais separados. Não existe o ser humano natural; o comportamento é modelado pela cultura. A forma como amamos e praticamos sexo é construída socialmente. Crenças, valores, expectativas determinam a conduta íntima de homens e mulheres.

Quando inicio um livro não tenho ideia clara do rumo que vai tomar e sempre fico surpresa quando chego ao fim. Desta vez não foi diferente. Minha ampla pesquisa satisfez a curiosidade sobre o que ocorreu no nosso passado, gerando tanta infelicidade, tão pouco prazer. O amor foi normatizado, reprimido, violentado. A ordem moral reinou, exercendo nociva tirania sobre a vida privada. Ao observar a mentalidade das épocas nos deparamos com peculiaridades inacreditáveis. O nosso olhar atual as faria divertidas, mas algumas são amargas.

Até cinco mil anos atrás, na Pré-História, ignorava-se a participação do homem na procriação e supunha-se que a vida pré-natal das crianças começava nas águas, nas pedras, nas árvores ou nas grutas, no coração da terra-mãe, antes de ser introduzida por um sopro no ventre da mãe humana. Na Grécia clássica, o sentimento amoroso mais valorizado era entre os homens, sendo a bravura resultado de tal amor, uma vez que tanto o amante quanto o jovem amado preferiam a morte a demonstrar fraqueza diante do outro. O Batalhão Sagrado de Tebas — tropas de choque compostas de casais homossexuais — é o exemplo.

Era comum, na primeira noite dos casais romanos, a abstenção de desvirginar a noiva, em consideração à sua timidez; em compensação, o noivo penetrava seu ânus. Na Antiguidade Tardia, entre os séculos III e V, o sexo era algo tão abominado pela Igreja que o casamento continente — totalmente sem sexo — tornou-se o ideal cristão. Isso enquanto milhares fugiam para o deserto em busca de pureza. Acreditavam que, ao martirizar os corpos contra os desejos sexuais, se livrariam da danação eterna.

Durante a Idade Média deu-se um grande passo, do amor unilateral para o amor recíproco. A Igreja ordenava amar unicamente a Deus. Até o século XII o amor por outra pessoa era impensável. Amava-se a Deus sem exigir nada em troca. Poetas e nobres construíram uma nova relação bastante original entre o homem e a mulher, conhecida como amor cortês, origem do amor romântico, que todos anseiam.

O sexo, porém, era visto como abominável. Qualquer coisa que tornasse o corpo mais atraente era vista como incentivo ao pecado. Evitavam-se os banhos, a sujeira tornou-se virtude. Os piolhos eram chamados de pérolas de Deus, e estar sempre coberto por eles era marca indispensável de santidade.

A Renascença, séculos XV e XVI, foi cruel. Milhares de mulheres, durante a "caça às bruxas", foram torturadas e queimadas vivas nas fogueiras, acusadas de feitiçaria, roubo do sêmen de homens adormecidos, de provocar impotência, esterilidade e abortos, além de doenças e deformidades às partes íntimas das pessoas. Moças atraentes eram suspeitas de ter relações sexuais com Satã. Este era representado com pênis longo, duro, guarnecido de ferro e de escamas, de onde escorria um esperma glacial. Sob tortura, muitas mulheres confessavam sua relação com o Diabo e afirmavam voar à noite montadas em vassouras.

No Iluminismo ou Idade da Razão, século XVIII, o amor caiu em desprestígio entre as classes superiores e os intelectuais. O estilo romântico, sofredor e idealizado parecia-lhes uma loucura supersticiosa da infância da humanidade. As emoções tinham que ser ocultadas. Os bailes de máscaras tornaram-se populares.

O século XIX, período romântico, desbancou o controle das emoções por uma atitude burguesa, resumida na palavra "sensibilidade". Um estado de espírito hiperemocional, afetado por qualquer acontecimento ou pensamento. Valorizavam-se a palidez e a decadência física como prova de sensibilidade da alma. As mulheres, imobilizadas em espartilhos, aprendiam em manuais a forma adequada de desmaiar. O amor no casamento passou a ser uma possibilidade. A repressão sexual foi intensa.

Uma grande novidade do século XX foi o encontro marcado. Telefone e automóvel transformaram as relações amorosas. Em lugar do encontro na igreja, da conversa preliminar com o pai e das tardes muito bem vigiadas na sala de visitas da família, os jovens passaram a marcar encontros por telefone e sair a passeio a sós, de carro. A partir de 1940, o casamento por amor se generalizou.

Na década de 1950, ainda se reprimia a sexualidade, e a conduta, principalmente das mulheres, era controlada. "O que os outros vão dizer?", perguntavam-se mães aflitas diante de pequenas ousadias das filhas. As aparências e as normas sociais tinham peso excessivo. A reputação apoiava-se na capacidade de resistir aos avanços sexuais dos rapazes. Se uma moça cedesse ao namorado, não resistiria a outros apelos depois de casada. Os homens insistiam por mais intimidade, mas os que alcançavam seus intentos se desencantavam. Casar, para a mulher, era a principal meta a ser alcançada na vida. E para isso era necessário impor respeito. A "fácil", aquela que permitia certas liberdades, ficava mal falada, diminuindo, assim, suas chances de encontrar um marido.

Ao mesmo tempo, após a Segunda Guerra, com a destruição de Hiroxima e Nagasaki, a ameaça da bomba atômica paira na cabeça dos jovens, que começam a questionar os valores de seus pais. O teenager ou adolescente aparece nos anos 1950, nos Estados Unidos. A Geração Beat, jovens intelectuais americanos cansados da monotonia do American Way of Life, surge no período. Imersos em jazz, drogas, sexo livre e pé na estrada, fazem sua própria revolução cultural por meio da literatura. O rock and roll libera a juventude do conformismo. Um ritmo claramente erótico faz com que homens e mulheres movimentem os quadris.

Elvis Presley rebolava sensualmente na TV e era mostrado só da cintura para cima, sinal de que a revolução sexual começava. Mas a mudança radical foi possível devido à tecnologia, quando chegou ao mercado a pílula anticoncepcional. Aconteceu a dissociação entre procriação e prazer. Com o fim da maternidade indesejada, o movimento feminista ganha força. A pílula também favoreceu o Movimento Gay. O controle da procriação aproximou as práticas hétero e homo. Todos podem fazer sexo pelo prazer.

Para os jovens dos anos 1960, a geração *sexo, drogas e rock and roll*, e *make love, not war*, o sexo vinha indiscutivelmente em primeiro lugar. Ele foi o traço de comportamento que caracterizou o *Flower Power* dos hippies. O slogan contra a guerra foi usado nos protestos pelo fim do conflito no Vietnã. John Lennon e Yoko Ono foram entrevistados nus na cama, buscando uma chance à paz. Durante vinte anos, entre 1960 e 1980, houve mais celebração ao sexo do que em qualquer outro período da História; já reinava a pílula anticoncepcional e ainda não havia o HIV.

Os jovens contemporâneos, do terceiro milênio, vivem outros padrões. A sexualidade é discutida dia a dia nos meios de comunicação, e a sociedade aceita comportamentos antes considerados ultrajantes. Mães solteiras, pais criando sozinhos seus filhos, jovens vivendo juntos — sem pensar em casamento oficial —, namorados dormindo no quarto das namoradas — na casa dos pais delas — são comportamentos absorvidos com naturalidade.

Não há dúvida de que literatura, direito, linguagem, ciências, artes, tudo o que constitui a nossa cultura é afetado pelo passado. Só refletindo sobre a mentalidade das épocas anteriores repensaremos nossos valores, transpondo as dificuldades presentes. Para nos libertarmos do passado precisamos dar atenção a ele.

Concordo com os pensadores que se espantaram diante dos adeptos da psicanálise, que não têm consciência sobre a força do passado. A psicanálise nos acostumou a pensar que nossos comportamentos habituais podem ser explicados apenas pelo inconsciente individual. É ilógico dar tanta atenção ao histórico de indivíduos sob tratamento psicanalítico e tão pouco ao seu passado coletivo. Há que se identificar a atuação do inconsciente social e cultural sobre a nossa vida amorosa.

Ao perguntarmos o que é o amor, ouviremos respostas divergentes. Entre a coisa mais maravilhosa no mundo, até a fonte de grandes tormentos. O amor não tem medida nem mapa.

É comum se pensar o amor como imutável. Mas vimos, na História, os elementos que o compõem serem isolados e muitas vezes recompostos para se adaptarem. "Os humanos são capazes de introduzir novos significados no amor, sem parar, e ficar surpresos como quem acabou de transformar trigo em pão, pudim de frutas em mil-folhas. Há muitas formas de conversa amorosa e cada uma gerou diferentes relacionamentos. Mas todos se transformaram em linguagens que não nos servem mais", afirma o historiador inglês Theodore Zeldin.[1]

As relações amorosas daqui para a frente provavelmente serão bem diferentes das que vivemos hoje. Ao refletir sobre isso, escrevi este livro. Convido-os a empreender comigo esta viagem — da Pré-História aos nossos dias.

ILUMINISMO

SEGUNDA METADE DO SÉCULO XVII E SÉCULO XVIII

Todo mundo tem vida sexual. O problema é saber em que ela consiste, isto é, que forma toma a libido sob a dupla influência da repressão e do erótico, que mais ou menos abertamente existem em todas as culturas; como então o desejo sexual é estruturado, em que medida atinge seus fins, e o que resulta para o sujeito e para os objetos de seu desejo.

Jean-Louis Flandrin

A marquesa de Merteuil pede a seu ex-amante, o visconde de Valmont, que seduza a filha de uma de suas amigas, madame de Volanges. Seu objetivo é vingar-se de um amante atual, ao abalar o futuro casamento dele. A jovem Cecile, com quem ele pretende se casar, é ingênua e foi criada num convento. Ela deve ser desvirginada antes da noite de núpcias.

Valmont é um aristocrata libertino, que tem como único objetivo na vida seduzir as belas damas da alta sociedade parisiense. Não conhece nem admite a paixão e muito menos o amor. O que lhe atrai é a estratégia da sedução, superar as dificuldades. Em princípio, Valmont desdenha a oferta, julgando a presa fácil demais: seu alvo é a recatada madame de Tourvel, que visita a casa de campo de sua tia enquanto o marido está no exterior a negócios. O que o anima ainda mais do que a beleza da mulher é a sua moralidade religiosa, o que tornará a consumação mais agradável. Mas madame de Tourvel, embora atraída por Valmont, recusa-se a ceder.

Nesse meio-tempo, Valmont se dedica a outros casos. Numa ocasião utiliza, com humor, as nádegas de uma prostituta como mesa, na qual escreve uma carta para madame de Tourvel. Nesse momento, ele fica tão excitado que dá uma pausa, a fim de fazer sexo.

> *Jamais senti tanto prazer em te escrever; nunca senti emoção tão macia e, ao mesmo tempo, tão aguçada. Tudo parece aumentar meu êxtase; o ar está cheio de voluptuosidade; a própria mesa sobre a qual escrevo, que pela primeira vez é devotada a tal uso, torna-se para mim o altar sagrado do amor; quanto ficará embelezada a meus olhos! Terei traçado sobre ela meu juramento de amar-te para sempre! Suplico teu perdão pela desorganização de meus sentimentos. Talvez eu devesse abandonar-me menos a êxtases dos quais não partilhas; tenho de deixar-te um instante para arredar de mim um êxtase que aumenta a cada instante e que se torna mais forte do que eu.[1]*

Valmont descobre, entretanto, que madame de Volanges tem escrito em segredo a madame de Tourvel para preveni-la quanto ao seu caráter, e decide aceitar o pedido de Merteuil. Para levar a cabo seus propósitos, eles contam com a ajuda do professor de música de Cecile, o ingênuo Danceny, por quem a jovem está apaixonada, mas que não é aceito por sua mãe como um possível noivo.

Valmont visita a tia e, fingindo agir como intermediário entre Cecile e Danceny, seduz facilmente a jovem, embora ela continue a amar Danceny. Mantém-se, contudo, firme na tentativa de vencer as resistências de madame de Tourvel. É justamente a firmeza de madame de Tourvel que tem efeito afrodisíaco sobre Valmont, que a persegue e assedia sem trégua. Em suas cartas à marquesa, Valmont descreve sua ação com uma retórica de guerra.

Após campanha prolongada e árdua, madame de Tourvel está tão empolgada pelos encantos dele que é difícil defender-se da sua sedução. Finalmente, ela — que se apaixonou por Valmont — rende-se e entrega-se a ele. Para o visconde, que carrega a fama de ter possuído todas as mulheres da sociedade, elas existem para serem arruinadas.

A firmeza e a tenacidade com a qual Valmont persegue seu objetivo fazem com que a marquesa de Merteuil suspeite que ele tenha perdido o controle e se apaixonado. Ela prometera a Valmont passar uma noite em sua companhia caso ele conseguisse levar a cabo seu plano com madame de Tourvel. Recusa, contudo, conceder-lhe o prêmio pelo sucesso até que ele rompa definitivamente com a nova amante, e ameaça manchar-lhe a reputação de sedutor em Paris. Valmont termina cedendo e abandona Tourvel, que sofre demais e fica gravemente doente.

Valmont retorna a Merteuil, que tornara-se amante de Danceny, e cobra o imediato pagamento de seu prêmio. A marquesa recusa, e os dois declaram guerra. A marquesa revela a Danceny que Valmont seduziu Cecile. Os dois duelam, e o último é mortalmente ferido. Antes de falecer, entrega ao rival uma coleção de cartas de Merteuil e pede a ele que visite Tourvel e revele a ela a natureza verdadeira de seu amor. Após ouvir de Danceny a mensagem de Valmont, Tourvel falece. O jovem divulga as cartas de Merteuil, que, ao aparecer no teatro para assitir a uma ópera, é vaiada pelo público.

––––––––

Este é o resumo do livro *Ligações perigosas*, do francês Choderlos de Laclos, escrito em 1782. No cinema, com direção de Stephen Frears, foi estrelado por John Malkovich, Glenn Close e Michelle Pfeiffer.

Professora de literatura e escritora, a alemã Christiane Zschirnt nos explica como no mundo da aristocracia francesa do século XVIII era impensável relacionar a sinceridade dos sentimentos com o amor. O amor é um jogo social complicado. Não deixar sua paixão se descontrolar é a regra. Os participantes precisam demonstrar frieza, estratégia, hipocrisia e habilidade para manipular. Entra-se com a reputação pessoal. Como prêmio, há poder, a sensação de satisfação ao eliminar um inimigo e o prazer da vaidade. O objetivo é, mesmo nos momentos de maior paixão, ainda saber o que se está fazendo. E o contrário: também nas situações de maior frieza, passar a impressão de que se está tomado de paixão. Quem quer jogar esse jogo e ganhá-lo precisa aprender a usar máscaras. É preciso agir de caso pensado. É necessário observar os outros, reconhecer suas fraquezas e aproveitar-se delas.[2]

Na alta nobreza europeia dos séculos XVII e XVIII, o amor era visto como obra-prima da retórica: podia ser aprendido e controlado. No romance de Laclos, o amor significa intriga. No mundo da marquesa de Merteuil e de Valmont, o amor é egoísta, mentiroso, destrutivo e serve à satisfação dos próprios desejos. "O romance mostra o triunfo cínico desse amor e sua decadência. Valmont falha como sedutor. *Ligações perigosas* marca o fim da concepção de amor como jogo de refinadas estratégias de sedução. Mas o romance também marca o fim de uma era. Valmont, o estrategista, sucumbe por fim à sua própria arte de sedução e perde a cabeça. Poucos anos depois da publicação do romance, toda a camada social a que Valmont pertencia perde a cabeça: na guilhotina."[3]

Apenas no final do século XVIII o amor foi sendo interiorizado e os sentimentos entram em jogo. Apenas nesse momento espera-se sinceridade no comportamento dos amantes.

ESTAMOS NA IDADE DA RAZÃO...

O amor havia caído em desprestígio no meio da classe alta e dos intelectuais, ou seja, da mesma gente que havia dado tanta importância a ele, desde que, seis séculos antes, os trovadores compuseram as suas primeiras canções. Havia boa razão para essa mudança. A Europa estava exaurida pelas guerras religiosas entre católicos e protestantes. Os intelectuais sentiram-se desiludidos e desencantados com as tradições deixadas pelas várias fases da Idade Média, da Renascença e da Reforma, e procuraram uma filosofia nova, calma, que fosse mais estável e produzisse bem-estar.

Distanciaram-se da emoção, da autoridade e do passado, tentando basear um estilo de vida na razão, no individual, no presente. A teologia e a metafísica cederam lugar à matemática e à física. Giuseppe Parini, poeta italiano, definiu o amor dizendo que ele é apenas "a satisfação do desejo em nobre liberdade"; o naturalista e escritor francês conde de Buffon disse: "Nada há de bom no amor, a não ser a parte física", e para o escritor e humorista francês Sebastien Chamfort, "o amor não é nada mais que o contato entre duas epidermes".[4]

Até o final do século XVII, acreditava-se que a fé verdadeira oferecia todas as respostas e que rezar era a única forma de afastar a peste e a fome. As discussões intelectuais diziam respeito a questões religiosas. A desigualdade, o sofrimento e o lugar de cada um eram determinados por Deus e não podiam ser questionados. Expressar uma opinião contrária aos dogmas da Igreja tinha grandes chances de resultar em condenação à morte na fogueira. Todo o poder político era concentrado em um grupo pequeno de aristocratas, que teriam sido escolhidos por Deus para exercer o poder como bem entendessem.

No século XVIII, pensar com a própria cabeça, questionando todos os campos do saber, e não mais pela cabeça do sacerdote ou do soberano absoluto era uma grande novidade. A aristocracia e as pessoas com alguma instrução aderiram à nova visão científica e racional do mundo. Os pontos de vista de homens como Descartes, Galileu e Newton, quanto ao mundo físico, suplantaram os do Antigo Testamento.

Aceitavam-se cada vez mais ideias como: o universo funciona de acordo com leis que não dependem da interferência de Deus; o uso da razão por intermédio da ciência pode melhorar a vida de todos; os direitos políticos e legais devem ser idênticos para todos. E os pensadores tiveram grande liberdade para discutir e difundir ideias até então consideradas subversivas.

O Iluminismo influenciou a Revolução Francesa (1789-1799) através de seu lema: Liberdade, Igualdade e Fraternidade. Também teve influência em outros movimentos sociais, como na independência das colônias inglesas na América do Norte.

A REVOLUÇÃO CULTURAL DO SÉCULO XVIII

Na virada para o século XVIII, os cem anos de guerra religiosa intermitente, a revolução científica e o fermento intelectual da nova filosofia tinham provocado uma crise entre as elites. Cortesãos, funcionários, acadêmicos, clero, entre outros, já não podiam acreditar incondicionalmente na tradicional visão de mundo. Não havia um consenso sobre como chegar a um acordo com a nova filosofia. A visão de mundo ocidental tinha sido abalada e as elites estavam inseguras sobre o que iria tomar seu lugar. Em meio a esse caos epistemológico surgiram centenas de pensadores rebeldes, artistas e ativistas políticos prontos a consolidar, popularizar e expandir o trabalho que tinha começado com gente como Locke, Descartes, Spinoza e outros.[5]

A ENCICLOPÉDIA

O mais destacado monumento do período do Iluminismo é a grande *Enciclopédia*, compilada na França por um grupo de escritores e cientistas. Conscientemente, eles davam as costas à religião e à metafísica e viam na ciência a nova força propulsora do intelecto. Ao reunirem numa vasta obra todo o conhecimento da época, como um relato do modo científico de se encarar o mundo, esses escritores esperavam forjar um poderoso instrumento para a luta contra o obscurantismo da autoridade estabelecida.

A *Enciclopédia*, com 28 volumes, publicada de 1751 a 1766, foi pensada e produzida para ser uma síntese dos conhecimentos existentes e, ao mesmo tempo, um veículo de sua divulgação. Tratava-se de proceder a um inventário crítico rigoroso, livre de superstições, mentiras e outras imposições típicas da autoridade, e cujo argumento único fora sempre a tradição. Essa obra constituiu um marco filosófico e um êxito editorial. Não seria mais possível à filosofia ignorar as ciências do homem, após ter se transformado em educadora do mundo e conselheira dos príncipes, abandonando sua postura exclusivamente especulativa.[6]

O sucesso editorial da *Enciclopédia* pode ser explicado pela sua linguagem, sua exaltação da ciência e da técnica e sua valorização do mundo. A obra foi proscrita pela Igreja por conter "uma doutrina e proposições falsas, perniciosas e escandalosas". Seus volumes circularam por toda a Europa e chegaram à América, apesar das proibições, condenações e perseguições.[7]

As mais famosas figuras literárias e científicas da França do século XVIII contribuíram para esse empreendimento. Os principais foram Jean D'Alembert (1717-1783), a quem se deve, entre outras coisas, a introdução da *Enciclopédia*, e Denis Diderot (1713-1784), que rejeitara todas as formas convencionais de religião. Coube a este a maior responsabilidade editorial da obra. Em certos aspectos, a *Enciclopédia* é o símbolo do Iluminismo do século XVIII. A ênfase é posta na discussão fria e racional, e o objetivo é trabalhar para que a humanidade alcance novas e mais felizes perspectivas. Ao mesmo tempo, desenvolveu-se um movimento romântico oposto à razão.[8]

Entre os muitos colaboradores da *Enciclopédia*, encontra-se o francês François-Marie Arouet, mais conhecido pelo pseudônimo de Voltaire (1694-1778). Ele reuniu os pensamentos e as atitudes rebeldes de sua época e os expressou por intermédio de sua escrita com perspicácia tão mordaz que é celebrado como o representante da insubordinação cultural do século XVIII. Ele foi chamado de "o filósofo punk da Idade da Razão".[9]

Outro pensador que teve grande importância foi o filósofo suíço, escritor e teórico político Jean-Jacques Rousseau (1712-1778). Ele afirmava que, ao organizar a sociedade, os homens deviam ter em vista o objetivo de garantir a igualdade econômica e a liberdade, frutos da democracia. Segundo ele, o verdadeiro soberano não era o rei, mas o povo como um todo, a este cabendo, portanto, o poder de promulgar leis e dirigir a coletividade. A defesa que Rousseau faz dos sentimentos em oposição à razão foi uma das poderosas influências que moldaram o movimento romântico, que veremos mais adiante.

Os pensadores do Iluminismo trouxeram ideias revolucionárias, consideradas absurdas pelos déspotas da época. No entanto, antes do final do século XVIII, elas seriam colocadas em prática no bojo das transformações políticas e sociais desencadeadas com a Revolução Francesa.

A BUSCA DO PRAZER

No século XVIII, a religião não é mais o que era. O inferno já não causa tanto medo. A historiadora francesa Elisabeth Badinter faz uma análise da busca do prazer a partir dessa mudança. A seguir, uma síntese de suas ideias.[10] A vontade de viver feliz aqui e agora substituiu o desejo de beatitude eterna. Começa-se a pensar que a riqueza, os prazeres, o bem-estar e a saúde não são bens tão desprezíveis quanto se dizia. A tendência de reconstituir a vida psicológica e moral por meio de elementos simples como a sensação, o prazer e o interesse se faz cada vez mais viva. São muitos os conceitos que, repentinamente, assumem uma consistência da qual não se suspeitava. O prazer e as paixões se tornam temas de reflexão do momento, que não pedem mais crítica severa, mas uma análise positiva.

O ideal de vida no Século das Luzes mudou profundamente. O repouso, a serenidade e a indiferença às contingências da vida não são mais percebidos como o modelo de sabedoria. Uma vida não teria êxito sem emoções. Os prazeres possuem uma consistência que a beatitude não tem mais. O importante é viver bem esta vida e não a consumir esperando uma eternidade da qual nunca saberemos nada. Tudo o que dá relevo a esta passagem pela Terra é preciso usufruir, inclusive a volúpia que outrora se condenava.

O momento não é mais de temerosa submissão ao Deus ciumento nem aos medos do inferno. Os homens das Luzes denunciam os dogmas e a superstição que opõem à razão e à tolerância. As próprias mulheres ousam rir das devotas e se distanciam das práticas religiosas. No início do século XVIII, o Deus terrível e os padres cruéis das religiões reveladas se comportavam como impostores. Somente a lei da natureza era divina e universal. Havia, em Paris, círculos ateus. Nos cafés da moda, frequentados pelos intelectuais, zombava-se do "Ser Supremo".

O AMOR TORNA-SE RIDÍCULO

"Creia-me, ser romântica não dá certo; torna a pessoa ridícula e nada mais. Já tive interesse por você. Não é minha culpa se você tomou isso por uma grande paixão, convencendo-se de que não acabaria nunca. Deveria lhe importar muito pouco o fato de essa minha fantasia ter passado, e de eu estar com outro amante. Você tem muitas qualidades que agradam às mulheres; faça uso delas. Fique certo de que a perda de um amor pode sempre ser reparada por outro, e de que esse é o meio de a gente ser feliz e agradável."[11] Esta é madame d'Esparbès falando ao seu jovem amante, o conde de Lauzun, quando ele se disse profundamente abalado ao saber que ela estava cansada do relacionamento deles.

O escritor irlandês Jonathan Swift, em 1723, alertou uma jovem que ia se casar: "O amor é uma paixão ridícula, que não tem razão de ser fora dos livros de recreação e dos romances." Muita gente, por toda a Europa, manifestava a mesma opinião. O estilo romântico, sofredor e idealizado, parecia-lhes uma loucura supersticiosa da infância da humanidade.

A aristocracia educada e as classes superiores detestavam a circunstância de ser escravizados pela emoção. Preferiam considerar o amor como desejo sexual — uma fonte normal que devia ser satisfeita sempre que se tornasse conveniente — talvez com estilo adequado, mas certamente sem nenhuma exaltação. "Admitia-se que o ideal da conduta humana fosse um comportamento em que a razão fria, desapaixonada, guiasse todos os atos, e não mais a emoção. Ao contrário dos filhos desajeitados e as filhas beatas dos comerciantes e das classes inferiores que continuavam ainda tendo esses e outros entusiasmos."[12]

ESCONDENDO AS EMOÇÕES

Homens e mulheres tinham grande preocupação em ocultar seus verdadeiros sentimentos. A etiqueta exigia que se usasse expressões verbais afetadas e elegantes; um vaivém de palavras rebuscadas, protocolos e intermináveis cumprimentos verbais. Os amantes eram limitados por essas regras gerais de comportamento e conduta. As normas de cortesia incluíam mesuras afetadas, inalação de rapé e o uso do leque como um sinalizador pelas senhoras. Pompa e afetação, tudo não passava de uma forma de adestramento social, que ajudava a manter as pessoas distantes, como era característico da época.[13]

A linguagem usada pelos amantes do século XVIII é particularmente curiosa. As expressões eram abstratas e insípidas como: "ninfa espirituosa"; "modesta sinceridade sedutora"; "encantos afetuosos"; "vívidos transportes" e "agradáveis labaredas". "Eram expressões convencionais, polidas e formalizadas, de modo a permitir que alguém se referisse a uma emoção ao mesmo tempo que quase lhe eliminava a força."[14] O poeta inglês Alexander Pope escreveu algumas cartas de amor dirigidas à Lady Mary Wortley Montagu. Quando ela alegou que ele estava sendo meramente galante, ele protestou no equivalente racionalista de uma confissão entre soluços:

> *Seria a mais vexatória de todas as tiranias, se a senhora considerasse simples gracejo o que é mero disfarce de um coração descontente que não alimenta desejo algum de a fazer tão melancólica como ele próprio; e considerar zombaria o que é apenas o transbordamento natural e ardoroso do mesmo coração, que foi melhorado e despertado pela estima que nutre para consigo.[15]*

Mesmo na conversa amorosa a dois, homens e mulheres educados usavam linguajar muito semelhante a esse, com as mesmas palavras e as mesmas frases afetadas e distantes. Em lugar da expressão direta das emoções, as damas aprendiam, dos seus mestres-dançarinos franceses, o código do leque. Podia ser abandonado e cair no chão; podia ser abanado; fechado com um estalo; estendido completamente por cima do peito; estendido apenas em parte sobre os seios; ou utilizado como arma.[16]

Os bailes de máscaras nunca foram tão populares; eram a coqueluche da época. Afinal, não revelar o rosto combina perfeitamente com mascarar os próprios sentimentos. Tudo era permitido, desde que as emoções fossem ocultadas, e que as normas do protocolo fossem observadas.

BAILES DE MÁSCARAS

Para quem desejava se divertir com segurança, um baile de máscaras era o lugar indicado. Disfarçando sua identidade, mascarando-se com roupas e dominós, os participantes adotavam comportamento bem diferente de qualquer outro acontecimento social. Cochichos, observações sugestivas, apertos, beijos e bolinagem constituíam a norma. Os tímidos tornavam-se mais audaciosos; os frios, acalorados. Havia quartos aos quais os convidados podiam recolher-se e tirar as máscaras; em geral apenas o homem o fazia. Era mesmo possível ir para a cama com uma desconhecida mascarada, sem saber quem era ela.[17]

"Um pouco de folguedo amoroso ocasional, ao que todos nós podemos inocentemente nos permitir... Mas tal relação deve ser apenas ocasional, quando a natureza não pode ser negada. Satisfeito o desejo, não se deve mais pensar no assunto. Talvez este raciocínio possa chocar sua delicadeza (em tempos idos, teria chocado a minha), mas infelizmente, em nossas circunstâncias atuais, fundamenta-se no bom-senso e na prudência comum."[18] Este é o trecho de uma carta que o reverendo William Johnson Temple enviou para o seu amigo, o biógrafo e cronista escocês James Boswell, um dos maiores diaristas do século XVIII.

Num belo ensaio, a escritora Terry Castle retrata os bailes de máscara, que floresceram, em Londres, a partir da década de 1720, e que sintetizo nos subtítulos abaixo.[19]

DISFARCES E METAMORFOSES

O uso de vestimentas do sexo oposto foi praticado nas salas de reuniões, nos teatros, bordéis, jardins públicos ou nos próprios bailes de máscaras. A mudança coletiva da indumentária era uma possibilidade de fuga de si próprio e uma nova leitura das experiências cotidianas. A vida multiforme da cidade encontrava expressão em uma constante ânsia popular de disfarces e metamorfoses. Em *The Masquerade*, de 1728, o escritor e dramaturgo inglês Henry Fielding observou que "mascarar o rosto é desmascarar a mente". Para Boswell e outros, o disfarce permitia um acesso emocional desejado a novos domínios sexuais.

A cultura do século XVIII como um todo pode ser chamada, sem exagero, de cultura da metamorfose, do disfarce. Especialmente em Londres, a manipulação das aparências era ao mesmo tempo uma estratégia privada e uma instituição social. Leitores dos diários de Boswell sem dúvida se lembrarão das ocasiões em que o futuro biógrafo adotou o disfarce de soldado ou rufião em busca de aventuras sexuais clandestinas pelas ruas de Londres. Uma multidão disfarçada, como sendo de outro sexo, durante todo o século parodiou e enganou a rigidez da distinção dos gêneros.

BAILES DE MÁSCARA PÚBLICOS

Nas primeiras décadas do século XVIII, surgiu o baile de máscaras como forma de diversão pública urbana, rompendo as fronteiras das classes sociais. A sua verdadeira atração estava no clima heterogêneo e carnavalesco. Atraía igualmente a todos os níveis sociais e permitia que as classes mais baixas e as mais altas se misturassem em um único círculo "promíscuo". Dizia-se que George II e o príncipe de Gales frequentavam bailes de máscaras públicos. "Toda pompa e cerimônia são deixadas de lado", escreveu uma testemunha no *Weekly Journal* de 25 de janeiro de 1724, visto que "o Nobre e o Aprendiz, o Punk e a Duquesa ficam, durante tanto tempo, em pé de igualdade".

Os primeiros bailes de máscaras públicos importantes em Londres foram os organizados pelo empresário John James Heidegger, em 1717, no Haymarket Theatre. O novo empreendimento foi um escândalo imediato, e um imediato sucesso. Nas décadas de 1720 e 1730, as "Midnight Masquerades" de Heidegger atraíram entre setecentas a oitocentas pessoas por semana. Ninguém entrava sem ingresso e sem disfarce. O evento, que começava às 9h da noite, frequentemente durava até a manhã seguinte. Heidegger continuou a realizar os bailes no Haymarket até morrer, em 1749.

O anonimato permitia que o comportamento coletivo mais livre não sofresse constrangimentos. Havia bebidas, danças, jogos e intrigas. O decoro de todos os dias era invertido, e reinava o espírito das saturnálias, festas em honra ao deus Saturno. Consequentemente, a mascarada logo se tornou alvo dos ataques de moralistas e sacerdotes. Inúmeras sátiras e panfletos contra os bailes de máscaras foram publicados na década de 1720 e continuaram a aparecer até a década de 1780.

Autoridades civis tentavam periodicamente impedir as mascaradas, particularmente em épocas de turbulência social, mas tais esforços nunca tiveram muito êxito. Na maior parte do século a mascarada continuou encantando e seduzindo a imaginação do povo. Em alguns bailes compareciam duas mil pessoas.

FANTASIAS MAIS COMUNS

Quase todos os bailes de máscaras tinham o seu número indispensável de turcos, feiticeiros, arlequins, pastoras, pierrôs, camponesas e polichinelos. As fantasias dos bailes de máscaras setecentistas eram às vezes apenas engraçadas, exóticas ou pitorescas. Mas dado o excesso de voyeurismo e exibição pessoal, o escândalo visual ocupava lugar de destaque. Onde mais, na verdade, se podia encontrar "um nobre vestido de Borralheira ou uma senhora virtuosa com calças de holandês, e uma mulher da cidade com rufos e anquinhas?".

As fantasias que apresentavam a pessoa como sendo do outro sexo eram talvez a ofensa mais comum ao decoro. Havia desde mulheres empertigadas com botas de cano alto e culotes até homens enfeitados de rendas e babados. O escritor Horace Walpole descreve ter passado por velha, com uma boa máscara, em um baile em 1742.

A SEXUALIDADE NOS BAILES

Com o baile de máscaras podemos perceber o erotismo da época. A mascarada, na verdade, proporciona ao século XVIII novas possibilidades sexuais. Mediante o ataque estilizado às fronteiras dos gêneros, a mascarada teve um papel interessante na criação do indivíduo moderno, potencialmente ilimitado no campo dos desejos. As vestimentas do sexo oposto, com o uso de máscaras, erotizou o mundo. Não só as pessoas se livraram de suas inibições como também podiam experimentar, hipoteticamente pelo menos, um novo corpo e seus prazeres. A troca de roupa era também uma troca de desejos. O resultado era uma fuga do "natural" — de tudo o que fosse culturalmente preordenado — para os novos domínios da desordem dos prazeres sexuais.

Os observadores do século XVIII concordam que os bailes de máscaras eram mesmo um "País de Liberdade", um reino em que era fácil ter ligações transgressoras, exatamente porque podiam permanecer anônimas. Muitas pessoas podem ter buscado constrangidas a sua liberdade — prostitutas, libertinas, feministas, a vanguarda social. O baile de máscaras teve muito a ver, sem dúvida, com a liberalização subterrânea da vida erótica na Londres do século XVIII.

Equívocos perigosos

Em alguns relatos, moças virgens e esposas fiéis se arruínam em consequência de trágicos erros cometidos no baile de máscaras — em geral, confundindo o estuprador com o noivo ou marido. Em um conto de Eliza Haywood, em *The Female Spectator* (1746), Ermínia, a heroína, permite que um homem que ela pensa ser o seu noivo a acompanhe de volta a um baile de máscaras e é violentada por ele. Em *Affecting Masquerade Adventure*, de 1754, destino semelhante aguarda Matilda, que é seduzida depois de um baile por um misterioso dominó que ela acredita ser seu marido.

Outros resultados fantasiosos foram ainda mais desregrados. Além dos casos de homossexualidade casual, incestos acidentais eram outro motivo popular. O escritor de *Short Remarks* descreve um infeliz cavalheiro que "corrompeu a própria filha" por engano em um baile de máscaras e morreu de horror ao descobrir.

Embora tipicamente apresentadas como provas da natureza diabólica dos bailes de máscaras, essas narrativas de uniões acidentais ofereciam aos leitores uma nova e altamente específica visão do que era lícito. Ao sombrear suas histórias chocantes com prostituição, adultério, homossexualidade, incesto, os escritores que usavam as mascaradas como tema também conferiram uma centralidade inusitada a desejos antes não mencionáveis — as milhares de formas de sexualidade extraconjugal, não procriativas, em resumo, consideradas tabus.

A liberdade dos bailes de máscaras era parte de uma vida de fantasia da época tanto quanto era um privilégio da multidão que os frequentava. A atração exercida pela máscara devia-se ao fato de ela permitir uma fuga de si mesmo; limites morais e psicológicos interiorizados desapareciam — como uma pessoa podia ser responsável se não era ela mesma? A lógica do ato moral ficava suspensa; tudo o que se fizesse, fossem quais fossem as consequências, poderia ser atribuído a "outra pessoa" ou ao supostamente inocente domínio dos "acidentes".

O escritor suíço Jean Starobinski afirmou, no início do século XX, que a maior descoberta do século XVIII foi a sua "invenção da liberdade" — a intensa evocação, pelo menos na fantasia, da liberdade individual. Isso não diminui o argumento do escritor Theodore Tarczylo de que os filósofos iluministas não estenderam automaticamente, na prática, o conceito de liberdade ao reino de Eros, nem podemos considerar em parte alguma da Europa, durante o século XVIII, uma sociedade sexualmente permissiva no sentido moderno. Mas pode-se falar de liberalização geral e de tendência individualista no pensamento setecentista. O vasto tema da liberdade sexual inevitavelmente germinou no terreno fértil da prática da época. Mesmo fazendo-se passar por frivolidade, o baile de máscaras levou a reflexões, um mecanismo para a conceituação, por assim dizer, do múltiplo futuro do desejo.

A mascarada introduziu uma nova ironia moral nas relações sexuais. A troca de sexos dos bailes de máscaras era uma marca do profano, a inversão de categorias sagradas. Mas, uma vez reconhecida, a necessidade de dessacralização espalhou-se por toda a sociedade. Uma nova autoconsciência invadiu o silencioso mundo dos prazeres do corpo. A fuga do "natural" havia começado; o desafio moderno às estruturas psíquicas e morais tradicionais estava inaugurado.

AS MULHERES NOS BAILES

No livro *The Progress of Marriage* (1712), de Swift, uma esposa volta de um baile de máscaras: "Às 5h os lacaios fazem alarido. A senhora acabou de entrar". As mulheres em geral assumiam liberdades sem precedentes. A visão misógina da época, é claro, era a de que qualquer mulher que frequentasse um desses bailes fazia-o, como a prostituta, para buscar prazer sexual ilegítimo. O tabu contra mulheres e moças irem desacompanhadas aos bailes de máscaras vigorou em todo o século. Pouco importava se a mulher era virgem ou não; qualquer uma, supunha-se, corria perigo sexual nos bailes de máscaras.

Mas a máscara também liberava o seu usuário de controles éticos habituais. As mulheres, percebia-se, ficavam particularmente soltas. "A máscara protege as senhoras das calúnias, e encoraja a liberdade, a culpa que o seu corar trairia se estivessem com as faces nuas, até que gradualmente são conduzidas ao que a sua virtude deveria restringir." Combinado com o misterioso dominó preto, a máscara foi para o século o verdadeiro ícone do desejo transgressor.

O *Weekly Journal*, em 1724, publicou a seguinte máxima: "Peixes apanham-se com anzóis, pássaros são capturados com redes, mas as virgens com mascaradas." Às mulheres mais velhas, o baile de máscaras deveria inspirar anseios adúlteros. A ocasião era perfeita para a "traição", escreveu o poeta Joseph Addison, porque "as mulheres vêm sozinhas ou são apresentadas por amigas que são obrigadas a deixá-las sozinhas assim que entram".

Os críticos têm razão em associar as máscaras à emancipação sexual feminina; os bailes de máscaras realmente deram às mulheres do século XVIII um inusitado senso de liberdade erótica. O disfarce fazia esquecer inúmeras proibições e tabus. A mulher num baile de máscaras podia abordar estranhos, iniciar uma conversa, tocar e abraçar desconhecidos, usar termos grosseiros — em resumo, violar todos os acalentados imperativos do decoro sexual feminino cotidiano.

Entretanto, somente as mais corajosas eram capazes de reconhecer abertamente esses prazeres. "Adoro um baile de máscaras, porque em mais nenhum lugar uma mulher goza da mesma liberdade", disse a escritora Harriette Wilson em seu livro de memórias. Mais importante que isso, usando máscaras, as mulheres tinham o privilégio essencialmente masculino da escolha do objeto erótico. Em outras partes de suas memórias, ela conta ter encontrado nos bailes vários amantes. A mascarada oferecia às mulheres de então um subversivo — embora temporário — simulacro de autonomia sexual.

Terry Castle conclui que a sociedade inglesa do século XVIII era um mundo de mascarados, de autoalienação e falsa aparência. Embora de natureza pública, a mascarada tinha fama de algo realizado às ocultas. Desde o início, sentiu-se que ela sintetizava a vida sexual clandestina da cidade. O deboche dos bailes de máscaras era um tema popular na ficção setecentista. Nos romances, a mascarada era um ambiente convencional para a sedução e o adultério. Outros escritores associavam-na regularmente a cenários de defloração, estupro e perversão.

Fundamentando essas queixas, havia uma percepção do escândalo moral implícito na própria indumentária. "O indivíduo disfarçado elimina os costumeiros obstáculos e constrangimentos do decoro; e consequentemente os namorados não coram ao se expressar com volúpia, nem as namoradas ao ouvi-los; uma suga avidamente o veneno, enquanto o outro engenhosamente o instila", escreveu o autor de *Guardian*, em 1713. "Tão difundidos são a astúcia e o vício que o mundo nada mais é do que um vasto Baile de Máscaras, onde a maior parte aparece disfarçada sob falsas viseiras e vestimentas", disse, em 1743, Fielding.

Outros escritores da época lhe fizeram coro. Samuel Johnson afirmou que os ricos e poderosos "vivem em um perpétuo baile de máscaras em que todos vestem personalidades emprestadas". Oliver Goldsmith escreveu no epílogo de um dos seus livros, em 1762: "O mundo é um baile de máscaras! E os mascarados, você, você, você." Assim, os moralistas do século XVIII denunciavam o que consideravam devassidão. Só depois da Revolução Francesa é que a mascarada perdeu um pouco o seu encanto subversivo, embora bailes ocasionais tenham continuado a acontecer em Londres até o século XIX.

AS BOAS MANEIRAS

O duque de Coislin conduziu um hóspede, que se despedia, até a carruagem dele, como exigia o protocolo. O hóspede, também como o protocolo exigia, conduziu o duque de volta aos seus aposentos. Mas Coislin, o mais requintado homem de sua época, então insistiu, com os mais veementes protestos do seu respeito, em acompanhar o seu hóspede novamente até a carruagem dele. O hóspede, não vendo jeito de pôr um ponto final no caso, correu finalmente à frente do duque e conseguiu trancá-lo a chave em seus aposentos. Coislin, que não era homem de se deixar superar, pulou pela janela e foi se encontrar com o hóspede junto à carruagem dele. Mas, ao pular, o duque deslocou um polegar. Conseguiu então que um médico o recolocasse no lugar, mas disputou com o médico a honra de abrir a porta para ele. E assim destroncou o polegar outra vez. Nunca antes as maneiras tiveram tanta importância. Um código artificial de conduta protocolar aplicado consciente e deliberadamente era a técnica ideal de a pessoa mascarar as próprias emoções e de governar a parte irracional da própria personalidade. A habilidade no uso da cortesia elegante, a perfeição na conservação do frio autocontrole e a demonstração de polidez altamente civilizada, mesmo nas situações mais tensas, constituíam índices de boa educação e de razão equilibrada. Por vezes, a prática supercivilizada da cortesia ameaçava paralisar todas as outras atividades humanas normais. A vida emocional de homens e mulheres quase desapareceu por trás das repressões da razão, bem como por trás da fachada de maneiras estilizadas.[20]

AS MULHERES

"O sexo das mulheres emprega mais pensamento, mais memória e mais aplicação em torná-las aloucadas do que em servi-las para que sejam ponderadas e úteis. Quando reflito sobre isto, não posso conceber vocês, mulheres, como criaturas humanas, e sim como elementos de uma espécie que mal e mal se situa um grau acima do macaco", escreveu Jonathan Swift.[21]

Os racionalistas, que desprezavam os terrores das primeiras formas de cristianismo, não aceitavam a ideia de que a mulher fosse um mal, uma porta de entrada para o inferno. Entretanto, não a aceitavam como igual. Os homens da classe superior ainda a consideravam um ornamento e um brinquedo; uma incompetente legal. Não tendo fundamento religioso para desprezar a mulher, eles justificavam a contínua subserviência dela, na Idade da Razão, proclamando que ela era inerentemente irracional.

Philip Dormer Stanhope, conde de Chesterfield, escreveu: "As mulheres são apenas crianças mais crescidas. Possuem uma tagarelice que entretém, por vezes acusam espírito, mas quanto ao bom-senso e ao raciocínio, nunca em minha vida conheci uma mulher que tivesse. Um homem com juízo apenas passa o tempo com as mulheres, brinca com elas, diverte-as, lisonjeia-as, como faz com uma criança. O homem de juízo nem as consulta sobre assuntos sérios, nem para isso confia nelas, embora, com frequência, as faça acreditar que as consulta e que nelas confia".[22]

Um anúncio típico de uma escola-internato para meninas, na Inglaterra, apresentava a lista das matérias que ensinava: "Agulha, dança, língua francesa, um pouco de música ao cravo, ler, escrever e fazer contas até certo ponto."

A INSATISFAÇÃO DAS MULHERES

O século XVIII foi o triunfo das amas de leite mercenárias, dos conventos para as meninas e dos internatos para os meninos. Badinter nos fala da insatisfação que havia, principalmente, entre as mulheres.[23] Liberadas de quaisquer entraves, muitas delas não sabiam em que utilizar suas energias nem a qual ideal consagrar o seu tempo. Algumas sentiam uma espécie de vertigem diante deste vazio que não sabiam preencher.

Sem preparo algum para as atividades intelectuais devido à péssima educação que haviam recebido, pouco inclinadas aos esforços que ninguém sonhava encorajar, muitas consideravam sua existência inútil e se mostravam melancólicas. Outras partiram para a busca incessante de diversões sempre novas. Correndo de uma curiosidade a outra, sem nunca se ligar a nenhuma, do baile à Ópera, de um passeio a um curso de química, essas mulheres se atordoavam voluntariamente para escapar à sua futilidade.

Como a libertinagem substituíra a paixão, que se tornara fora de moda, e como o amor conjugal ainda não era comum, essas insatisfeitas não tinham nenhuma compensação afetiva para preencher o vazio de suas existências. Sem dever e sem objetivo, não é certo que, apesar de mais livres do que suas avós, elas tenham sido mais felizes. O único consolo, se é que podemos chamar assim, é que muitos homens compartilhavam sua condição e sentimento de inutilidade. O mal-estar não era privilégio das mulheres. As mais inteligentes e as mais ricas aproveitaram sua liberdade para atrair para si a melhor sociedade e os espíritos mais interessantes. A ambição mundana das mulheres ganhou um livre curso e conheceu picos raramente atingidos até então.

A AMBIÇÃO MUNDANA

Antes da Revolução, as esposas da alta burguesia e da nobreza tinham vidas completamente separadas das vidas de seus maridos. Com casamentos arranjados por dinheiro, posição social e nome de família, os cônjuges não costumavam compartilhar intimidades e interesses comuns. Na verdade, não era considerado elegante para os maridos e esposas aristocratas serem vistos muito juntos um do outro. Os homens podiam ter relações amorosas fora do casamento, assim como as mulheres, se o marido não se importasse.[24] Manter um salão foi a atividade mais procurada pelas mulheres. Sinal de sua liberdade, pois elas podiam receber quem quisessem.

INÍCIO DAS REIVINDICAÇÕES DAS MULHERES

Em verdade, o movimento pela igualdade entre homens e mulheres não é interesse apenas das mulheres, nem começou nos EUA da década de 1960. Ali, ele teve seu recomeço com amplo esforço universal. Podemos considerar 1789, ano da Revolução Francesa, como início das reivindicações da mulher contra a milenar segregação que sofrem até hoje.

A militante e escritora Olympe de Gouges redigiu, naqueles tumultuados dias, uma declaração dos direitos da mulher, inspirada nas ideias poéticas e filosóficas do marquês de Condorcet, que integrava a Assembleia Revolucionária. O projeto foi abortado por Robespierre, que proibiu a divulgação da declaração, ameaçando as pioneiras feministas com a guilhotina.

Mary Wollstonecraft, escritora inglesa, é considerada a primeira líder feminista da História. Ela elaborou, em 1792, *A Vindication of the Rights of Women* (Reivindicação dos direitos das mulheres), exigindo para as mulheres as oportunidades de que gozavam os homens na educação, no trabalho e na política. Mas foi somente em meados do século XIX, graças aos esforços conjuntos de Barbara Leigh Smith e do filósofo e economista John Stuart Mill, que se criou o Comitê do Sufrágio Feminino. Em 1866, o Parlamento rejeitou o projeto do comitê.

Mary Wollstonecraft nasceu na Inglaterra em 1759 e morreu em 1797, aos 38 anos de idade, exatamente 11 dias depois de dar à luz uma filha, que se tornaria muito mais famosa do que ela, também como escritora: Mary Shelley, a autora de *Frankenstein*, casada com o também famoso poeta Shelley. Ela escreveu mais de trinta obras e inúmeros artigos, quase na sua totalidade sobre a condição feminina na sociedade.

Musa dos movimentos sufragistas americanos, num século em que as mulheres que sabiam ler e escrever eram exceções, Mary causou furor com as suas reivindicações de igualdade de direitos para homens e mulheres.

O FLERTE

"O homem deve encontrar-se com a mulher nos jogos, no parque, nos concertos de música. Deve presenteá-la nos sorteios públicos; segui-la até Tunbridge, na estação em que se bebem as águas, embora ele não tenha necessidade alguma disso. O homem deve aproveitar todas as ocasiões para celebrar as formas dela, e dizer como a moda lhe assenta bem, apesar de nada ser mais fantástico nem mais ridículo. Deve dizer que ela canta como um anjo, dança como uma deusa, e que ele se sente enfeitiçado pelo seu espírito e pela sua beleza...

"Se o homem passa a manhã inteira entre o espelho e o pente, para que a peruca lhe assente bem, para que as tiras da gravata sejam ajustadas, como coisas da máxima importância... por meio de realizações desta ordem e de ordem semelhante, o homem acabará emergindo como um janota consumado. Dessa maneira, vocês estão vendo, meus jovens galãs, como o estilo e o método de namoro estão de todo mudados. Estão mudados tanto quanto a linguagem, em comparação com o que eram nos tempos dos nossos antepassados."[25]

Com as damas de alto nível, o gentil-homem tinha que observar um complicado ritual de namoro. Sir John Evelyn, ele próprio um tanto puritano, descreveu o processo com evidente desagrado, mas como um repórter.

GALANTERIA

"Jones nunca se sentira menos inclinado a galanteios do que então, mas ser galante com as mulheres era um dos seus princípios de honra, e ele achava que tanto devia aceitar um desafio para o amor quanto um desafio para um duelo", escreve Henry Fielding em *Tom Jones*, a respeito dos sentimentos do protagonista no momento em que é assediado por uma mulher mascarada.

Apesar de no Iluminismo a emoção ser desprezada, e de haver a convicção de que a razão é que devia comandar as ações, os homens viviam obcecados pela galanteria — uma rotina socialmente exigida, complicada, ritualista de flerte, de sedução e de prática de adultério. A combinação de desejo estilizado e de frieza cínica aparece muitas vezes nos anais da galanteria.

Um amigo, certa vez, censurou o conde de Gramont da seguinte forma: "Não é um fato que assim que uma mulher lhe agrada, o seu primeiro cuidado é o de ir verificar se ela possui algum outro amante e que o seu segundo cuidado é o descobrir como atormentá-la? E tudo isto simplesmente porque ser tomado de afeto por essa mulher é a última coisa que entra nas suas cogitações. A gente raramente se empenha em intrigas, a não ser para perturbar a felicidade dos outros. Uma amante, que não possui outros amantes, não causa encanto algum para ninguém."[26]

Os costumes amorosos desenvolveram alguns aspectos estranhos. Uma dama podia receber visitas de senhores estando na cama, ou mesmo em banho coberto. Estava perfeitamente de acordo com a praxe, para um homem galante, fingir ocultar sentimentos enternecidos, em tais circunstâncias.

Palavras afetuosas e manifestações diretas de estima eram consideradas de-selegâncias das classes inferiores.

O exemplo de galanteria da Idade da Razão que maior influência exerceu foi o jovem que, exatamente na fase do apogeu de Ninon, assumiu o controle da França e se tornou o seu maior soberano, Luís XIV, o Rei Sol.

NINON, A CORTESÃ

"Devo eu dizer-lhe o que torna perigoso o amor? É a ideia sublime de que estamos em condição de formar a respeito dele. Para dizer a verdade exata, o amor considerado como paixão nada mais é do que um instinto cego que a gente precisa aprender como apreciar devidamente: como um apetite que nos orienta na direção de um objeto, em vez de o fazer na de outro, sem que tenhamos a possibilidade de consultar nosso gosto. Considerado como relação de amizade, quando a razão predomina sobre ele, o amor já não é mais paixão. Na verdade, já não é mais sequer amor."[27]

Esta carta, que Ninon de l'Enclos escreveu ao seu jovem amante, expressa bem o novo espírito da época. Os homens galanteadores ainda desejavam estar ao redor de mulheres sensuais e inteligentes, mas procuravam uma nova espécie de mulher: a que pudesse manter-se perfeitamente fria quanto ao amor. Ninon, a mais bela e maior dona de salão da última metade do século XVII, era uma das mulheres que eles mais admiravam. Em sua residência, homens cultos e de linhagem se encontravam regularmente para conversar e para se tornar amantes dela, se ela lhes acenasse.

A própria Ninon escolhia seus admiradores e os informava sobre a data em que poderiam começar a ser seu amante. A relação poderia durar poucas semanas ou alguns meses. Aí o amante era informado de que o episódio se encontrava no fim, mas isso era feito de maneira tão encantadora e cortês que ele continuava a ser amigo e frequentador do salão. Ninon, então, escolhia o favorito seguinte, notificando-o da sua seleção. Nenhum dos amantes de Ninon tinha permissão para dar sinais do seu afeto em público — antes, durante ou mesmo depois de ter sido escolhido. Entretanto, cada um deles tinha licença de contribuir para a manutenção dela.[28]

Luís XIV — rei sol da França (1638-1715)

Quando jovem, aos 18 anos, Luís não era ainda um galanteador. Apaixonou-se por Maria Mancini, sobrinha do seu primeiro-ministro Mazzarino. Acreditou que o amor era suficiente para o casamento com a moça. Mas Mazzarino e a rainha-mãe ficaram horrorizados com a possibilidade dessa união. Embarcaram Maria para longe e convenceram Luís dos seus deveres de soberano. Assim, o jovem rei casou-se com a infanta da Espanha e se entregou à galanteria.

O brilho de Luís XIV foi tão grande que o padre Herbert, sacerdote de Versalhes, que o conheceu intimamente, escreveu: "Ele é homem muito alto e muito bem-proporcionado; tem 1,80 m de altura ou tão próximo disso que a diferença não importa."[29] Mas na realidade, Luís tinha apenas 1,62 m de altura. O padre Herbert e toda a Europa o viam com olhos ofuscados pela admiração. Em todas as coisas, Luís foi o belo ideal da aristocracia; o que ele fazia, em assunto de galanteria, todo outro homem tinha o imperativo moral de tentar fazer tão bem quanto possível.

Luís XIV, possuído, segundo acreditam alguns autores, por um gigantesco e poderoso egoísmo, criou uma corte animada, com banquetes cerimoniais noturnos e celebrações rigidamente elaboradas e altamente ritualizadas que deram a muitos artistas um espaço de apresentação e uma generosa forma de ganhar a vida. Entre os artistas financiados por ele estava o dramaturgo Molière. Frederico, o Grande, um "déspota iluminado" prussiano do século XVIII, falaria com ternura da corte do rei Luís, dizendo: "Sequioso de todos os tipos de glória, ele queria fazer sua nação tão superior em questões de gosto e literatura quanto já era em poder, conquista, política e comércio."[30]

O historiador T.W.C. Blanning descreve a vida na corte: "A primeira grande atração em Versalhes era evocativamente chamada *Prazeres da Ilha Encantada*. Em todas as celebrações noturnas realizadas em 1668 todos os sentidos dos seiscentos convidados eram estimulados — por um banquete, um baile, uma comédia e um show de fogos de artifício. A música era onipresente, tudo acontecendo em um parque transformado em terra encantada por transparências iluminadas. Essa mudança para festividades noturnas também servia para distanciar o desocupado mundo da corte da rotina da faina mundana. Os cortesãos estavam indo dormir quando os simples mortais começavam a deixar suas casas para o trabalho. Para o súdito real comum, havia uma clara divisão entre dias de festa e dias de trabalho, entre espaços festivos e espaços de trabalho, mas, no mundo da corte, todo espaço era um espaço festivo e todo tempo era tempo de festa. A vida da corte era inteiramente festiva."[31]

Para Luís XIV havia a necessidade de evitar todo sentimento verdadeiro. Por isso, ele estabeleceu uma notável série de normas de protocolo para suprimir toda evidência de emoção em sua corte. Afastar-se da corte por causa de luto era considerado desrespeito; deixar de ocultar a própria mágoa era visto como comportamento bastante impróprio. Mesmo nesses casos, as pessoas deviam se mostrar alegres. Quando certa dama ilustre morreu de repente, madame de Maintenon descreveu a reação de Luís para um amigo: "A morte de madame d'Espinois foi uma surpresa e nada mais. O rei livra-se das ideias tristes tão cedo quanto possível."[32] Em Versalhes, no reinado de Luís XIV, segundo a marquesa de Sévigné, zomba-se de quem ama seu cônjuge e o demonstra publicamente. O casamento não impede que os homens, abertamente, considerem toda mulher uma presa e que as mulheres gostem de variar os prazeres.

Embora Luís XIV fosse a encarnação da polidez e da boa educação, ele tratava suas mulheres com uma dureza e uma insensibilidade notáveis. Sua esposa espanhola amava-o sinceramente, mas ele exigia que ela fosse amiga íntima de suas amantes, e que se mantivesse sempre alegre. Quando ele transferiu o seu amor de Louise de la Vallière para madame de Montespan, e desejou ocultar isso do mundo, fez de Louise a sua confidente, ordenando-lhe que montasse guarda do lado de fora da sala enquanto ele se entretinha, na alcova, com sua favorita.

Luís aconselhou o filho: "Os nossos primeiros pensamentos devem ser sempre no sentido da preservação da nossa glória e do nosso poder. A amante é a mais perigosa das favoritas." E aos cortesãos ele disse: "Ordeno-lhes, a todos e a cada um dos senhores, que, se observarem que uma mulher, seja ela quem for no mundo, começa a ganhar preponderância sobre mim, me comuniquem o fato imediatamente. Não serão necessárias 24 horas para que eu me livre definitivamente dela." Como Luís XIV, os homens e as mulheres das classes superiores da última metade do século XVII e de todo o século XVIII ocultaram os seus sentimentos, com auxílio da razão fria e das maneiras cuidadosamente treinadas; depois de algum tempo, quase que se esqueciam de ter, ou de terem tido, quaisquer sentimentos.[33]

Charles II — rei da Inglaterra (1630-1685)

Charles foi o porta-estandarte da galanteria inglesa, assim como Luís XIV, o da galanteria francesa. Ele teve inúmeras amantes e reconheceu publicamente 14 bastardos. Geralmente, escolhia suas amantes entre as mulheres que lhe eram apresentadas por seus conselheiros, mas também gostava de frequentar anonimamente ambientes sórdidos. Existe o registro de uma famosa visita sua a um bordel, durante a qual seu dinheiro foi roubado e ele quase levou uma surra por não pagar o que devia, antes de ser, afinal, reconhecido.

Embora muitos homens da corte adorassem o rei Charles, por conta desses hábitos o povo comum da Inglaterra criticava os excessivos gastos que o país tinha com suas amantes. Apesar disso, os historiadores não detectam nada parecido com forte afeição ou ternura em relação a qualquer uma delas.

Após passar os anos de exílio na corte francesa, levou suas maneiras e costumes de volta à Inglaterra, por ocasião da Restauração, em 1660. Ali, aquelas maneiras e aqueles costumes foram avidamente adotados como parte da reação contra o ascetismo do recente regime puritano. Ele e seus cortesãos usavam perucas francesas imensas, encaracoladas, que lhes caíam até o peito quando se curvavam profundamente em reverência, atiravam os anéis da peruca novamente para os respectivos lugares, com um movimento certeiro e enérgico que ficou conhecido como "French wallow" (rolo francês). Falavam fluentemente o francês, dançavam com graça e observavam um protocolo novo e mais formal, algo semelhante ao de Versalhes.

O adultério constituía uma necessidade política na corte de Charles II. Os puritanos se haviam oposto a eles todos; os desregramentos debochados, portanto, integravam a prova mais fácil de lealdade para com o rei. Contudo, ao mesmo tempo, por se haverem libertado pouco antes dos regulamentos puritanos, mostravam-se desordenados e atrapalhados de um jeito até então desconhecido. As manifestações do gentil-homem passaram a ser a arrogância, os maus-tratos impostos às pessoas de classe inferior e a reputação de beberrão, de frequentar lupanares e de trapaceiro nos jogos carteados.[34]

SEDUZIR E ABANDONAR

Em 1762, Boswell era jovem e estava em Londres. Desejou então ter um caso com a bela atriz Louisa Lewis e passou a visitá-la. Boswell registrou por escrito a conversa que teve com Louisa. É um bom exemplo da ação de um galanteador sobre uma dama, que a seduz e abandona. O diálogo transcorreu como se segue:

> **Boswell:** *Espero, madame, que seja mulher solteira.*
> **Sra. Lewis:** *Sim, senhor.*
> **Boswell:** *E seus sentimentos não estão comprometidos?*
> **Sra. Lewis:** *Não estão, senhor.*
> **Boswell:** *Mas isso me leva a uma confissão estranha. Eu lhe asseguro, madame, que meus sentimentos estão comprometidos.*
> **Sra. Lewis:** *E estão, senhor?*
> **Boswell:** *Sim, madame, estão comprometidos com a senhora.*

Após algumas visitas, Boswell confessou-lhe a sua paixão e suplicou que a moça se mostrasse "delicada". Louisa prometeu pensar nessa solicitação. Uma semana depois, ele voltou a visitá-la para saber a resposta.

> **Boswell:** *A semana já passou, e espero que a senhora não seja tão cruel ao ponto de me conservar padecendo. (Comecei a tomar algumas liberdades.)*
> **Sra. Lewis:** *Não, meu senhor... agora... mas queira tomar em consideração...*

Boswell: *Ah!, senhora!*

Sra. Lewis: *Não. Mas o senhor é uma criatura intrometida! (Não lhe dando ouvidos, ergui sua anágua.) Credo, meu senhor!*

Boswell: *Senhora: não posso conter-me. Adoro-a. Gosta a senhora de mim?*

Sra. Lewis: *(Beijando-o) Oh, Sr. Boswell!*

Boswell: *(Ainda lutando contra a resistência dela) Mas minha querida senhora! Permita-me, suplico.*

A esta altura, a Sra. Lewis observou que sua estalajadeira poderia entrar na sala a qualquer momento, mas concordou em tornar Boswell "feliz", no domingo, às 3 horas da tarde, quando tudo poderia ser feito com segurança. A conversa continua.

Sra. Lewis: *Seja lá quando for que deixar de me amar, peço-lhe, não faça mau uso do meu nome, nem me trate com frieza.*

Boswell: *Suplico-lhe, senhora, não fale tais coisas. Na verdade, nós não podemos responder pelos nossos afetos. Mas a senhora poderá confiar em que me comportarei com civilidade e cortesia.*

Boswell conseguiu enfim ter sexo com a Sra. Lewis, mas uma semana depois teve uma conversa bem desagradável com ela, apesar das boas maneiras:

Boswell: *Sabe a senhora que venho sendo muito infeliz, desde que a vi pela última vez?*

Sra. Lewis: *Como assim, meu senhor?*

Boswell: *Receio que a senhora não me ame tanto, nem tenha tanta estima por mim, como julguei que me amasse e me estimasse... Tenho apenas razões muito fortes, muito justas para duvidar do seu apreço... Há alguns dias, venho observando sintomas de enfermidade, mas me tenho recusado a acreditar que a senhora seja assim tão destituída de generosidade. Agora, porém, minha senhora, estou, completamente convencido.*

Sra. Lewis: *Meu senhor, o senhor me aterrorizou. Afirmo que nada sei quanto a este assunto.*

Após mais algum tempo de conversa, a Sra. Lewis admitiu que fora infeccionada três anos antes, mas que se sentira inteiramente curada. Jurou solenemente que não tivera conhecimento de nova infecção e lhe disse que se sentia infeliz por perder a estima dele, bem como estar na iminência de ser vítima de má reputação. Boswell se coloca dessa forma na situação:

Boswell: *Dou-lhe a minha palavra de honra; a senhora não será exposta.*

Sra. Lewis: *Senhor, isto é ato muito mais generoso do que eu poderia esperar.*

Boswell: *Espero, minha senhora, o reconhecimento de que, desde que tenho estado consigo, sempre me portei como homem de honra.*

Sra. Lewis: *Portou-se, com efeito, meu senhor.*

Boswell: *(Levantando-se e despedindo-se) Senhora, sou o seu servidor mais obediente.*

———————

Edmond e Jules Goncourt, que fizeram um estudo da mulher do século XVIII sob a perspectiva do século XIX, disseram que não somente o amor, na Idade da Razão, fora reduzido à mera sensualidade, mas que também o seu motivo mais forte fora o desejo de seduzir e abandonar, por simples esporte maldoso. "Esta guerra e esta brincadeira de amor talvez revelem as características mais profundas do século", escreveram eles.

O sedutor profissional concebia planos, fingia emoções e desempenhava o seu papel com habilidade de ator e dedicação de soldado, mas a coroa da sua vitória consistia em fazer tudo isso sem o menor envolvimento emocional, de modo que quando a mulher, conquistada e submissa, suplicava por fim: "Pelo menos, diga que me ama!", ele podia ostentar um sorriso de desdém e recusar-se a dizer isso. Isto, ao que asseguram os Goncourts, integrou o grande estilo de sedução. Era a sedução por puro capricho, de modo que permitia o abandono sem pesar por parte de quem abandonava.[35]

O interesse pelo sexo vinha acompanhado pela preocupação com os bons modos. A Europa estava passando por mobilidade de classes, e os burgueses ricos procuravam imitar a nobreza. O indivíduo de origem humilde, que subia na escala social, era mais valorizado se fosse gentil.

CASAMENTO

Encontrando-me no banco, numa sessão trimestral do tribunal, um Juiz de Paz me conduziu para um lado e perguntou-me se eu me casaria com uma mulher que valia vinte mil esterlinos. Eu já havia visto essa dama, embora nunca houvesse falado com ela; e, com base nisso, prontamente aceitei o oferecimento.

Este depoimento foi deixado por Guise, gentil-homem rural, que procurava uma esposa. Poucas ofertas eram assim rapidamente aceitas, mas era comum que os representantes dos dois lados disputassem duramente os pormenores dos dotes. O amor ou a atração mútua para o casamento raramente era levado em consideração. O casamento aristocrático era calcado nos interesses financeiros. Mas também jovens de boa família caçavam e se ofereciam abertamente às ricas herdeiras, e até punham anúncios nos jornais, citando a quantia mínima necessária.[36]

Os casamentos entre a nobreza, debilitada financeiramente, e a classe dos comerciantes aumentou; os títulos podiam ser trocados por dinheiro. O filho da duquesa de Chaulnes recusava-se a casar-se com uma mulher rica, porém de classe média. Sua mãe explicou-lhe que "casar-se vantajosamente com alguém por baixo é apenas colocar esterco para fertilizar a terra que se tem". E Sir Anthony Absolute, em *Os rivais*, de Sheridan, diz ao filho que se queixara da feiura da mulher com quem ia se casar: "Que vida, senhor! Se ficas com a propriedade, precisa aceitar o gado existente nela."[37]

Pode-se casar também por um tamborete — sobretudo se está situado na antecâmara da rainha. Apenas as "duquesas de tamborete" tinham efetivamente o direito de sentar-se na presença da soberana, e esse direito

48

deve ter contribuído para a determinação de mademoiselle de la Mothe em se casar com o duque de Vendadour, corcunda, debochado e gastador. É conhecida a frase de madame de Sévigné, ao ver que não se havia dado um tamborete à novíssima duquesa: "Ora, essa! Dai-lhe um tamborete, custa-lhe bem caro".[38]

Se o casamento entre pessoas de diferentes níveis econômicos com o objetivo de adquirir fortuna não era uma base sólida para a felicidade conjugal, também não o eram as paixões ardentes ou as concepções românticas do amor. O amor, se aparecesse só, seria bem-vindo depois do casamento, como mostra o caso de mademoiselle d'Aquéria.

Em 1748, ela abandona o convento para ser apresentada a um jovem. No regresso desse encontro — a sua primeira saída —, escreve à mãe as suas impressões: "Não sinto qualquer repulsa, é impossível senti-la. Espero que, se estivermos unidos nesse tempo, me deixe arrastar pelo prazer de amá-lo." A ausência de repulsa pelo marido que lhe é destinado é suficiente para deixar desabrochar o amor, mas só depois do casamento. O amor é um sonho que uma moça sensata sabe que é inacessível.[39]

MARIDOS E ESPOSAS

No século XVII, o marido continuava a ser reconhecido como o senhor incontestável do lar. Assim como o rei governava os súditos, a hegemonia do marido sobre a família era vista como decisão da natureza. A esposa, não mais considerada uma tentadora devassa, era companheira bem-vinda, desde que se lembrasse de que era parceira *menor*. O espancamento das esposas era legal, mas nem sempre bem-visto. Na Inglaterra, em 1674, o Lord Presidente do Tribunal Hale determinara, em um caso de espancamento da esposa, que "o castigo moderado não significa espancar, mas apenas repreender e confinar em casa".[40]

Os especialistas em casamento insistiam em que as mulheres aceitassem os erros dos maridos e assumissem a culpa para tornarem-se amadas e indispensáveis. O marido nunca é realmente responsável por qualquer defeito de caráter, pelo que afirma um livro escrito por Lady Seymour, pseudônimo de John Hill. Se for infiel, isso se deve à esposa ou a más companhias. E ele não deve ser levado ao adultério pelas apoquentações femininas.

O marido irritado devia ser perdoado porque, sem dúvida, as questões externas o perturbavam. No caso da esposa, naturalmente, tal pecado mostra-se imperdoável. Afirmavam que as mulheres tinham um cérebro úmido, responsável por suas deficiências. O cérebro seco do homem explicava seu juízo superior. O homem comum concordava com Charles II, que, quando um homem se gabou pelo fato de a esposa compreender grego e hebraico, resmungou: "Ela sabe fazer pudim? Isso é sabedoria bastante para vossa esposa."[41]

Um pouco mais de liberdade para as mulheres

Murstein nos mostra como, aos poucos, a liberdade das esposas foi aumentando.[42] Um movimento de direitos femininos começou a surgir e exprimiu preocupação pela desigualdade do contrato matrimonial. O casal podia ter mundos sociais distintos. Algumas esposas se divertiam: iam ao teatro, dançavam, frequentavam até os bailes de máscaras, sempre muito procurados, desacompanhadas ou com outras companhias. Sua independência chegava ao ponto de ser satirizada. Sugeriam aos maridos que erigissem uma estátua a qualquer um que pudesse levar as damas a regressarem a seu papel tradicional.

O protocolo demonstrava a falta de comunicação entre os sexos. Boswell, por exemplo, desgostava muitíssimo de ser chamado "Jamie" pela afetuosa esposa. Insistia no mais correto: "Sr. Boswell". La Rochefoucauld observou que na Inglaterra, quando as damas se retiram das mesas de jantar, "é quando começa a diversão verdadeira — não existe um só inglês que não se encontre supremamente feliz nesse momento. Passa-se a beber... os brindes começam... a conversa pode ser tão livre quanto se possa imaginar...".

As escritoras queixavam-se da grosseria masculina, mas ofereciam poucas soluções verdadeiras para a falta de contato entre os sexos. A Sra. Piozzi sugeria aos homens que dessem mais crédito à mente das esposas e fizessem confidências a elas. A Sra. Chapone ia contra a ideia de Swift de que as esposas jamais deviam ter amigas. Na verdade, a luta pela igualdade entre marido e mulher era bem limitada. Afinal, se os maridos as desrespeitassem, elas eram orientadas a se voltar para a religião e os filhos à procura de conforto, e não se queixassem.

Os homens liberais que defendiam a "igualdade" evitavam qualquer menção a colocarem o poder nas mãos femininas. Um deles, por exemplo, aconselhava os maridos a não se barbearem na presença das esposas, não se apresentarem com roupas sujas e barbas grandes após alguma viagem. A primeira tentativa institucional de alguma aproximação da igualdade entre marido e mulher ocorreu com o aparecimento da Sociedade de Amigos (Society of Friends).

Seus votos matrimoniais não incluíam a promessa, por parte da esposa, de obedecer ao marido; em vez disso, cada qual prometia amar e fazer carinho no outro. Contudo, o movimento parece não ter alterado muito o modelo de casamento do século XVIII.

Sexo no casamento

O ato sexual não exige intimidade. O casamento incluía a união dos corpos, não necessariamente por desejo, mas por dever. Assim, nos casamentos por interesse, o sexo era uma espécie de masturbação a dois, não havendo intimidade afetiva. Se os cônjuges não confiam um no outro, a amizade está ausente no casal. "A esposa é chamada de 'amiga', pois seria quase uma afronta não lhe dar esse título. No entanto, não é desconhecido o tratamento 'senhora' reservado à esposa. Se o casal não tem intimidade, suas relações são civis."[43]

Aos poucos, vai surgindo uma novidade: o direito da esposa ao prazer. Com a mulher cada vez mais fechada no casamento, o orgasmo, talvez uma concessão a ela, começou a ser pensado como algo lícito em si mesmo, e não unicamente como indispensável à procriação. Aparecem livros falando de sexo. Um francês, Dr. Nicolas Venette (1633-1698), rompe com a tradição vigente. Publica em 1686 o *Tableau de l'amour conjugal* (Quadro do amor conjugal). O livro tem imensa influência em toda a Europa; mais de trinta edições e traduções para diversas línguas.

O médico afirma que a simples visão de um pênis enlouquece a mulher de desejo, mas ele admite que o desejo intenso é partilhado igualmente pelos dois sexos. Para ele, o homem jovem é um devasso e a mulher busca o amor constantemente, porque seus órgãos genitais a tornam insaciável. Ele recomenda a primavera como a melhor ocasião para o sexo. O inverno tende a congelar os órgãos genitais e também arrefece o ardor da maioria das mulheres. O verão e outono são aceitáveis, embora não muito favorecidos.

O Dr. Venette observava que o fígado, contendo fogo e enxofre, era a sede do amor. Os homens, com impulsos sexuais fortes, se satisfazem e se esgotam mais depressa. Eram tidos como possuidores de rins tão ardentes que inflamavam os órgãos vizinhos e ressecavam o crânio, causando assim a calvície prematura. O homem de nariz grande, ao que observa o médico, terá grande órgão sexual. As mulheres, para ele, são caprichosas, ciumentas, vaidosas e menos capazes de se controlar. As com seio flácido são geralmente lascivas.[44]

Na França, a esposa podia se divorciar do marido se fosse capaz de provar sua impotência. Mas para aquelas que não queriam abandonar os maridos, mas desejavam aumentar-lhes o ardor, recomendava-se dar a eles alimentação com muitas gemas de ovo, testículos de galo, camarão, ostras, chocolate e leite. O Dr. Venette preferia rins de crocodilo egípcio em pó diluído no vinho, mas reconhecia pessoalmente que o transporte era complicado.

Venette aconselha insistentemente a prática do ato sexual: aos homens para preservar a saúde e evitar morte súbita; às mulheres para afastar a melancolia, a histeria, a anemia e a "doença verde" — constipação provocada nas mulheres pelo receio de soltar gases em público. Ao mesmo tempo, ele recomenda fugir dos excessos ou do veneno da sensualidade, alegando que as espécies animais mais lascivas, como a lebre e o pardal, são aquelas cujos representantes vivem menos tempo.

Quanto às posições no ato sexual, ele prefere a posição clássica, o homem sobre a mulher, como a mais natural e voluptuosa. Mas também aconselha as de lado e por trás. Neste caso, é ousado ao contrariar as vigorosas condenações dos teólogos, insistindo nas suas vantagens, porque "a matriz é muito mais bem situada para a concepção", sendo que o sêmen escorre naturalmente para o fundo, mesmo que, segundo ele, o gozo seja menor. Venette rejeita toda ejaculação extravaginal, o sexo anal para ele é um "crime enorme", por ser impossível a concepção, e se indigna com o "comércio impuro" da felação, que produz, segundo ele, verrugas na glande.

Embora desculpabilize o prazer, ao substituir a condenação do pecado da carne, quando não inteiramente a serviço da procriação, por uma visão mais tranquila, Venette reforça a moral matrimonial. Insiste na necessidade de moderação tal como os confessores antes dele e preserva os dogmas referentes à desigualdade entre os cônjuges, que reforça a dominação do homem no casamento e na sociedade. O sucesso duradouro de sua obra deve-se, provavelmente, a uma mistura de tradições paternalistas e novidades agradáveis de serem lidas e praticadas pelos casais.[45]

NOVO IDEAL DE COMPANHEIRISMO

No final do século XVIII, próximo à Revolução, algumas esposas colaboraram bastante com a carreira de seus maridos. Entre elas estava madame Lavoisier. Há uma famosa pintura do senhor e senhora Antoine Lavoisier, feita por Jacques David, em 1788, na qual o químico está sentado à sua mesa, com a mão segurando uma caneta e fitando a sua esposa, Anne, enquanto ela observa algo fora dos limites do quadro. A importância dessa pintura é contrastar com a representação de outros casais, em que a mulher olha apaixonadamente para seu marido enquanto ele observa o mundo externo. A pintura do casal Lavoisier mostra o novo ideal de companheirismo dentro do casamento, baseado na afeição e no respeito.[46]

Anne era pintora, mas colocava sua arte a serviço dos estudos científicos do marido e era lembrada como sua musa e assistente. Após a morte de Lavoisier na guilhotina, em 1794, ela continuou a se envolver na publicação e ilustração do seu trabalho. A esposa como companheira de um "grande homem" é um dos papeis que poucas mulheres privilegiadas começaram a desempenhar com mais destaque na Europa do século XVIII.[47]

ADULTÉRIO

Madame d'Épinay recusou vários homens que não lhe agradavam para fazer um casamento por amor. Teve uma lua de mel de sexo tão intenso que chocou seu *entourage*... Depois disso, o marido voltou ao código aristocrático do casamento. Acreditando que já cumprira seu papel, começou a ter amantes. Ela se desesperou, chorou e gritou. Sua mãe interveio e pediu-lhe que pedisse desculpas ao marido. O amor aristocrático do Século das Luzes era assim: reivindicava-se uma união em que houvesse sentimento, mas os casamentos arranjados predominavam, como também os hábitos masculinos da nobreza.[48]

Como não havia envolvimento emocional entre marido e mulher, eles desfrutavam de grande liberdade após o casamento. Não era raro abrirem-se para o mundo das aventuras amorosas. Se o marido colecionava amantes, a mulher também podia seguir vida social independente e, às vezes, ter amantes com aprovação tácita do marido. A maior parte da nobreza europeia cultuou a amante fixa e estável. A seguir, alguns dados interessantes do adultério na aristocracia e na burguesia.[49]

Lady Montagu, visitando a corte de Viena em 1716, observou que a maioria das damas nobres tinha dois maridos: um no nome e um no dever. Pouco era mantido em segredo nessas questões — alguns casos duravam vinte anos, e era considerado indelicado convidar uma mulher para jantar com apenas um dos maridos. Os amantes tornaram-se partes do casamento e os maridos não ficavam ofendidos. As amantes francesas muitas vezes eram apresentadas na Ópera por seus companheiros.

O adultério nos círculos reais era tão aceito que na Inglaterra, quando as pessoas vaiaram uma carruagem, acreditando que nela se encontrava a amante do rei, Louise de Kéroualle, isso não ocorreu porque ela era adúltera, e sim por ser católica e francófila. Na verdade, dentro da carruagem, nesse momento, encontrava-se Nell Gwynn, outra amante do rei, muito mais benquista pelo povo. Ela enfiou a cabeça pela janela e, em seu próprio estilo descontraído, berrou: "Silêncio, boa gente. Eu sou a prostituta protestante."

Na burguesia era totalmente diferente. Como a moça de classe média tinha mais chance de participar da escolha do cônjuge, talvez a motivação para o adultério fosse menor do que na aristocracia. Seu marido tinha mais liberdade, era invejado e admirado por ter amantes. As ligações extraconjugais que ocorriam provocavam mais culpa do que no meio da nobreza. Além disso, a mulher cujo adultério fosse percebido tornava-se desonrada. "Na sociedade parisiense, há um segredo público: todos sabem que todos têm casos, e todos sabem também que não lidar de maneira discreta com isso poderia significar a própria morte social. Isso vale principalmente para as mulheres, cuja reputação se perde mais rapidamente do que sua inocência."[50]

Em 1650, o parlamento inglês puritano adotou medidas mais sérias a respeito das atividades sexuais. O adultério passou a ser passível de pena de morte, embora a maioria fosse absolvida. Na França, a ação legal ficava exclusivamente nas mãos do marido. Ele, que desfrutava diversas amantes, podia querer estender o mesmo privilégio à esposa se a mesma fosse discreta e tivesse um amante distinto. Mas a esposa não podia nem de longe agir de modo independente.

Diante da prova de adultério, o marido podia obter uma *lettre de cachet*, enviar homens armados para tirá-la à força da residência do amante e depositá-la em convento adequado para que se arrependesse. Tinha o direito de decidir recebê-la de volta a qualquer momento, durante um período de dois anos. Depois disso, se ele não a buscasse no convento, a cabeça dela seria raspada, sua estada estendia-se a confinamento perpétuo e sua fortuna era dada ao marido com a estipulação de que lhe pagasse uma pensão de manutenção anual. A esposa, no entanto, não podia encarcerar o marido por transgressão semelhante, afinal ele não podia trazer filhos ilegítimos para a família.

Divórcio

No século XVIII, houve uma grande mudança: o divórcio foi incrivelmente liberal. Era possível se divorciar com o consentimento mútuo (em menos de dois meses, bastando para isso a realização de uma assembleia de família), por incompatibilidade de gênios (seis meses) ou por diferentes motivos reconhecidos: demência, condenação penal, abandono, ausência, desregramento de costumes, emigração, sevícias ou crime... E a esposa tinha direito igual ao do marido. Essa lei liberal criou a oportunidade de se inventar um casal igualitário.[51]

Muitas mulheres aproveitaram para se verem livres de maridos indesejados. Mas não era assim tão simples. Um bom exemplo é Delphine, heroína do romance de madame de Staël. Ela era viúva de um ardoroso defensor de ideias revolucionárias, mas se apaixona por um homem medíocre, bastante preconceituoso, que acaba se casando com uma mulher muito religiosa. A relação é conturbada. Delphine entra para um convento e pronuncia os votos. O amante é fuzilado pelo exército revolucionário, e ela toma veneno. Ambos poderiam ter se libertado: o divórcio já era legal e os votos monásticos podiam ser anulados. Eles poderiam ter vivido juntos, mas não o fizeram.[52]

FORMAS ESTRANHAS DE DIVÓRCIO

Em Londres, após prévia combinação, o marido podia efetuar a venda pública de sua esposa. Essa prática foi registrada de 1750 a 1850. Um certo Thomas Carter, obrigado a se casar em 1777 com Rebeccah Riddle, após ela ter dado à luz um filho bastardo, deixa-a e depois compra Mary Collingham do marido por uma garrafa de cerveja, em 1783. Os jornais começam a falar desse costume por volta de 1730.

Um marinheiro, ao voltar da China, encontra sua mulher casada com outro. Consegue que o rival a devolva a ele, muda de opinião e acaba vendendo-a por duas libras de salsicha e mais uma quantidade de gim. A partir de 1790, o ritual público torna-se mais elaborado, com o acordo do comprador. Thomas Parsons leiloa publicamente a mulher com quem teve dois filhos em cinco anos de união. Leva-a por uma coleira até uma casa pública de Whitechapel onde a cede por um galão de cerveja ao cliente, que fechara o negócio previamente com ele.

Um outro expõe no mercado a esposa amarrada pela cintura durante 15 minutos, depois a entrega por um guinéu àquele que a queria, pois um advogado advertira aos dois que o negócio não seria válido se não fosse concluído em praça pública. Em alguns casos, a venda era feita para quem oferecia mais.

CIÊNCIA DE SI

As coerções tradicionais — justiça arbitrária, sujeição ao pai, obediência ao marido — se enfraquecem. Os detentores da moralidade e os partidários do equilíbrio das paixões contribuem para uma alteração importante. Interiorização e repressão — mais insidiosa e persuasiva do que nos dois séculos anteriores — compõem lentamente a base de uma consciência de si. O tempo do medo do inferno cede lugar ao da compostura pessoal. O recalque e o sentimento de culpa pessoal se instalam como controle.

A mudança na forma de controle ocorre porque o sucesso crescente da pornografia contribui para desacreditar as autoridades, que não conseguem que suas interdições sejam aplicadas eficazmente. Como o casamento continua sendo a pedra de toque da sociedade, o erotismo mais excitante é o que permite sonhar com paraísos complementares, nos braços de prostitutas, de mulheres lascivas, mas sem procurar o que é cercado de tabus: masturbação, homossexualidade, relações anais, sexo oral, bestialidade...

VÍCIO E VIRTUDE

De 1700 a 1860 configura-se um período conhecido como sendo de vício e virtude. O historiador Robert Muchembled faz uma análise interessante do sexo no Iluminismo, que sintetizo nos itens a seguir.[53] O Século das Luzes, libertino, leviano, pornográfico, que na França contrasta com o período anterior, de grande rigor moral, estabelece uma visão controlada do prazer.

A Europa ocidental entra numa era diferente, a da revolução industrial. No interior das imensas metrópoles, que são seus motores, a decolagem econômica do século XVIII é precedida, depois acompanhada, por uma nova concepção da sexualidade. Como foi visto no capítulo anterior, a ética protestante na Inglaterra, a reconquista espiritual católica na França, a invenção da civilidade em toda a Europa já haviam contribuído para ensinar a alguns as virtudes da moderação e da contenção. Nos dois países — maiores centros urbanos do continente —, mais exatamente no centro de suas capitais, instala-se lentamente um modelo sexual destinado a dominar as concepções e as práticas ocidentais até os anos 1960.

Apesar de as gerações seguintes apresentarem características muito diversas, até mesmo enormes diferenças, não deixam de ser afetadas pela concepção da virtude empenhada em triunfar sobre o vício. Esse fato, adaptado a um universo citadino em rápida mudança, propõe uma filosofia do meio-termo, desvencilhada dos rigores punitivos, judiciais e penitenciários, preferindo-lhe a moderação pessoal resultante do autocontrole e do sentimento de culpa.

Uma sociedade de consumo começa a se formar lentamente. A vida dos que estão nos centros urbanos é bem diferente da vida dos que vivem no campo. A sexualidade manifesta-se com menos coerções morais, porém com mais inquietação e senso do efêmero, particularmente para os mais pobres. Os contrastes multiplicam-se, assim como as oportunidades de conviver com seres de diversas condições sociais. Comer, beber, fazer sexo adquirem sabores diferentes nas aldeias e nos castelos. Consequência dessa febre urbana, a pressão repressiva, teoricamente ainda forte, na prática se afrouxa.

A população de mais de meio milhão de parisienses ou londrinos oscila constantemente entre o vício, bastante comum, e a virtude, tão preciosa quanto rara, pois as realidades têm primazia sobre a lei e as convenções morais. Os que desejam afastar-se dos excessos para alcançar uma vida feliz cultivam o ideal virtuoso. Eles desejam marcar a sexualidade com o selo da moderação. Eis que chega o tempo do prazer controlado! O esforço resulta, entretanto, mais de uma decisão refletida do que de um medo do castigo ou do inferno.

A SEXUALIDADE DA MULHER

A prática crescente do duplo padrão masculino força a mulher a uma sujeição maior. A lei divina é substituída por um princípio "natural" de fraqueza, motivando a necessidade do casamento e da maternidade. Menos ligado à religião do que nos séculos precedentes, o dogma da inferioridade feminina passa a se expressar segundo duas variantes, justificadas por um amplo discurso social. Por um lado, trata-se de proteger a mulher casada contra as tentações e contra si mesma, confinando-a ao lar.

Por outro, isola-se a parte "maldita" da feminilidade para lançá-la sobre a imagem da prostituta. Esta, cada vez mais presente nas ruas urbanas, concentra unicamente sobre sua pessoa as características negativas, especialmente a perversidade e o insaciável apetite carnal que antes imputavam a todas as filhas de Eva. Ao mesmo tempo que é renovada a tutela que pesa sobre as esposas e as mães de família, é oferecido aos maridos o direito de frequentá-las.

A VALORIZAÇÃO DO PRAZER

A sexualidade varia cada vez mais em função da classe social. À primeira vista, o habitante de uma grande cidade da Época das Luzes tem múltiplas oportunidades de descobrir o prazer, numa sociedade enriquecida, confortável, luxuosa para os privilegiados. Tanto em Londres quanto em Paris, as classes superiores têm acesso a amplas possibilidades de diversão e de prazer sexual. Todos os rigores morais desaparecem, a partir de 1660 com a Restauração, na Inglaterra, e em 1715, na França. O sexo reina sobre a sociedade galante.

As aventuras amorosas beneficiam-se de uma grande indulgência coletiva e pouco acarretam sentimento de culpa. As convenções, no entanto, mandam que a linguagem utilizada não seja grosseira, mas filtrada através de modelos do ardor da paixão e do amor romântico. Polidez e sensibilidade permitem aceitar a expressão das paixões individuais quando estas não questionam a ordem social de maneira violenta. Sob essa condição, o prazer carnal torna-se um *must*, tanto para as mulheres quanto para os homens, particularmente nos círculos distintos.

Um longo período de "incrível hedonismo" precede os rigores vitorianos do século XIX. Embora não conste na Declaração dos Direitos do Homem de 1789, o direito ao prazer físico é claramente reivindicado. Urbanidade, polidez, razão e compostura são as melhores garantias daquilo que alguns começam a chamar de felicidade. Parece possível alcançá-la aqui, agora, sem retardar a aventura na esperança improvável de um paraíso cristão.

A ONDA PORNOGRÁFICA

Para tentar perceber a importância da mudança erótica no século XVIII, é preciso primeiro voltar-se para a invasão pornográfica. As obras pornográficas aparecem abruptamente por volta de 1650. Acelerada em seguida, ela impõe sua marca ao tempo dos filósofos, até se exacerbando na França sob a Revolução. Sua irrupção, que inicialmente traduzia resistências dirigidas contra o Estado e a Igreja, passa a recusar uma sexualidade por demais controlada. Afinal, a época viu modificarem-se profundamente as relações entre a alma e o corpo, dando ao "eu" uma importância maior e deslocando-o das margens para o centro da sociedade.

Uma revolução do desejo começa a se esboçar nos dois lados do canal da Mancha. Fundamental, mas abafada, ela acompanha o afrouxamento das coerções religiosas e políticas. Articula-se em torno de novas relações de gênero entre as duas partes da humanidade, e mesmo com um terceiro universo homossexual masculino em via de se definir em gueto. As novas interdições interiorizadas visam desviar o homem da homossexualidade, mesmo ativa, e mais ainda da masturbação, objeto de extraordinária ofensiva da repressão.

Os refinados, os aristocratas, os cortesãos conservam uma exuberância sedutora tão visível, tanto na França como na Inglaterra, que ela parece caracterizar o século XVIII para torná-lo o da pornografia e do erotismo. O mais forte ímpeto para a mudança vem, entretanto, dos que buscam um equilíbrio harmonioso das paixões, um caminho do meio a fim de alcançar a felicidade. Embora seus esforços não impeçam a corrida para o prazer de muitos de seus contemporâneos, eles estabelecem um princípio de autocontrole do prazer que corre paralelamente à "civilização dos costumes", mas sob a forma de uma linha sinuosa e não ascendente, sendo que a virtude nunca consegue triunfar sobre o vício por muito tempo nem completamente...

UMA LITERATURA DE TRANSGRESSÃO

Nos anos 1650-1690, a mensagem pornográfica é elaborada ao mesmo tempo que o novo discurso científico e nos mesmos lugares: as grandes cidades onde as relações sociais estão em via de se transformar, em que as existências são mais individualizadas, em que há a necessidade de perceber seu próprio ser. O enfraquecimento do conceito de pecado, também ligado aos fenômenos urbanos e científicos, tem igualmente um papel importante.

Em toda a Europa, principalmente em Amsterdã, Paris e Londres, emerge a nova ideia de que a natureza e os sentidos devem ser preferidos às leis defendidas pelas autoridades estabelecidas, para se livrar da marca de uma sociedade baseada unicamente na hipocrisia ou na aparência. O enrijecimento da censura política, religiosa e moral sobre o que é escrito e o aumento da repressão sexual fazem surgir, paradoxalmente, essa literatura pornográfica.

A pornografia do século XVIII pode ser definida como a apresentação escrita ou visual de todo comportamento sexual que viola deliberadamente os tabus morais e sociais aceitos. De 1660 a 1800, o interesse pelo assunto só faz aumentar. Numerosas traduções de autores antigos ou contemporâneos, particularmente franceses, são publicadas. Além de seu efeito de resistência às ditaduras morais e religiosas, a pornografia atrai uma intensa curiosidade, que já não consegue se alimentar facilmente com os espetáculos de rua nem nas obras impressas. O gênero, portanto, faz furor por baixo do pano. Transformado em voyeur, o leitor pode estremecer de inquietação sem enfrentar os rigores punitivos prometidos aos que se entregam realmente a tais torpezas.

A repressão funciona mais como um instigante do que como uma força realmente dissuasiva. Apesar da vigilância política e das apreensões de obras proibidas, o comércio de livros e de imagens pornográficas é extremamente ativo. A cultura de rua de Paris tem um grande espaço para o comércio do sexo sob todas as formas. Guias cor-de-rosa permitem encontrar os endereços dos bordéis e das prostitutas.

O MERCADO DO DESEJO

Geralmente considerado saturado de clichês ou estereótipos, o duplo padrão reina nesses livros ousados que não questionam os papéis sexuais masculinos e femininos, imobilizados há muitas gerações. A pornografia, no entanto, não para de se modificar, de se adaptar ao tempo que passa, durante o século dos filósofos. A contagem das obras eróticas é difícil de estabelecer. Um pesquisador sugere 25 títulos franceses de 1714 a 1749; outro conta 22 de 1741 a 1797. A maré pornográfica parece acalmar-se um pouco, no país, no final do reinado de Luís XV, para voltar vigorosamente no início do seguinte.

Longe de represar a onda, a Revolução Francesa exacerba o gosto do século pela sexualidade. Não só o número de publicações aumenta intensamente, como surge uma nova insistência no "vício", inicialmente na crítica social e política do *Ancien Regime*, em seguida numa perspectiva mais libidinosa de questionamento de todas as interdições. O movimento ganha toda a Europa ocidental e forja lentamente o sentido atual da palavra "pornografia". Utilizada pela primeira vez na França em 1769, por Réstif de La Bretonne, para designar um escrito que falava da prostituição, ela define algo muito diferente em 1806: os textos ou imagens que perturbam a ordem social e infringem a moralidade.

A pornografia do século XVIII se utiliza de diversos suportes para difundir suas mensagens, particularmente a poesia, a piada, a prosa, a imagem. Ela pode também se alojar sub-repticiamente no canto de um quadro, mostrar-se disfarçada para enganar a vigilância dos censores. É o que se costuma chamar de espírito do século XVIII, leviano e libertino, escondendo a malícia sob as falsas aparências da polidez, da devoção e da obediência

Masturbação

Há especial repressão à masturbação. Até então considerada banal, às vezes até característica da sexualidade juvenil camponesa enquanto se esperavam as núpcias, cada vez mais tardias, o "prazer solitário" torna-se verdadeiramente um tabu no início do século XVIII, na Inglaterra. Instala-se, por muito tempo, na reprovação dos bem-pensantes. Um jurista francês, em 1630, dizia resignado que é bem difícil identificar a "volúpia ou a imundície daquele que se provoca e se incita a uma poluição, até lançar seu sêmen".

Textos médicos indicam que o onanismo — termo que se refere ao pecado de Onan — tornou-se um problema importante. Os redatores são veementes quanto às consequências. Eles afirmam que a prática arruína as forças, sobretudo as dos jovens, cujo crescimento se torna mais lento, e que causa doenças, especialmente epilepsia ou convulsões, até mesmo a morte. Na França, a campanha antimasturbatória adquire um aspecto diferente, pois o "doente" é apresentado por Rousseau como uma vítima da ordem social depravada que desvia o homem de sua verdadeira natureza.

Nessa guerra contra o prazer, o suíço Tissot lança, em 1760, a condenação científica dessa prática no seu tratado *Dissertação sobre as doenças produzidas pela masturbação*. "Que me permitam aqui uma pergunta: aqueles que matam com um tiro de pistola, que se deixam afogar ou que se enforcam, são mais suicidas que esses homens masturbadores?", indagava o autor. A partir daí foi desenvolvida uma absurda literatura médica, com uma extravagância nunca igualada.

Homossexualidade

O modelo sexual adotado em Paris, Amsterdã e Londres se baseia numa nova visão da masculinidade, levando ao casamento dentro do quadro do lar burguês. No Século das Luzes, as sociedades europeias proíbem a prática homossexual. Até então ela era objeto de certa compreensão, pois a virilidade daquele que ostentava uma atitude ativa com um jovem ou um homem passivo não era questionada. Em Londres já não era mais assim quando triunfa a interdição absoluta de todo contato sexual com uma minoria de adultos afeminados, qualificados pejorativamente como *mollies*, concentrados em locais específicos e apresentando-se como um verdadeiro terceiro "gênero" sodomita. Uma ansiedade crescente a esse respeito turva intensamente a definição e a percepção do sexo masculino.

Fora da vagina é proibido

A exigência de "moderação" dos apetites sexuais para alcançar a felicidade, o banimento da masturbação e da homossexualidade atingem então essencialmente os homens, porque se trata de formar seus membros para desejar apenas gozos vaginais. O tabu absoluto quanto às duas práticas tem origem na interdição religiosa de desperdiçar o sêmen fora do recipiente natural próprio para recebê-lo, em nome da qual se queimavam homossexuais nos dois séculos anteriores.

Embora já não houvesse esses castigos, a luta contra a masturbação e a homossexualidade intensificou-se, dirigindo-se contra a totalidade dos homens para culpabilizá-los e não mais contra algumas exceções punidas como exemplo. A sexualidade masculina lícita só pode se exercer com mulheres. Os detentores da nova moral concentram sua hostilidade e seus medos num grupo de indivíduos, considerados por eles anormais, porque gozam fora da vagina.

Eles são tomados como bodes expiatórios por transgredirem a interdição principal. Com a rejeição à masturbação e à homossexualidade, a masculinidade ideal reorienta-se para as prostitutas e os bordéis. A prostituição então é incentivada, pois constitui uma prova de virilidade.

Prostituição

O resultado mais evidente dessa mudança refere-se à explosão da prostituição e, como consequência direta disso, à expansão galopante das doenças venéreas, a partir de 1690. Elas afetam primeiro principalmente os libertinos, donde seu nome genérico de "mal do gentleman", mas depois, por volta de 1790, se estendem a toda a população, até os mais pobres. Surge então uma crença popular: as relações sexuais com uma virgem permitem curar as afecções venéreas. A partir de 1720, a multiplicação dos raptos de meninas pré-adolescentes de 13 anos ou menos é atestada nos arquivos judiciários.

No reinado de Luís XIV havia um grande exército em serviço. As prostitutas não eram apenas distração; constituíam uma ameaça. Elas disseminavam as doenças venéreas que dizimavam a capacidade de luta dos soldados. Luís XIII se contentara em chicotear e raspar a cabeça de qualquer prostituta, mas Luís XIV, diante da manutenção de suas forças militares muito maiores, emitiu um édito em 1674.

Nele, qualquer prostituta apanhada com um soldado a menos de oito quilômetros de Versailles podia ter cortados as orelhas e o nariz. O abrigo das prostitutas era a Ópera, ou a Comédie Française, já que o emprego nas artes isentava as mulheres de pagarem multa e terem as cabeças raspadas.

A MEDIDA DO SEXO

Muchembled nos lembra que as sociedades nunca evoluem em bloco. No século XVIII, libertinos e puritanos coexistem. O mesmo ocorre no século seguinte, sendo os vitorianos capazes de se divertir bastante ou de ter uma vida secreta, ao passo que a pornografia, cada vez mais atacada, nunca arrefece.

O apelo à liberdade se impõe claramente, sem ainda modificar a trama cultural. Na esfera do prazer, que convoca expressamente as relações entre os sexos e a questão do casamento, as censuras morais e religiosas se enfraquecem nitidamente. Os controles reaparecem, no entanto, sob outras formas, para asfixiar o prazer, a fim de que não se revele por demais destruidor para a sociedade.

Os cidadãos urbanos são os primeiros a experimentar a força da sublimação, a partir de então não mais reservada apenas aos atletas de Deus, numa vertente cultural que conduz à nossa época e, em caso de patologia, ao divã dos psicanalistas. Entretanto, a antiga moral dos nobres do excesso e da magnificência, do consumo desenfreado, continua inspirando os que recusam a culpa. Os libertinos emergem desse universo.

OS LIBERTINOS

A libertinagem foi uma resposta ao clima de repressão sexual da Renascença. A Igreja e o Estado conseguiam controlar o povo, mas não a aristocracia, que continuava com uma grande autonomia. Os libertinos, surgidos na França, sintetizam um estilo de vida da corte de Luís XIV, o Rei Sol. Os bailes e as festas eram uma incitação ao adultério, modelo propagado pelo rei em pessoa. A liberdade sexual, vivida nos bastidores, era considerada um privilégio aristocrático. A libertinagem é basicamente uma apologia do prazer individual, com o que contém de antissocial. No século XVIII, tornou-se moda.

Os libertinos constituíam um grupo de intelectuais e escritores que exploravam temáticas reprimidas pela moral da época. Restif de La Bretonne, Choderlos de Laclos e o marquês de Sade são os principais nomes entre os literatos. Obras como *Anti-Justine*, de La Bretonne, *Ligações perigosas*, de Laclos, e *Contos libertinos*, do marquês de Sade, apenas refletem práticas das elites da Idade da Razão.

Sade defendia que o desejo é uma imposição da natureza e o homem é um ser natural, portanto, nada pode sobrepor-se ao prazer. Seus textos debocham da civilização cristã que dominava a época. Outros literatos, como Laclos, em *Ligações perigosas*, como vimos no início deste capítulo, fazem com que seus personagens sofram pela opção libertina, enredando-se nos efeitos de seus atos.

Reay Tannahill assinala que a libertinagem era um jogo para os ociosos, em que a dama tanto podia ser uma nobre como uma dançarina. Um *affaire* compreendia quatro estágios — seleção, sedução, sujeição e separação — e, embora alguns, como Casanova, encarassem o terceiro como o mais doce, o homem realmente sofisticado sabia que o ponto alto do drama surgia com o rompimento final, o momento da cruel verdade.

Havia uma depravação calculada envolvendo o jogo amoroso, a qual é claramente percebida na literatura do período, em sua maioria escrita por homens que não pertenciam aos círculos palacianos, mas que tinham alguma oportunidade de observá-los. Todas essas novelas eram obras de extrema sensualidade, amplamente preocupadas com a tortura física ou mental de jovens inocentes e justificadas pelo argumento de que a virtude triunfa no final, mesmo que no último parágrafo.[54]

Ser libertino era uma definição dúbia. Podia-se estar imbuído do espírito libertino, forma intelectual de encarar a existência, acreditando nos valores propostos por Diderot e Voltaire contra a moral hipócrita da nascente burguesia e da aristocracia. Mas podia-se também viver na libertinagem erótica, entre mulheres e farras, praticando todas as formas de prazer hedonista, desdenhando da moral e dos bons costumes, embalado pelos vícios. "Segundo Crébillon, escritor do século XVIII, o libertino se serve do amor para assegurar o triunfo da sua fantasia, erige a inconstância em princípio e só se interessa pelo prazer. Não dá a menor importância ao sentimento na conquista amorosa. A sua única meta é seduzir as mulheres, romper depois com elas e tornar público este triunfo. Para o libertino, nada se passa no segredo dos corações e nem deve ficar contido no espaço da alcova. A indiscrição é uma obrigação absoluta. Do ponto de vista dele, o espírito tem as suas leis, que não são as do coração, e as razões do coração diferem fundamentalmente das razões do corpo."[55]

Eliane Robert Moraes, autora de vários livros sobre o tema, nos diz que, no estilo de vida dos libertinos, os prazeres dos sentidos, do olfato, do paladar e o refinamento dos costumes fazem parte de uma linguagem que diferenciava a corte dos burgueses. Casanova, Sade e o personagem literário Don Juan encarnam esse período onde a busca da felicidade está ligada à sucessão dos prazeres sem limite.[56]

Don Juan

A partir da segunda metade do século XVII, o aumento da riqueza proporcionou mais tempo para o lazer, e o amor tornou-se um esporte. Poetas e dramaturgos, nos principais países da Europa, se sentiram atraídos pela história de Don Juan Tenório, aristocrata espanhol lendário de Sevilha, do século XIV.

Na lenda, Don Juan é um libertino, que se satisfaz seduzindo mulheres, e consegue ter mais de mil conquistas sexuais. Atrás de si deixa um rastro de corações partidos. Decidido a seduzir a jovem Donna Ana, ele é descoberto pelo pai dela, o comandante da guarnição militar de Sevilha, que o desafia para um duelo. Don Juan o mata e foge. Mais tarde, visita a sepultura da vítima. Lá, uma voz vinda da estátua lhe avisa que será castigado pelo que fez. Don Juan, de brincadeira, convida o morto para um banquete, ao lado de sua estátua. O monumento de pedra adquire vida e pede para apertar-lhe as mãos. Quando ele estende o braço, é lançado ao inferno pelo comandante.

Don Juan ficou conhecido como um homem frio, sádico e destruidor de reputações femininas, o que fascinava a sociedade. O jogo consistia em uma espécie de sedução, no qual a mulher era conquistada para ser logo depois impiedosamente rejeitada. Poetas e dramaturgos ampliaram suas aventuras, e a elas acrescentaram as suas próprias fantasias, até o ponto de fazer com que essa figura imaginária se tornasse bem real.

A narrativa, de 1630, é atribuída ao espanhol Tirso de Molina e recebeu o título original de *El Burlador de Seville y el Convidado de Piedra* (O libertino de Sevilha e o convidado de pedra). A famosa habilidade de Don Juan em seduzir as mulheres fez com que essa narrativa ficcional, cuja origem remonta ao século XIV, servisse de inspiração, ao longo dos séculos, a inúmeras adaptações literárias, teatrais e operísticas. São muitas as versões que recebeu desde o século XVII. O dramaturgo francês Molière adaptou a história para teatro, em 1669, e a intitulou *Don Juan ou Le festin de pierre*. Em 1787, Wolfang Amadeus Mozart criou a ópera *D. Giovanni*. Richard Strauss a transformou na peça sinfônica *Don Juan*, em 1889, e Bernard Shaw fez dela comédia, em 1903, com o título de *Man and Superman*.

Nem todas as sociedades que baseavam o casamento na negociação de propriedades produziram o donjuanismo. No século XVIII, entretanto, a situação foi agravada pela ideia de que o homem devia — e podia — subjugar e reprimir todas as suas emoções. Sempre existiram narrativas de sedutores, mas foi preciso que surgisse a Idade da Razão para exaltar o arquétipo, detestando-o e admirando-o ao mesmo tempo, temendo-o e imitando-o a todo instante. Na sua negação dos valores medievais e cristãos, os descendentes da mesma aristocracia, que haviam outrora idolatrado o mítico Tristão — adorador cortês, sincero e que aguentava longos sofrimentos —, agora idolatravam o mítico Don Juan — lascivo, falso e sádico.[57]

O interesse pelo mito de Don Juan demonstra a força do argumento: um herói tragicômico que se dedica à sedução. Mas é importante acrescentar que Don Juan, embora descreva a trajetória de um libertino, encerra uma crítica moral à libertinagem. A lição moral predomina sobre a figura do libertino, como uma advertência sobre os limites da liberdade amorosa.

O mais conhecido dos libertinos, e o único que escreveu um registro completo das suas experiências amorosas, foi o aventureiro veneziano, cavaleiro de Seingalt, Giacomo Girolamo Casanova (1725-1798). Ele era filho de atores do grupo Calle della Commedia. A sua paternidade era por ele mesmo contestada, dizia-se, e é provável que seu verdadeiro pai fosse o nobre Michele Grimani, dono do teatro aonde trabalhavam seus pais. Nessa época, era comum as atrizes se prostituírem e os atores se tornarem cafetões. Seus pais o abandonaram quando ele tinha apenas 1 ano de idade. A avó materna, de má vontade, foi incumbida de criá-lo.

Giacomo graduou-se pela Universidade de Pádua, com o título de doutor em leis. Tornou-se um arrivista utilizando os mais variados expedientes para a ascensão social. Um deles foi a conquista de damas bem-nascidas. Casanova nunca se casou. Foi associado a uma "vida de perversão", de perpétua ilusão, e à ausência de laço familiar ou responsabilidade com a sua prole.

Atividades profissionais

Elegante e eloquente, logo que aparecia em algum lugar obtinha sucesso social, abrindo caminho para uma excelente posição ou para um posto de confiança. Entretanto, depois de algum tempo descobria-se que havia tomado parte de alguma operação fraudulenta, e fugia para começar novamente em qualquer outro lugar. Juntou e perdeu fortunas.

Intelectual, de saber enciclopédico, foi secretário de um embaixador, oficial militar, fundador da loteria estatal, espião, sacerdote, violinista, dançarino, fabricante de sedas, cozinheiro, dramaturgo, cafetão, mago-adivinho e jogador, para citar apenas algumas profissões. Escreveu 42 livros, entre eles um romance de ficção científica em cinco volumes, além de peças, tratados filosóficos e matemáticos, libretos de ópera, obras sobre calendários, leis canônicas e geometria cúbica. Traduziu a *Ilíada*, de Homero, para o italiano moderno, foi refinado gourmet e praticante da cabala. Amigo de imperadores, papas e mendigos, travou duelos, foi ladrão que entrava pelas janelas, passou anos na prisão e muitas horas embriagando-se com a nobreza. Desfrutou também da companhia de Rousseau, Voltaire e outros pensadores.

A primeira experiência sexual

Assim como seus negócios, seus casos de amor também eram marcados pela canalhice, pela ostentação e pela necessidade de mudança rápida e constante. A sua primeira experiência sexual completa foi realizada com duas irmãs, ao mesmo tempo. Os três gostaram do episódio, e Casanova mostrava-se sempre disposto a repeti-lo. Quando chegou a uma idade avançada, meditou sobre isso: "Consegui os meus melhores resultados, entretanto, atacando noviças em companhia de outra mulher, porque princípios e preconceitos dificultavam a realização das minhas intenções. Eu já havia aprendido, na juventude, que é difícil a gente seduzir mocinhas, porque lhes falta coragem para ceder. Entretanto, na companhia de uma amiga, elas se entregam com facilidade."

As aventuras amorosas

Casanova tinha mais prazer na sedução do que no próprio ato amoroso que resultava dela. Suas mulheres iam desde as mais aristocráticas até as mais modestas camareiras. E ele teve relações sexuais com elas de pé, sentado e deitado; em camas, becos, escadarias, carruagens e botes. Sua técnica típica era a de se sentir apaixonado poucos momentos depois de se encontrar com uma nova mulher. A partir daí, punha em prática seus roteiros. Fazia uso da adulação, de palavras de veneração, de presentes e de dinheiro, se necessário. Lançava mão de emboscadas, se isso fosse possível e possibilitasse o que queria, e acabava sempre oferecendo casamento, quando tudo o mais fracassava.

Apaixonado por uma linda freira, que possuía um amante semi-impotente, armou uma das mais prodigiosas apresentações da sua versatilidade e da sua resistência, depois que ela lhe disse que o homem impotente desejava assistir às relações dela com ele, através de um orifício. Casanova era devasso e ousado; não era à toa que chamava seu pênis de "corcel valente". Nenhum muro era elevado demais, nenhuma janela estreita demais, nenhum marido estava próximo demais para impedi-lo de fazer sexo com a mulher que desejasse, "porque ela era bela, porque eu a amava e porque seu encanto nada significaria a menos que tivesse o poder de sufocar toda razão".

Sempre apaixonado pela mulher que perseguia, seu ardor tornava-o irresistível. "Quando a luz se extingue, todas as mulheres são iguais", disse a respeito de suas escapadas ocasionais na escuridão com mulheres feias. Muitas vezes se apaixonou e perdeu seus bens materiais. Casanova queria que todas as mulheres se apaixonassem por ele, mas, quando isso ocorria, ele as abandonava.

Em busca de respeito, ele iludia, insinuava-se e abria caminho para a alta sociedade através da cama. Belo contador de piadas, criava enredos engenhosos, conseguia infiltrar-se por sob as saias de incontáveis mulheres, com frequência durante acontecimentos movimentados. Como as mulheres não usavam roupa de baixo, o sexo em público tornou-se um prazer especial.[58]

O envelhecimento

Ao entrar na fase dos 40, Casanova deu para colecionar figuras pornográficas. Ficou excitado ao acariciar uma menina de 9 anos de idade; e no decorrer de uma chantagem, teve relações sexuais com uma marquesa de 70 anos, coisa que fez parte de um presumido ritual mágico. Com 49 anos, grande parte de sua energia já havia desaparecido.

Ele descreveu como foi que certa noite, tempos depois, em más condições de saúde e de dinheiro, se deteve numa estalagem de onde, 13 anos antes, fora forçado a partir, com lágrimas e dores, abandonando a sua jovem amante francesa, Henriette, que amava com intensidade. Por ocasião desta segunda visita à estalagem, ele já havia esquecido completamente o episódio. Mas, de repente, viu numa janela as palavras proféticas que ela havia riscado ali com o anel: "Você se esquecerá também de Henriette." As reflexões de Casanova, neste ponto, são bem interessantes:

> *Assombrado, caí numa cadeira... Comparando o que agora era com o que fora naquele tempo, tinha de reconhecer que eu já não tinha mais a delicadeza que tivera naqueles dias, nem os sentimentos que realmente justificam os transportes dos sentidos, nem as mesmas maneiras enternecidas... mas o que me apavorava era o fato de ter de reconhecer que eu já não possuía o mesmo vigor.*

Quando sofria de gota e se aborrecia com sua plácida existência de bibliotecário do conde Waldstein, no castelo de Dux, na Boêmia, decidiu viver de novo todos os bons anos passados e escreveu suas memórias.

As memórias

O grande legado de Giacomo Casanova é uma única obra, *A história da minha vida*. Como nenhum editor quis publicar o texto, ele permaneceu por muito tempo desconhecido, só se tornando disponível em sua totalidade a partir da década de 1960. No original, são 3.800 páginas, que abrangem sua vida de 1725 a 1774, e viria a ser um documento precioso sobre sua época. No texto, além da descrição de suas peripécias e múltiplas atividades, ele se revela um perspicaz observador da sociedade aristocrática europeia do século XVIII, e dos costumes nas diversas cortes europeias. Ao escrever as suas memórias com uma caneta de pena, ele torna-se O Casanova. Em mais de mil páginas, descreve sua relação com as mulheres a quem enviava uma flor, um pente ou qualquer outro objeto simbólico do seu amor prometido.

O aventureiro menciona 116 amantes pelo respectivo nome, e proclama que possuiu centenas de outras, de todos os níveis econômicos e de todas as classes sociais. "As mulheres que em sua página aparecem formam uma procissão surrealista de lábios, seios e coxas, mas dificilmente se individualizam como seres humanos", diz Morton Hunt. Casanova descreve passagens secretas que dão acesso a alcovas de damas infiéis e duelos travados à primeira luz da madrugada, quando a honra de noivos e maridos era defendida até a morte. A certa altura ele afirma: "Sou suficientemente rico, dotado de aparência imponente e agradável, jogador inveterado, mão aberta, amigo do discurso, mas sempre mordaz, nada modesto, intrépido, galanteador, hábil em suplantar rivais, só reconheço como boa companhia aquela que me diverte."

Deduz-se que Casanova podia conquistar quem quisesse, sem dificuldade. Um dos seus biógrafos diz que ele tinha o dom "de manter a graça e a ereção quando todos em volta as estavam perdendo". O mais famoso sedutor de todos os tempos morreu em Dux , aos 73 anos, em 4 de junho de 1798. O próprio julgamento de toda a sua vida está contido na última afirmação que fez: "Não me arrependo de nada."

"Ele escreveu para salvar sua alma, ou assim costumava declarar, mas esta era uma expressão muito usada por ele para não se referir especificamente à sua tão importante vida sexual, e até mesmo a seu pênis", esclareceu seu biógrafo.[59]

Por tudo e por todas, não é de espantar que um homem que dedicou grande parte de sua vida aos prazeres do momento tenha caído em profunda melancolia na velhice. Escrever foi um tratamento sugerido por seu médico para evitar a loucura ou a morte por tristeza. "Casanova apresentou, pela primeira vez no cânone ocidental, a ideia de que a compreensão do sexo, com toda sua irracionalidade e seu potencial destrutivo, é uma chave para se entender o eu. *A história da minha vida* é um texto revolucionário, que fascina por muitas outras coisas além de seus catálogos de conquistas amorosas."[60]

Sade

O francês Donatien Alphonse François de Sade nasceu e foi criado num palácio. Viveu entre 1740 e 1814. Era um *bon vivant*, libertino, bêbado, glutão, preferia a companhia das prostitutas à das damas da aristocracia. Nenhum desses hábitos o diferenciava de muitos de seus pares, a não ser pelo fato de que o marquês escrevia.

Aos 19 anos, Sade é oficial e participa da Guerra dos Sete Anos. O conflito se encerra em 1763. Essa trajetória, típica da elite francesa, qualifica o marquês a um casamento entre as hostes superiores. Ele está pronto a assumir uma união de conveniência. Ofereceram-no à Renné-Pélagie, filha de Montreuil, senhor de Launay, e da poderosa senhora Marie Madeleine.

Sade passa a viver como um aristocrata sem problemas financeiros. Divide seu tempo entre prazeres diversos. Frequenta bordéis, alimenta hábitos voluptuosos sem maiores preocupações. Mas as complicações não demorariam a surgir. Em abril de 1768, Sade passeia pela Place Victoire quando avista Rose Kailair. Ela é viúva e pede esmolas. Ele se aproxima, com sua elegante sobrecasaca, e a convida a servi-lo, em troca de pagamento e alimentação.

A mulher o acompanha até o castelo de Arcueil. O marquês a desnuda, a amarra na cama e a flagela com o chicote, depois pinga cera quente nos ferimentos que produziu em sua vítima. Sai, e a deixa trancada no quarto. A mulher foge, saltando pela janela, e chama a polícia. Sade é preso no castelo de Saumur, mas logo é solto após o pagamento de uma indenização. A mendiga utiliza o dinheiro para bancar um dote e se casa algumas semanas depois. O marquês é proibido de pisar em Paris.

Madame de Montreuil, consciente do genro que tinha, e sabendo que ele estava de olho em Louise, sua filha mais nova, resolve interná-la no convento Sacré-Coeur. Sade sequestra a cunhada, com sua concordância, e o casal foge para a Itália em lua de mel. Ele apresenta-se como conde de Mazan, e os dois se instalam em Florença. Ora, esse foi o crime que o marquês não poderia ter cometido. Sua sogra era amiga do rei. Havia, naqueles tempos imperiais, uma instituição chamada *lettre de cachêt*, que nada mais era do que uma condenação assinada pelo rei, irrevogável e com duração indeterminada. Uma carta como essa foi aplicada a Sade. Ele foi preso em 1777, em Vincennes. Seria a primeira de suas prisões, que somariam um total de 23 anos. Os crimes contra ele comprovados foram os de maus-tratos à viúva Rose e sodomia, quando manteve relações com seu criado, como passivo, diante de um grupo de prostitutas.

A prisão oferece tempo de sobra para Sade escrever, e ler também. Cultiva-se, devora Platão, Sócrates e Pitágoras. Lê os clássicos e a História da humanidade. Essa rotina durou sete anos, até que foi transferido para a tristemente famosa Bastilha, o pior cárcere da França. Lá, foi confinado numa cela imunda, dispondo apenas de colchão de palha e uma botija de barro com água. Havia luz apenas ao meio-dia. Nesse lugar infernal, Sade redigiu *Os cento e vinte dias de Sodoma*, seu livro mais famoso.

Os cento e vinte dias de Sodoma

Sade ampliou os ultrajes dos libertinos do século XVII. Seu pensamento justifica a expansão sem limites do indivíduo, o hedonismo puro e o desprezo das regras sociais revelados pelas cenas criminosas que ele descreve. Seus ataques pornográficos à autoridade pregavam a liberdade completa contra as restrições morais. Ele escreveu: "Todos os princípios morais universais são fantasias inúteis." E descreveu a si mesmo como "irascível, extremado em tudo, com uma imaginação dissoluta do tipo que ninguém nunca viu, ateu até o ponto do fanatismo". Ken Goffman defende a ideia de que tratava-se de uma resposta particular de Sade ao fato de ter nascido na elite em uma cultura brutal e extremamente hierarquizada, e ele reagiu deixando explícita essa brutalidade tanto no seu comportamento pessoal quanto na sua obra.[61]

Na obra *Os cento e vinte dias de Sodoma*, Sade, filósofo e escritor da natureza, imaginou um espaço de tempo fechado (120 dias) em que quatro homens poderosos, um arcebispo, um banqueiro, um conde e um oficial, realizariam seus mais bizarros desejos. Tudo na obra se divide em quatro meses *versus* quatro grupos de atividades. Esses grupos, por sua vez, se subdividiam em narradoras, vítimas e algozes. As narradoras eram cafetinas parisienses encarregadas de contar as mais sórdidas histórias, que serviriam de inspiração aos algozes para que agissem sobre as vítimas. Essas últimas pertenciam à elite francesa e se constituíam de adolescentes de ambos os sexos sequestrados para tal fim.

Sade comentado

Para o historiador Jean-Marie Goulemot não se pode reduzir o romance de Sade ao pornográfico ou ao obsceno. Ele excede essas categorias e, evidentemente, não pode confundir-se com a produção erótica do século XVIII. As próprias interdições que pesam sobre ele assinalam a diferença. Podemos nos perguntar se não se devem à exibição orgânica que apresenta. Sade prolonga o discurso sexual até o intolerável do orgânico e do visceral. Todo o discurso do prazer exaltado na escrita de Sade expõe o interno anatômico. Sem dúvida, esta era uma das proibições intransponíveis.[62]

Eliane Robert Moraes revela, em uma entrevista, o que lhe atrai mais em Sade. "É a ruptura com o mundo que sua literatura opera, na tentativa de despertar e colocar em jogo virtualidades humanas ainda insuspeitas, valendo-se da imaginação para aceder aos domínios do impossível. Por isso mesmo, minha leitura da literatura sadiana sempre privilegia a força imaginativa, fazendo eco a uma conhecida passagem das *120 journées* que afirma: 'toda felicidade do homem está na imaginação.'"

Em outra pergunta, Eliane diz acreditar que o ponto de partida do ateísmo de Sade é o desamparo humano. Ninguém nasce livre; o homem, lançado ao mundo como qualquer outro animal, está "acorrentado à natureza", sujeitando-se como um "escravo" às suas leis; "hoje homem, amanhã verme, depois de amanhã mosca" — tal é a condenação que paira sobre a "infeliz humanidade". Ciente de que as religiões nascem desse triste destino, o devasso sadiano prefere admiti-lo sem escapatórias, procurando superar esse desamparo primordial pela via do erotismo. A volúpia, ensina o libertino, é o único modo que a natureza oferece para atenuar o sofrimento humano. Disse Sade: "O homem nasce para gozar e só através da libertinagem conhece os mais doces prazeres da vida: só os tolos se contêm."[63]

———•◦•———

A partir da Revolução, a Igreja vai ensinar aos jovens nobres que os pecados de seus pais libertinos provocaram a catástrofe. A nova geração será antilibertina. Estabeleceu-se então uma contradição muito bem ilustrada por Rousseau: o elogio do indivíduo todo-poderoso no que ele tem de mais íntimo, e o sacrifício desse indivíduo à dimensão coletiva. Sob a Revolução, o cidadão irá vencer o libertino. E a Igreja apoiará essa tendência. A couraça é recolocada sobre a sexualidade, e ali fica durante um bom tempo.[64]

REVOLUÇÃO FRANCESA

O final do século XVIII foi uma época de crise para os velhos regimes da Europa e seus sistemas econômicos, com diversas agitações políticas. A revolução industrial inglesa influenciou a economia do século XIX, mas as influências políticas e ideológicas foram constituídas pela Revolução Francesa, que teve consequências muito profundas. Alguns pontos a diferenciam de outras revoluções: ela aconteceu no país mais populoso e poderoso da Europa (com exceção da Rússia). Em 1789, cerca de um em cada cinco europeus era francês; foi uma revolução social de massa, diferente de todas que a precederam e a seguiram, e muito mais radical do que qualquer outra.

A Revolução Francesa não desejava apenas mudar um governo antigo, mas abolir a forma antiga de sociedade. Ela teve como objetivo questionar os poderes estabelecidos, arruinar todas as influências reconhecidas, apagar as tradições, renovar os costumes e os usos e, de alguma maneira, esvaziar o espírito humano de todas as ideias sobre as quais se tinham fundamentado até então o respeito e a obediência.[65]

A revolução foi inspirada pelas ideias iluministas, que revolucionaram o mundo. O lema "Liberdade, Igualdade, Fraternidade" ecoou por toda parte, pondo abaixo regimes absolutistas e possibilitando a ascensão dos valores burgueses. "A ideologia do mundo moderno atingiu, pela influência francesa, as antigas civilizações que até então resistiam às ideias europeias. Esta foi a obra da Revolução Francesa."[66]

A QUEDA DA BASTILHA

Na França, o rei governava com poderes absolutos, controlando a economia, a justiça, a política. A sociedade era estratificada e hierarquizada. No topo da pirâmide social, estava o clero, que tinha o privilégio de não pagar impostos. Abaixo do clero, estava a família real — formada pelo rei Luís XVI e sua esposa Maria Antonieta, filhos e demais parentes —, condes, duques, marqueses e outros nobres, que tinham isenção de vários impostos e viviam com opulência e mordomias à custa do dinheiro público.

A base da sociedade era formada pelo terceiro Estado (trabalhadores urbanos, camponeses e burguesia), que sustentava toda a sociedade com seu trabalho e com o pagamento de altos impostos, com o objetivo de manter os luxos da nobreza. A injustiça social era enorme, a vida dos trabalhadores e camponeses era de extrema miséria. Os oposicionistas eram presos na Bastilha (prisão política da monarquia) ou condenados à guilhotina.

A situação social era tão grave e o nível de insatisfação popular tão grande que o povo foi às ruas para tomar o poder e arrancar do governo a monarquia comandada pelo rei Luís XVI. Era natural que o velho regime oferecesse resistência, se necessário com força armada, embora o Exército não fosse mais totalmente de confiança. A contrarrevolução mobilizou contra si as massas de Paris, já famintas e desconfiadas.

O resultado mais sensacional da mobilização dos revolucionários foi a Queda da Bastilha, uma prisão estatal que simbolizava a autoridade real e onde os revolucionários esperavam encontrar armas. A Queda da Bastilha, que fez do 14 de julho a festa nacional francesa, ratificou a queda do despotismo e foi saudada em todo o mundo como o marco inicial de libertação. O que é mais importante é que a Queda da Bastilha divulgou a revolução para as cidades provincianas e para o campo.[67]

Durante o processo revolucionário, a família real foi capturada enquanto tentava fugir do país e muitos nobres deixaram a França. Os que foram presos, entre eles o rei Luís XVI e sua esposa Maria Antonieta, foram guilhotinados em 1793. O clero também foi atingido; os bens da Igreja foram confiscados.

A REVOLUÇÃO E O AMOR

"Após vários séculos, em que a ordem sexual reinou, o sopro de 1789 conseguiu libertar tanto os corpos quanto os espíritos. Aboliu o antigo regime conjugal, que desde o começo de nossa história reprimiu a sexualidade e os sentimentos, e sonhou com um mundo em que homens e mulheres estabelecessem relações mais ternas, mais igualitárias. Durante algum tempo acreditou-se... Depois vieram o Terror e a Virtude, armas secretas dos opressores. Eis como a Revolução, essencialmente inimiga da vida privada, virou-se contra as mulheres e por que a república do amor não pôde ver o dia seguinte." [68]

A historiadora francesa Mona Ozouf, especialista em mulheres da época revolucionária, diz: "O amor nos tempos da Revolução... Não foi um momento propício aos sentimentos, vocês sabem..." A seguir sintetizo algumas de suas ideias, que estão na entrevista que deu a Dominique Simonnet. [69]

As trocas de galanterias entre os sexos, o flerte, o gosto pela conversação, a mistura de gente nos salões, tudo que compunha o charme do Antigo Regime e favorecia a eclosão do sentimento amoroso foi combatido pelos revolucionários. Para eles, aqueles costumes evocavam as intrigas, as depravações e as manipulações ocultas das mulheres. A Revolução matou as trocas. A civilidade das maneiras e do espírito foi substituída por uma forma de ideal heroico, viril, revivescência da ideologia espartana ou romana.

CASAMENTO POR AMOR

A reivindicação do casamento por amor prosseguiu ao longo de todo o século XVIII. Nos meios populares, onde os interesses contavam menos e onde os jovens se frequentavam, o sentimento começava a ocupar um lugar no casamento. Mas não nos meios esclarecidos do Iluminismo. Reivindicava-se uma união com sentimento, mas mantinha-se o casamento arranjado e os hábitos masculinos da nobreza. A Revolução não mudou nada disso. Esses costumes permanecerão exatamente assim até o século XIX.

NÃO AO DESPOTISMO DOS MARIDOS!

Os revolucionários rompem totalmente com o princípio do casamento cristão "indissolúvel", que imperava até então. Graças a Rousseau e aos filósofos do século XVIII, uma porta iria se abrir. As pessoas não se opuseram ao despotismo dos reis? Muito bem, vão se opor ao dos maridos! Proclamaram que a família deve ser regida pelas mesmas leis que a nação: liberdade e igualdade. Foi então criado o casamento com contrato civil. A partir de então, o casamento seria laico, repousando sobre o livre consentimento de duas vontades. Unidos diante da lei, e não mais diante de Deus, foi uma modificação fundamental, sobre a qual, aliás, todo o século XIX iria se voltar.

Divórcio

O divórcio foi, naquela época, de uma inacreditável liberalidade. Era possível divorciar-se com o consentimento mútuo. A esposa tinha tanto direito a ele quanto o marido. Foi a lei mais liberal que se podia imaginar e, pela primeira vez, propiciou a oportunidade de se inventar um casal igualitário. Muitas mulheres se precipitaram pela brecha, para fugir de um marido indesejado, mas não era assim tão simples. Havia diversas formas de pressão, uma vez que a opinião pública não se modificara. Aquela legislação revolucionária era muito avançada em relação aos costumes. Como disse o revolucionário Saint-Juste, "a felicidade é uma ideia nova na Europa".

Mas isso não iria durar. A lei do divórcio recebeu um duro golpe quando se suprimiu dela a incompatibilidade de gênios e o consentimento mútuo. E, mais tarde, o Código Civil devolveu a superioridade do marido.

O amor é o inimigo

A porta entreaberta para a liberdade logo vai se fechar de novo. Em 1793, Robespierre lança o Terror e a Virtude. Pouco a pouco, a Revolução foi regulamentando a vida íntima, como toda revolução faz para se precaver contra os desvios. Saint-Juste fez essa tentativa em *Fragmentos das instituições republicanas*: todos os homens e mulheres casados há sete anos que não têm filhos devem se separar. É preciso declarar oficialmente as amizades. Não há mais vida interior, nem intimidade de sentimentos. Essa codificação das relações humanas atrapalhava o amor. O amor, esta relação não preparada, não negociada, espontânea, que pode desequilibrar tudo, era inaceitável para quem quisesse regulamentar a vida privada. O amor era inimigo da Revolução.

CONVIVÊNCIA ENTRE OS SEXOS

A Revolução separou os sexos, matou a convivência entre eles. Após a Revolução, os salões se tornaram bicolores. No *fumoir*, os homens de preto, discorrendo sobre negócios da nação; no *bourdoir*, as mulheres, de branco. Madame de Staël previa em 1800: para que a República se instalasse na França, seria preciso que integrasse as mulheres, que se rompesse com esse modelo. Foi, de resto, o que aconteceu: os costumes republicanos acabaram por integrar a tradição de convivência aristocrática do país.

A DERROTA DA LIBERDADE

Em seu *Tableau de Paris* (Quadro de Paris) Louis-Sébastien Mercier constatou o seguinte, em 1798: por toda parte veem-se mulheres carregando os filhos nos braços, o que não ocorria antes, como se o instinto materno, diz ele, houvesse se apoderado das francesas. Alguma coisa, com efeito, estava mudando. Mas o romantismo foi uma derrota, pois ele reintroduziu a assimetria entre os sexos e voltou atrás na desculpabilização da sexualidade proposta por Rousseau.

No início da Revolução, alimentou-se toda espécie de sonhos de igualdade amorosa e cívica. Mas eles foram recobertos pelo invólucro do Código Civil. "É o apagador de luzes!", exclamou Stendhal. As mulheres saíram da Revolução como vítimas, novamente reduzidas ao silêncio e à solidão. Mas de alguma forma elas ganharam, entre 1789 e 1792, com a legislação revolucionária do casamento, do divórcio, dos direitos de sucessão, e com a ideia de seu papel fundamental na educação das crianças, que passava a pleitear uma nova convivência entre os sexos.

Mona Ozouf conclui dizendo que a relação amorosa igualmente progrediu: apesar de tudo, a Revolução traçou o esboço de um mundo onde as relações humanas pudessem ser diferentes. Seria preciso esperar mais de um século por isso, mas a ideia fora semeada.

A CAMINHO DO SÉCULO XIX

Como vimos, o Iluminismo foi uma revalorização da atividade intelectual independente que pretendia difundir luz onde até então prevaleceram as trevas. Esta causa foi perseguida com intensidade, mas não foi uma concepção de vida que favorecesse ardentes paixões. Entretanto, uma influência oposta começou a se fazer sentir: a força do romantismo. "No século XVIII, a França cultivou as emoções, como reação contra a objetividade um tanto fria e distante dos pensadores racionalistas."[70]

Papéis distintos para homens e mulheres

No final do século XVIII, os discursos sobre o corpo perdem o caráter religioso por conta das revoluções políticas, sociais e científicas. Entretanto, com novos argumentos, eles trazem reforço para a dominação masculina sobre a mulher. O poder dos homens não se apoia mais na palavra divina, e sim no que é interiorizado em cada um a respeito da inferioridade da mulher. São valores bem diferentes para cada um dos sexos. "Enquanto as fronteiras entre os dois universos se reforçam, o sistema de subordinação ideológica gera uma ansiedade contínua entre os que exercem o controle, impelindo-os a constantemente procurar provas da obediência das dominadas."[71]

A burguesia se esforça para se distinguir das classes superiores, das quais critica o comportamento. Como o novo mercado de trabalho mal absorvia os homens, a área doméstica começa a se opor à área pública. A produção econômica é transferida para as fábricas, e as mulheres são incentivadas a permanecer dentro de casa, dedicando-se exclusivamente ao marido e aos filhos. Assim, a mulher, agora o "Anjo da Casa", é protegida das torpezas do mundo. Sua esfera é o universo privado e fechado, ao contrário do marido que conquista o mundo exterior antes de voltar para a tranquilidade do lar cada vez mais valorizada. Passa-se a cultivar a necessária privacidade. Acentua-se o afastamento do grupo familiar da sociedade.

O padrão de comportamento tão distinto para homens e mulheres também serve para obrigá-las a adotar uma moralidade a toda prova. Começa a se delinear a esposa do século XIX: casta, dessexualizada, maternal, capaz de resistir aos avanços masculinos. Relações extraconjugais já não são uma questão de honra, uma preocupação com o que os outros vão pensar, mas um sentimento de vergonha. Esse duplo padrão burguês está ligado a uma moral de repressão e do autocontrole amplamente difundida pelos livros de civilidade e de boas maneiras, assim como pelas filosofias da felicidade na moderação.[72]

A REPRESSÃO

Os manuais de polidez, a literatura sob todas as formas, os tratados de medicina, do Dr. Venette e de outros, estabelecem códigos que permitem condicionar desde o berço dois papéis tão diferentes. Robert Muchembled mostra como as mulheres são afetadas, literalmente bombardeadas, por uma abundante literatura empenhada em lhes ensinar seus deveres. A seguir, uma síntese de suas observações sobre o tema.[73] Os livros de conduta feminina invadem o mercado em ritmo crescente, de 1670 a 1800, acompanhados de obras médicas que explicam as diferenças sexuais, sem esquecer os periódicos, os romances e as novelas, a pintura ou a gravura... As filhas de Eva pagam com uma sujeição maior o recuo da diabolização que atingia todas elas no século XVII.

As normas sexuais ocidentais não parecem sofrer nenhuma mudança extraordinária no século XVIII, em termos de relações entre os sexos, a não ser uma sujeição feminina mais clara do que antes, apesar de uma certa liberdade de costumes em Londres e Paris. No entanto, uma revolução silenciosa, lenta e discreta modifica o próprio motor das relações entre os homens e as mulheres, os jovens e os adultos, as diferentes categorias sociais. Os discursos, então, contribuem amplamente para encobrir mudanças. Pois o enfraquecimento da moral religiosa é compensado por um mecanismo insidioso que valoriza a união matrimonial e os papéis conjugais rígidos, através do sentimentalismo dominante no final do século, sob a forma do amor romântico.

Ele não envolve apenas as elites sociais, consumidoras de romances e novelas. As pessoas do povo são levadas pela onda, impelidas à expansão afetiva. O contexto é fornecido pela concentração de textos científicos, médicos, literários, sobre as coisas do coração. Não a bomba sanguínea descoberta por Harvey, mas um órgão menos bem localizado, que substitui a alma, desacreditada por sua ligação demasiado longa com os rigores religiosos, para dizer as comoções da paixão.

Em contínua expansão ao longo do século XIX, o sistema tem como consequência o desenvolvimento de uma dupla face masculina, o bom pai de família transformando-se, à noite, em frequentador de bordel. Isso explica o desenvolvimento da literatura pornográfica, cujo sucesso crescente no século XVIII corresponde paradoxalmente à instauração da rigorosa filosofia da moderação das pulsões. Pois esse tipo de erotismo tranquiliza o homem celebrando seu desejo e frequentemente representando o corpo feminino como objeto.

Dessa forma, acredita Muchembled, nascerá a clientela de Freud, pois nem a estrita subordinação das mulheres nem o desdobramento de personalidade dos homens são fáceis de suportar sem neurose. Tanto mais que uma luta muito ativa contra a masturbação e a intensa culpabilização da homossexualidade tentam proibir aos homens toda pulsão sexual que não os conduza a uma mulher, legítima ou não.

Como veremos no próximo capítulo, o véu da repressão sexual cai pesadamente entre 1800 e 1960, quando então os questionamentos dos jovens no pós-guerra (1939-1945), aliados ao advento da pílula anticoncepcional, estimulam os movimentos contraculturais dos anos 1960-1970, que mudam a face do Ocidente.

LINKS

SEDUÇÃO/CONQUISTA

No século XVIII, o sedutor profissional concebia planos, fingia emoções e desempenhava o seu papel com habilidade e dedicação, mas havia grande preocupação em ocultar os verdadeiros sentimentos. A prática de conquistar mulheres acompanha os últimos 5 mil anos da história da humanidade. Alguns conquistadores atravessam os tempos, como Casanova e Don Juan, que nomearam conquistadores futuros.

Originalmente um poema de Tarso de Molina, do século XVII, Don Juan tornou-se célebre na pena de Lord Byron, poeta inglês do século XVIII, que o reescreveu com tintas românticas. O próprio Byron foi um conquistador famoso, amante de mais de mil mulheres. Mas os sedutores continuam atuando no século XXI, usando as mais variadas estratégias. Entretanto, "o maior erro que podemos cometer é pensar que o outro nos seduziu: eu fui seduzido pelas minhas próprias imagens, que o outro foi apenas capaz de evocar".[74]

PROFISSIONAL DA SEDUÇÃO

Maria Luísa é uma mulher atraente, jovem e noiva. Atravessa a Baía de Guanabara, de aerobarco, em direção ao Rio de Janeiro. Olha o mar, a ponte ao longe, ou um avião pousando no aeroporto Santos Dumont. Entre as observações não deixa de notar o homem sentado do outro lado do corredor, que em nenhum momento se voltou. O estranho aparenta 40 anos, é sério, concentrado, por assim dizer. Não é bonito, mas se veste bem. É alto e inspira confiança. Maria Luísa não deixa de olhá-lo, embora disfarce passeando a vista pela paisagem. A viagem está terminando, e eles ficam próximos no corredor. Maria Luísa tenta não olhar. Ele se volta, e pela primeira vez a encara. Ela sorri. Ele pergunta as horas. Os dois desembarcam e juntos caminham pela Praça XV. Ele se chama Carlos e a convida para um café no Paço Imperial.

A moça talvez nunca venha a saber que foi alvo de um caçador sofisticado. A aventura com Carlos parece, no entanto, resultado de uma incrível e inexplicável atração. Eles passaram a tarde num motel do centro da cidade, apenas isso. Na verdade, Maria Luísa foi vítima de abordagem que poderíamos chamar de subliminar, exercício que exige paciência, concentração, esforço e muita técnica por parte do caçador. Carlos tem esses predicados, além de enorme prazer na conquista de mulheres.

O truque usado foi aprendido num curso de teatro. Quando o ator está dizendo seu texto, os demais concentram a atenção nele, sem o olharem diretamente. Carlos descobriu que, concentrado numa mulher em estado de repouso, ou seja, sem ocupação definida no momento da ação, tem grandes chances de atrair sua atenção. Ele conta que em cada cinco tentativas uma, pelo menos, funciona, o que é uma média muito boa.

Segundo Carlos, nessa abordagem a mulher tende a achar que está interessada no caçador, quando na verdade foi induzida a isso. A estratégia de cerco é o fator mais importante para o sucesso, diz esse profissional, que leva em média três dias para alcançar êxito. "Todo sedutor precisa saber representar, em menor ou maior grau." A conquista mais difícil exigiu dele seis meses de assédio constante.

Carlos é conquistador em tempo integral. Herdeiro de patrimônio razoável, não necessita trabalhar para sobreviver. Mas adverte que seria um paquerador em qualquer condição. Revela, sem orgulho, e também sem escrúpulos, ter "abatido" mais de quatrocentas mulheres em vinte anos de atividades. Embora não saiba dizer se prefere a conquista ao prêmio, admite que gasta muito tempo num cerco e que dificuldades o excitam. Mas não despreza as fáceis de abordar.

"Andando de automóvel pela cidade pode-se apanhar mulheres com facilidade. Basta saber chegar", ensina. Ele utiliza geralmente motéis, e os tem na memória, de forma que onde quer que esteja sabe sempre qual é o mais próximo. Nem todas as parceiras aceitam ir a um motel. Carlos está preparado e mantém um pequeno apartamento. Mas não utiliza o endereço fixo com qualquer uma, temendo as que possam voltar por conta própria. Leva para o apartamento as casadas e as sofisticadas, que não o procuram se não forem antes contatadas. Para as descartáveis, de motel, Carlos tem cartões com atividade e telefones falsos. Lembra que o advento do celular resolveu parte do problema, eliminando a necessidade de associá-lo à sua residência e vida particular. Outra regra é nunca ir à casa da conquistada, fugindo de experiências ruins, como escapulir de maridos furibundos.

DEMONSTRANDO INTERESSE

Um etnólogo alemão concluiu, através de fotografias que tirou secretamente de homens e mulheres em vários países, que existe um padrão comum na atitude deles durante o flerte. Todos utilizavam a mesma sequência de expressões quando flertavam. E ele se convenceu de que isto é um traço típico que vem se desenvolvendo durante milhões de anos para demonstrar o interesse sexual.

Primeiro, a mulher sorri para seu admirador e ergue as sobrancelhas em um movimento rápido, enquanto abre bem os olhos para olhar para ele. Depois, baixa as pálpebras, inclina levemente a cabeça para o lado e desvia os olhos. Frequentemente, cobre o rosto com as mãos e, enquanto o esconde, dá risadinhas nervosas. Assim como é comum os animais sacudirem a cabeça para trás para solicitar atenção, as mulheres quando flertam erguem os ombros, arqueiam as costas e jogam o cabelo para trás, tudo em um só movimento coordenado.

Os homens também utilizam as mesmas estratégias usadas por outras espécies. Para assumir uma postura de superioridade e parecer mais altos os animais utilizam uma mensagem corporal. O bacalhau ergue a cabeça e impele para a frente suas nadadeiras, as cobras, as rãs e os sapos inflam seus corpos, os antílopes distendem o tórax, os gorilas socam o peito e os homens apenas o estufam.

PADRÃO COMUM NO FLERTE

Para comprovar haver um padrão universal de comportamento no flerte, dois pesquisadores passaram centenas de horas em bares americanos e canadenses observando homens e mulheres escolhendo-se entre si. A antropóloga Helen Fisher dividiu em cinco estágios a sedução nesses bares:[75]

1) "Estabelecer o território e chamar a atenção para si" — Homens usam os gestos exagerados, erguem os ombros; os mais velhos mostram joias como prova de sucesso. Mulheres ajeitam o cabelo, empinam as costas, balançam os quadris.

2) "Reconhecimento" — Basta um sorriso para que o jogo esteja aceito e então os dois se aproximam.

3   "Conversa" — A voz fica mais alta, suave e musical. O que se diz tem menos importância do que a forma como é dito. Falar é revelar nossas intenções.

4) "Contato físico" — Atitudes de intenção (aproximação dos pés, braços etc.) até chegar ao toque propriamente dito. O tato é considerado o sentido-mestre. Se a outra pessoa retribuir o toque, é porque já aceitou um contato corporal.

5) "Sintonia corporal" — Os corpos começam a se mover em um só movimento. Os ombros se aproximam e os corpos ficam de frente um para o outro. Enquanto um passa a mão no cabelo, o outro também o faz, e assim por diante.

Contudo, o instrumento mais importante do namoro entre seres humanos, segundo a antropóloga, é o olhar. O psicólogo italiano Aldo Carotenuto concorda. Ele diz que no momento fomos obrigados a experimentar um contato pré-verbal. Logo depois do nascimento, o único instrumento que tínhamos para nos comunicar com o mundo eram nossos olhos, que sempre encontram outros olhos. Para Carotenuto é aí que tem a origem da sedução através do olhar.[76]

Fisher diz que o olhar desperta uma parte primitiva do ser humano, provocando duas reações — aceitação ou rejeição. Olhar no olho do outro é uma prática de vários animais. Na verdade, é impossível ignorar o olhar de uma pessoa fixado em nós; isso exige uma reação. Podemos sorrir e começar a conversar; ou podemos olhar para o outro lado e nos afastar do local. Mas primeiro levamos a mão até a orelha, ajeitamos a roupa, bocejamos, mexemos nos óculos ou realizamos qualquer outro movimento sem nenhum sentido — um "gesto de disfarce" — para aliviar a ansiedade, enquanto pensamos em como reagir a esse convite: se vamos embora ou se ficamos e aceitamos participar do jogo da sedução.

Helen Fisher conclui então que talvez sejam os olhos — não o coração, os genitais ou o cérebro — que deem início ao romance, já que muitas vezes é a partir do olhar que ocorre o sorriso.

UM NAMORADO MUITO SEDUTOR

Suzana, jornalista, 32 anos, namora André há oito meses. Ela procurou terapia por não suportar uma das características do namorado: seu hábito recorrente de seduzir mulheres. "Ele tenta disfarçar para não me magoar, mas acabo descobrindo. Várias amigas foram alvo de sua sedução. Não tenho dúvidas de que ele me ama, estamos pensando em nos casar, mas não dá para viver assim. André jura que não vai mais tentar conquistar ninguém, só que ele não consegue cumprir o prometido."

O mito de Don Juan e a vida de Casanova identificam pessoas que se dedicam a manter o maior número possível de conquistas. As motivações variam de personagem e de época. As interpretações vão desde a vaidade e o colecionismo até problemas emocionais. Casanova oscilou todo o tempo entre se tornar um cidadão respeitável ou se aprofundar na libertinagem. A avaliação que faz após uma conquista demonstra esse espírito: "Resolvi-me a fazer a felicidade de Cristina sem, no entanto, casar-me com ela. Tinha me vindo a ideia de desposá-la, quando a amava mais do que a mim próprio, mas após a satisfação do desejo a balança se inclinara a meu favor e meu amor-próprio se tornara maior do que tudo."

Casanova via o mundo como um parque de diversões onde o prazer está disponível: "O amor deve ser encarado como matéria de fantasia, adaptando-se às circunstâncias e prestando-se de bom grado às combinações do acaso." Ou ainda: "Ninguém ignora que o amor, encorajado por tudo quanto o possa excitar, não se detém senão quando já satisfeito, e cada favor obtido nos impele a outro maior." Ele tinha mais prazer na sedução do que no próprio ato amoroso. A conquista para o sedutor se torna uma espécie de jogo.

A principal oposição ao conquistador foi a demonização empreendida pela religião ao sexo pelo sexo. Mas deve ser considerada a posição subalterna da mulher até recentemente, e o seu valor como patrimônio. O conquistador, nesse conceito, seria um abastado possuidor de bens vivos, como qualquer outro acumulador de riquezas. Contudo, o movimento feminista e a liberação sexual tornaram esses conquistadores anacrônicos. A ideia de machos colecionarem conquistas entrou em declínio.

QUANDO A MULHER TOMA A INICIATIVA

Desde que Selma começou no novo emprego, Ricardo, seu colega na empresa, se aproximou dela. Durante todo um ano se insinuou, fazendo promessas veladas dos prazeres sexuais que poderiam desfrutar juntos. Ela levava na brincadeira, ria meio sem graça, porque na verdade não se sentia atraída por ele. Mas ele não desistia. Até que se tornou mais explícito e passou a insistir em que fossem a um motel. Não perdia a oportunidade de fazer uma piadinha e lançar olhares sedutores. Selma, então, decidiu resolver a questão de uma vez por todas. Um dia, mal ele chegou, foi à sua sala dizer que desejava, naquela tarde, conferir as delícias sexuais que ele, há tanto tempo, prometia. Pronto. Era tudo o que não podia acontecer. "Não entendi nada. Ele deu uma desculpa, disse que estava cheio de serviço e nunca mais falou direito comigo. Nos tornamos dois estranhos."

Mulher tomar a iniciativa da proposta sexual? "Ah!, não, isso já é demais!", é o que pensam muitos homens. Eles ficam assustados ao se imaginarem nessa situação. Sentem medo de dar um branco na hora, de não saberem como agir nem o que dizer. E o pior: pode falhar a ereção. Afinal, o papel de conquistador é o único que o homem conhece, e fora dele não dá para se sentir à vontade. Desde menino ele foi treinado para isso e, para complicar ainda mais, acreditou que faz parte da natureza masculina ser ativo e da feminina, a passividade. Mas é inegável que, apesar de tantos equívocos e limitações, ele antes vivia bem menos ansioso nessa área do que agora.

O papel que homem e mulher desempenharam no sexo sempre teve regras claramente estabelecidas. Fazia parte do jogo de sedução e conquista o homem insistir na proposta sexual e a mulher recusar. Contudo, ele apostava no seu sucesso e para isso não media esforços.

Agora as coisas mudaram. As mulheres dão sinais de não estarem nem um pouco dispostas a continuar se prestando a esse papel. Não querem apenas se mostrar belas e esperar passivamente que os homens se sintam atraídos e tomem a iniciativa. Isso está aos poucos se tornando coisa do passado. Mas como o homem vai resolver essa questão? Como vai se adaptar a essa nova realidade? O machão está em baixa, e a mulher busca homens que se relacionem com ela em nível de igualdade em tudo, também no sexo.

A situação do homem é bem complicada. Além de ser difícil aceitar a igualdade com a mulher, o temor de ser avaliado e comparado a outros homens gera insegurança. Sem contar que outras preocupações, nunca antes sentidas, estão agora presentes o tempo todo: ter o pênis pequeno ou fino, a ejaculação precoce, não obter ereção no momento desejado, não proporcionar orgasmo à mulher. Muitos homens continuam procurando mulheres recatadas e passivas, acreditando estarem assim mais garantidos. O problema é que em pouco tempo se sentem insatisfeitos. Com a liberação dos costumes e todas as informações que são oferecidas, não dá mais para ignorar as muitas possibilidades de prazer sexual que um ser humano pode experimentar. Somente pessoas livres, que gostam de sexo e não têm preconceitos, estão em condições de compartilhar dessas descobertas com o parceiro. Esses conflitos só vão ser resolvidos quando o sexo for aceito como algo bom, natural, que faz parte da vida. E não se precisar mais atribuir a ele motivos que não lhe são próprios.

Apesar de o desejo de fazer sexo ser natural e a fase da conquista entre os animais conter alguns elementos comuns aos humanos, existe uma diferença fundamental. Para seduzir um homem ou uma mulher não existe fórmula nem regras fixas. E o que se busca além do sexo é uma experiência bem mais complexa que inclui, na maior parte das vezes, a obtenção de afeto e a transmissão de sensações.

O caminho a ser percorrido desde a escolha do parceiro até o lance final ter sucesso, e que depende de uma série de movimentos intermediários — atrair o interesse, manter o clima de atração, sugerir a ideia de sexo e despertar o desejo do outro por isso —, é acompanhado de fortes emoções. Surgem dúvidas que geram ansiedade e insegurança: se está agradando, que passo dar a seguir, qual o momento de propor sexo. Mas só há uma saída. Perceber nossas singularidades e as da pessoa desejada, evitar mandingas e estereótipos e ser o mais espontâneo possível.

PORNOGRAFIA

As obras pornográficas aparecem abruptamente em meados do século XVII e impõem sua marca no século XVIII. Inicialmente, tinham um caráter de resistência contra o Estado e a Igreja, mas logo passaram a significar a recusa de uma sexualidade por demais controlada. O termo *pornografia* surgiu nesse período, cunhado pelo escritor francês Restif de La Bretonne. *Pornê graphê*, literalmente: escritura prostituída. Em outras palavras: o texto que vende o prazer, assim como as meretrizes. Há outra origem disputando a honra de nomear a milionária indústria do sexo. O museu de Nápoles chegou a criar uma sala especial para alojar objetos e pinturas eróticas descobertos nas escavações de Pompeia: era o Gabinetto de Oggetti Osceni (Gabinete de objetos obscenos). Ali estava guardada a pornografia.

Durante a Revolução Francesa, a pornografia auxiliou na derrota do *Ancien Regime*. Afinal, quem era a Rainha Maria Antonieta na intimidade? Panfletos a mostravam nua e entregue aos prazeres do sexo. Essa situação lançava dúvidas sobre a descendência da nobreza, e assim a legitimidade do trono estava abalada. Se a rainha se entregava a qualquer um, quem poderia afirmar que os filhos eram do rei?

Entretanto, ninguém poderia imaginar que tais imagens, palavras e objetos eróticos pudessem se tornar a indústria que surgiu em todo o mundo, movimentando bilhões de dólares. Hoje, em qualquer esquina das grandes cidades há uma banca de revista com dezenas de títulos pornográficos. As locadoras de vídeo oferecem variado catálogo, e mesmo na TV por assinatura é possível escolher o sexo como programa. Isso sem falar na internet. Durante dia e noite, profissionais trabalham em função do sexo.

EROSTIMO OU PORNOGRAFIA?

Desde o surgimento da indústria do prazer se colocou o debate sobre o que é erótico e o que é pornográfico, sem que se consiga chegar a uma definição precisa, como era de se esperar. Há algum consenso de que a pornografia abrigaria o mau gosto enquanto o sexo apresentado sutilmente se enquadraria mais no erotismo. Mas a cada dia que passa estamos mais próximos de mostrar o sexo total no contexto de obras sérias, como é o caso dos filmes do japonês Nagisa Oshima. *O império dos sentidos* descreve o mergulho sem volta que um casal empreende rumo aos prazeres sexuais.

Oshima, talvez o mais sensível diretor de cinema erótico do Oriente, sempre mostra o sexo como oposição ao poder do macho. Caso de *Furyo*, onde um oficial inglês (David Bowie) desperta o desejo sexual de um chefe de campo de concentração no Pacífico, durante a Segunda Guerra. Mas seu mais ousado filme é *Max, mon amour*, no qual a protagonista, uma bela senhora burguesa (Charlotte Rampling), mantém um caso com um chipanzé.

Ainda merece nota o filme *Saló ou 120 dias de Sodoma*, de Pier Paolo Pasolini, que descreve o desvario fascista sob a ótica do sadismo. É o filme mais terrível jamais realizado. Os críticos não sabem o que dizer diante de uma obra que registra a violência do sexo em cenas de coprofilia, sadomasoquismo e estupro, entre todas as outras formas conhecidas de práticas sexuais. Pasolini realizou no cinema o que o marquês de Sade havia, três séculos antes, feito em literatura.

Desde que, há 2 mil anos, na cultura ocidental, o corpo passou a ser visto como inimigo do espírito, ideias distorcidas do que é obsceno e perigoso existem, com mais ou menos força, em toda parte. Aprendemos que a imagem do corpo humano nu e, particularmente, experimentando prazer sexual é negativa, ou seja, pornográfica.

O erotismo é aceito. A pornografia é condenada, embora, muitas vezes, o erotismo de hoje seja a pornografia de ontem. Entretanto, alguns grupos feministas passaram a considerar pornográfico todo material erótico que levasse à degradação das mulheres. No final da década de 1970, foi criada nos Estados Unidos uma legislação antipornográfica que aplicava o termo pornografia somente ao que, de forma sexualmente explícita, desumanizava as mulheres e glamorizava a dominação e a violência.

Não é de se estranhar que nas sociedades patriarcais a mulher seja mostrada como inferior ao homem e agredida sexualmente por ele, nem que para manter a repressão da sexualidade o sexo oferecido pela mídia seja impessoal e de má qualidade. Do que não tenho certeza é se o termo pornografia seja adequado para definir esses comportamentos. De qualquer modo, parece tão fluida a fronteira entre erotismo e pornografia que dificilmente alguém consegue responder de imediato qual a diferença entre os dois. Decidi então fazer essa pergunta aos frequentadores do meu site. Apesar das definições variadas, ficou clara a tendência a se considerar pornografia como algo obsceno, maléfico.

Claro que houve exceções. Entre elas, os que consideram pornografia e erotismo sinônimos: "Pra mim é sinônimo. Não se fala filme erótico, assim como filme pornô? Qual a diferença? As pessoas têm o mau hábito de associar a palavra 'pornografia' à baixaria. O sexo, o tesão, o desejo são coisas lindas. Quem não aprende a gostar disso não sabe viver intensamente!!!" E há ainda os que percebem a diferença, mas defendem a pornografia: "O erotismo é uma coisa chata, parece com chuchu (aguado, sem graça, não tem gosto de nada). Gostar de erotismo é não ter coragem de realizar desejos. A pornografia, por sua vez, quando explorada sem profissionalismo, quando se está entre quatro paredes, é simplesmente 'a materialização do que chamamos tesão.'"

Contudo, para a maioria o sexo erótico está relacionado a amor, pureza, espontaneidade, sutileza, sugestão sem mostrar tudo, sensibilidade, fantasias. E o sexo pornográfico seria explícito, público, sem espaço para a imaginação, banal, baixaria, falta de classe, aberração. Talvez a diferença entre erotismo e pornografia não seja tão grande quanto parece à primeira vista. E como em matéria de sexo, numa sociedade repressiva como a nossa, qualquer um pode ser acusado e acusador, fico com a definição do escritor Alain Robbe-Grillet: "A pornografia é o erotismo dos outros."

ROMANTISMO

1800 A 1914

Quando os cavalheiros encasacados e de suíças cada vez maiores da era vitoriana, dominados por esta estranha nostalgia medieval, cultivaram a afetada e exagerada cortesia pelas "damas" que, ingenuamente, acreditavam refletirem os ideais de cavalaria, também — sem nenhuma malícia premeditada — as reduziram mais uma vez à condição de espectadoras da vida.

Reay Tannahill

❝Na floresta, gritei como um demônio; rolei no chão; triturei ramos com os dentes... Num acesso de raiva, mordi minha mão com força; o sangue jorrou, e eu cuspi para os céus um pedaço de carne viva... Eu gostaria de ter cuspido o meu coração, naquele momento.❞

Esta foi a carta escrita por um jovem estudante de medicina francês, que sofria por não ter visto a mulher amada durante três semanas. Ao contrário dos racionalistas do século XVIII, que reprimiam as emoções e liberavam a sexualidade, os românticos, do século XIX, restringiam a sexualidade e deixavam fluir torrentes de emoções.

"Eis que chegou o tempo da languidez, dos estados d'alma, dos devaneios inspirados, o momento de meditar sobre o tempo que flui, escutando o canto do rouxinol em uma noite de lua cheia de estrelas... Depois do frio parêntese revolucionário, o começo do século XIX se entregou ao romantismo. Como se de repente o sentimento amoroso, por tanto tempo reprimido, tivesse se tornado uma prioridade."[1]

O AMOR ROMÂNTICO

Werther, um jovem burguês intelectual, viaja para uma pequena cidade do campo para resolver problemas de herança. De lá corresponde-se por cartas com o amigo Wilhelm. Werther descreve com entusiasmo a beleza da paisagem. Passeia por bosques e prados, se emociona e derrama algumas lágrimas. Os passeios de Werther pela natureza, além de uma saída da sociedade, lhe proporcionam uma descoberta de si próprio.

Logo depois de sua chegada, Werther conhece uma jovem, Lotte. Entre os dois começa a se desenvolver um amor terno. Passeios no campo, longas conversas, poemas... Com o convívio diário, o jovem apaixona-se cada vez mais pela jovem que personifica o encanto e a virtude. Werther ama Lotte e deseja estar permanentemente ao seu lado, esquece o mundo e só dá importância à amada. Ele sabe que Lotte o ama "desde os primeiros olhares expressivos, a primeira pressão das mãos".[2] De acordo com o ideal romântico, os amantes não apenas compreendem o que o outro diz ou pensa, mas também o que o outro está sentindo.

A questão é que trata-se de um amor impossível, pois Lotte está noiva. Quando o noivo, Albert, volta de uma viagem, Werther muda de cidade e começa a trabalhar para um nobre. Após ser expulso de uma festa aristocrata por ser burguês, deixa o trabalho. Embora saiba que nunca terá Lotte para si, a certeza de que ela também o ama faz com que retorne para perto da moça. Ao constatar que, nesse meio-tempo, ela se casou com Albert, Werther grita em carta que lhe envia: "E o que significa isso, que Albert seja seu marido?"[3]

No último encontro, os dois, emocionados, se abraçam e se beijam. Contudo, Lotte cai em si, repele-o e diz que nunca mais quer vê-lo. Werther vai embora certo de que é correspondido, mas também certo de que não há esperança para eles. O jovem torna-se cada vez mais sombrio, cai em desespero e não vê outra saída além do suicídio. Naquela mesma noite manda seu criado pedir as pistolas de Albert emprestadas, alegando que vai viajar e precisa de proteção. Escreve para Lotte: "Elas passaram por tuas mãos, tu tirastes a poeira delas, eu as beijo mil vezes, porque as tocastes."[4] No dia seguinte, Werther é encontrado morto em seu quarto com um tiro na cabeça.

———•—•———

Os sofrimentos do jovem Werther, do escritor alemão Johann Wolfgang von Goethe (1749-1832), lançado em 1774, é um clássico da literatura universal. Primeira produção literária do Romantismo, é considerado o marco inicial deste movimento cultural.

O tema do livro é a paixão, mas não a paixão disciplinada, comportada, domesticada, condizente com os padrões e regras vigentes à época. É uma paixão sofrida, à margem do casamento, na qual as barreiras da moral vêm totalmente abaixo. *Os sofrimentos do jovem Werther* é uma espécie de confissão íntima, que faz o leitor penetrar no universo da sensibilidade romântica. É o início de um movimento que se espalhará por toda a Europa, chamando a atenção do homem para a sua natureza sentimental, e servindo de referência para quase toda a juventude. O próprio Napoleão confessou a Goethe, em 1808, que havia lido o livro sete vezes. Ele foi, sem dúvida, o maior acontecimento literário do século XVIII, vindo a se tornar o primeiro best-seller da literatura europeia e o maior sucesso do autor.[5] A maneira exagerada e pessimista como o escritor construiu seu personagem principal tornou-se referência para as obras românticas do século XIX.

A PRÓPRIA VIDA DE GOETHE

O sofrimento do jovem Werther baseia-se em fatos reais. Dois anos antes de o livro ser escrito, Goethe, durante estada em Wetzlar, havia se apaixonado por Charlotte (Lotte) Buff, que estava noiva de Christian Kestner Goethe, como Werther, também se sentiu vítima de um amor não correspondido; sentira-se igualmente dominado por emoções incontroláveis e avassaladoras. Algumas semanas depois de Goethe ter fugido desse triângulo, o jovem Karl Wilhelm Jerusalem suicidou-se em Wetzlar. Jerusalem sofria por um amor não correspondido e tinha sido — assim como Werther — excluído dos círculos nobres. Goethe refugiou-se na casa da amiga Sophie de la Roche e apaixonou-se pela filha dela. Mas essa moça casou-se um ano depois com outro. Agora, a quantidade de sofrimentos era suficiente e os elementos narrativos estavam completos: Goethe escreveu *Werther* em apenas quatro semanas.[6]

Goethe assinalou em suas notas de rodapé que nomes e locais foram substituídos por dados fictícios. Isso reforça a ideia de que, ao escrever *Os sofrimentos do Jovem Werther*, o autor produziu uma obra de arte na qual as suas próprias aflições e seus tormentos, os seus próprios estados de alma serviram de conteúdo.

CONSEQUÊNCIAS DO LIVRO

Os efeitos do curto romance epistolar causaram grande furor. Toda uma geração de jovens adultos alemães, franceses e ingleses caiu numa "febre de Werther". A escritora alemã Christiane Zschirnt, que aborda o tema em seu livro, nos conta os efeitos desse romance.[7] Os homens se vestiam como Werther, com botas marrons, colete amarelo e casaco azul. Homens e mulheres identificavam-se com o sentimento de vida à la Werther e começaram a ter as mesmas sensações que ele. Esse efeito começava já durante a leitura, pois assim como Werther está constantemente possuído por seus sentimentos, a vivência da leitura transformava-se numa sensação igual à de Werther. As pessoas descobriam que estavam profundamente emocionadas, e quando tentavam expressar por escrito essas emoções interiores, parecia que as palavras tinham sido escritas por Werther.

A "febre Werther" propagou-se num tempo em que meia Europa estava imersa num culto aos sentimentos. Esse movimento, que recebeu impulsos decisivos da França e Inglaterra, originou-se na burguesia, que imaginava que apenas a pessoa de sentimentos verdadeiros poderia ser a base de uma sociedade moralmente inatacável e que se mantinha unida pela compaixão.

Às vezes, entretanto, o cultivo dos sentimentos era imensamente exagerado. Tentava-se febrilmente tocar o próprio coração, e os acessos de choro eram constantes.

Na Alemanha, o movimento recebeu o nome de "Empfindsamkeit"; na Inglaterra falava-se em "sensibility", e na França, de "sensibilité". A comoção emocional de Werther tocava exatamente esse estado de ânimo. Na verdade, entretanto, o culto ao personagem apresentava um grande paradoxo, pois ele partia do pressuposto de que para fabricar a sensibilidade própria e sincera era preciso copiar Werther. Menos inofensivo do que copiar os seus sentimentos, era o fato de alguns leitores acharem que tinham de seguir o infeliz herói até o final amargo, suicidando-se após a leitura.

Não foram poucos os românticos que se deixaram comover a tal ponto por essa novela, e muitos países a baniram. Uma jovem foi tirada do lago no próprio jardim de Goethe, tendo um exemplar de *Werther* amarrado no xale. Para tentar evitar atitudes radicais como estas, as edições seguintes vieram com a advertência: "Seja homem e não me siga."

Do amor cortês ao amor romântico

Como já vimos, um novo código amoroso começou a ser elaborado no final do século XVIII, com o anseio de um mundo ideal. "Reagindo contra os corações contidos dos racionalistas, os românticos do século XIX desenvolveram a sensibilidade delicada para o mundo, uma prontidão estética que por vezes conduzia à fraqueza física, ao pessimismo e ao desespero. Floresceu uma poesia amorosa, nem lasciva nem espirituosa, mas recatada e sentimental, plena de êxtase assexuado."[8] A tradição do amor que se originou com os cavaleiros medievais, adaptada às conveniências e necessidades da cavalaria errante, e concebida para proporcionar aventuras amorosas extraconjugais, foi herdada pela burguesia da revolução industrial. As manifestações amorosas eram claramente identificáveis, mas se modificou bastante para se adequar às necessidades de uma sociedade de homens de negócios.

Num primeiro momento, seja no folclore ou na ficção, o amor romântico foi geralmente associado aos poetas, músicos, rebeldes, e não aos homens de negócio. Bernard Murstein dá a sua visão sobre esses novos anseios.[9] As diversas camadas da sociedade não mais podiam coexistir tranquilamente orientadas pela razão e convenção. Um dos elementos mais importantes do romantismo era o protesto. Alguns poetas exemplificam bem isso.

Wordsworth protestou contra a organização da civilização; Coleridge, contra a tirania da razão; Byron, contra a respeitabilidade da classe média; e Shelley, contra os males da sociedade. O romântico adorava aquilo que era natural ao homem e aquilo que fosse singular em cada pessoa. Prezava sensação e emoção como essenciais à vida e considerava humano que os sentimentos das pessoas mudassem a cada momento e situação.

A vida pastoral e as florestas misteriosas viam-se veneradas como partes da natureza. O amor ao passado e às terras distantes e exóticas prosperava com base no inexplicável; acima de tudo, o romântico nutria seu protesto com energia juvenil. Byron, Shelley, Keats, Wordsworth, Coleridge, Chateaubriand e Lamartine se achavam com pouco mais de 20 ou 30 anos quando fizeram suas contribuições mais importantes. A paixão revigorante dos românticos cativara a fantasia da classe média, mas seu ataque a instituições desde muito prezadas tornou os românticos inaceitáveis diante da burguesia poderosa. O código burguês acentuava responsabilidade pessoal pelos atos de cada um, respeito aos pais e adesão formal à religião.

Mas o código ignorava o desejo da juventude em adquirir certa medida da animação e liberdade de ação que os românticos pareciam personificar. Um número crescente de autores criticava os casamentos de conveniência como moralmente errados e previa para seus participantes a infelicidade perpétua. O público leitor identificava-se com Jane Eyre na novela de Charlotte Brontë, quando esta recusou a corte de St. John Rivers, de quem gostava, mas a quem não amava: "Posso receber dele a aliança de noiva, suportar todas as formas de amor e saber que o espírito se acha inteiramente ausente? Não, tal martírio seria monstruoso."

A resposta encontrava-se na nova liga criada pela força impulsora da paixão sensual dos românticos e temperada pelo sentimento familiar conservador da burguesia. As frases floridas, modos enérgicos, o não convencionalismo estilizado e as poses lânguidas do romântico combinavam com a moralidade burguesa. Assim, os novos ideais de amor e de casamento começaram a dominar o pensamento ocidental.

Excesso de sentimentalismo

O tema do amor romântico tornou-se onipresente nos romances e nos manuais de *savoir-vivre*. Repentinamente, revelou-se nas pessoas uma intensa necessidade de invocar os ardores do sentimento; elas fugiam para longe do corpo, como se fossem anjos diáfanos, e se entregavam a sonhos com amores etéreos. O discurso romântico era recheado de metáforas religiosas: o amante era uma criatura celeste; a moça, um anjo de pureza e de virgindade; o amor, uma experiência mística.

Falava-se de confissão, do sofrimento que redime, de adoração; as pessoas ficavam "perdidas de amor", os corações "sangravam"... A palavra, escandalosa demais, era substituída por um leve toque, um rubor, um silêncio, um olhar... Era a imagem da boa moça de família, sentada diante do seu piano, as madeixas soltas, o rosto iluminado pelos candelabros, olhos perdidos no vazio... Tudo se passava em torno da perturbação do encontro, a silhueta fugitiva percebida numa curva do bosque, a doçura do perfume, ou um aperto de mão, tudo em meio à evocação e à distância.[10]

Os românticos deleitavam-se em ser ostensivamente sentimentais, melancólicos, tempestuosos ou choraminguentos, conforme as oportunidades. Tom Moore, o poeta irlandês, ao cantar algumas baladas patéticas num auditório, comoveu tanto o público que as pessoas, uma a uma, se retiraram num pranto inconsolável. O próprio Moore, da mesma forma comovido por suas próprias canções, também explodiu num mar de lágrimas. As noivas desmaiavam no altar; os ministros, por vezes, choravam à mesa. O poeta Keats ficou emocionado por uma urna, e Shelley pelo vento. Mas Coleridge se mostrou profundamente sensibilizado por um jumento, e Wordsworth se emocionou na presença de rochas e pedras.[11]

POR QUE O ROMANTISMO?

Houve grande mudança entre o amor vivido no século XVIII e no século XIX. Morton Hunt destaca alguns importantes aspectos.[12] O mundo dos monarcas absolutos, no qual o Iluminismo havia florescido, estava com os dias contados. Mesmo antes das guerras e revoluções que destruíram esse mundo, o padrão finamente polido da vida europeia das classes superiores já estava sendo modificado. As fábricas iam se multiplicando, e os homens de negócios tornavam-se mais ricos do que muitos aristocratas. Alguns desses novos-ricos procuravam copiar as maneiras das classes superiores, mas observou-se a infiltração para cima dos costumes da classe média.

O gosto das filhas dos comerciantes em relação às novelas sentimentais ia se alastrando entre as pessoas educadas. Por toda a sociedade, o controle das emoções estava sendo suplantado por uma atitude, resumida na palavra "sensibilidade". Tratava-se de um estado de espírito hiperemocional, profundamente afetado por qualquer acontecimento ou pensamento. Tornou-se estilo de vida o fato de se exibir linguagem, palidez e decadência física como prova de grande sensibilidade da alma.

Os homens racionalistas tinham cortejado mulheres e frequentado bordéis, considerando o amor um passatempo magnífico, e tinham sustentado que um estilo hábil de sedução era indispensável. A sensibilidade mudou tudo isso. Os homens da geração mais nova consideravam o amor uma finalidade nobre da vida. Eles falavam de amor poeticamente, mas retraíam-se fugindo à sexualidade; começaram a admirar não a mulher brilhante, dada a flertes, e sim a mulher acanhada, virginal.

E eles mesmos passaram a se comportar de modo igualmente retraído, e quase que igualmente virginal. Nessa época, vários literatos trataram de revisar e purificar a poesia de amor de eras anteriores. Foram podadas das obras poéticas a sensualidade, o desejo intenso e as expressões apaixonadas, ou qualquer outra expressão que de uma ou outra forma pudesse induzir o leitor desprevenido a pensar no amor sexual.

A essa modificação radical em relação à Idade da Razão se aplica a denominação generalizada de "romantismo". Já vimos o amor romântico, surgido no século XII, e observamos suas características. No início do século

XIX é essa tradição que volta a emergir. Um amor doméstico, puritano, casto, controlado e também cauteloso em suas maneiras, sob medida para a classe média, passando a guiar uma fração da sociedade muito maior do que aquela que guiara antes. No que diz respeito à repressão sexual, mas não só neste aspecto, foi marcado pela presença avassaladora de uma pequena mulher: a rainha Vitória. Sua época recebeu seu nome e sua marca.

A ERA VITORIANA

A coroa foi colocada na cabeça da rainha Vitória em 1837. Tida por muitos como uma soberana medíocre, ela comandou o Império Britânico até 1901, estando à frente das armas e do poder colonial da época. Se fosse preciso escolher um termo único para caracterizar o comportamento de homens e mulheres no tempo do triunfo da burguesia, seria obrigatoriamente "vitoriano". A noção não se limita ao reinado de Vitória no sentido estrito, se a definirmos como um estado de espírito cujas regras e normas se espalharam pelo Ocidente.

Além da grande influência, a atuação da rainha é quase folclórica em função dos absurdos que impôs a seus súditos. Antes de mais nada, um retrocesso: voltou-se à Idade Média, ao estilo trovador e aos amores medievais, mulheres inacessíveis e paixões sublimes. Tradução vitoriana: Uma mulher honesta não pode gozar. "A força brutal do desejo sexual é desconhecido pela mulher honesta", pregava a rainha. Apesar de personificar a moral sexual vitoriana, a rainha conseguiu manter até os 40 anos de idade todo o vigor e a capacidade de desfrutar o sexo. Após a morte do príncipe consorte, em 1861, a nação inglesa associou-se à tristeza que a afetava, tendo sido com sua aprovação tácita que as forças da repressão começaram a aumentar o controle sobre o país.

Os segmentos dominantes identificaram-se com a rainha durante todo o reinado. As pessoas sentiam-se culpadas ao comparar seu comportamento sexual com o celibato forçado da soberana. Essa culpa levou à hipocrisia. A classe média foi compelida a fingir que se comportava de uma forma que teria a aprovação não apenas da rainha, mas também da Igreja. O pensamento religioso atribuía importância à família, mas enfatizava que o sexo, embora necessário para a procriação, constituía-se em uma infeliz necessidade e não em algo a ser desfrutado.

A rainha permaneceu como imagem de mãe das elites e da classe trabalhadora melhorada, que aspirava ao status de classe média. Ela detestava controle de natalidade, que tachava de "coisa horrível". A classe média dizia o mesmo, mas, à surdina, o praticava. O nascimento de uma criança era para Vitória o "lado negro do casamento", vergonhoso e degradante, o que passou também a ser a posição da maioria das pessoas. Tal como o sexo, tratava-se de algo escuso, feito em segredo, e muitas mulheres, para manter sua dignidade durante a gravidez, mantinham-se vestidas com espartilho até o trabalho de parto, apesar das dores intensas.

A NOVA RELIGIÃO MÉDICA

Além do controle das pulsões, observa-se a tirania das aparências e uma divisão do mundo em dois espaços, público e privado. A burguesia protege-se dos perigos da selva urbana por uma dupla barreira, decorrente do culto ao lar conjugal e do autocontrole individual. Disso resulta uma percepção do corpo e do prazer baseada na contenção e na sobriedade, por oposição à liberdade dos nobres ou das camadas populares. Robert Muchembled mostra como um verdadeiro pavor da perda da substância vital leva a minoria citadina bem-pensante a erigir a medicina em nova religião da modernidade.[13] A seguir uma síntese de suas ideias a esse respeito.

Única a falar de maneira racional dos mistérios do corpo, da morte, do orgasmo, a medicina adquire um império respondendo às angústias do público cultivado e abastado. Tanto mais que não é indispensável abandonar a fé propriamente dita para aderir a seus preceitos.

No século XIX, a medicina dá um passo decisivo no controle da sexualidade, realizando a tomada do poder de prescrever e de guiar, em nome de um saber erigido em nova religião, com suas igrejinhas, seus hereges e seus incrédulos. Ela adquire um monopólio crescente sobre os fenômenos corporais, ao passo que as Igrejas estabelecidas são cada vez menos seguidas quanto a essa matéria. Os indivíduos são compelidos a não se deixar levar por suas necessidades, seus instintos, seus desejos ou suas paixões. Os médicos declaram que o ato sexual é perigoso, até mesmo mortal, e o prescrevem em pequenas doses. Aconselham também a evitar todos os excessos, sobretudo a masturbação, que simplesmente leva o "doente" à morte.

A autoridade médica não se baseia nos dados científicos. Ela molda a realidade segundo as necessidades culturais de seu universo de referência. Recuperando o velho sentimento de culpa cristã em matéria de sexualidade, volta a forjá-lo como regime de saúde. Alertando contra os desgastes vitais excessivos, toma com segurança o lugar dos confessores e orienta com rigor a vida íntima de seus contemporâneos. Preconiza especialmente a moderação nas relações conjugais. O temor do pecado sai da esfera religiosa e é transposto para conselhos de higiene física. O medo da doença e da morte substitui o da danação eterna. Produz uma intensa angústia que a ciência médica pretende resolver por meio de conselhos de moderação.

COMO OS MÉDICOS VEEM O SEXO

A sexualidade é então definida pelos médicos como uma força potencialmente perigosa para a saúde, que deve ser severamente vigiada e enquadrada. O modelo vem de muito longe, da tradição monástica medieval. Ele traduz um medo da sensualidade incontrolável. O orgasmo poderá evocar para o indivíduo uma perda de controle sobre si mesmo e tornar-se o emblema da desordem do mundo. Alguns, como o doutor William Acton, chegam até a dizer que as esposas normais são privadas de desejos e se submetem simplesmente aos desejos do marido, apenas para seu prazer. Acton afirma que "o amor pela casa, pelos filhos e pelos deveres domésticos são as únicas paixões que elas sentem".

Ele acrescenta que o melhor meio de atenuar o apetite sexual no casal é a mulher conceber a cada dois anos, pois durante os nove meses que se seguem e durante o aleitamento ela não deseja fazer sexo, o que modera também as vontades do cônjuge. Acton parece realizar assim um antigo sonho masculino de controle quase total da esposa regularmente grávida depois nutridora. O abandono da teoria dos humores e a regressão do senso de pecado não impedem que os médicos retomem, com argumentos muito diferentes, é verdade, a ideia de que a sexualidade é profundamente perigosa e totalmente diferente para os homens e as mulheres.

Muchembled assinala que a história do prazer nada tem de linear. Ela assiste à alternância de ciclos repressivos e fluxos liberadores durante o período em questão. As principais rupturas situam-se no final do século XIX, quando o discurso médico se modifica profundamente. Depois, durante a primeira metade do século XX, quando as classes médias, em pleno triunfo econômico e social, percebem a fissura do rigor que professam. O controle do saber médico diminui em face do progresso geral da liberação sexual. "Nada pode, nunca, enquadrar as pulsões sexuais, pois o corpo reclama sempre a sua parte. As sociedades impõem ou tentam fazê-lo, os seres humanos dispõem, adaptam, consertam, inventam..."[14]

O SÉCULO DO PUDOR

A dificuldade em confrontar-se com o outro é a marca do início do século XIX. A natureza animal do homem, que era considerada desprezível, precisava ser disfarçada. O temor da indiscrição atinge as classes sociais mais estabelecidas. As damas já haviam sido celebradas por sua pureza antes disso, mas os tabus vitorianos constituíram algo de novo. Os comportamentos são regidos pela vergonha. O corpo e seus mistérios assustam os homens. "O ideal visado pela burguesia diz respeito à moderação, à probidade e à monogamia, o que as distingue dos aristocratas e das classes inferiores, pelo menos até as mudanças dos anos 1880. As burguesias ocidentais parecem conformar-se ao processo de civilização dos costumes, embora as realidades sejam com frequência mais complexas e mais cheias de contrastes."[15]

MODIFICAÇÃO NA LINGUAGEM

A linguagem sofreu rápida transformação. Palavras como suor, gravidez, sexo foram substituídas por termos mais evasivos. Em vez de se dizer que uma mulher estava grávida dizia-se que ela se encontrava "em estado interessante" ou que se achava em "visita interior". Na presença de uma criança recém-nascida, dizia-se que ela fora "descoberta debaixo de uma groselheira".

A palavra "piss" (urinar), que surgiu no *London Times* em 1790, foi abandonada pela imprensa vitoriana. Noah Webster, que canonizou o vocabulário americano ao compilar seu primeiro dicionário, era um grande puritano e um fanático religioso. Alterou palavras que considerava ofensivas, por exemplo, substituindo "testículos" por "membros privativos". As mulheres passaram a descrever o local da dor para os médicos apontando para um ponto semelhante numa boneca, de modo a não ter de fazer algum gesto deselegante ou indelicado. Qualquer parte do corpo entre o pescoço e os joelhos passou a ser chamada de "fígado".

Durante o parto, o médico trabalhava às cegas, as mãos sob um lençol, para não ver os órgãos genitais da mulher. Diversas publicações reforçavam essas ideias. No *Godey's Lady's Book*, em 1852, um professor da Filadélfia, EUA, orgulha-se porque na América "as mulheres preferem suportar os extremos do perigo e da dor a abrirem mão daqueles escrúpulos de delicadeza, que impedem sua moléstia de ser inteiramente explorada". Em sua opinião, isso era evidência de "uma excelente moralidade".

Tal atitude não apenas evitava que os médicos fizessem adequadamente o seu trabalho, como também impedia que as mulheres aprendessem alguma coisa sobre sua própria anatomia e fisiologia. A menstruação, por exemplo, raramente era mencionada, mas em 1878 o *British Medical Journal* publicou uma correspondência de seis meses sobre se presuntos poderiam ficar rançosos se tocados por uma mulher menstruada.

Novas doenças

Até mesmo o rubor nas faces era execrado e temido, classificado pelos médicos da época como *ereutofobia*. Havia ainda a doença branca. Ela afetava as mulheres que não viam suficientemente o sol por medo de sair, porque temiam ser observadas por desconhecidos. A existência do organismo, suas sensações e manifestações provocavam perturbação. A nudez, as excreções e a sexualidade tinham o mesmo peso para aqueles que procuravam ser aceitos e respeitados. Um médico alemão, Dr. Carl Ludwig, da Universidade de Marburg, registra uma constipação conhecida como *doença verde*, mal-estar provocado pelo receio de expelir gases em público depois das refeições, o que leva as mulheres a apertar convulsivamente as nádegas.

A dança, que fora quase respeitável nos passos impessoais da gavota e do minueto, mais uma vez foi desprezada, como nos dias dos puritanos, com o surgimento de uma nova dança considerada lasciva: a valsa. Como o autor de *Ladies' Pocket Book* se perguntava: "Seria possível que um amante concordasse em ver a noiva abraçada e quase reclinar-se nos braços de outro? Aguentaria ele testemunhar os lábios dela (dos quais, se ele se houvesse aproximado, o fizera quase com sentimento de adoração) perto o bastante dos lábios de cada homem que pode ser o dançarino, para poder tocá-los, manchá-los?"[16]

Manifestações da sexuailidade reprimida

A sexualidade reprimida foi removida para áreas inócuas, tais como os móveis. As cadeiras eram construídas com ombros largos e cinturas de vespa, as pernas de piano eram cobertas por capas pelas damas embaraçadas, para não excitar os homens por sua semelhança com as pernas femininas. Se uma mulher andasse a cavalo, tinha de ser de lado, na sela feminina, pois ela não ousaria reter entre suas pernas algo tão consistente quanto um cavalo. Um senhor não podia oferecer a uma dama uma coxa de galinha; só lhe oferecia o peito — e ainda assim dava a essa parte da ave a denominação de "seio"; os livros de autores masculinos e femininos eram separados na prateleira, em algumas bibliotecas vitorianas; os anúncios de roupas íntimas femininas mostravam as roupas sempre dobradas, de modo que ninguém percebia a existência da bifurcação. A moral vitoriana tentava controlar tudo o que considerava pornográfico. "Os vitorianos abordavam a sexualidade como o cachorro aborda o pedaço quente de carne — quente demais para tocar, mas ainda assim desejável demais para deixar de lado."[17]

Os primeiros anos do século XIX assistiram a uma grande vigilância sobre as jovens, exercida sob a forma de congregações e associações como

Filhas de Maria ou *Rosières* (que carregavam coroas de rosas). Estas últimas eram examinadas pelo médico para provar sua virgindade. São distribuídos manuais de fisiologia e higiene. A descoberta da sexualidade e o surgimento da menstruação eram tratados sob a ótica distorcida do moralismo...

A religião, aproveitando ventos favoráveis à repressão, armou as congregações femininas de argumentos. Os sentidos seriam portas abertas para o demônio, sendo importante cultivar a virtude do silêncio e evitar a sensualidade. O modelo era o angelical. Entre outros delírios, nasceu o culto à Filomena, santa que nunca existiu, mas foi alvo de inúmeras biografias como padroeira das jovens que desejassem se manter intactas.

A visão vitoriana da existência, surgida no século XVIII no pensamento dos filósofos, traz uma mensagem de moderação, de economia, de administração dos instintos. É preciso adquirir uma técnica específica de autocontrole, a fim de mostrar existir o domínio de um papel público e privado. O código obrigatório é o do segredo, e há a necessidade de se vigiar constantemente a fim de mostrar o comportamento esperado pelos outros.

A burguesia e as classes médias adotam, assim, um estado de alma original. Rompem com uma religião do medo, marcando nitidamente, contudo, suas diferenças em relação tanto à nobreza ociosa quanto aos mundos populares considerados rudes. Além da literatura filosófica e da sociabilidade intelectual, em Paris e Londres, o conceito de polidez contribui prioritariamente para a promoção dessa nova sensibilidade. "Entre 1800 e 1960, cinco ou seis gerações sucessivas enfrentam uma inegável repressão dos prazeres carnais, o que gera um discurso de rara violência. Ele visa fazer da sexualidade uma doença vergonhosa e acarreta traumas que serão necessários Freud e outros psicanalistas para começar a tratá-los."[18]

AS MULHERES

"No caráter de um homem nobre, esclarecido e realmente bom, existe um poder e uma perfeição semelhante ao que acreditamos ser a natureza dos anjos. Nenhuma linguagem pode descrever o grau de admiração e respeito que suscita a contemplação de tal caráter. É difícil dizer se nos sentimentos da mulher deve prevalecer a humildade ou a gratidão."[19] Este é o trecho de um livro, da Sra. Sarah Ellis, dirigido às mulheres da Inglaterra, em 1842, a respeito de seus maridos. Essa mentalidade se enraizou em diversos textos da época. Houve o recesso das mulheres no lar. Elas eram incentivadas à languidez. O ócio, o mexerico e o consumo também eram vistos como de bom-tom.

Desigualdade entre homens e mulheres

As historiadoras Bonnie Anderson e Judith Zinsser concluíram que o relacionamento desigual entre mulheres e homens, presente nos primórdios da história da Europa, se intensificou com o passar do tempo. O início do século XIX marcou o ponto mais baixo das opções e possibilidades das mulheres europeias.

Para elas, os séculos da Renascença até o Iluminismo inclusive ampliaram as possibilidades para os homens, dando a um número maior deles acesso à educação e à escolha de uma ocupação. O oposto aconteceu com as mulheres. Os novos códigos legais negaram às mulheres o controle de sua propriedade e renda, deram a autoridade principal dentro da família somente para o marido, tornaram ilegais quaisquer tentativas por parte das mulheres de controlar sua fertilidade e as proibiram de ter uma educação superior e treinamento profissional. "As perseguições por feitiçaria permanecem como o exemplo mais hediondo de misoginia na história europeia", concluem as autoras.[20]

Embora considere todos esses fatores relevantes, a historiadora Anne Llewellyn Barstow diz que eles ainda não explicam completamente por que a vida das mulheres era mais limitada no século XIX do que antes ou depois dessa época. Para ela a caça às bruxas, no século XVI, desempenhou um papel fundamental no declínio do status das mulheres. Mas há outra causa para a extraordinária submissão das mulheres, isto é, o crescente poder que os homens europeus estavam reivindicando sobre o mundo. Quando seu controle sobre os outros povos se expandiu através do imperialismo, os homens europeus exerceram um controle maior sobre suas próprias mulheres. O imperialismo, o colonialismo e a misoginia reforçaram-se mutuamente.[21]

Desejo de ascensão social

"O pior para a mulher foram a difusão e o triunfo dos valores burgueses. Praticamente não existia burguesia antes do século XIX. Na Idade Média há essencialmente nobres e camponeses. Não foram eles os mais duros com as mulheres", afirma o historiador Jacques Le Goff.[22] A historiadora Reay Tannahill concorda que os tempos estavam mudando, e que o lugar da mulher se tornaria pior, antes de ficar melhor. A seguir sua análise da situação da mulher nesse período.[23]

No século XIX, as classes médias começavam a substituir a aristocracia na estrutura do poder. Entretanto, o sucesso econômico era insignificante sem o sucesso social, de modo que as pessoas se tornaram obcecadas por sua luta em subir a escada da distinção. Um indício de sucesso era o de a dona de casa ter criados que fizessem tudo para ela, sendo a vitória das classes médias ilustrada pelas relevantes estatísticas de aumento do número de empregadas domésticas. Por todo o século XIX e, de fato, até 1914, o serviço doméstico era o maior emprego individual para as mulheres inglesas e o segundo maior global.

A esposa de classe média, que se libertara da cansativa trabalheira doméstica, estava mal equipada para enfrentar seu lazer. Tanto ela como o marido acreditavam — o que era confirmado pelos livros de etiqueta que inundavam o mercado — que estavam levando uma vida de dama, embora ambos estivessem enganados. Havia uma grande diferença entre a esposa de classe média e sua antecessora de nascimento nobre.

Lady Fulana e a condessa Sicrana tinham feito um uso mais positivo, embora muitas vezes frívolo, de seus períodos de lazer, divertindo-se com uma vida variada, amplamente possível, porque seus maridos ou amantes eram livres para escoltá-las onde quer que elas desejassem ir. Os maridos da classe média, porém, estavam presos a seu lugar de trabalho, ficando as esposas e filhas entregues aos próprios expedientes. Algumas enchiam o tempo com obras de caridade, mas a maioria passava os dias fazendo compras, mexericando, vivendo ociosamente e cultivando maneiras finas.

AS CLASSES POPULARES

Os pobres que trabalhavam não se preocupavam muito com "o lugar da mulher" até o século XX, porque não podiam se dar a tal luxo. Em seu caso, o obstáculo era o capitalismo industrial. A revolução industrial destroçou a longa e estável tradição da vida familiar camponesa, o sistema onde as mulheres tinham sido muito mais conscientes do próprio valor do que em qualquer outro nível de sociedade, porque haviam desempenhado um papel essencial, em um grupo familiar que fazia trabalho pesado.

As mulheres das classes populares raramente tinham independência, mas haviam tido um bom grau de liberdade. A indústria, entretanto, modificou tudo. A mulher operária, como o marido e os filhos, transformou-se em uma escrava do salário, além de malpaga, às vezes recebendo menos ou pouco mais de metade do que ganhava um homem, pelo mesmo trabalho. A resistência do homem à mulher como ganhadora de salário (e merecedora desse salário) somente começou a diminuir na segunda metade do século XX.

A MULHER DEPENDENTE E FRÁGIL

As mulheres do período romântico desenvolveram características de personalidade do tipo "gavinha".* Juntamente com a modéstia, a virtude, a doçura e outras qualidades que a mulher devia possuir, presumia-se que ela

---

* O termo é usado por Morton Hunt para designar a mulher que se agarra ao homem. No dicionário encontramos a seguinte definição para a palavra gavinha: "órgão com que certas plantas, geralmente trepadeiras, se fixam a outras ou a estacas e armações".

tinha de ser fraca, temerosa, ansiosa por ser amparada e dominada por um tipo robusto de homem. Como a mulher de classe média não era acompanhada de dotes polpudos e terras herdadas, não tinha "negociações" de casamento. Ela foi então desenvolvendo características de dependência absoluta do marido. Qualquer dote da parte dela era completamente controlado por ele, e o divórcio se tornava impossível. A própria industrialização estimulou a consolidação do conceito de mulher-gavinha.

Em meados do século XVIII, havia surgido, na Inglaterra, a Blue Stockings Society, organização de mulheres que defendiam a educação para o sexo feminino e se reuniam para discutir literatura. A Revolução Francesa, em 1789, interrompeu esse processo de emancipação das mulheres. Quando publicamente elas reivindicaram seus direitos de cidadãs, a Convenção por unanimidade recusou. Foi reafirmada a separação e a diferença radical dos sexos. Fora do lar, foram consideradas perigosas para a ordem pública. Exortadas a não se misturar com os homens, lhes foi proibida a mais insignificante função que não fosse doméstica e maternal.

O conteúdo do ensino das meninas foi de uma mediocridade espantosa até meados do século XIX, pois só havia uma finalidade: fazer delas esposas dedicadas e donas de casa eficientes. Desenvolvimento intelectual e educação — coisas nunca apreciadas pelo marido de classe média — praticamente desapareceram. E "blue stocking" (meia azul) se tornou vocábulo de repreensão. O romântico, razoavelmente situado na vida, não precisava de uma mulher para toda obra, como acontecera com seus antepassados. Podia, portanto, concentrar-se mais nos valores da esposa, considerando-a como ideal de amor. Esperava, porém, que ela não fosse instruída. Deveria também ser pouco desenvolta, frágil e modesta. Dessa forma, a esposa ia se desvanecendo como pessoa, e se tornando algo assim como um espectro.[24]

A mulher, no seu novo papel — o de gavinha passiva e aquiescente, sempre apoiada ou agarrada a alguma coisa —, teve que se adaptar para conquistar um homem. Na medida em que se tornava menos útil a ele, tentava atraí-lo pelo recurso de lisonjear-lhe e proclamar sua fragilidade e dependência. Hannah More, que fora uma "bluestocking", tornou-se mais tarde evangelista devotada, expoente na defesa da mulher-gavinha. Ela fazia propaganda ativa contra todas as formas de educação feminina que pudessem dar às mulheres interesses fora do lar. Escreveu a uma amiga: "Ser instável e caprichosa penso realmente que seja apenas uma característica do nosso sexo; e não há animal que dependa tanto da subordinação, para a sua boa conduta, como a mulher."[25]

Alguns homens não acentuaram tanto a inferioridade da mulher quanto sua bondade natural: ela era mansa, gentil, suave e submissa. Todas essas virtudes já estavam incorporadas no estereótipo da boa dona de casa alemã que raramente saía e centralizava todas as atenções sobre o círculo familiar. Suas três funções na vida tornaram-se um estereótipo: Kinder, Küche, Kirche — filhos, cozinha e igreja.

A MULHER ESTÚPIDA

"Deus! Ela é como um cordeiro branco como leite que bale pela proteção do homem", exclamou o poeta Keats. O escritor Michelet lamentava a dor, languidez e fraqueza suportadas por essa pobre criatura por causa da menstruação. Ele dizia: "Nessa cicatrização de um ferimento interno, 15 ou 20 dias de 28 (podemos dizer quase sempre), a mulher é não somente uma inválida, como alguém ferido."

Comte viu a feminilidade como uma espécie de infância prolongada e Balzac achou que as mulheres eram incapazes de raciocinar ou de absorver conhecimento útil dos livros. Hegel considerava as mulheres capazes de educação nas artes inferiores, mas de jeito nenhum nas ciências avançadas, na filosofia ou mesmo em algumas formas de arte.[26] "Ler romances era considerado muito perigoso: desencaminhava as meninas casadoiras, dando-lhes ideias erradas sobre o matrimônio, que, afinal, não podia ser por amor."[27]

O filósofo alemão Arthur Schopenhauer via a mulher como menos avançada na escala filogenética. Ela pertencia definitivamente à ordem *Homo sapiens* — em alguns pontos entre uma criança e homem adulto. Em relação às suas características específicas, mostrou-se menos generoso ainda:

> *A única questão que realmente chama sua atenção é o amor, fazer conquistas e tudo que seja ligado a isso — vestidos, danças e assim por diante.*

O defeito fundamental do caráter feminino é que ele não tem sentimento de justiça.... a mulher que seja completamente verdadeira e não inclinada à dissimulação talvez seja uma impossibilidade. Somente o homem, cujo intelecto é nublado por impulsos sexuais, poderia dar o nome de belo sexo àquela raça de estatura deficiente, ombros estreitos, quadris largos e pernas curtas... As simpatias que existem entre elas e os homens são apenas superficiais, não tocam a mente, os sentimentos ou o caráter.[28]

Napoleão declarou de maneira direta que "um marido deveria ter império absoluto sobre os atos de sua esposa". E instituiu leis a tal respeito. Thomas Jefferson declarou que o direito de voto não deveria ser concedido nunca à mulher, "visto que os seios ternos das damas não eram formados para a convulsão política".

O JEITO DE SE VESTIR

No início do século XIX observa-se simplicidade nas roupas. Isso já vinha acontecendo desde o século anterior, um movimento que partiu talvez das ideias de Rousseau e da influência da moda inglesa, acentuando-se com a Revolução Francesa. As mulheres aboliram os espartilhos, as anáguas, os saltos altos, e passaram a usar túnicas atadas debaixo dos seios. "É o apogeu do exibicionismo do corpo, explorado pelas caricaturas do tempo, onde a ventania cola à plástica libertada os extraordinariamente transparentes. Por essa época uma mulher elegante não devia trazer sobre si mais do que 200 gramas de vestido, incluindo-se as joias e a echarpe..."[29]

Entretanto, nas primeiras décadas do século dois padrões distintos de elegância irão marcar definitivamente a separação dos sexos. A alfaiataria desenvolve uma geometria básica para a elegância, resumida em duas formas: H e X. A letra H, com sua verticalidade, será o ideal masculino de sobriedade, dos ombros aos pés. Na mesma medida em que não se preocupavam com a exuberância das roupas, os homens eram orgulhosos do seu pelo — havia aproximadamente vinte modelos de bigodes, barbas e cavanhaques.

Época de muita afetação, o recato da burguesia fecha os vestidos até o queixo. No entanto, os decotes prosperam ainda nos vestidos de noite. Um dos princípios de base da decência tornava-se a noção de adequação de um traje a um lugar e a uma circunstância. Assim, senhoras que iam à Ópera muito pouco decotadas eram às vezes convidadas a deixar seu camarote. Além dos decotes, a construção da elegância feminina deveria mirar-se no formato do X; a silhueta em X foi o ícone da moda vitoriana. Dividia o corpo em duas partes: cintura estrangulada e quadris imensos, por conta do artifício metálico. Com as mangas bufantes, volumes inchados em toda parte, "a mulher se transforma então em um grande inseto sedoso que exibe suas asas".[30] Essa mudança acompanha a expectativa que se tem do comportamento de homens e mulheres.

A MULHER IMOBILIZADA

A reverência à mulher como o anjo da casa, a rainha do lar, não passava de um pretexto para sua subjugação. Anteriormente, uma das razões mais poderosas para conservar a mulher subordinada era a de que ela tinha grande importância nas atividades domésticas. Com a industrialização, e a possibilidade de contratar empregados, essa razão perdeu a força. Um novo pretexto era necessário. Surgiu então o da incapacidade feminina de se amparar, o que se tornou um ideal social.

As mulheres corresponderam ao que delas se esperava e tornaram-se verdadeiramente incapazes de amparo próprio por meio da moda. A partir de 1820, elas começaram a se aprisionar em espartilhos, rendas e enormes mangas forradas de tela engomada. Em 1855, surge a grande descoberta mecânica da vestimenta. A imperatriz francesa Eugênia introduz a crinolina — tecido feito de crina e preso a uma armação de aço flexível. Seu uso permitia aliviar o peso das diversas anáguas e liberar o movimento das pernas.

A mulher vitoriana carregava em torno de 15 quilos de roupas e acessórios: vários corpetes, três ou mais anáguas, vestidos com muitos metros de tecido e cheios de adornos, saia de armação, mais um pesado xale (quando saía de casa) e uma grande touca ou chapéu totalmente decorados. Toda essa pesada vestimenta, somada ao espartilho, conferia às mulheres um aspecto frágil, vulnerável, algo entre criança e anjo — inocentes, tímidas, sensíveis...

E esse era o visual apreciado na época: mulheres com cabelos cacheados, pequenas, ombros caídos, boca pequenina. Uma mulher cheia de vida, saudável, não era admirada, ao contrário, o ideal era ser o mais apática e fraca possível.[31]

A atriz inglesa Fanny Kemble escreveu, da Pennsilvânia, EUA, que também as mulheres americanas tinham passado a usar rendas, anquinhas e almofadas, ao ponto de se reduzirem a uma imobilidade virtual. "De 1840 até 1860, a crinolina e a saia enorme transformaram a mulher do século XIX não num ser humano de duas pernas, e sim numa imagem etérea que deslizava cautelosamente ao som de um delicado farfalhar."[32]

Quanto maior era o balão da saia, mais a cintura era apertada por pences. Fervoroso inimigo da crinolina e do espartilho, Friedrich Theodor Vischer, professor de estética, dá a palavra para a fantástica saia: "A crinolina é impertinente por sua dimensão, pelo monstruoso desafio contra o homem. Ao homem que se aproxima, a crinolina parece dizer: 'Queira descer dessa calçada, ou terá a audácia de me roçar ao passar, de encostar em mim?'"[33]

A TORTURA DO ESPARTILHO

"Uma jovem mulher, da qual todas as rivais admiravam a cintura fina, morreu dois dias após o baile. O que aconteceu? A família quis saber a causa dessa morte súbita, em tão tenra idade, e decidiu fazer uma autópsia. O resultado foi surpreendente: o fígado havia sido perfurado por três costelas! Eis como se pode morrer aos 23 anos, não de tifo, nem de parto, mas por causa de um espartilho", relatou um jornal parisiense em 1859.[34]

O espartilho esteve no auge da moda no século XVII, e embora atribuído ao demônio, foi coisa dos italianos. Consistia numa armação de ferro que se apertava na cintura e fazia subir o peito de tal forma que este parecia uma prateleira. No século XIX, o espartilho retornava ao uso cotidiano para compensar uma silhueta de ancas cada vez mais destacadas. Seu uso dificultava a respiração, fazia mal à coluna, deformava os órgãos internos, tornava difícil se sentar ou subir escadas.

Mas, como deixava o corpo da mulher sinuoso, era usado pela maioria. Nunca a cintura fora tão afunilada — o ideal era que não passasse de 40 cm.

Algumas mulheres ajustavam-no tanto que acabavam com feridas debaixo dos braços e ao redor da cintura. "Contém os fortes, sustenta os fracos, reúne os dispersos." O slogan na vitrine de uma loja revelava um apelo bem-humorado à venda do produto.

Como as curvas do corpo feminino eram cada vez mais valorizadas, as mulheres passaram a usar espartilhos ainda mais terríveis. "O espartilho, que deformava os órgãos internos e impossibilitava respirar profundamente, funcionava como um instrumento de vigilância e submissão. Servia para sustentação da frágil estrutura feminina: não apenas física, sobretudo a moral. A mulher desde cedo deveria estar presa e contida."[35] Algumas chegavam a recorrer à cirurgia para a retirada das costelas flutuantes e dessa forma deformar mais ainda o corpo com o uso do espartilho.

A mulher de 1840, com seu espartilho e sua crinolina, parece totalmente inútil. "Revela-se mais sedutora quanto menos natural; seu corpo escondido sob um amontoado de panos repletos de babados e fitas. Atada, abotoada, cheia de colchetes e presilhas, ela se furta e se oferece ao mesmo tempo. Esse aparato de desfile esconde o corpo nu, macio e branco como se espera."[36] É provável que o uso desse artefato tenha contribuído para associar a ideia de feminilidade à passividade, aos frequentes desmaios e a má digestão.

O uso do espartilho era tão generalizado que quando as flexíveis barbatanas de baleia substituíram as armações de ferro, usadas até então, os Estados Gerais dos Países Baixos autorizaram um empréstimo de 600 mil florins para apoio à campanha da pesca da baleia no mar do Norte.

O DIA A DIA DAS MULHERES

As esposas da classe média foram, aos poucos, sendo despojadas de muitas das suas atribuições. A confecção de roupas, os alimentos, os remédios e o ensino de crianças estavam mudando-se para fora do lar. Entretanto, não era conveniente que ela saísse e se socializasse. As mulheres deviam permanecer em casa e cuidar dos filhos, enclausuradas numa situação semelhante àquela das mulheres de Atenas, de Péricles.

A mulher passava o seu tempo realizando tarefas, na maior parte das vezes, inúteis. Ela dava ordens aos criados e educava as crianças. Depois, tocava piano, lia novelas intermináveis, fazia capas para móveis, pintava figuras em veludo e compunha flores de cera. A seguir, com o tempo ainda sobrando, ela fazia coisas que nos parecem inacreditáveis. O *Godey's Lady's Book and Magazine* de fevereiro de 1864, por exemplo, contém instruções pormenorizadas para a confecção de um cobre-orelhas, reticulado, para cavalo, decorado com oito borlas encantadoras.[37]

Em *Mulheres na América*, de 1842, a Sra. A. J. Graves comentava sobre mulheres que, em sua ambição de serem consideradas damas, usam as belas mãos apenas para brincar com seus anéis de cabelos ou tocar piano. E, no mesmo ano, em *Mulheres da Inglaterra*, a Sra. Elles se queixava de que o número de damas lânguidas, apáticas e inertes que agora se reclinavam nos sofás, murmurando e resmungando contra qualquer exigência sobre seus esforços pessoais, constituía um espetáculo realmente melancólico. No entanto, a moda e a etiqueta conspiravam para tornar a mulher indolente. A própria indolência se transformava em uma espécie de doença, que minava tanto a saúde física como a psíquica.[38]

INTERLOCUTORES MUDOS

O século XIX foi o grande século da confissão, da introspecção, do diário íntimo, próprio das moças de boa família. O historiador Alain Corbin mostra como foi necessário haver interlocutores mudos para entreter a vibração da alma. Três deles desempenham um papel importante, na medida em que se revelou nas pessoas uma intensa necessidade de manifestação dos sentimentos. Corbin faz uma análise interessante do monólogo interior, que sintetizo a seguir.[39]

A BONECA E O MONÓLOGO INTERIOR

Durante a primeira metade do século, a boneca francesa não tem aspecto de uma menina, mas de uma mulher em miniatura, cujas roupas, muito cuidadas, seguem a evolução da moda. A cintura fina, os quadris largos correspondem aos cânones da beleza feminina da época.

O corpo da boneca é de pano ou pele de cordeiro, com enchimento de serragem. A cabeça e o colo são de papel machê, os dentes de metal ou palha. A boneca acompanha o passeio da criança. A variedade de modelos, a riqueza dos enxovais, as dimensões da casa reproduzem a hierarquia das posições, por isso o brinquedo facilita a tomada de consciência da identidade social. E a boneca se torna uma confidente. A literatura que a anima e lhe empresta uma linguagem, assim como o progresso técnico, estimula esta função psicológica. Desde 1824, fabricam-se brinquedos que falam; em 1826 aparecem as primeiras bonecas que andam.

Em meados do século, opera-se uma revolução: a boneca tende a se tornar uma menina, impropriamente chamada de bebê. O constante rejuvenescimento das formas da boneca muda aos poucos a conversa confidente, o que empobrece seu conteúdo psicológico. Quando em 1879, aparece o "bebê-chupeta", quando o vestuário não passa de cueiros e fraldas, quando a casa de bonecas reduziu-se às proporções do berço, não há mais identificação ou confidências possíveis. O novo brinquedo convida apenas ao aprendizado do papel materno. As intenções mudam, e agora traduzem uma novidade gestual pueril, início da escola de prendas domésticas.

Em 1909, a evolução se completa. Surge o bebê que tem a cabeça de um recém-nascido. O sucesso do novo modelo é imediato; prepara o "banhista", de celuloide, que aparece em 1920. Mas na época já impera o animal de pelúcia, reproduzindo e estimulando uma relação que não deixou de se ampliar ao longo do século.

O ANIMAL DE ESTIMAÇÃO

A história dc animal de estimação revela, igualmente, a importância da mudança que se delineia, na França, por volta de meados do Segundo Império (1852 a 1870). Até então prolongam-se as condições elitistas estabelecidas sob o Antigo Regime. A corte de Luís XVI já rompera com a tradição cristã da indiferença — se não desconfiança — diante do animal desprovido de alma. Fora-se o tempo em que o filósofo Nicolas Malebranche dava pontapés no ventre da gata esperando cria, surdo aos gritos que atribuía aos "espíritos animais". A afeição que Rousseau dedicou a seu cão fizera escola nos salões; deixara-se de considerar o animal como um boneco vivo para ver nele um ser digno de sentimento.

No início do século XIX, a relação afetiva é admitida e se torna prática estabelecida, mas sob duas formas privilegiadas. Antes de mais nada, exalta-se o vínculo que une o cão à mulher. Os doces sorrisos, os olhares afetuosos, as "inocentes carícias" atestam esta tendência para a ternura, esta abertura para a piedade que o discurso médico reconhece na mulher. Tais gestos femininos de compaixão são igualmente mensagens destinadas ao homem. Atribui-se desta maneira uma nova função ao animal no espaço doméstico: contribuir para o equilíbrio dos sentimentos.

A época romântica fornece numerosos exemplos de atitudes de ternura para com o animal de estimação. A escritora Eugénie de Guérin ama seus cãezinhos, acaricia-os, cuida deles, reza por eles, chora a perda de um e decide enterrá-lo dignamente. Este capítulo de sua vida afetiva ocupa amplo espaço em seu diário. Seu amor dirige-se também ao pássaro, especialmente o rouxinol. Seu zelo estende-se mesmo aos ínfimos mosquitos que atravessam a página de um livro. Os animais ajudam a minimizar os temores da solidão. Os homens também lançam mão desse comportamento. Isolado, em 1841, em Citavecchia, cidade próxima a Roma, triste por não ter ninguém a quem amar, o escritor Stendhal afaga seus dois cachorros, e Victor Hugo mostra-se muito apegado ao cão que o acompanha no exílio.

Entretanto, a ternura dos ricos manifesta-se no espaço privado. No espaço público podia-se assistir à crueldade do povo contra os animais domésticos. Em 1850, foram criadas leis proibindo essa violência pública.

O PIANO, O HAXIXE DAS MULHERES

Talvez haja um pouco de exagero no fato de o crítico literário e escritor Edmond de Goncourt batizar o piano como "haxixe das mulheres", mas é bem assim que o instrumento aparece no imaginário da época. Em 1975, a musicista francesa Danièle Pistone levantou na literatura romântica do período 2 mil cenas em que o piano intervém. Metade delas diz respeito a moças; um quarto, a mulheres casadas. A grande moda do instrumento inicia-se em 1815. O excessivo pudor trabalha a seu favor, depois que a harpa, o violoncelo e o violão começaram a parecer indecentes. O piano expande-se pela pequena burguesia, democratiza-se. A partir de 1870 começa a ser considerado vulgar, o que provoca o seu relativo declínio.

Contudo, durante o século XIX, tocar bem piano demonstra publicamente uma esmerada educação. O virtuosismo entra na estratégia matrimonial. Sob os dedos inocentes da jovenzinha ignorante, o teclado traduz as pulsações que a linguagem não saberia exprimir. Por esta razão Balzac aconselha a sua irmã que compre um piano. Este aparece como o escape privilegiado da timidez, o que permite o surgimento da cena literária em que a moça, acreditando-se só, revela anseios insuspeitados, já que o instrumento tem o privilégio de elevar a alma até o ideal.

O piano funciona como um amigo, um confidente, um refúgio que permite um desabafo solitário. Traduz as queixas da mulher que sofre pelo rompimento da relação amorosa. O envio de um piano à amante abandonada entra na lista dos presentes rituais. O piano também desempenha o papel do afloramento solitário da força irreprimível das paixões. É ele que acalma o delírio dos sentidos da duquesa de Langeais, personagem-título de um livro de Balzac. Nestas ocasiões, torna-se substituto da cavalgada a galope e do passeio sob a tempestade.

O dedilhar do piano participa por fim da inutilidade do tempo feminino; permite matar as horas à espera do homem, ajuda aquela que o toca a resignar-se com "a nulidade da condição feminina". Corbin assinala que todas as cenas que atestam a importância do instrumento na vida íntima referem-se, antes de mais nada, ao imaginário masculino da mulher ao piano. A cabeleira desfeita, a visão incendiada pelas velas iluminando a partitura, os olhos perdidos no vazio, ela parece já a presa sonhadora oferecida aos desejos do homem.

Aos poucos, no correr das décadas, o piano vai deixando de ser o amigo da alma e se transforma em um móvel sem personalidade.

RELAÇÃO ENTRE HOMENS E MULHERES

As características que o homem vitoriano atribuía à mulher produziam um efeito inevitável sobre ele mesmo. Ele era patriarcal, severo com os filhos, envergava casaca, tinha o rosto emoldurado por suíças espessas; não permitia que com ele se praticassem leviandades, mas o preço do papel que desempenhava era a sua própria limitação sexual no casamento. A pureza da mulher fazia com que procurasse secretamente bordéis. O prazer do homem é definido como um direito, sem consideração real pela parceira. Muitos vaidosos não hesitam em contar detalhadamente seus feitos, na taverna ou em outros lugares. É o que ocorre com um certo camponês de West Hatch, Inglaterra, que garante que nos últimos vinte anos conquistou a castidade de inúmeras mulheres, solteiras ou não.

A diferenciação sexual dos gêneros constitui uma invenção ocidental realizada pelas classes médias no século XIX. A principal inovação consiste em distinguir dois tipos totalmente opostos de mulheres, boas ou ruins, ao passo que os moralistas cristãos do passado só concebiam uma mulher, pecadora por natureza. A classificação das mulheres em dois grupos, as puras e as desencaminhadas, de certo modo as mães e as putas, permite além do mais tranquilizar os homens, dando-lhes a sensação de compreender facilmente os mistérios da outra parte da humanidade.

A dominação exercida sobre a mulher expressa-se em todos os planos. A cônjuge pudica ideal, quase santa, maternal, garante o repouso do guerreiro capitalista exausto fechando-se no lar, recusando toda paixão condenável e usando seu corpo com ele muito licitamente, mas com moderação. Tendo os médicos à frente, os pensadores da época descrevem cada vez mais a mulher de bem como um ser sem necessidades nem desejos sexuais imperativos. À esposa virtuosa opõe-se literalmente a puta libidinosa. Esta última recolhe e concentra todas as características negativas outrora atribuídas a todas as mulheres.[40]

As mulheres ricas eram mimadas e tratadas como animais de estimação. As mulheres encorajavam os homens nesse tipo de comportamento, achando agradável serem adoradas, mimadas, submissas, lisonjeadas ao serem consideradas vulneráveis, virginais e remotas; anjos de pureza para os quais um homem podia se voltar, em busca de um alívio para o rude e cruel mundo da realidade dos negócios.[41]

FLERTE

Uma mulher nunca podia expressar seus sentimentos abertamente; tinha que esperar que o homem se declarasse a ela. No século XIX havia diversos livros que alertavam as mulheres a não tomar a iniciativa no relacionamento. O olhar tinha grande importância, mas era prerrogativa exclusivamente masculina. O homem olhava e assim escolhia a mulher que desejava. Por trás do pudor dela deveria haver identificação romântica da mulher com o ideal da mãe pura, e, portanto, da inibição do desejo sexual. Dessa forma, ela não deveria ser sexualmente atraente em qualquer aspecto nem mostrar o menor interesse em flertar com qualquer homem. "É privilégio do homem, como ser superior e protetor, fazer a escolha", declarava, com autoridade, a *Enciclopédia Britânica*, em 1842. "A mulher preferida não tem privilégio algum; pode apenas consentir ou recusar." Os métodos permitidos a uma jovem para atrair o interesse de um homem, ou de indicar o seu próprio interesse por ele, se haviam reduzido a quase nada.[42]

A mulher podia emitir gritinhos delicados à vista de um gafanhoto, podia chorar discretamente ao assistir a uma peça teatral ou ao ouvir um concerto, podia mesmo, quando a oportunidade merecesse, desmaiar. Havia até alguns manuais de conduta que ensinavam as maneiras corretas de se desmaiar. Na maioria dos casos, o único recurso de que a moça dispunha para manifestar a sua resposta ao flerte de um jovem era, de acordo com um livro de boas maneiras do período, forçar um "tímido rubor" ou "o mais sutil dos sorrisos, a esvoaçar por entre as pálpebras semicerradas". Às vezes, esses fracos sinais chegavam ao seu destino, e o jovem ao qual se dirigiam obtinha permissão do pai dela para visitar a moça.[43] Ele podia indagar a seu respeito discretamente, usando diversas fontes, mas como era um cavalheiro jamais lhe mencionava o nome.

A partir da permissão do pai da moça, e para se conhecerem melhor, os dois poderiam passar algum tempo juntos, conversando, tocando piano, cantando — mas sempre sob o olhar vigilante da acompanhante, o casal jamais ficava a sós. A conversa ocorre a certa distância física, para melhor serem policiados comportamentos eróticos imprudentes e precipitados. A moça não dá logo esperança de continuidade dos encontros, até que tenha confiança no pretendente. A partir de então, durante meses, as "moças de família" devem ser resguardadas por todos os seus parentes.

O jovem era aconselhado a observar as aptidões da moça e seu modo de agir com outras pessoas, como os pais e irmãos. Aconselham-no também a acompanhá-la a uma livraria e pedir-lhe que o ajude a escolher um livro para a irmã, e depois anotar o tipo de livro por ela escolhido. Mesmo controlados pela presença atenta de alguém, as visitas eram limitadas quanto à frequência. Para a mentalidade da época a familiaridade do convívio seria considerada indesejada por, na maioria das vezes, diminuir o interesse do rapaz.

O moralismo característico da classe média vitoriana foi marcado pela troca frequente de cartas de amor. De acordo com a etiqueta da época, o rapaz seria o primeiro a escrever uma carta e só depois a moça poderia respondê-la, se os pais assim aprovassem. Naqueles tempos, cautela era palavra de ordem, especialmente para as mulheres. Através delas e dos diários das mulheres do século XIX ficamos sabendo como elas recusaram várias propostas e tentaram determinar se um pretendente seria um bom marido. Elas também tinham dúvidas se teriam capacidade emocional de se tornarem boas esposas.[44]

FALTA DE ESPONTANEIDADE

Na maior parte da Europa, a interação dos sexos via-se rigorosamente regulamentada, sendo excluída a espontaneidade. Na rua, a dama nunca falava com o cavalheiro que conhecia, a menos que tivesse certeza de que ele a vira. Se as ligações do mesmo fossem respeitáveis e ele de boa criação, poderia ser reconhecido. Os conhecidos com situação menos do que impecável deviam ser ignorados. A maioria dos ricos exibia seus candidatos ao mercado matrimonial na corte, nos bailes e na Ópera.

Uma febre de dança alcançou a Inglaterra no período vitoriano, principalmente porque o salão de baile servia de lugar para que muitos se reunissem e procurassem possibilidades matrimoniais, muitas vezes sob o vigilante olho materno. Os franceses tendiam a mostrar-se mais preocupados com o vigor físico.

Um dos modos garantidos de acabar com um casamento francês era disseminar o boato de que a tuberculose ocorrera na família da noiva. Um solteirão com 45 anos voltando da Indochina a fim de procurar esposa deixou de lado a primeira que escolheu por se tratar de mulher magra e talvez suscetível à tuberculose; casou-se com a segunda escolha, mais robusta.[45]

NAMORO

Londres, 13 de agosto de 1866

Estimado Lafargue,

Permita-me fazer-lhe as seguintes observações:
1. Se você deseja continuar a relação com minha filha, tem que abandonar o seu modo de lhe fazer a corte. Você sabe muito bem que ainda não se combinou nenhum noivado, que até agora tudo é provisório. E mesmo que ela fosse formalmente sua prometida, você não poderia esquecer que isso significa uma relação a longo termo. Um comportamento demasiado íntimo é ainda impróprio quando os dois prometidos têm que viver num mesmo local por um período necessariamente prolongado de purgatório e de severos testes. Tenho observado com consternação a mudança diária de sua conduta no espaço de apenas uma semana. A meu ver, o verdadeiro amor se exprime justamente pela continência, comportamento recatado, até mesmo acanhado com relação à amada, e decididamente não em demonstrações de paixão descontrolada e manifestações de prematura familiaridade. Se você quiser apresentar em sua defesa o seu temperamento crioulo, é meu dever interpor o meu bom-senso entre esse temperamento e minha filha.

2. Antes de acertar definitivamente suas relações com Laura exijo uma explicação clara sobre sua situação econômica. Não toquei nesse assunto porque, quer me parecer, cabia a você tomar a iniciativa. No que está ao meu alcance pretendo livrar minha filha dos escolhos em que a vida da mãe dela foi sacrificada. Sua situação, segundo informações que soube — sem procurar saber —, não é em absoluto tranquilizadora. Suas possibilidades são no mínimo problemáticas. Minhas observações convenceram-me de que por natureza você não é diligente, apesar de surtos de atividade febril e boas intenções. Quanto à sua família, nada sei. Não sei mesmo como é que eles encaram seus planos de casamento. Espero sua resposta.

Sempre seu, Karl Marx.[46]

Esta carta foi escrita pelo filósofo alemão Karl Marx (1818-1883), autor de *O capital*, quando vivia na Inglaterra. "Difícil será encontrar documento que exprima de maneira tão completa e persuasiva os valores da sociedade burguesa do século XIX, no que diz respeito às relações entre jovens durante o namoro, particularmente quando se deseja preservar a pureza da mulher. Não somente valores como preconceitos raciais dos ingleses da época."[47]

O casamento, mesmo havendo amor e se enquadrando no padrão moral da época, nunca estava completamente livre da realidade financeira. A questão básica era se o marido poderia sustentar sua esposa. Uma mulher que quisesse se casar sabia que o seu futuro bem-estar material estaria ligado à situação financeira do marido.

Marx distingue o namoro do noivado e desempenha com rigoroso e atento zelo o papel de pai vigilante e observador da moralidade vigente, policiando aquele namoro quanto ao tipo de contato entre os jovens e ainda quanto às condições econômicas do pretendente a um casamento formal, segundo o modelo socialmente aceito. Dessa forma, "a boa mulher vitoriana" distinguia-se pelo confinamento à família e por não ter interesse pelo lado erótico do casamento, mantendo-se em certo sentido inocente e mesmo assexuada. Acreditavam que era particularmente como mãe que ela se realizava.[48]

NOIVADO

O rapaz que quer se casar deve transmitir sua proposta aos pais da moça, geralmente por intermédio de uma pessoa amiga. Se a proposta é aceita, seus pais vão apresentar um pedido formal aos pais da moça. A partir daí, o pretendente se torna o noivo oficial, e é recebido como tal na casa de sua futura esposa. Em sua primeira visita, marca-se a data do jantar de noivado. O jantar se realiza na casa da moça, com as duas famílias presentes. O noivo oferece a aliança nessa noite.

O rapaz precede sua primeira visita com um ramo de flores brancas. Se for rico, todos os dias enviará flores à moça, desde a apresentação até o casamento. Às vezes, manda flores para a futura sogra. O jovem vai diariamente à casa de sua noiva para "fazer a corte". Uma jovem deve se mostrar reservada com o noivo. Não lhe escreve nem recebe cartas sem passar pela mãe. Não manifesta ternura excessiva ao noivo, receando que possa lhe despertar dúvidas sobre seu pudor e estragar o futuro. Os jovens, em princípio, devem aproveitar o período do noivado para conversar e se conhecer melhor. Mas é importante que a noiva se mantenha um pouco etérea, para corresponder à figura idealizada pelo noivo.[49]

O primeiro nome podia ser usado, após oficializar-se o noivado, mas era o máximo de intimidade permitida antes do casamento. Mesmo que houvesse intensa atração entre os jovens, esperava-se que futuros maridos e esposas obedecessem a uma série de convenções sociais, que incluía a ausência da relação sexual até que se casassem. As cartas em que se fazia a corte, talvez devido à falta de saída para a sexualidade e ao pouco conhecimento do outro, mostravam-se bastante idealizadas.

Freud escreve uma carta para sua noiva e futura esposa Marta:

Viena, terça-feira, 29-01-1884

Querida senhorita Bernays,

A princípio eu não pude entender o que poderia significar a solene apresentação de um cartão de visita de pelúcia vermelha (é pelúcia, não?) entre namorados já tão antigos como nós. Suspeitava de que ele contivesse alguma espécie de quebra-cabeça de figura, ou antes uma fotografia. Então tive a brilhante ideia de que podia ser um cartão com o nome (como os que se usam para marcar lugar em banquete), ideia que vi confirmada depois de ler sua carta. Aí então: uma Marta Bernays dourada em fundo vermelho! Gosto de olhar o nome, porém conheço outro melhor: a senhora Marta Freud seria mais bela para os meus olhos e os meus ouvidos.

Sua carta, Martinha, com a sabedoria sobre o amor e a vida, levantou enormemente meu ânimo; há muito não me sinto tão alegre e bem-disposto, e estou tão grato a você. Divertiu-me muito perceber como você está compenetrada da situação de noiva — tão profundamente que considera noivos todos os cavaleiros da Távola Redonda sem mais provas. Se você própria não estivesse "meio casada", com a mesma boa vontade os consideraria todos sem compromissos. Sinto-me alegre hoje sem nenhuma razão que não a produzida por sua carta, e tão disposto a falar e a de vez em quando fechar a sua com um beijo para calá-la.

Ora, eu nunca a levei à casa dos Hammerschlags? Em muitas ocasiões pensei em fazê-lo, mas às vezes você não podia e no fim das contas as horas eram preciosas demais para que eu as partilhasse com alguém que não você. Você de modo algum ficou sem jeito na casa dos Breuers, ao contrário, foi muito expansiva e falou mais do que eles do que comigo: não tem nada de que se censurar (...).

Boa noite, meu terno amorzinho, você está sempre bem e ama sempre seu Sigmund, não?[50]

———— • • ————

Como vimos, os jovens eram ensinados a considerar as mulheres como se fossem mães ou irmãs — mais divinas do que humanas. Os longos noivados foram se tornando cada vez mais populares, talvez porque um homem que podia venerar uma divindade mãe-irmã se mostrasse hesitante ao pensamento de fazer sexo com ela. O reverendo Frederick Robertson lembrou que, quando criança, certo dia lhe ocorreu que uma jovem pura se tornaria, em algum momento, sua esposa. Ele sentiu então uma dor ao pensar na degradação dela através do casamento. Um motivo de orgulho e mesmo uma prova de dignidade para a mulher é se casar com seu primeiro namorado, o que significa que não dividiu seu afeto com outro.

CASAMENTO

Em 1838, Charles Darwin, o autor de *A origem das espécies*, tinha 29 anos e pensava na possibilidade de se casar. Mas estava indeciso. Após sua longa viagem pelo mundo, não tinha emprego fixo, portanto parecia-lhe uma perspectiva ao mesmo tempo atraente e preocupante o casamento com sua prima Emma Wedgwood. Resolveu então anotar numa folha de papel as vantagens e desvantagens do casamento. Para ele era uma decisão que envolvia custos e benefícios, como num balanço de contabilidade. A seguir, suas anotações, Casar/Não casar.[51]

Casar
— *Filhos (se Deus consentir)*
— *Constante companhia, que se interessará pela gente (uma companheira na velhice), objeto de amor e distração, melhor do que um cão, de qualquer forma*
— *Um lar, e alguém para tomar conta da casa*
— *Clássicos de música e tagarelice feminina*
— *Coisas boas para pessoas saudáveis (forçado a visitar parentes, mas uma terrível perda de tempo)*
— *Meus Deus! É inconcebível pensar em passar a vida inteira como uma abelha operária, trabalhando, trabalhando e, depois, nada*
— *Não, nem pensar. Imagine viver todos os dias solitariamente num quarto sujo e enfumaçado de Londres*
— *Pense apenas numa bela e delicada esposa num sofá, uma boa lareira, livros e música talvez*

Não casar
— *Liberdade de ir e vir para onde quiser — escolher a vida social. Conversas com homens inteligentes nos clubes*
— *Não ser forçado a visitar parentes e a se envolver com ninharias*
— *Ter despesas e preocupações com os filhos*
— *Brigas talvez, perda de tempo*
— *Não poder sair à noite*

— *Gordura e ociosidade*

— *Angústia e responsabilidade*

— *Menos dinheiro para livros etc.*

— *Ter muitos filhos requer maior esforço para ganhar a vida (trabalhar demais pode ser prejudicial à saúde)*

— *Talvez minha esposa não goste de Londres, neste caso a sentença é o banimento e a degradação em meio a gente tola e ociosa*

Tendo avaliado os custos e os benefícios, Darwin se decidiu. Em 29 de janeiro de 1839, pouco antes de completar 30 anos, casou-se com Emma.

———————

O homem, ao se casar, conferia uma espécie de favor à mulher. Esse era o único meio pelo qual ela adquiria status econômico e social. A mulher que não se casava era vista como fracassada, uma solteirona, que acompanhava a mãe às visitas, cuidava dos sobrinhos ou passava dias dedicada aos bordados. Em países em que o movimento de emancipação estava mais adiantado, como na Inglaterra, ela podia trabalhar como governanta. De qualquer forma, não se casando, a mulher via seu prestígio na sociedade diminuído. Ao se dedicar ao trabalho remunerado descia imediatamente de classe.[52]

Amor romântico no casamento

Antes da revolução industrial as famílias eram extensas — pai, mãe, filhos, primos, tios, avós — e as exigências emocionais eram divididas por todos os membros que viviam juntos, geralmente no campo. No século XIX, muitos se deslocam para os centros urbanos para trabalhar nas fábricas e escritórios. Surge a família nuclear — pai, mãe, filhos. Longe do apoio familiar, a vida fica mais fácil quando se desenvolve um vínculo forte entre o casal. O amor romântico torna-se então uma possibilidade no casamento.

A nova classe média sentia-se bastante insegura sob muitos aspectos. Num estudo da família de classe média em Chicago, Estados Unidos, Richard Sennett documentou como um crescente mal-estar com a cidade e com o trabalho levou as pessoas a gastarem praticamente todo o seu tempo de lazer em casa. Sennett chama esse fenômeno "a evolução da intensidade familiar". A experiência individual, uma vez modelada pelos diversos mundos de uma cidade, foi substituída por "um irresistível sentido de intimidade com a casa", diz o pesquisador.[53]

Foram muitas as consequências das grandes mudanças que ocorriam. O desejo de conseguir estabilidade num mundo que mudava rapidamente encontrou a sua maior expressão na veneração exagerada da vida doméstica e na domesticação do amor romântico. O lar era mais que abrigo. Num mundo comercial, onde as antigas lealdades e as antigas afeições se tinham dissolvido, o lar era o único lugar em que um homem podia provar a si mesmo que ainda possuía emoções confortadoras e sentimentos humanos decentes. Qualquer coisa que ameaçasse esse refúgio era vista como uma hostilidade.[54]

O ANJO DA CASA

Quando o amor romântico povoou os novos sonhos da classe média, ele se tornou domesticado e assexuado. Para os homens havia dois tipos de mulher: o anjo e a prostituta. A principal função da mulher era a de reinar na qualidade de anjo do lar, mas ela se submetia humilde e docemente aos desejos do seu esposo. O endeusamento das mulheres recebeu grande incentivo de um dos livros mais populares da época, o *Anjo na casa*, de Coventry Patmore. Seu tema era uma novidade. Até então havia livros louvando o amor pré-conjugal ou adúltero. A obra de Patmore afetava a maioria das pessoas porque falava do amor conjugal.

Cavalheirismo, gentileza, delicadeza e ignorância combinavam-se para fixar a mulher da classe média no lar. A descoberta do papel feminino na reprodução não organizou o assunto, embora a igualdade por fim entrasse na equação; tratava-se de uma igualdade biológica, que não se aplicava à mulher, mas à mãe.[55] Manuais ingleses e americanos focavam com ênfase as atividades da esposa fora do quarto de dormir. Esperava-se que ela estabelecesse os padrões para a bondade em sua família, como a bondade para aumentar o "espírito da casa", instituindo uma aura de doçura, bom humor, amor a Deus e ao país. Muitas conselheiras ajudaram a transformar o culto da vida doméstica em algo como religião secular.[56]

Num compêndio para esposas e mães zelosas escrito em 1840, o conceito vitoriano da função da mulher é estabelecido com clareza: "A função peculiar da mulher é zelar com paciente assiduidade em torno da cama dos doentes; vigiar os frágeis passos da infância; informar aos jovens os elementos do conhecimento e abençoar com sorrisos os amigos que se estão consumindo no vale de lágrimas".[57]

A mulher era o "anjo da casa", mas todas as decisões importantes para a família eram tomadas pelo homem. O escritor Honoré de Balzac declarou que o marido deve ser imponente e déspota, enquanto "a esposa é o que o marido a faz". Os vitorianos encontraram a paz na adoração à própria família. Criaram a concepção de lar como ambiente de estabilidade.

Castigando as esposas

A lei permitia ao marido "corrigir moderadamente" a esposa, batendo nela com uma vareta, contanto que não fosse maior do que a largura do dedo polegar. Apesar de as classes superiores reclamarem que a punição corporal era exercida inicialmente pelas classes mais baixas, os dados de espancamentos de esposas indicam que ela existiu em diversos níveis sociais.

Sexo com as esposas

"Felizmente para a sociedade, a ideia de que a mulher possui sentimentos sexuais pode ser afastada como uma calúnia vil", afirmou Lord Acton, expressando o ponto de vista oficial da época. O prazer sexual das mulheres era inaceitável. A falta de desejo sexual era um importante aspecto da feminilidade. O neuropsiquiatra alemão Krafft-Ebing, estudioso da patologia sexual, encarava a sexualidade como uma espécie de doença repugnante. Sobre as mulheres ele era categórico: "Se ela for normalmente desenvolvida e mentalmente bem-criada, seu desejo sexual será pequeno. Se assim não fora, o mundo todo se transformaria num prostíbulo e o casamento e a família, impossíveis. Não há dúvida de que o homem que evita as mulheres e a mulher que busca os homens são anormais".[58]

O PRAZER CONTIDO

Esperava-se que a mulher simulasse ser a presa e silenciasse um eventual prazer. Louise Colet, que assediou o escritor francês Gustave Flaubert dentro de um fiacre e fez sexo com ele em um hotel de encontros, em seguida ergueu os olhos aos céus e juntou as mãos como se rezasse. "Em 1846, uma mulher da sociedade burguesa, quando acaba de se comportar como uma fera, deve ser como um anjo".[59] Mesmo que a mulher vitoriana sentisse desejo, deveria considerar vergonhoso e degradante o fato de ceder a eles, já que tais desejos eram considerados contrários à natureza da mulher. O papel sexual da esposa durante o ato sexual era permanecer deitada imóvel, mostrar-se indefesa e assexuada.

Era comum os casais jamais se terem visto sem roupa. Há registros de camisolas com furos na altura da vagina por onde o homem penetrava a mulher. "Não surpreende que a prostituição e a pornografia tenham florescido durante a era vitoriana, assim como o masoquismo, a perversão e a doença venérea."[60] Em 1839, um manual inglês sobre o casamento advertia que a esterilidade feminina era devida, entre outras causas, ao "ardor excessivo" ou à "paixão fortemente excitada". Para o marido vitoriano não era uma tarefa simples o sexo conjugal. "Eles tinham seus próprios problemas, suas inibições, e fazer sexo com o 'anjo da casa', na certeza de que ela disfarçava seu desgosto com gentileza, dificilmente permitiria um desempenho satisfatório."[61]

Em resumo, o sexo com as esposas na era vitoriana tinha como ingredientes o homem cheio de remorsos e a mulher frígida. O ato sexual era composto de desejos e lágrimas, de ansiedade e sentimento de culpa.

A proibição ao prazer revela alguns casos curiosos. Num processo por crime de rapto, em 1804, a senhorita Rachael Lee, que havia sido violentada por dois homens, admitiu que quando a resistência se mostrou inútil, atirara para longe um amuleto, que se supunha destinado a preservar a sua castidade, e gritara: "Agora, seja bem-vindo, Prazer!" Em face de conduta tão chocante, o juiz absolveu sem perda de tempo os dois supostos raptores, arrancando assim altos hurras da parte dos espectadores.

Conselhos médicos

A repressão da sexualidade podia ser observada no quarto do casal: escuro, com tapetes e cortinas pesadas, possivelmente para reduzir o embaraço da realização de uma função considerada tão grosseira. Era um santuário; o leito, um altar onde se celebrava o ato sagrado da reprodução. Acima dele, era frequente haver um crucifixo. O ato sexual é realizado no escuro para atender ao pudor. A posição mais comum era a conhecida papai-mamãe. Acreditando que o sexo podia levar o homem à exaustão, os médicos aconselhavam uma severa economia de esperma, a ser equilibrada de acordo com a idade. Eles consideravam 50 anos como o limite máximo da atividade sexual masculina.

Os médicos diziam ser necessário que os homens satisfizessem seus intensos desejos sexuais, desde que mecanicamente, sem qualquer emoção. Em outras palavras, o sexo com uma prostituta, onde amor ou paixão não estavam presentes, era "geralmente cumprido com menos perigo" do que o sexo com uma esposa. Em compensação, era importante evitar estimular a curiosidade das mulheres e delimitar o que convinha que lessem ou olhassem.

Eles temiam os efeitos perversos das carícias entre os esposos, que qualificavam de "fraudes conjugais". O médico francês Bergeret achava que suas clientes ficavam doentes porque seus maridos se dedicavam demais à masturbação recíproca. Segundo ele, só havia uma prescrição para as mulheres: uma boa gravidez que acalmasse seus ardores.[62]

Mesmo quando os médicos reconheceram que as mulheres também eram capazes de sentir prazer sexual, elas foram aconselhadas a agradar seus maridos primeiro e acima de tudo. O manual do casamento do Dr. Auguste Debay foi um dos livros mais vendidos na França: "Oh, esposas! Sigam este conselho. Submetam-se às necessidades de seus maridos... obriguem-se a satisfazê-los, finjam e simulem o espasmo do prazer; esta atitude é permitida, desde que mantenha um marido satisfeito."[63] Fingir o orgasmo era apenas mais uma maneira de se sacrificarem pela família.

Infelicidade conjugal

Um dos primeiros levantamentos quantitativos sobre a felicidade conjugal foi feito por Gross-Hoffinger, na Alemanha, em 1847. Dos cem casamentos pesquisados, descobriram 48 casais infelizes; 36 indiferentes um ao outro, mas conseguindo viver juntos; 15 felizes e um muito feliz. A responsabilidade foi colocada nos homens na proporção de 5 para 1.[64]

William Alcott, num livro intitulado *A esposa jovem*, de 1833, escreveu que havia "uma opinião generalizada" segundo a qual "o amor do marido e da esposa deveria estar em declínio necessariamente após o casamento". Casais deixaram cartas deplorando "a infelicidade quase universal das pessoas casadas". As noivas estavam assustadas pelos "grandes e desconhecidos deveres para os quais me sinto incompetente", não apenas os deveres domésticos, mas a necessidade de transformar os maridos em homens "virtuosos e felizes". "É terrível eu me amarrar assim para a vida inteira."[65]

O historiador inglês Theodore Zeldin assinala que no século XIX as mulheres começaram a agir para modificar a relação com os homens. Uma de suas fórmulas consistiu em dizer-lhes exatamente o que sentiam e pensavam. A isso chamaram "franqueza". A tradição mantinha os sexos separados em dois mundos distintos, o físico e o mental. "A sociedade não permite uma amizade sincera entre homens e mulheres", anotou uma noiva em 1860, "mas eu não serei hipócrita".

Outra disse: "Sou capaz de amar você melhor a partir do fato de que a nenhum outro me dei tanto a conhecer quanto a você, a nenhum outro fiz tais confidências." Um homem replicou: "Os homens têm medo de se mostrar nas suas cores verdadeiras e tais como são." Eles tinham de preservar ao máximo sua reputação externa, porque o êxito dependia da reputação. Seria um grande risco embarcar em conversas íntimas.[66]

Leilão de esposas

Em alguns casos eram adotadas medidas drásticas para aliviar a infelicidade conjugal. Existia na Inglaterra uma noção de que ao se pôr a esposa em leilão, com a permissão dela, os laços conjugais podiam ser legalmente rompidos. Em 1832, o agricultor Joseph Thomson pôs a esposa de 22 anos no leilão por 50 xelins. O preço não correspondia ao valor real, de modo que se livrou dela por 20 xelins e um cachorro.[67]

Do conjugal ao familiar

A intimidade do casal é valorizada. É cada vez mais usual que dividam o mesmo quarto e a mesma cama. Desaparece o discurso sobre as vantagens de quartos separados. Em 1821, madame Pariset aconselhava enfaticamente essa prática. Mas em 1913 já não se encontra qualquer vestígio disso na edição revista de sua obra. Após o casamento, a vida privada se volta inteiramente para os filhos. Logo vem a gravidez, o bebê é esperado, batizado, criado, cuida-se de sua educação e do seu lazer. A maior intimidade conjugal conduz também a uma maior intimidade familiar. A paternidade e a maternidade são valores em alta.[68] Ao contrário do que ocorrera nos séculos XVII e XVIII, os filhos eram vistos como uma riqueza e uma extensão do indivíduo, assim como do poder e da posição da família.

Adultério

Como vimos, o grande aumento da prática do sexo extraconjugal na era vitoriana foi, provavelmente, consequência dos papéis exigidos tanto para o marido quanto para a esposa. A insatisfação sexual com a esposa casta induzia a maioria dos maridos a procurar prostitutas. Relacionar-se com mulheres casadas era mais arriscado. Primeiro porque todas as esposas deviam ser tratadas com tanta pureza quanto a própria, e o comportamento social das mulheres casadas era tão circunscrito que teria sido extremamente difícil ao homem ser visto com a esposa de outro sem incorrer em comentários escandalosos.

Apesar de nos meios da alta burguesia ser normal o homem ter uma amante, a mulher virtuosa predominava. O adultério do marido, na França, não podia ser punido; o adultério da esposa era um delito passível de até dois anos de prisão. Mas o marido dispunha de um direito de perdão: ele podia interromper a execução da pena para permitir à esposa voltar ao lar. Mesmo que as mulheres tivessem menos amantes do que se imagina, elas tinham uma mobilidade maior. A concentração urbana e a iluminação a gás trouxeram novos comportamentos.

A partir de 1880, a mulher casada sai para as ruas, frequenta os salões de caridade, senta-se no terraço dos cafés, exposta aos olhares de conquistadores, e pode se permitir fugas discretas durante a tarde. As viagens, em fiacre e depois nas estradas de ferro, as férias da mulher sozinha, os banhos de mar favoreciam as aventuras. Mas tudo é perigoso e o preço a pagar é alto. Os conhecidos não hesitarão em enviar uma correspondência anônima ao marido burguês bem colocado. Um escândalo sexual pode afundar uma carreira pública. Os burgueses aprendem a conviver com a hipocrisia. A "má" conduta da esposa, se possível, é abafada com desculpas ou justificativas que incluem até a doença mental.

Divórcio

Inglaterra, 1840. Cecília Maria Cochrane fugiu de seu marido quatro anos antes para viver com a mãe em Paris. Quando ele, por meio de uma estratégia, a pegou de volta e a trancafiou em casa, ela o processou. O juiz decretou, de acordo com os "domínios gerais da lei da Inglaterra atribuídos ao marido sobre a mulher", que o Sr. Cochrane era obrigado a proteger sua esposa "do perigo de ter relações sexuais irrefreáveis com o mundo, obrigando-a a coabitar e a viver na mesma residência que ele". Cecília Cochrane foi sentenciada à "prisão perpétua".[69] Se a vida de casada fosse insuportável para a mulher, ela não tinha saída. Era impossível se separar caso seu marido desejasse continuar vivendo com ela.

Antes de 1839, as esposas inglesas tinham a posição legal de alguém de menoridade, e tudo que possuíam, até mesmo as roupas do corpo, pertencia ao marido. Se ela trabalhasse, tinha de entregar todo o dinheiro ao marido. Não podia dispor de sua propriedade sem o consentimento dele, mesmo quando se tratava de fazer o testamento. Em alguns casos, o marido legou por testamento a propriedade da esposa a filhos ilegítimos que ele tinha. Quanto aos filhos, a custódia legal pertencia ao pai. Em caso de divórcio, mesmo causado por conduta violenta do marido, a esposa divorciada poderia ser proibida de vê-los.

SEXO

Na era vitoriana, sobretudo depois que a rainha Vitória ficou viúva, em 1861, a repressão sexual se intensificou. O sexo é tabu, vergonhoso, inquietante, difícil de viver. Há uma piada dizendo que os vitorianos ficariam muito satisfeitos se o ato sexual fosse considerado um delito. "A era da industrialização, do otimismo, do progresso, da ciência, da emergência das utopias socialistas, da recusa crescente das superstições, também é a do tormento na esfera do prazer físico."[70] As afirmações de Lord Acton a respeito da ausência de prazer sexual nas mulheres saudáveis não eram apenas suas.

O CORPO

Um tecelão da província de Meuse, França, afirma não suportar a visão dos seios de uma jovem vizinha, que se veem sob a camisa. Nos aposentos dela não há cortina. "Fiquei tão escandalizado que por um momento pensei em fechar as persianas." Nunca vamos saber se isso é verdade, mas de qualquer forma deixa clara a norma que deveria ser observada. Como vimos, o pudor é uma das grandes produções da época. Enquanto as pessoas se banhavam nuas nos rios até o reinado de Luís XIV, a carne vislumbrada torna-se chocante no século XIX.[71]

Um sistema de conveniência e de ritos precisos foi elaborado para codificar a vida privada e dissimular o corpo feminino. As mulheres não podiam circular na rua com os cabelos soltos. Em casa, a camisola de dormir só era tolerada no quarto, e qualquer evocação de intimidade se tornava malvista. O corpo era escondido em espartilhos, protegido por nós, presilhas, botões...[72]

A PROIBIÇÃO DO ESPELHO

O código de boas maneiras não permitia que uma moça de boa família se admirasse nua. Ela não podia se olhar no espelho nem mesmo ver seu corpo através dos reflexos da água da banheira. Havia produtos especiais para turvar a água do banho, de forma a impedir tal vergonha. Assim, as mulheres conheciam mal seus próprios corpos; proibiam-lhes até de entrar nos museus de anatomia. Na Inglaterra, a nudez total, por ocasião do dever conjugal, é considerada o cúmulo da obscenidade.

O NU NAS OBRAS DE ARTE

Na França, há grande perseguição contra obras que exibem ou sugerem nudez, consideradas obscenas. Um relatório de 1884 estigmatiza uma gravura, O desprezo, que mostra uma mulher de camisa, numa cama, com a mão esquerda entre as coxas e o rabo de um gato perto dela. Na Inglaterra, o nu refugia-se nas pinturas mitológicas, que substituem a interdição.

Conta-se que Ruskin, crítico de arte, habituado aos corpos femininos bem jovens, não conseguiu consumar o casamento com Effie Gray depois do choque que teve ao descobrir seu púbis de mulher adulta. O gosto inglês acentuado pela mulher muito jovem está ligado ao fato de ela não ter pelos pubianos, cúmulo da indecência por lembrar a natureza animal do ser humano. Lewis Carroll, autor de *Alice no País das Maravilhas*, visitando a Academia Real, em 1868, revela que ficou particularmente encantado com as telas que apresentavam meninas, que ele gostava de fotografar. A exploração sexual das menininhas é, aliás, uma das principais fantasias vitorianas na Inglaterra, verdadeiro culto amplamente documentado.[73]

Um londrino confessa encontrar no sexo com meninas sem pelos um prazer excepcional. Certo dia, depois de recusar os avanços daquela que lhe vende os serviços da criança e deseja fazê-lo mudar de ideia, ele lhe diz: "Por que diabo me trouxe aqui? Foi por ela, não por você." Como ela responde simplesmente: "Eu tenho pelo", ele revida energicamente: "Gosto de cona que não tem pelo", antes de chegar a seus fins, indiferente aos sofrimentos da menina.[74]

O corpo no esporte

Após o eclipse do esporte na Idade Média, profundas mudanças sociais e culturais ocorreram. O historiador Jacques Le Goff nos explica o renascimento do esporte no século XIX.[75] Com a revolução industrial, surge a concorrência além da esfera econômica. Assim, nascem os esportes coletivos de jogos de bola, que levam à constituição de equipes. Nascidos nos colégios ingleses com a sociedade aristocrática, o rúgbi e o futebol estendem-se à Europa inteira. Este será mais tarde, ainda entre os anglo-saxões, o caso do boxe, com a instituição de novos locais de exercícios esportivos, como o ringue.

O desenvolvimento da ginástica, essencialmente nos países germânicos e escandinavos, com o nascimento da "ginástica sueca", acompanhará a nova cultura e a nova ideologia do corpo no século XIX, em resposta aos princípios de higiene. Ao higienismo vem juntar-se uma outra ideologia corporal: a *performance*, que será mais individual — sobretudo no quadro do atletismo — do que coletiva. Observa-se o retorno da velha ideologia em um contexto inteiramente diferente: *mens sana in corpore sano* (mente sã em corpo são).

Os fatores econômicos e sociais, simbólicos e políticos, contribuem para desenvolver uma ideologia que, saltando no tempo por cima da Idade Média, pretendeu ligar-se à prática e à ideologia da Antiguidade greco-romana e resultou na criação dos Jogos Olímpicos, em 1896.

Masturbação

Publicado em Paris, em 1830, o *Livro sem título* comenta uma citação do Dr. Tissot quanto à masturbação: "Esse hábito funesto faz morrer mais jovens do que todas as doenças juntas." Dezesseis gravuras coloridas reconstituem a evolução inevitável do mal sobre o corpo do jovem. A primeira mostra-o corado e saudável, com uma abundante cabeleira cacheada. "Ele era jovem, bonito: provocava a admiração da sua mãe." Já na segunda, "ele se corrompeu! Logo carrega o sofrimento do seu erro, velho antes da idade, suas costas se curvam..." Na quinta, já não consegue andar, seus dentes se estragam e, na sexta, caem. Em seguida, cospe sangue, perde os cabelos, cobre-se de pústulas, uma febre lenta o consome, ele queima de dor, delira. Enfim, "aos 17 anos, ele expira, entre tormentos horríveis". [76]

O terror com fim pedagógico é manipulado pelos médicos de todas as maneiras, e invade os manuais de higiene destinados a um público amplo. As republicações da obra *Onania*, do Dr. Tissot, embalam a paranoia contra o "prazer solitário". Na Inglaterra, o médico Lord Acton descreve em seu livro o estado de um jovem que se masturba:

> *O corpo fica aturdido e fraco, os músculos não se desenvolvem bem, os olhos se afundam e são pesados, a tez é amarelada, pastosa ou coberta de espinhas, as mãos úmidas e frias, a pele molhada. O*

jovem evita o contato com os outros, arrasta-se por aí sozinho, reúne-se com repugnância aos divertimentos dos colegas. Não consegue encarar ninguém e se torna descuidado nas roupas e pouco asseado no corpo. Seu intelecto tornou-se retardado e debilitado, e se seus maus hábitos persistirem poderá se tornar um imbecil babão ou um enfermo rabugento.[77]

Quanto à mulher, a ideia de que pudesse ter prazer sozinha, sem a presença de um homem, parecia intolerável: era o vício em estado puro. Até o século XIX, pensava-se que o prazer feminino era necessário à reprodução. A descoberta de mecanismos de ovulação levou a que se pensasse que não era assim. O prazer da mulher foi considerado então supérfluo, inútil, como era o clitóris. Em seu consultório parisiense, o Dr. Bertrand dedica uma sala inteira à masturbação, ilustrada com figuras de cera: "um rapaz reduzido à agonia e ao último grau de magreza pela masturbação"; outro, que "se tornou horrendo"; uma moça bela e saudável, e em seguida a mesma, "seis meses depois, muito feia, magra e extenuada por ter se entregue aos vícios solitários, de que teve a felicidade de se corrigir pelo casamento".[78]

Diversos outros textos médicos aterrorizavam as pessoas quanto aos malefícios da masturbação. Loucura, ataques epiléticos, cegueira, câimbras dolorosas, pelos nas mãos, era o mínimo que aconteceria. Diziam até que se o vício não fosse contido, o fim do mundo estaria próximo. Era necessário, portanto, combatê-lo sem trégua.

Loucuras antimasturbatórias

Em 1802, na Inglaterra, foi fundada uma sociedade para a repressão do vício; ligas desse tipo se multiplicaram até o fim do século XIX em toda a Europa ocidental. Com o objetivo de impedir a atividade masturbatória, várias invenções proliferaram. A mais conhecida era a atadura antimasturbação do Dr. Lafond. Os órgãos genitais eram escondidos embaixo de envelopes que permitiam a excreção da urina. Por baixo disso um cofre da forma e do tamanho do pênis o vestia de ouro ou prata, garantindo que estava ao abrigo de qualquer tentação. Um médico inglês criou um cinto de castidade solidamente fechado com ferrolho para o dia e um anel peniano de metal com quatro pregos voltados para dentro para a noite. O homem seria despertado à menor ereção. Havia também um detector de ereção ligado a um fio que ficava ao lado do quarto dos pais do jovem. À mais leve ereção, uma espécie de sino tocava, alertando os pais para a ereção do filho.

O meio mais simples e mais comum de evitar a masturbação, recomendado pelo Dr. Simon em seu livro, em 1827, é amarrar as mãos do paciente às barras da cama durante a noite. Para o Dr. Acton, havia também o "procedimento habitual que consiste em agasalhar as mãos ou em empregar uma espécie de camisa de força. Cuecas, faixas, cintos de todos os tipos são inventados. Em 1860, um "bazar cirúrgico" parisiense oferece uma ampla gama de meios para formar "uma barreira intransponível contra os hábitos solitários condenados pela religião e pela sociedade". Havia também travas para os braços e pernas e "luvas" de metal formando um ralador, para as mãos.[79]

Os especialistas recomendavam, nos lugares públicos, deixar uma cavidade no alto e embaixo das latrinas para controlar as posturas dos usuários. Aconselhavam os pais a não deixar os filhos sozinhos por muito tempo, evitar-lhes o calor e os vapores do leito. Desaconselhavam andar a cavalo e o uso da máquina de costura, que a própria Academia de Ciências, na França, chegaria a denunciar. Para as meninas eram indicados os "cintos de contenção" ou, se o "mal" persistisse, praticavam-se intervenções cirúrgicas para reprimir o mal, com a cauterização da uretra ou a ablação do clitóris.

As maiores sumidades médicas a praticavam sem hesitação. Alguns especialistas se vangloriavam de ter "curado" várias meninas, queimando seu clitóris com ferro quente. Em um debate na Sociedade de Cirurgia de Paris, em 1864, o Dr. Broca afirma ter realizado uma infibulação para curar da ninfomania uma menina de 5 anos, "muito inteligente antes de seu hábito funesto". Ele afirma que "a infibulação é uma operação paliativa que preserva o futuro", o que tranquiliza a consciência médica quanto ao tratamento cruel do que é considerado uma doença grave. "O quadro é atordoante. O historiador não pode deixar de ver nele uma verdadeira neurose coletiva do corpo médico, baseada na angústia profunda com respeito à sexualidade em geral."[80]

A onda repressiva começa a refluir lentamente. O médico James Paget afirma ser a masturbação algo aversivo, impuro, imundo, porém não mais perigoso do que as relações sexuais comuns. No máximo ela poderá exaurir os muito jovens, se a praticarem com frequência. Adeptos da antiga concepção também mudam de ideia. O pavor que a masturbação próvoca perdura de 1760 até os anos 1880, sem desaparecer completamente depois disso. Seus "malefícios" continuarão a ser denunciados no século XX. A masturbação continua sendo um "ato intrinsecamente grave e desordenado", segundo o *Catecismo da Igreja Católica* de 1992.[81]

Pornografia

No século da industrialização, a pornografia, herdeira dos libertinos do século XVIII, passa a fazer parte da burguesia, adaptando-se cada vez mais ao mercado comercial. Em Londres, surge a Holywell Street, rua onde estão instaladas lojas especializadas em livros "obscenos". A repressão policial apenas abrandava a tendência, que horrorizava os mais puritanos. Havia o *Blue Book*, com primeira edição em 1902. Ele estava disponível em hotéis, estações ferroviárias e tabacarias, além dos pontos finais de diligências. Seus anúncios louvavam bordéis e meretrizes. Um deles informava: "Diana e Norma esperam cavalheiros finos. Elas são conhecidas nos dois continentes. Alguém a quem elas não consigam satisfazer deve ter uma natureza bastante estranha."

A realidade nua (e crua)

Os daguerreótipos, técnica fotográfica desenvolvida pelo francês Daguerre, invadiram a Europa na última metade do século XIX. Os nus eram assombrosamente reais. E cada parte do corpo podia ser vista exatamente como era. A pornografia encontrara seu meio de expressão ideal. Sem fantasias, mas cheios de possibilidades de se fantasiar, os corpos estavam à disposição dos olhos. Mulheres de pernas abertas, sentadas, com as roupas ao lado. Casais copulando. Tudo era possível de ser registrado, distribuído, vendido.

Podemos verificar que o crescimento da indústria pornográfica está ligado ao advento das novas tecnologias. O surgimento do cinema, no final do século XIX, logo incentivaria os empresários menos ortodoxos a registrarem o ato sexual em celuloide. Muitos desses filmes contam mais de cem anos de produzidos e ainda permanecem intactos. A insuperável realidade de que alguém pudesse levar o registro em movimento de um casal em pleno ato sexual fez surgirem reações de muitos setores inconformados.

PROSTITUIÇÃO

Em 1888, em Londres, Jack, o Estripador, assassina prostitutas de rua. As vítimas são estripadas e algumas têm os seios mutilados com tanta perfeição que se suspeita que o culpado seja algum médico. "Talvez nunca a íntima ligação do sexo com a morte tivesse sido tratada com tanta complacência como ao passar do registro do pecado ao do erotismo burguês mórbido."[82] Ser pútrido, cujo odor indica a perversão moral, cheira mal. Essa é a visão da prostituta no século XIX. Faz parte do lixo porque ajuda a expulsar o excesso de líquido espermático que poderia fazer a sociedade apodrecer.

PROSTITUIÇÃO INFANTIL

Incesto e pedofilia são profundamente reprovados hoje, mas não era assim no século XIX. Embora provoque náuseas aos moralistas, a prostituição infantil é então corrente, às vezes evocada com um humor que atualmente seria inaceitável. Oscar Wilde ridicularizava um impressor de livros eróticos: "Ele gosta das primeiras edições, particularmente de mulheres: as menininhas são sua paixão." Mas havia grandes contrastes sociais. As classes trabalhadoras revoltavam-se mais do que os ricos em relação a essas condutas: "Se sua filha disse a verdade, a guilhotina seria suave demais para o senhor!", exclama uma vizinha de um trapeiro de Saint-Aignam, França.[83]

Prostituição homossexual

A prostituição homossexual foi duplamente reprimida. Em nome da homofobia e da própria prostituição. No final do século XIX, em Nova York, funcionava o Golden Rule Pleasure Club, onde os interessados poderiam contratar um jovem disposto a tudo para satisfazer a sua clientela. Em Paris, não era menor o movimento de homossexuais se prostituindo. O que mais irritava as conservadoras autoridades francesas era a captação de soldados para entreter os gays ricos. Os rapazes da Garde Imperiale eram os preferidos desses senhores.

Prostitutas virgens

No século XIX, Paris e Londres assistem à chegada de multidões de prostitutas. Os principais perigos que as ameaçam são de engravidar — o Tâmisa carrega os cadáveres de milhares de crianças de que elas se desvencilham — e contrair uma doença venérea: a sífilis. Calcula-se que 66% das prostitutas da Europa tinham sífilis.

Não havia problemas com as prostitutas registradas, que trabalhavam em bordéis. Essas estavam sob controle. Mas aquelas que buscavam seus clientes nas calçadas e que dependiam unicamente de seu faturamento para comer tornaram a epidemia muito séria. Como vimos no capítulo anterior, em Londres, em 1880, havia o mito infeliz de que a relação sexual com mulheres virgens poderia curar a sífilis. Surgiram bordéis especializados.

Não era difícil encontrar babás ou balconistas, que sacrificavam sua virgindade por um guinéu de ouro. O arrependimento podia vir na hora do ato. Por essa razão os bordéis de virgens ficavam em locais afastados. Casas mais especializadas tinham seus próprios médicos que atestavam a veracidade da virgindade, uma vez que a indústria de falsas puras se ampliou bastante.

Em muitos bordéis, virgens profissionais eram "defloradas" várias vezes por semana. As casas que ofereciam defloramentos se espalharam durante a virada do século XIX e atuavam em Londres, Paris, Nova York e Berlim. O constante desejo, primeiro por virgens, e depois por adolescentes, fez surgir uma legislação mais dura, sem, contudo, inibir inteiramente essas práticas.

Na metade do século XIX existiam, em Londres, em torno de 1.500 prostitutas com menos de 15 anos, segundo a pesquisadora social Josephine Butler. A demanda de virgens do período provocou um outro problema, com o aliciamento que as famílias mais pobres faziam das próprias filhas. Mendigos passaram a vender suas crianças, aos 12 ou 13 anos de idade, a preço vil.

HOMOSSEXUALIDADE

Se o século XVIII oprimiu a homossexualidade em nome da lei, no século XIX foi a ciência que tomou as rédeas da repressão. Havia de se encontrar a causa para o "desvio". O que fora um pecado contra Deus, depois uma transgressão legal, passou a ser uma doença. Os novos doutores, produzidos pela burguesia, identificariam todos os comportamentos dentro de suas especialidades. Era preciso provar que a ciência não tinha nenhuma dúvida sobre o mundo e os homens.

Em 1824, Louis-René Villermé decretou a hereditariedade da homossexualidade. O médico Karoly Benkert foi quem cunhou o termo, em 1869. Ele escreveu: "Além do impulso sexual normal de homens e mulheres, a natureza, com seu poder soberano, dotou alguns indivíduos, ao nascer, de impulso homossexual, deixando-os assim numa dependência sexual que os torna física e psiquicamente incapazes de uma ereção normal. Esse impulso cria, antecipadamente, um claro horror ao sexo."

LÉSBICAS DE ELITE

A fechadíssima sociedade de Boston, EUA, berço da aristocracia americana, curiosamente foi pioneira na consolidação de relacionamentos homossexuais femininos. Algumas herdeiras ricas mantiveram longos casamentos entre si. O costume se tornou tão influente que as relações lésbicas estáveis passaram a se chamar "Casamento de Boston". Henry James, o célebre escritor americano, que se tornou uma espécie de cronista da elite cultural do EUA, descreveu, em 1885, essas amizades estáveis em seu romance *Os bostonianos*.

O detalhe que complicou tudo é que as fabulosas heranças eram transferidas para as parceiras homossexuais. Foi o que bastou para que grupos conservadores e familiares das envolvidas levantassem a possibilidade de o lesbianismo ser uma espécie de alienação mental. Uma forma de afastá-las do controle do dinheiro. O caso não rendeu mais do que notícias sensacionalistas, mas a ideia de que mulheres de elite pudessem viver com outras damas da melhor sociedade foi absorvida.

Vários casos de lésbicas bem situadas ou intelectualmente brilhantes vieram a público. Um deles, na Universidade de Cornell, mostra bem a mentalidade machista do período. Tratava-se de bela jovem, que foi a uma festa da escola acompanhada de jovem elegante. Os dois aproveitaram a noite e tudo estaria bem se não houvesse a descoberta de que o rapaz era 'ela''; uma outra estudante com roupa de homem. No dia seguinte a bela jovem que não se travestira foi expulsa da universidade. Moral da história: a que fazia o papel de homem não sofreu castigo.

Entretanto, o caso de impacto profundo envolvendo lésbicas aconteceu com Murray Hall, importante político do Partido Democrata. Durante as décadas de 1880 e 1890, Murray foi influente amigo de senadores, frequentador de festas e bares da moda, onde bebia uísque e fumava grandes charutos. Casado pela segunda vez, o segredo de Murray só foi descoberto quando ele morreu vítima de câncer no seio. Um amigo comentou: "Se era mulher deveria ter nascido homem, porque parecia com um e viveu como tal."

FREUD E A SEXUALIDADE INFANTIL

"No caso da maioria das crianças sadias e bem-criadas, nenhuma ideia ou sentimento sensual lhes passou pela cabeça, mesmo como devaneio. Acredito que elas não têm curiosidade sobre essas questões, a não ser como resultado de sugestão feita por pessoas mais velhas", afirmou Lord Acton.[84]

No final do século XIX, havia um consenso no mundo médico e científico: a normalidade sexual era definida pela sexualidade genital do adulto, limitada à consumação do ato sexual, com fins de reprodução. Todo comportamento sexual que escapasse a esse quadro era considerado como desvio, conduta anormal, sinal de depravação moral. Freud revolucionou as mentalidades, colocando por terra essas concepções. As certezas de médicos como Lord Acton não durariam muito tempo.

Na Viena do final do século XIX, Sigmund Freud (1856-1939), o pai da psicanálise, ouvia seus pacientes no consultório. Ele se deu conta de que por trás dos sintomas neuróticos havia um conflito de natureza sexual, proveniente da infância. A partir de então, a importância concedida à sexualidade, não só para a compreensão da neurose, mas também para a compreensão do indivíduo normal, torna-se cada vez mais central em suas investigações.

As ideias de Freud escandalizam os vitorianos

O texto *Três ensaios sobre a sexualidade*, onde Freud trata pela primeira vez da sexualidade infantil, provocou um escândalo. Freud passou a ser hostilizado de forma generalizada. A sociedade europeia aceitava naturalmente o fato de que o sexo começava na puberdade. Afinal, admitir que uma criança buscava o prazer sexual era impensável para a época. Como aceitar que junto à inocência das crianças pudessem existir desejos, fantasias e prazeres sexuais? Mais difícil ainda de aceitar era que essas fantasias estivessem relacionadas, na maioria das vezes, aos pais.

Para Freud, a sexualidade não se limita à função dos órgãos genitais; desperta muito cedo, logo após o nascimento, e vai se desenvolvendo ao longo da vida. Uma série de excitações e de atividades, presentes desde a infância, proporcionariam prazer. A denominação sexual foi estendida às atividades da primeira infância em busca de prazeres locais que este ou aquele órgão é suscetível de proporcionar, designando para a psicanálise um conjunto de atividades sem ligações com os órgãos genitais, não se devendo, portanto, confundir o sexual com o genital.

A origem dos problemas emocionais de crianças e adultos, na maior parte das vezes, se encontra na vida sexual da infância. Ele diz: "O impulso sexual não penetra nas crianças na época da puberdade, como no evangelho o demônio penetra nos porcos. A criança apresenta, desde a sua idade mais tenra, as manifestações desse instinto; traz em si essas tendências ao vir ao mundo e é desses primeiros germes que sai, no decorrer de uma evolução repleta de vicissitudes e de numerosas fases, a sexualidade, chamada normal, do adulto." A vida sexual das crianças, naturalmente, é diferente da dos adultos. A função sexual, desde os primórdios até a forma definitiva que nos é tão familiar, passa por um complexo processo de desenvolvimento e organização. A inibição do desenvolvimento da libido, portanto, é que daria origem às neuroses, sendo o inconsciente o lugar de nossos desejos reprimidos.

A PSICANÁLISE

A psicanálise pode ser entendida como uma prática que rompeu com a psiquiatria, a neurologia e a psicologia do século XIX. A psiquiatria apresentava o louco como um ser perigoso e a função do psiquiatra era a de proteger a sociedade da ameaça que ele representava. Não tinha como objetivo a cura da loucura, mas o controle disciplinar, na maioria das vezes trancando os doentes em hospícios.

No século XX a psicanálise passa a ocupar o lugar onde o indivíduo se dispõe a falar de si e de sua sexualidade, o que até então só tinha espaço nos confessionários religiosos. É um método que, através do discurso verbal, propõe a investigação de processos mentais para o tratamento de desordens neuróticas.

Após a publicação de *Estudos sobre a histeria*, em 1893, Freud abandona a hipnose e a sugestão no tratamento com seus pacientes e adota o método de associação livre. Nele, o paciente é orientado a expressar verbalmente, de forma espontânea, todos os pensamentos que lhe ocorrem, mesmo os que lhe parecem irrelevantes ou embaraçosos. Ao psicanalista cabe analisar esse conteúdo, trazendo à tona o significado inconsciente das palavras, ações, sonhos, atos falhos.

O surgimento da psicanálise foi decisivo para a maneira de pensar e viver no mundo ocidental. Ao comprovar a existência da sexualidade infantil e do inconsciente Freud contribuiu decisivamente para a mudança das mentalidades. Suas ideias abriram o debate que chega aos dias de hoje, agregando valores na luta contra a repressão sexual.

DOENÇAS FEMININAS

Os sintomas específicos do sofrimento feminino aparecem no século XIX de formas bem diferentes. Alain Corbin nos mostra como a fragilidade da mulher, a convicção de que seu sexo rege os males que a afetam explicam a amplitude das perturbações que na época se agrupam comodamente sob o termo "doenças femininas".[85] Essas doenças provocam o corre-corre cotidiano das famílias e consomem o tempo dos médicos da burguesia. A mais precoce das enfermidades é a clorose. Legiões de mocinhas de uma palidez esverdeada invadem a iconografia, povoam os romances e as coletâneas de casos médicos. As elites cultuam a moça angelical, a exaltação da virgindade, o temor do sol, a pele alva, enfim, a imagem da mocinha-lírio, cuja aparência parece testemunhar ao mesmo tempo a delicadeza e a languidez.

Até por volta de 1860 as explicações para a clorose são confusas. Para alguns, ela resulta de uma disfunção do ciclo menstrual e da manifestação involuntária do desejo amoroso que desperta. A terapia recomendada é a interdição de tudo que favoreça a paixão. Isso enquanto se espera o verdadeiro remédio: o casamento. Outros clínicos, mais pudicos, acreditam que a causa da doença é o mau funcionamento do estômago, equivalente simbólico do útero. Para outros ainda, a clorose seria um fracasso do processo de se tornar mulher, na maioria das vezes ligado à hereditariedade.

Nas últimas décadas do século, uma nova verdade se impõe. Passa-se a considerar que o mal resulta de uma carência. O melhor conhecimento da anemia e a prática da contagem dos glóbulos justificam a antiga medicação de ferro. Todas essas peripécias do saber levam os adultos a controlar com muita atenção o despertar do desejo feminino e a empregar uma higiene moral capaz de retardá-lo. Estimulam também o casamento precoce das filhas.

HISTERIA

Bertha Pappenheim (1860-1936), ou Anna O., imortalizada sob esse pseudônimo pelo médico Joseph Breuer, é considerada a primeira "paciente" da história da psicanálise. Ela era uma moça de 21 anos na época de sua doença. Sua vida era enfadonha, totalmente restrita à austera família judaica, e há muito tempo ela tendia a escapar para um devaneio, que chamava de seu "teatro particular".

A doença fatal do pai, ao qual era muito apegada, foi o acontecimento que precipitou seu distúrbio histérico. Antes ativa e cheia de vitalidade, durante os meses em que cuidou do pai desenvolveu vários sintomas: fraqueza gerada pela falta de apetite, uma séria tosse nervosa, estrabismo convergente, lapsos mentais, rápidas alterações de ânimo, crescentes dificuldades de fala, misturava diversas línguas, não sabia mais se expressar em alemão e acabou escolhendo o inglês.

Quando o pai morreu, seu conjunto de sintomas tornou-se mais grave ainda. O médico Joseph Breuer a visitava diariamente, ao fim da tarde, e num estado de hipnose autoinduzida ela lhe contava histórias, o que aliviava seus sintomas. Anna O. referia-se a esse procedimento como sua "cura pela fala" ou "limpeza de chaminé". O método usado era catártico, na medida em que a paciente lembrava de fatos importantes e dava vazão a emoções poderosas que não apareciam no seu estado normal.

Seus sintomas revelaram ser resíduos de sentimentos e impulsos sexuais que ela se sentira obrigada a reprimir. Após dois anos de tratamento, todos os sintomas de Anna O. haviam desaparecido.

É nessa época que Breuer faz confidências a Freud sobre o tratamento de sua paciente, Anna O., que acabava de ser interrompido. Freud fica bastante impressionado. Alguns anos depois, ele pede que Breuer lhe relate novamente, com detalhes, o caso de Anna O. *Estudos sobre a histeria* (1893), livro que Freud e Breuer publicaram juntos sobre o caso, mostra que os mecanismos psíquicos dessa neurose são manifestações de energia emocional não descarregada, ligada a lembranças reprimidas, de grande intensidade emocional. Inicialmente, trabalham com a hipnose, que é substituída pela associação de ideias e pela análise dos sonhos para revelar o processo mental inconsciente na raiz do distúrbio.

O termo histeria origina-se do grego *hystera* que significa útero e foi usado por Hipócrates. Uma antiga teoria dizia que a histeria era uma moléstia especificamente feminina, atribuída a uma disfunção uterina. Observou-se depois que não se tratava de um distúrbio que acometia exclusivamente as mulheres, mas nelas predominava. O conflito psíquico se manifesta em sintomas corporais diversos, como crise emocional com teatralidade ou outros mais duradouros, como paralisias, cegueira, surdez, sensação de "bolo" na faringe etc. O estudo da histeria levou Freud a descobrir o inconsciente e criar a psicanálise. Ele percebeu que os sintomas físicos não possuíam necessariamente causa orgânica.

ALGUNS TRANSGRESSORES

Os atos de transgressão cultural são, ao longo da história humana, manifestações que anunciam as mudanças. O dândi, o artista, o intelectual, o vagabundo, o original encarnam a revolta contra o conformismo. A seguir, alguns exemplos de artistas que desafiaram a moral do século XIX.

GEORGE SAND

"Não duvido que o casamento venha a ser abolido, desde que a espécie humana faça algum progresso no sentido da justiça e da razão", escreveu George Sand, um novelista francês. Mas Sand não era um homem. Na verdade, tratava-se da baronesa Amantine Aurore Lucile Dupin (1804-1876), que utilizou a princípio o pseudônimo masculino para publicar seus primeiros textos. Com o sucesso, começou a frequentar o ambiente boêmio e intelectual de Paris.

Aurore foi uma mulher que questionou os preconceitos e desafiou as convenções da época numa sociedade que não permitia à mulher mais do que ser a rainha do lar, cuidar do marido e dos filhos. Vestia smoking, fumava charuto e teve diversos casos amorosos. Entre sua lista de grandes paixões encontram-se figuras como o compositor Frédéric Chopin e o poeta Alfred de Musset. Acredita-se que tenha tido um relacionamento amoroso também com a atriz Marie Dorval, sua amiga.

Em sua autobiografia, *Histoire de ma vie*, Sand contou como resolveu vestir-se de homem ao iniciar sua carreira literária: "Desejava ardentemente perder o meu provincianismo e informar-me diretamente sobre as ideias e as artes do meu tempo, mas estava a par das dificuldades de uma pobre mulher em gozar esses luxos (…) Assim, mandei fazer um redingote-guérite, bem como calças e casaco a condizer. Com um chapéu cinzento e um enorme lenço de lã, tornei-me a imagem de um estudante. Não consigo expressar o prazer que me davam as minhas botas. Com aquelas solas revestidas a ferro, sentia-me firme a andar pelas ruas e corri Paris de uma ponta a outra. Dava-me a sensação de que poderia dar a volta ao mundo. Com aquelas roupas não temia absolutamente nada."[86]

Escritora admirada, publicou 18 livros, vinte peças teatrais, além de artigos para jornal. Foi também uma inflamada militante política. Passou a usar o pseudônimo George Sand em 1832, quando escreveu o romance *Indiana*, que fez grande sucesso, mas chocou seus contemporâneos por ser a história da fuga de uma esposa de seu marido violento. Seus livros contêm um protesto contra as convenções sociais que cerceiam a liberdade da mulher. Como não poderia ser diferente, George Sand provocou grande controvérsia. Foi acusada de lesbianismo e ninfomania, mas ao mesmo tempo despertou fascinação e admiração entre os homens.

Oscar Wilde

O irlandês Oscar Wilde (1856-1900) vivia na preconceituosa alta sociedade inglesa, do final do século XIX. Suas comédias faziam sucesso de público, embora alfinetassem essa mesma elite que o aplaudia. Vivendo com extravagância, Wilde desfilava por Londres com magníficos trajes e belos jovens que o escoltavam pelos salões. Os fins de noite eram sempre orgias homossexuais, que escandalizavam a todos.

Sua desgraça foi encontrar-se com Lord Bertley, um jovem nobre, filho do marquês de Queensberry, que se apaixonou por Oscar Wilde. Passaram a desfilar juntos pelas ruas e salões de Londres e outros sítios da elite inglesa. Tal prática era agravada por assumirem uma postura de casal heterossexual. Isso afetou a origem do jovem Lord, provocando reações adversas de seu pai. Eram vistos aqui e ali, aos beijos e abraços. Os padrões morais da época foram agredidos com tal procedimento.

A questão com Oscar Wilde complicava-se por ser ele, reconhecidamente, um grande escritor. Quando lançou *O retrato de Dorian Gray*, sua fama atingiu o píncaro. Sendo um romance atípico dentro da produção inglesa da época, e mesmo de todos os tempos, esse belo livro mostra a face noturna da existência do poeta. A sua coragem foi recompensada com a fama, mas o preço que pagaria por ela haveria de ser cobrado.

Todos notavam quando o grande autor desfilava com seu jovem amante, nos melhores ambientes da cidade. Wilde não fazia questão de esconder-se, mesmo sendo casado e com uma filha. Para ele era normal essa dualidade física e emocional. A Inglaterra de então não achava o mesmo. O pai de Bertley, informado do escândalo que envolvia seu jovem filho, ameaçou Wilde referindo-se a ele como pederasta conhecido. Oscar ofendeu-se e, sem avaliar as forças que se confrontavam, processou o marquês, exigindo que ele provasse suas afirmações. Ora, com suas amplas posses, não foi difícil arranjar provas, e mais, inverter o processo, voltando-o contra Wilde.

Em 1895, após três julgamentos, o escritor foi condenado a dois anos de prisão, com trabalhos forçados, por "cometer atos imorais com diversos rapazes". Perdeu também o respeito por sua obra. Parece que a hipócrita sociedade só aguardava que a lei o condenasse para ela também ratificar essa condenação, crucificando-o. Seus livros sumiram das livrarias, seu nome desapareceu dos jornais. Era agora apenas um pervertido pagando por seus crimes. Libertado em 1897, passou a morar num lugar humilde em Paris e a usar o pseudônimo Sebastian Melmoth. Em 30 de novembro de 1900, morreu de meningite, agravada pelo álcool e pela sífilis.

Auguste Rodin

O artista plástico francês Auguste Rodin (1840-1917) se celebrizou como o escultor que dominava os volumes ao transformar blocos de mármore e granito em corpos de beleza eterna. Ele também era um genial desenhista, e o corpo feminino em suas mãos adquiria dimensões muito fortes de erotismo. Críticos contemporâneos, como Claudie Judrin, do Museu Rodin de Paris, acentuam a emancipação sexual, econômica, política e social que a mulher adquire na obra do artista.

Sua famosa coleção de setenta desenhos eróticos mostra a mulher livre das amarras de sua condição sexual. Esses trabalhos ficaram muitos anos escondidos pelo autor, que foi tachado de obsceno quando os mostrou uma única vez. Entre as imagens aparecem mulheres se masturbando, algo impensável de se assumir no século XIX. Rodin foi um dos pais da modernidade com o movimento que conseguiu imprimir em sua obra.

A PARTIR DE 1860: GRANDES MUDANÇAS

Nora Helmer é uma mulher alegre, que comete um crime em nome do amor: falsifica a assinatura de seu pai moribundo. Ela precisa obter um empréstimo, sem o qual não poderá viajar com o marido doente, Torvald Helmer, para um país mediterrâneo, onde ele receberá o tratamento adequado. Ele se trata e recupera a saúde. Entretanto, ao descobrir o segredo de Nora, revela-se outro homem. Não percebe que foi um ato de amor da parte da esposa e a reprova, preocupado com as consequências para sua carreira profissional. Pressionada pelo credor, Nora pede ajuda ao marido, mas suas atitudes a decepcionam. Além de não mostrar gratidão por ela ter-lhe salvo a vida, ele demonstra que a preocupação com a opinião da sociedade é maior do que seu amor pela esposa.

Nora começa a ter consciência de sua existência e daquilo de que abriu mão em nome dos outros, aceitando tudo sem questionar. Decide se afastar do marido e dos filhos para ficar sozinha, buscar sua independência e descobrir quem é realmente. Ao saber que Nora pretende partir, o marido lhe diz: "Como é cálido e aconchegante o teu lar, Nora. Aqui está o abrigo para ti; aqui eu te protegerei como uma pomba caçada, que salvei das presas do falcão! Trarei paz ao teu pobre coração pulsante."

Mas Nora não deseja mais continuar a viver em uma casa de bonecas e ser tratada como um fantoche, nem quer ser protegida do mundo pelo marido. Em outro momento, ele lhe pergunta: "Nunca foi feliz?" Nora responde: "Não, só alegre." Nora já não tem mais dúvidas de que suas expectativas românticas em relação ao casamento são apenas ilusões. De real ela só percebe as atitudes egoístas de Torvald. Quando ele então lhe diz: "Antes de qualquer coisa, você é esposa e mãe", Nora lhe responde: "Eu não acredito mais nisso. Acredito que antes de tudo, sou um ser humano, igual a você... ou então devo tentar ser como você, a qualquer preço."[87]

Quando *Casa de bonecas*, do dramaturgo norueguês Henrik Ibsen, estreou, no Copenhagen Royal Theater, na Dinamarca, em dezembro de 1879, escandalizou a todos por sua denúncia da moral burguesa. A ideia de que uma mulher respeitável decidisse renunciar ao papel de esposa e mãe e deixar o marido e os filhos em busca de liberdade pessoal foi vista como um insulto aos valores da sociedade. É um drama em três atos que Ibsen, para questionar as atitudes hipócritas e as convenções sociais da época, baseou em uma notícia de jornal, sobre a falsificação de uma nota promissória por uma mulher que o marido tratava como a uma boneca, deixando-a na ignorância completa da vida.

A peça havia estreado antes na Noruega. As críticas adversas foram tantas, em toda a Escandinávia, que surpreenderam o dramaturgo, embora ele já estivesse acostumado a elas. Para a apresentação na Alemanha, ele se viu forçado a ceder aos protestos e mudou o final da peça. Nora não sai mais de casa batendo a porta deixando tudo para trás. Ao contrário, é forçada pelo marido a ver as crianças dormindo e acaba se deitando no chão, aos prantos, antes de a cortina se fechar: "Ah, apesar de ser um pecado contra mim mesma, não posso deixá-los." [88]

Sem dúvida, foi a versão original de Ibsen que mereceu aplausos dos progressistas. A luta de Nora para se libertar da "casa de bonecas", em que tinha sido apenas uma "esposa-boneca", refletiu-se na luta de muitas mulheres pela emancipação. Logo, Nora tornou-se sinônimo da mulher que reivindica seu direito de existir de modo autônomo, mesmo que isso signifique a renúncia dos tradicionais papéis de esposa e mãe.[89]

Casa de bonecas foi uma peça revolucionária, que repercutiu em toda a Europa. Não era para menos. O que se poderia esperar numa época em que a mulher só existia em função do marido e a expectativa era de que ela abdicasse de sua própria vida e se sacrificasse em prol da família? Entretanto, as mentalidades já estavam mudando.

BELLE ÉPOQUE

A partir de 1860 um outro século XIX se inicia. A mentalidade vitoriana começa a se desintegrar antes de morrer. O comportamento muda como se homens e mulheres, aos poucos, fossem deixando aquela exagerada repressão para trás. "Era justamente a época do enriquecimento, da urbanização. E os burgueses sofriam com aquela moral que os cerceava. O código romântico começa a se degradar. Basta ler a correspondência de Flaubert. Chega de anos e mulheres diáfanas!"[90]

O final do século XIX se caracteriza por um clima intelectual e artístico no período que vai aproximadamente de 1880 até o fim da Primeira Guerra Mundial, em 1918. As transformações tecnológicas e culturais foram muitas e, como consequência, surgiram novas formas de pensar e viver. O telefone, o telégrafo sem fio, o cinema, a bicicleta, o automóvel, o avião levavam a novas percepções da realidade. Esse período da história denomina-se Belle Époque. Paris, a Cidade Luz, era o centro mundial da cultura e do lazer, com seus cafés-concertos, balés, operetas, livrarias, teatros, cabarés, o cancã, boulevares.

Como vimos, a expectativa que havia em relação à mulher do século XIX era a de que fosse passiva, frágil, temerosa, submissa. As casadas desenvolveram uma dependência absoluta do marido. Mas nas últimas décadas as mulheres reagiram. Marilyn Yalom analisa essa reação, que sintetizo a seguir.[91] Na Inglaterra, artigos de revistas e jornais, romances e roteiros, discursos públicos e conversas privadas giravam em torno da nova mulher — uma expressão inventada em 1894 para descrever o fenômeno. A nova mulher era reconhecida pela sua educação e independência, sua tendência a desprezar antigos valores familiares e não aceitar os limites rígidos entre os comportamentos femininos e masculinos.

Na América, assim como na Europa, o final do século XIX testemunhou centenas, se não milhares de "novas mulheres" — aquelas que inspiraram a busca de uma maior autonomia com ou sem casamento. Em 1874, a reformista Abba Goold Woolson proclamou: "Eu existo... não como esposa, mãe, professora, mas acima de tudo como mulher, com o meu próprio direito de existir." Ela ousou articular uma ideia raramente consciente na mente feminina, e que as mulheres vitorianas achariam no mínimo espantosa.

Por volta de 1890, era impossível ignorar as muitas mudanças que estavam acontecendo na vida das mulheres solteiras e casadas na classe média urbana. As instituições de ensino superior dedicadas às mulheres, o aparecimento de clubes e organizações femininas, a aceitação para o trabalho das mulheres solteiras e, em menor número, das casadas, a crença de que o casamento não tinha de pôr um ponto final no interesse das mulheres em relação à leitura, música ou esportes, tudo isso contribuiu para a atmosfera de liberdade e esperança femininas.

SER MULHER: FRAGILIDADE OU LIBERDADE?

A mulher podia entrincheirar-se no lar, protegida pelo mito de sua fragilidade, ou lutar para sair dele e ir à procura de uma nova definição da feminilidade. Aos poucos, deixou de ser suficiente para ela ser honrada e endeusada, desde que a adoração também significasse a exclusão de todas as outras áreas de realização social e individual. No esquema vitoriano, à mulher se negava toda forma de realização, menos a de ser mãe. Entretanto, num mundo urbano e industrial, essa que não lhe era negada não era mais tão significativa como tinha sido. Uma nova moça, alegre e menos sentimental, deplorada pelos conservadores, desponta no cenário.[92]

BICICLETA: SÍMBOLO DA LIBERAÇÃO

A imagem da bicicleta aparecia em pôsteres e anúncios que enalteciam uma determinada marca como "perfeitamente adaptada para ser utilizada por mulheres". A Sociedade Obstétrica de Boston, em abril de 1895, declarou que a mulher não podia andar em selim comum. Ela deveria comprar seu próprio "assento acolchoado e seguro", cuja extremidade "não devia nem mesmo tocar no corpo". As mães eram instruídas pelas revistas femininas a confeccionar uma roupa adequada para suas filhas. Os veículos conservadores dirigidos às mulheres abandonaram a sua exaltação à esposa, mãe e dona de casa, obrigados a reconhecer as novas e frequentes mudanças.

A MODA

Lá pelo ano de 1860, as mulheres começaram a descartar as suas crinolinas, e gradativamente foram adelgando as saias. Sem as saias armadas, puderam passear de braço dado a homens — coisa totalmente impossível durante o período da crinolina. Surge o *tounure*, ou a "bunda de Paris", "que dá às mulheres um estranho perfil de ganso. Os seios avançam pendendo para a frente, enquanto, por trás, parece arrastar uma concha de escargot. Na época, as caricaturas observam que os novos volumes fazem as senhoras parecer galináceas".[93]

Contudo, os trajes se tornavam mais simples. As mulheres começaram a fazer exercícios e a participar de jogos. Para que pudessem andar de bicicleta de forma esportiva e mais confortável, a moda se adaptou. Surgiu uma espécie de saia-calça. Elas passaram também a tomar banho de mar. Usavam então uma roupa de malha, que ia até os joelhos.

A moda acompanhou importantes mudanças de comportamento na passagem do século XIX para o XX. Juliana Schmitt, em seu livro *Mortes vitorianas*, observa aspectos interessantes a respeito da mulher nesse período, que sintetizo a seguir. Começar a trabalhar fora de casa, conquistar o direito ao divórcio, interessar-se pelas artes e pela intelectualidade. Esses eram processos representados no corpo pelo abandono de alguns artifícios, que o tolhiam, ou pela inserção de peças mais masculinas nos trajes, como saias mais secas e retas e camisas usadas como gravatas — como que simbolizando essa entrada das mulheres num universo, até então, exclusivamente masculino.

O advento dessa "nova mulher" na aurora dos 1900 culminava com a recusa em ser exclusivamente mulher-espetáculo. Desejando transpor da extravagância desmesurada para a sobriedade das responsabilidades mundanas, as mulheres passaram não somente a se vestir de maneira mais simples. Parece bastante significativo que essa mudança na conduta feminina coincida com a morte da rainha Vitória e, consequentemente, com o fim do vitorianismo, conclui a autora.[94]

Piadas sobre a emancipação feminina

Os cartunistas tinham um campo de trabalho diário com as tentativas de emancipação das mulheres, que não mais queriam se subordinar aos maridos. Eles ridicularizavam a inversão dos papéis dentro do casamento. Uma versão americana, inspirada na ideia do voto feminino, mostra uma mulher elegantemente vestida entrando numa carruagem em que havia outras duas mulheres. Os maridos ficam em casa lavando roupa e cuidando do bebê. Um cartum alemão, de 1900, intitulado *Casamento moderno* mostra uma mulher de calças, zangada, fazendo ameaças com um sapato na mão, enquanto seu marido, de vestido e camisolão, segura o bebê em um dos braços e a mamadeira no outro. A legenda diz: "É ela quem está usando calças compridas."

NAMORO

No início do século XIX, o costume de fazer a corte baseava-se principalmente na atração física entre os jovens e em sua posição socioeconômica. Como era permitida pouca interação até depois do noivado, a seleção na base de características de personalidade deve ter sido rara entre as classes superiores, até a melhora da posição das mulheres, ao final do século. As mulheres passaram a exigir mais interação com os que poderiam ser seus maridos.

A tecnologia moderna veio ajudá-las. Os acompanhantes logo ficavam para trás, devido a rapidez dos patins de gelo, grupos de ciclistas e passeios de canoa rio abaixo. O namoro, que com frequência não passava de estarem a sós em segredo, mas sem arroubos, tornou-se muito popular, mas era inteiramente morno em comparação aos avanços sexuais do período pós-Kinsey. O casamento por interesse econômico era cada vez mais satirizado pelos dramaturgos; sinal de seu desaparecimento iminente.[95]

UM NOVO EROTISMO

Como vimos, a moralidade que perturbava as relações entre homens e mulheres estava se rompendo. Surdas comoções abalam a cultura tradicional; o imaginário erótico se transforma. Encerrado na esfera privada, o burguês começa a sofrer com sua moral. A possibilidade de uma sexualidade mais livre aviva a tentação da fuga social.

O escritor francês Émile Zola (1840-1902) foi o intérprete desse sofrimento. No seu livro *Germinal*, há o patrão Hennebeau, nas minas de carvão, que, espectador dos folguedos dos mineiros, revela a profundidade do doloroso desejo: "De bom grado ele teria passado fome, como eles, se tivesse podido recomeçar a existência com uma mulher que se tivesse entregado a ele, sobre as pedras, com todo o seu quadril e todo o seu coração."[96]

MARIDOS E ESPOSAS

No final do século XIX, começa-se a aceitar que uma esposa culta não seria um problema. Surge um novo tipo de casal: uma mulher mais informada, um homem mais preocupado com sua parceira. O egoísmo masculino está em baixa. A antiga sexualidade genital e apressada, destinada somente à procriação, dá sinais de perder espaço. O prazer feminino começa a se afirmar. Alguns médicos mais corajosos recomendam aos maridos mais delicadeza no sexo com as esposas.

A sexualidade conjugal começava então a se modificar; o casal estava se erotizando. Marido e mulher adquirem o hábito de tratar-se por "querido" e "querida". A jovem esposa não hesita mais em deleitar-se com o erotismo velado dos romances da moda. É a primeira revolução sexual dos anos 1860, um século antes da nossa. A partir de então está colocada a questão da sexualidade. Entretanto, a erotização da esposa provoca o temor do adultério. "A influência das prostitutas contribuiu, de maneira indireta: o homem jovem introduzia no leito conjugal os refinamentos aprendidos com elas. Foi, de todo modo, um dos grandes temores dos moralistas: que a alcova se transformasse em lupanar!"[97]

TIRA-SE O VÉU DO SEXO

Por trás do plácido aspecto exterior do casamento burguês, descobre-se que havia uma angústia muito bem ocultada. Balzac, Breuer, Freud e Havelock Ellis, entre muitos outros, afirmaram que o estupro em noites de núpcias, o vaginismo, a frieza sexual, a impotência, a homossexualidade e outras dificuldades eram muito mais comuns do que jamais foi admitido pela doutrina oficial do amor romântico dos meados do século XIX.[98] A palavra "sexualidade" — que marca o nascimento da *scientia sexualis* e aparece pela primeira vez em 1838 para designar as características do que é sexuado — seria utilizada por volta de 1880, no sentido de "vida sexual".

MADAME BOVARY E O FIM DAS MULHERES DIÁFANAS

Emma se casa com o médico Charles Bovary e vai morar com ele numa cidade pequena do interior da França. Ele é bondoso, mas profundamente entediante. Logo Emma percebe que aquela não era a vida que desejava. Durante o tempo em que estudou num colégio religioso, leu secretamente diversos romances sentimentais, através dos quais aprendeu a ver a vida. Essa foi a origem de suas aspirações amorosas, que não têm nada a ver com o cotidiano burguês no qual agora está inserida.

Nessas histórias, as mulheres desmaiam com frequência e caem nos braços de homens maravilhosos, juras de amor são sussurradas à luz da lua, elas recebem em segredo cartas cuidadosamente dobradas. Após o casamento, quando não se vê num lugar sofisticado, ao lado de um marido charmoso, mas numa pequena cidade sem importância como mulher de um médico rural mediano, começa o drama de Emma.

Ela passa os dias na frente da lareira ou olhando pela janela. A empregada faz os serviços domésticos; a filha pequena vive na casa da ama; tocar piano não vale o esforço, porque ninguém ouve mesmo. Charles a ama profundamente, mas volta para casa exausto, cheirando mal, de suas visitas a camponeses doentes. Além disso, torna-se descuidado com a aparência e ronca a noite toda. Emma despreza a sua falta de sucesso profissional e seu comportamento provinciano. A presença dele a irrita.

Por conta de seu tédio, Emma começa a gastar fortunas com roupas. Ela tenta sufocar sua saudade passeando com o dedo por um mapa de Paris. Mas cai em depressão. O marido não sabe o que fazer além de trocar de ares. Eles vão morar em outro lugar. Em Yonville, Emma conhece Léon, um jovem empregado de cartório. Ela consuma o adultério, mas não se sente atraída por ele. Entra em cena Rodolphe Boulanger de La Huchette, um rico proprietário de terras.

Rodolphe preenche a idealização de parceiro amoroso para Emma — vive num mundo de luxo e prazeres eróticos, que ela tanto anseia. Ele lhe diz algumas frases, que são suficientes para seduzi-la e deixá-la completamente apaixonada. Todos os seus sonhos se tornam realidade e ela se sente como a heroína das histórias de amor românticas que leu. Entretanto, quando Emma, seguindo o modelo dos romances, planeja fugir com o amado, Rodolphe aproveita a ocasião para se livrar dela e a deixa esperando. Em Rouen, numa ida ao teatro, Emma reencontra Léon. Mas o adultério não dura, contaminado também pela tristeza dela. Emma não conseguiu pagar as dívidas com o modista e a penhora chega à casa dos Bovary. Ela entra em pânico e o suicídio parece-lhe a única saída. Emma envenena-se com arsênico.

Esse é o resumo do livro *Madame Bovary*, do escritor francês Gustave Flaubert, publicado em 1857, e que levou o autor aos tribunais, acusado de ofensa à moral e à religião. Ele foi absolvido pelas palavras do eloquente advogado de defesa e um júri progressista, além da tendência da opinião pública a favor de madame Bovary. O livro quebra com os padrões românticos e inaugura o Realismo na literatura. "Pela primeira vez na literatura, Flaubert descreve a monotonia do cotidiano de um casamento burguês tradicional, no qual a divisão de papéis dos gêneros faz com que o homem tenha seu trabalho, e a mulher, expectativas."[99]

O autor estabeleceu o protótipo da esposa infeliz por excelência. Pouco importa se madame Bovary era uma criatura provinciana e patética, educada em meio às ilusões românticas, "Flaubert transformou-a na maior das adúlteras, mais para que sentissem pena dela do que propriamente a condenassem diante de sua recusa em manter-se como a fiel esposa de um monótono interiorano".[100] Madame Bovary abalou o imaginário romântico; a mulher não era mais um anjo, puro e casto. O livro pode ser considerado uma crítica ao romantismo e um marco na mudança da imagem de mulher construída na era vitoriana.

———•—•———

O que podemos dizer do século XIX? "Tantos desejos contidos, tantas frustrações veladas, tantas condutas medíocres... Um século bem pouco à vontade. O século XIX abriu-se em meio a um suspiro romântico e perdeu-se em meio ao higienismo frio dos confessores e dos médicos. Século hipócrita, que reprimiu o sexo, mas foi obcecado por ele. Perseguiu a nudez, mas espiou pelos buracos das fechaduras. Enquadrou o casal conjugal, mas promoveu os bordéis. Como se naquele momento todas as contradições do jogo amoroso tivessem se acirrado. Claro, mais uma vez foram as mulheres as mais prejudicadas. Mas não julguemos depressa demais! Próximo de seu final, esse curioso século XIX pôs em cena um componente do amor até então inconfessado: o prazer. E lá ele permaneceu."[101]

A CAMINHO DO SÉCULO XX

Na virada do século XIX para o XX, grandes complexos industriais — tais como usinas elétricas, siderúrgicas, refinarias de petróleo, indústrias químicas, com milhares de trabalhadores — alteram a própria estrutura da sociedade. A condição de vida e o cotidiano das pessoas se transformam. A historiadora Michelle Perrot analisa essas mudanças. A ênfase antiga sobre a artificialidade de comportamento dá lugar à espontaneidade e ao questionamento a respeito de todas as restrições. O mito dos homens contidos e das mulheres puras e assexuadas começa a cair por terra. A urbanização crescente também contribui para a derrubada da antiga moral sexual. O bem-estar econômico da classe média e a influência religiosa em declínio alteram a percepção do objetivo do casamento, passando da satisfação de obrigações familiares e religiosas à satisfação das necessidades individuais.

Em toda parte, em diferentes gradações, conforme o meio e o lugar, opera-se um forte aflorar do indivíduo nas ideias e nos costumes. As pessoas expõem sua necessidade de um tempo e um espaço para si. Dormir sozinho, ler tranquilamente seu livro ou seu jornal, vestir-se como bem entender, ir e vir à vontade, consumir livremente, frequentar e amar quem se deseja... exprimem a busca de um direito à felicidade que pressupõe a escolha do próprio destino. Esta expansão do individualismo atinge, em maior ou menor grau, todas as camadas da sociedade, sobretudo as urbanas.

O alvorecer do século XX esboça, sob certo ponto de vista, uma outra modernidade. Os cartazes publicitários excitam o desejo. As comunicações instigam a mobilidade. Trem, bicicleta, automóvel estimulam a circulação de pessoas e coisas. Cartões-postais e telefonemas personalizam a informação. A moda diversifica as aparências. A foto multiplica a imagem de si. Mais emancipados dos constrangimentos do tempo e do espaço, os indivíduos aspiram à livre escolha de seu destino. O cuidado consigo, com um corpo mais bem-tratado e conhecido em sua complexidade nervosa, com uma psique cujos abismos se começa a divisar.[102]

Entretanto, a alegoria da "família feliz", na qual o homem, como senhor do lar, governa, e a esposa, o anjo da casa, é dócil e se submete a ele, foi um ideal social que posteriormente a indústria cinematográfica reabilitou, influenciando, dessa forma, a mentalidade do século XX.

LINKS

AMOR ROMÂNTICO

Homens e mulheres do século XIX consideravam o amor uma finalidade nobre da vida. Eles falavam de amor poeticamente, mas retraíam-se fugindo à sexualidade. O amor romântico, surgido no século XII, a partir do amor cortês, voltou a emergir nesse período e povoa as mentalidades até hoje, através de novelas, músicas, cinema, propaganda etc.

O amor romântico não é construído na relação com a pessoa real, que está do lado, e sim com a que se inventa de acordo com as próprias necessidades. Esse ideal amoroso, que só existe no Ocidente, é calcado na idealização. Isso faz com que seja possível amar sem precisar conversar, estar apaixonado sem falar. É como ser atingido por um raio e ficar paralisado, prisioneiro desse raio.

As mulheres do século XIX deviam ser castas e submissas ao homem, ansiosas por serem protegidas por ele. A partir daí podemos entender melhor como as heroínas dos contos de fadas, no registro dos irmãos Grimm, desse período, fizeram tanto sucesso. Elas foram se tornando passivas e assexuadas. Cinderela, Branca de Neve, A Bela Adormecida, modelos de heroínas românticas que, ao contrário do que se poderia imaginar, no que diz respeito ao amor, ainda são muito parecidas com muitas mulheres de hoje.

Lu, professora de inglês, 34 anos, chegou ao meu consultório e foi logo dizendo: "Não tenho nada a ver com essas mulheres modernas, que têm que lutar pela sobrevivência e vivem sozinhas. Não aguento mais ter que arranjar dinheiro para pagar as contas. Estou buscando um homem que me proteja, cuide de mim e me sustente."

Nesses contos de fadas, existem algumas mulheres que até fazem mágicas, mas a mensagem central não é a do poder feminino, e sim a da impotência da mulher. O homem, ao contrário, é poderoso. Não só dirige todo o reino, como também tem o poder mágico de despertar a heroína do sono profundo com um simples beijo. Além da incompetência de lutar por si própria, comum às principais heroínas, Cinderela é enaltecida por ser explorada dia e noite, trabalhando sem reclamar e sem se rebelar contra as injustiças. Padece e chora em silêncio. Seu comportamento sofrido, parte do treinamento para se tornar a esposa submissa ideal, é recompensado. Seu pé cabe direitinho no sapato e ela se casa com o príncipe.

No entanto, o mais grave nos contos de fadas é a ideia de que as mulheres só podem ser salvas da miséria ou melhorar de vida por meio da relação com um homem. As meninas vão aprendendo, então, a ter fantasias de salvamento, em vez de desenvolver suas próprias capacidades e talentos. Para a historiadora americana Riane Eisler essas histórias incutem nas mentes das meninas um roteiro feminino no qual lhes ensinam a ver seus corpos como bens de comércio para segurança, felicidade — e, se conseguirem pegar não um sujeito comum, mas um príncipe —, status e riqueza.

Em última análise a mensagem dos *inocentes* contos de fadas, como o de Cinderela, é que não somente as prostitutas, mas todas as mulheres devem negociar seu corpo com homens de muitos recursos. Em vez de desenvolver suas próprias potencialidades e buscar relações onde haja uma troca afetivo-sexual, em nível de igualdade com o parceiro, muitas mulheres se limitam a continuar fazendo tudo para encontrar o príncipe encantado.[103]

A menina na nossa cultura aprende desde cedo a ser romântica e submissa. Além dos contos de fadas, todos os meios de comunicação, família e escola colaboram para isso. Um estudo feito nos Estados Unidos concluiu que as escolas americanas ludibriam as meninas. Além de receberem mais atenção dos professores, os meninos são recompensados por se valorizarem e as meninas por serem dóceis e quietas. Assim, quando se tornam adultas, já estão bem treinadas para se comportar ajustando sua imagem de acordo com as necessidades e exigências dos homens, prisioneiras que são do mito do amor romântico.

Contudo, as mentalidades estão mudando e um grande número de mulheres não se dispõe mais a ajustar sua imagem às exigências e necessidades masculinas.

EM BUSCA DO HOMEM "CERTO"

Milena, 38 anos, com um filho adolescente, está separada há quatro. Tenta, sem conseguir, encontrar um homem "certo" para namorar. Sozinha, ou com as amigas, vai a festas, bares ou qualquer outro lugar em que imagine haver homens disponíveis. Talvez sua busca seja tão intensa que assuste os possíveis pretendentes. Um dia, no meu consultório, desabafou: "Ando muito desiludida com tudo, acho que tenho algum defeito. Já saí com vários homens, mas eles logo desaparecem. Não consigo engrenar um namoro. Para mim, a vida só tem graça se eu estiver vivendo um romance; preciso ter alguém que me complete. Estar sem um par amoroso ao lado faz com que eu me sinta desvalorizada, jogada fora, como um traste que ninguém quer."

Não é fácil deixar o hábito de formar um par. Fomos condicionados a desejá-lo, convencidos de que se trata de um prerrequisito para a felicidade. Para complicar mais as coisas, há ainda os que, por equívoco ou pela própria limitação, se utilizam de argumentos psicológicos para não deixar ninguém escapar dos modelos. Para esses, maturidade emocional implica manter uma relação amorosa estável com alguém do sexo oposto. Não faltam terapeutas para reforçar esse absurdo na cabeça de seus pacientes. E o pior é que eles acreditam e sofrem bastante, sentindo-se defeituosos ou no mínimo incompetentes por não ter alguém.

A propaganda a favor da ideia de que só é possível a realização afetiva através da relação amorosa fixa e estável com uma única pessoa é tão poderosa que a busca da "outra metade" se torna incessante e muitas vezes desesperada. E quando surge um parceiro disposto a alimentar esse sonho, pronto: além de se inventar uma pessoa, atribuindo a ela características que geralmente não possui, se abdica facilmente de coisas importantes, imaginando que, agora, nada mais vai faltar. E o mais grave: com o tempo passa a ser fundamental continuar tendo alguém ao lado, pagando-se qualquer preço para isso. Não ter um par significaria não estar inteiro, ou seja, totalmente desamparado. Mas de onde vem essa ideia?

Na fusão com a mãe no útero, experimentamos a sensação de plenitude, bruscamente interrompida com o nascimento. A partir daí, o anseio amoroso parece ser o de recuperar a harmonia perdida. A criança, então, dirige intensamente para a mãe sua busca de aconchego. É inegável que a proposta do amor romântico é extremamente sedutora. Que remédio melhor para o nosso desamparo do que a sensação de nos completarmos na relação com outra pessoa? Quem, além do ser amado, pode suprir nossas carências e nos tornar inteiros? Esse amor promete o encontro de almas e acena com a possibilidade de transformar dois num só, da mesma forma que na fusão original com a mãe.

EXPECTATIVAS

Aprendemos desde cedo a considerar o amor romântico como única forma de amor. Na medida em que o amado é a única fonte de interesse, observamos algumas expectativas: não é possível amar duas pessoas ao mesmo tempo, quem ama não sente desejo sexual por mais ninguém, cada um terá todas as suas necessidades satisfeitas pelo outro. Portanto, é fundamental que todos encontrem um dia a pessoa *certa*, sua alma gêmea. Para mantermos a fantasia de que o outro nos completa, exigimos que ele seja tudo para nós e nos esforçamos para ser tudo para ele. O mundo deixa de ter importância; não são poucos os que se afastam dos amigos e abrem mão de coisas importantes para agradar o outro.

O único problema é que tudo não passa de uma ilusão. Na realidade, ninguém completa ninguém. Mas, ignorando isso, reeditamos inconscientemente com o parceiro nossas necessidades infantis. O outro se torna tão indispensável para nossa sobrevivência emocional que a possessividade e o cerceamento da liberdade sobrecarregam a relação, que se torna opressiva à nossa individualidade. Não é à toa que, tanto nos contos de fadas como nas novelas, o herói e a heroína só podem ficar juntos no último capítulo (exaustos após superar tantos obstáculos), que termina com "E foram felizes para sempre". São cristalizados naquele estado apaixonado, porque é a única maneira de se garantir que assim ficarão para sempre. Como nenhuma dessas expectativas corresponde à realidade, em pouco tempo de relação as pessoas se decepcionam e se frustram.

O DESENCANTO

Joana se considera uma pessoa sozinha e infeliz. Apesar de não lhe faltar nada material, o casamento é fonte de uma mágoa constante. Vivendo há 22 anos com Luís, diretor de uma grande empresa, Joana só houve a voz do marido num tom de censura ou crítica. Vivem como dois estranhos, que mal se falam. "Casamos apaixonados. Sonhei com uma vida em que seríamos companheiros, inseparáveis. Para dizer a verdade, eu acreditava que seria sempre a pessoa mais importante da vida dele e que envelheceríamos juntos com muito amor e carinho um pelo outro. Por isso não me importei de viver em função de seus projetos e me anular profissionalmente. Mas daquela relação gostosa do início nada sobrou. Nunca pensei que ele chegaria a sentir esse total desinteresse por mim, inclusive sexual. Acho que meus sonhos me pregaram essa peça."

A fantasia do par amoroso, onde um é a única fonte de gratificação do outro, atenua por um tempo o temor do desamparo. Entretanto, na intimidade da convivência do dia a dia, enxerga-se a pessoa do jeito que ela é, percebendo assim aspectos que lhe desagradam. Não é possível continuar mantendo a idealização; você se dá conta então de que o outro não é a personificação de suas fantasias. Mas para que essa situação seja mantida, são feitas inúmeras concessões. Há um acúmulo de frustrações que torna a relação sufocante. A consequência natural é o desencanto, muitas vezes com ressentimento, mágoa e a sensação de que se foi enganado.

Não são poucas as mulheres, que falam da decepção e do contraste entre o que sonharam e o cotidiano da vida real. De Branca de Neve, Cinderela e A Bela Adormecida não sabemos do dia a dia com o príncipe, mas quem sabe o desencanto, depois de algum tempo de convivência íntima, seja bem semelhante ao de Joana? Por outro lado, nada é dito sobre possíveis decepções vividas pelo príncipe. O que sabemos é que, por medo e insegurança, muitos homens e mulheres se fecham na relação com o outro mesmo à custa do empobrecimento da própria vida.

MULHERES

A SUBMISSÃO NO CORPO

O espartilho torturava as mulheres. Seu uso dificultava a respiração, fazia mal à coluna, deformava os órgãos internos, tornava difícil se sentar ou subir escadas. Mas mesmo assim ele era usado pela maioria.

Para que a relação entre os sexos se mantenha dentro do esquema de superioridade do homem, a principal aspiração da mulher deve ser a de viver um grande romance, se sujeitando a qualquer sacrifício para isso. Isso sem falar que ela deve se anular como pessoa — não ter pensamentos próprios, gostos ou interesses.

Cinderela não tem nenhum plano ou projeto de vida, além de ser salva pelo príncipe e se casar com ele. Mas o episódio do famoso sapatinho traz outro significado dramático. Para a mulher ter sucesso, melhorar de vida, seu corpo tem que corresponder a determinadas exigências masculinas, nem que para isso seja necessário mutilá-lo. É o que acontece com as irmãs de Cinderela, que cortam um pedaço dos pés, para que caibam no sapatinho.

Entretanto, essas condutas não pertencem somente à ficção. Na China havia o costume de se enfaixar os pés das mulheres, que, após muitos anos de dores insuportáveis, ficavam completamente deformados. Muitas nunca conseguiram andar. O motivo era simplesmente porque os homens achavam pés pequenos sexualmente excitantes. Numa tribo da África, os lábios da vagina da mulher são, desde a infância, esticados ao máximo, ficando pendurados entre as pernas, porque os homens julgam ser mais atraente. No Oriente Médio e na África, as próprias mães obrigam suas filhas a se submeterem à extirpação do clitóris e à infibulação, para satisfazer a expectativa do futuro marido.

No Ocidente, observamos essas práticas com horror, mas, na realidade, não estamos tão distantes delas. As mulheres se esforçam para se enquadrar dentro de padrões de beleza definidos pelos homens. Convencidas de que a única forma de provar seu valor é agradando a eles, fazem de tudo. Gastam tempo, dinheiro e saúde — é comum passarem fome para se manter esbeltas — desenvolvendo, em alguns casos, doenças graves como anorexia e bulimia. As que não se enquadram nesse padrão são rejeitadas.

Clara, uma designer de 38 anos, é alegre e extrovertida. Separada de dois casamentos, mora com o filho adolescente. Seu maior problema é conseguir controlar o peso. Durante toda a vida se submeteu às mais variadas dietas, mas sempre foi no mínimo gordinha. Diz já ter se acostumado com a ideia de que nunca vai ser magra e que não havia sofrido tanto por isso até a última conversa que teve com seu namorado. Sentindo sua autoestima profundamente abalada, não sabe que atitude tomar. "Estamos namorando há seis meses e nossa relação é ótima. Sinto que nos amamos, estamos sempre juntos. O sexo é maravilhoso, temos muita sintonia e total liberdade. Comecei a desconfiar de algo estranho quando percebi que ele nunca me apresentou a seus amigos, sempre saímos sozinhos. Até que o pressionei um pouco e ele acabou confessando que, apesar de todo o tesão que sente, tem vergonha de mim por me achar gorda.

Na nossa cultura o pior preconceito que existe é contra a pessoa gorda. A exigência estética é tão grande que, para tentar atenuar essa ditadura da magreza, a Associação Médica Americana estabeleceu novos padrões de peso, aumentando a medida de peso ideal, visando afrouxar um pouco essa cobrança. Homens e mulheres são escravizados pelo mesmo padrão de beleza, embora a mulher se importe menos de namorar um homem gordo. Como o homem tem que provar que é o melhor o tempo todo, não é raro encontrarmos os inseguros, que dependem da avaliação estética que os amigos fazem de suas escolhas amorosas para se sentirem valorizados ou não.

Mulher necessita de proteção?

As mulheres do período romântico desenvolveram características de dependência total. Ela tinha de ser fraca, temerosa, ansiosa por ser amparada e dominada pelo homem. Essa mentalidade continua arraigada a muitas mulheres atualmente, mesmo entre as que têm independência financeira.

Ruth, 43 anos, é economista de uma grande empresa. Há cinco anos separada, tem dois filhos. Numa primeira entrevista no meu consultório, desabafou: "Não estou nada satisfeita com Ricardo, meu namorado há seis meses. Meu ex-marido se preocupava comigo e tentava resolver todos os meus problemas. Até os namorados da adolescência sempre foram cuidadosos, me paparicavam mesmo. Mas Ricardo parece não se preocupar em me proteger. Outro dia, saí da casa dele às 21 horas e não lhe passou pela cabeça me levar até o carro. Tudo bem que meu carro estava na porta do prédio em que ele mora, mas não achei legal. São várias atitudes desse tipo que me frustram. Ele não tem a preocupação de abrir a porta do carro para eu entrar, nem de puxar a cadeira para eu sentar. Isso eu até posso deixar pra lá, mas no sábado lhe telefonei cedo para dizer que um cano aqui de casa estourou. Sabe o que ele respondeu? Para eu procurar logo um bombeiro para fazer o conserto. E falou isso como se tivesse me dado um grande apoio. Concluí que assim não dá... preciso de um homem ao meu lado que faça com que eu me sinta sempre protegida."

Apesar de o século passado ter sido o da emancipação das mulheres, não são poucas as que ainda fazem esse tipo de reivindicação. O amor cortês, respeitoso e cavalheiro deixou sua marca. Ao contrário da ideia estabelecida da mulher dominada e desprezada e do homem dominador e brutal, os conceitos trovadorescos de cavalheirismo reverteram essa imagem: a mulher passa a ser honrada e o homem, gentil.

O objetivo do homem é servir à dama; sua subserviência o transforma, fazendo com que se sinta um cavaleiro melhor e um cristão mais perfeito. Aliado a isso, está o entendimento do amor como uma paixão nobre e o gosto da grande maioria pelo romance. Um homem, para conquistar uma mulher, lhe envia flores (o contrário nunca acontece), compra presentes caros ou assume a postura de seu grande protetor. Essa atitude tão arraigada às mentalidades, que muitos defendem como "cavalheirismo", nada mais é do que manifestações atualizadas do amor cortês.

Muitas mulheres se exercitam, levantando peso, diariamente nas academias de ginástica. Entretanto, ainda praticam os códigos medievais do cavalheirismo e da etiqueta — os homens abrem a porta para elas, ajudam-nas com os casacos, puxam a cadeira para que se sentem, não lhes deixam carregar nem um leve embrulho. A maioria delas aceita que todo homem com quem se relacione a proteja. A historiadora canadense Bonnie Kreps diz ser possível observar em qualquer lugar o ritual diário pelo qual as mulheres permitem que os homens as guiem em situações físicas que podem controlar perfeitamente sem assistência masculina. "Ainda assim, lá está ele, o braço masculino onipresente em nossa direção, dirigindo-nos nas esquinas, através das portas, para dentro dos elevadores, subindo escadas rolantes... atravessando ruas. Esse braço não é necessariamente pesado ou grosseiro; é leve e delicado, porém firme, como dos cavaleiros mais confiantes com os cavalos mais bem treinados."[104]

Portanto, ela considera que a noção de cavalheirismo é crítica para as mulheres. Que tipo de homem deseja proteger uma mulher? Certamente não seria um que a vê como uma igual, que a encara como um par. Mas aquele que se sente superior a ela. E como diz Mae West em um dos seus filmes: "Todo homem que encontro quer me proteger... não posso imaginar do quê."

Existe uma história mostrando como a mulher atual, que se libertou desses valores, descarta qualquer proteção masculina. Ela vem na forma de um desenho humorístico feminista. Na Idade Média, as regras da nobreza garantiam ao cavaleiro salvador a donzela que fora salva do perigo.

O cenário é a terra dos dragões, donzelas em apuros e cavaleiros com armaduras brilhantes. Uma donzela e sua dama de companhia estão fitando a cabeça de um imenso dragão em cuja garganta está desaparecendo um cavaleiro. O dragão parece satisfeito, a donzela parece aliviada. Legenda: "Graças a Deus! Eu estava morrendo de medo de que ele matasse o dragão e eu tivesse que desposá-lo."[105]

SEXO

A era vitoriana ficou marcada pela intensa repressão ao prazer sexual, principalmente das mulheres, que não podiam gostar de sexo. Desde o início da Idade Média, elas foram consideradas tentadoras e perigosas, responsáveis, como Eva pela queda do Paraíso. O culto à Virgem Maria, no século XI, criou uma imagem da mulher ideal: assexuada, um símbolo de virtude. Essa ideia persistiu a ponto de no século XIX a marca da feminilidade estar no fato de a mulher não gostar de sexo. Criaram-se teorias para sustentar que o único prazer da mulher seria satisfazer o marido e criar os filhos.

Hoje, apesar de toda a mudança de mentalidade, muitas mulheres, para corresponder a essa expectativa, tentam negar a importância do sexo em suas vidas. E ainda há quem recrimine a mulher que foge ao padrão de comportamento tradicional, ou seja, não esconde que gosta de sexo. É inacreditável, mas ela corre o risco de ser chamada de *galinha* ou de *piranha*. As próprias mulheres participam desse coro, ajudando a recriminar as que conseguiram romper a barreira da repressão e exercem livremente sua sexualidade.

Os homens sabem que a mulher pode e deseja ter prazer. Talvez não saibam tanto sobre o assunto quanto Gaiarsa, que afirma: "A mulher é o ser mais sexual do mundo, porque não tem cio. Uma mulher disposta, que tenha amigos, pode ter três, quatro relações por dia durante quarenta, cinquenta anos. Se o homem aprender a não ejacular, ele pode acompanhá-la, mas se ele entra na do fanático de chegar ao fim, ele para no meio, pode-se dizer assim. É fundamental manter uma respiração tranquila durante a troca de carícias. Assim é possível frear todas as emoções precipitadas. E aí vão sendo apreciados os pedacinhos do caminho, sem pressa. Muitos homens tentam compensar a falta de qualidade com dados objetivos: tamanho do pênis, quantas ejaculações tiveram etc."[106]

HERANÇA CASTA

Maira, uma dentista de 29 anos, chegou deprimida à sessão de terapia numa segunda-feira. Desde que se separou do marido não perdia as esperanças de conhecer um homem com quem pudesse desenvolver uma relação estável e duradoura. O motivo da sua depressão foi mais uma frustração amorosa. "Na sexta fui a uma festa na casa de uma amiga. Lá conheci Oscar, um amigo dela de infância. Ficamos juntos a noite toda, senti muito tesão por ele e aí não resisti: dormimos num motel. Só que ele não me ligou no sábado nem no domingo. Eu tinha jurado pra mim mesma que não ia mais transar sem amor... não suporto esse sentimento de vazio."

Muitas mulheres, apesar das evidências em contrário, ainda se esforçam para se convencer de que sexo e amor têm que caminhar sempre juntos. Os homens nunca pensaram assim e jamais isso foi cobrado deles. Quando uma mulher diz que não consegue transar com um homem se não houver muito amor entre eles, na maioria das vezes ela está apenas repetindo o que lhe ensinaram, impossibilitada de perceber os seus próprios desejos. Não há motivo para o sexo não ser ótimo quando praticado por duas pessoas que sentem atração e desejo uma pela outra. No caso de Maira a frustração e o vazio têm muito mais a ver com uma expectativa não satisfeita do que com o sexo em si. A questão é que, como o sexo não é visto como natural, costuma-se misturar as coisas e se busca algo mais do que prazer: continuidade da relação, namoro ou casamento.

O sexo, quando vivido sem medo ou culpa, pode levar a uma comunicação profunda entre as pessoas. A maioria das mulheres se recusa a fazer sexo no primeiro encontro, mas não por falta de desejo. É a submissão ao homem, ou seja, a crença de que tem que corresponder à expectativa dele. A partir daí inicia-se uma encenação, onde o script é sempre o mesmo: o homem pode fazer sexo, a mulher não. Ele insiste, ela recusa. O tesão que os dois sentem é igual, mas ele continua insistindo e ela continua dizendo não. Ela acredita que, se ceder, ele vai desvalorizá-la e não vai se dispor a dar uma continuidade à relação. Vai sumir logo depois que gozar. E o pior é que muitos homens somem mesmo. A luta interna entre os antigos e os novos valores não está concluída. Alguns se sentem obrigados a depreciar a mulher, que sentiu tanto desejo quanto eles, e não fingiu.

Estamos vivendo um momento de transição, em que os antigos valores estão sendo questionados, mas novas formas de viver e pensar ainda causam medo pelo desconhecido. Há os que sofrem por se sentir impotentes para fazer escolhas livres, mas o fim de muitos tabus a respeito do sexo é só uma questão de tempo.

O PRAZER

Você acha que as pessoas realmente procuram o prazer? Procuram as coisas boas, agradáveis, que fazem bem? Duvido muito. Quando numa palestra falo da importância de sempre se buscá-lo, muita gente protesta com ar de censura e a frase feita: "Mas a vida não é só prazer!" Para Freud, existem duas formas de o ser humano buscar a felicidade: visando evitar a dor e o desprazer ou experimentando fortes sensações de prazer. Numa cultura em que sofrimento é virtude, não é de se estranhar a falta de ousadia de se tentar viver de forma verdadeiramente prazerosa. A felicidade e a alegria são vistas como alienação, ao contrário da angústia existencial, que é respeitada.

Saber descobrir e sentir prazer pode ser um talento e uma arte que precisa ser cultivada. E não é tão simples. Os controles políticos, sociais e religiosos sobre o prazer continuam existindo em todas as partes do mundo. Afinal, controlar os prazeres das pessoas é controlá-las. O prazer sexual, por pertencer à natureza humana e atingir a todos sem exceção, sempre foi visto como o mais perigoso de todos. É o mais controlado, portanto.

Como resultado do fato de não se desenvolver o prazer, a grande maioria das pessoas acaba fazendo sexo em menor quantidade e de pior qualidade do que gostaria. Não é à toa que Reich fala da miséria sexual das pessoas, porque, segundo ele, elas se desempenham sexualmente de tal modo que se frustram durante a própria realização com uma habilidade espantosa.

Gaiarsa acredita que os sistemas sociais têm sido extremamente coercitivos e restritivos. O que cada sociedade exclui como impróprio, perigoso, inadequado, pecaminoso é exagerado em relação às aptidões humanas que podem se desenvolver e à compreensão mais abrangente do mundo. De uma maneira geral, o processo de socialização consiste em ensinar às crianças a dizerem que elas estão vendo aquilo que os adultos dizem que estão vendo.

As regras fundamentais da socialização levam o indivíduo a não sair da coletividade na qual e da qual ele existe — para não sair do contexto. Depois de cegado e emudecido pode-se levá-lo para qualquer lugar que ele não percebe quase nada. Depois de automatizado, serve ao sistema.[107]

SÉCULO XX: PRIMEIRA METADE

————•————

1900 A 1945

O amor romântico é como um traje, que, como não é eterno,
dura tanto quanto dura; e, em breve, sob a veste do ideal
que formamos, que se esfacela, surge o corpo real da pessoa
humana, em que o vestimos. O amor romântico, portanto,
é um caminho de desilusão. Só o não é quando a desilusão,
aceite desde o princípio, decide variar de ideal constantemente,
tecer constantemente, nas oficinas da alma, novos trajes, com
que constantemente se renove o aspecto da criatura, por eles
vestida.

Fernando Pessoa

Edward VIII foi rei da Inglaterra por um ano até renunciar ao poderoso trono do império pelo amor de uma mulher, Wallis Simpson, plebeia, americana e divorciada. Essa história foi apresentada à opinião pública como um conto de fadas.

Wallis estava casada pela segunda vez quando conheceu o príncipe de Gales em 1932. Ela tinha 37 anos e ele, 38. Até então o príncipe de Gales havia sido um dos solteiros mais cobiçados do mundo. Mas ele ficou encantado com a Sra. Simpson. Na década de 1930, Edward e Wallis levavam uma vida de milionários, enquanto a situação da Europa tornava-se cada vez mais difícil. Ele, apaixonado, preocupava-se apenas em cobrir sua amante com joias e peles fabulosas. Em Cannes, mandou abrir a loja Cartier à 1 hora da madrugada para comprar esmeraldas e diamantes para a amada.

Edward não só amava Wallis, mas também dependia emocionalmente dela. Por isso insistiu para que ela se divorciasse, a fim de casar-se com ele. Queria fazê-la sua rainha. Wallis não queria; percebia as dificuldades que teriam. Ela desejava continuar assim, sendo amante do príncipe e depois do rei, desfrutando de sua posição social e de seu poder sem grandes complicações. Mas Edward não desistia. Ao tornar-se rei, sentiu-se poderoso, fez com que Wallis apressasse os papéis do divórcio e anunciou à imprensa americana que se casaria com ela.

Devido às relações de Wallis com os nazistas e também à ajuda de Edward — a partir de 1933, ano da chegada de Hitler ao poder — à causa nazista, com declarações que comprometeram o governo inglês, o rei tinha contra si o governo inteiro (à exceção de um ministro), todos os conservadores, a religião, o establishment e o todo-poderoso *Times*. O governo ameaçou renunciar e, em dezembro de 1936, Edward se viu forçado a abandonar o trono. Fez um discurso no rádio em que disse: "Considerei que não era possível carregar um pesado fardo de responsabilidades e assumir os meus deveres de rei sem a ajuda e o apoio da mulher que amo." No dia seguinte, ele partiu para a França ao encontro de Wallis.

Casaram-se seis meses mais tarde. O estilo de vida do casal era de pompa e caprichos. Na viagem de lua de mel levaram 266 malas. Condenados ao exílio, foram repudiados pela família real e ignorados pela alta sociedade. Após a guerra se instalaram na França, onde tinham trinta empregados, entre eles sete criados com libré para receber as visitas. Todos os dias, era impresso, em francês, o menu de seus cães de estimação, que comiam em pratos de prata e dispunham de biscoitos frescos, assados diariamente pelo *chef*. A extravagância de Wallis chegava ao ponto de exigir que passassem seu dinheiro a ferro, porque gostava das notas estalando.

Durante seus 33 anos de casamento, os duques de Windsor apareceram como protagonistas da história mais romântica do século XX. As suas aventuras e desventuras constituíram, nesse período, o prato do dia das colunas sociais. "Nada tinha contra o casamento enquanto instituição e admitia de bom grado que pudesse constituir uma condição para a felicidade. Na verdade, eu tinha a intenção mesmo de casar um dia, mas repugnava-me a ideia de um casamento por conveniência", disse o duque de Windsor.

———————

A posição de Edward nos parece muito natural nos dias de hoje. Mas nos anos 1930 havia um movimento que lutava pela generalização do casamento por amor. "Posição que há quem considere extremamente chocante vinda do duque de Windsor, antigo Edward VIII, rei da Inglaterra, que desceu do trono por amor a uma mulher. Porém, aquele que era apresentado desde a sua entronização como "um rei moderno" mais não fazia do que refletir a mentalidade de sua época."[1]

OBCECADOS PELO AMOR

Nunca houve na História um período em que tanta gente considerasse o amor tão importante, nem pensasse tanto em amor, nem usasse tantas palavras para expressá-lo, como no século XX. As pessoas estão convencidas de que, se não conhecerem o amor, sua vida será desperdiçada. "Como amantes homens e mulheres podem não ser tão cheios de elegância e de graça como os cortesãos da Renascença, nem tão sexuais como os racionalistas, nem tão docemente eloquentes como os vitorianos; contudo, mais do que qualquer desses, eles consideram o amor como sendo condição para uma vida feliz."[2] O valor atribuído à vida emocional era tão alto que se tornou moda entre os cientistas sociais considerar o amor como uma espécie de enfermidade.

O antropólogo Ralph Linton, em 1936, faz uma apreciação do valor dado ao amor no Ocidente, que se tornou logo um exemplo clássico do gênero:

> *Todas as sociedades reconhecem que existem ligações ocasionais e violentas entre pessoas do sexo oposto, mas a nossa cultura é praticamente a única que já tentou capitalizar tais ligações e transformá-las em base para o casamento. A sua raridade na maior parte das sociedades*

sugere que elas constituem anormalidade psicológica, a que nossa cultura atribui um valor extraordinário, exatamente como outras culturas atribuíram valores extremos a outras anormalidades. O herói dos filmes americanos é sempre um amante romântico, exatamente como o herói dos antigos épicos árabes era sempre um epilético.[3]

A mídia relata romances, casamentos, infidelidades e brigas entre os famosos. E as pessoas comuns vivem assim seus próprios sonhos amorosos. Quando, em 1955, a princesa Margaret, da Inglaterra, se curvou à imposição do dever e renunciou ao capitão Townsend, milhões de pessoas no mundo ocidental se mostraram tristes e compadecidas. Quando o governo checoslovaco reconheceu a supremacia do amor, em 1957, permitindo que a campeã do lançamento de disco se casasse com um americano lançador de martelo, os cidadãos de Praga transformaram o dia do casamento numa espontânea vigília da cidade inteira.[4]

Após a industrialização, as modificações sociais são rápidas e geram insegurança. O amor é considerado o remédio para curar diversos males, como descontentamento profissional, ansiedade, solidão. Não é difícil entender, então, o indiscutível fascínio que o amor passa a exercer. A ideia inovadora de que para ser feliz é necessário viver com alguém escolhido pela própria pessoa, e que o sentimento deve ser recíproco, atinge todas as classes sociais. O amor torna-se assim o alicerce do casal. O casamento de conveniência começa a se tornar coisa do passado.

ENFIM, O SÉCULO XX...

O fim da Primeira Guerra Mundial (1914-1918) repercutiu em todos os setores do Ocidente. Diante do rigor e da hipocrisia que a moral burguesa impôs ao século XIX, o comportamento amoroso e sexual se tornou incomparavelmente mais livre. "As mulheres saíram às ruas, cortaram o cabelo, encurtaram as saias, exibiram seus corpos e mostraram a língua a bispos, juízes e professores. A liberdade erótica coincidiu com a revolução artística. Na Europa e na América surgiram grandes poetas do amor moderno, um amor que fundia o corpo com a mente, a rebelião dos sentidos com a do pensamento, a liberdade com a sensualidade."[5]

ARTE E LITERATURA

O século XX começou com grandes movimentos revolucionários no campo das artes plásticas, que evidenciaram a ruptura com os conceitos tradicionais que vigoravam desde o Renascimento, como a ideia da pintura como imitação da realidade. Surgiram propostas como o cubismo, linguagem artística criada pelo espanhol Pablo Picasso, em 1907, que desmembrava as figuras em suas partes, e o abstracionismo, que abria mão dessas partes.

Explorando os sonhos (e pesadelos) da humanidade, também o surrealismo veio para destruir de vez as ilusões do formalismo. No Brasil, a década de 1920 ficou marcada pela Semana de Arte Moderna, em 1922. O objetivo da Semana era renovar o ambiente artístico e cultural da cidade de São Paulo. Artistas, escritores e poetas como Anita Malfatti, Di Cavalcanti, Mário de Andrade, Oswald de Andrade e Manuel Bandeira tiveram participação marcante no movimento.

Recém-nascido, no final do século XIX, o cinema recebe essas influências por via dos diretores alemães, como Fritz Lang e seu *Metrópolis* (1927), que inaugura a ficção científica nas telas, e F. W. Murnau e seu *Tabu* (1931), que questiona o processo civilizatório. A literatura também irrompe o novo século pondo abaixo os critérios de narrativa com *Ulisses*, de James Joyce. O escritor irlandês recontou o clássico grego resumido a um único dia e usando recursos até então desconhecidos, como, por exemplo, o chamado "monólogo interior".

PICASSO E O CUBISMO

O historiador da cultura Nicolau Sevcenko analisa como ocorreu a criação da arte moderna no início do século XX.[6] Os artistas reunidos em torno de Picasso — o músico Erik Satie; o poeta Apollinaire, o dramaturgo

Alfred Jarry — foram decisivos na elaboração da nova estética. Boêmios, com poucos recursos, compartilhavam as novas formas de lazer criadas com o advento da eletricidade: o cinema e o parque de diversões.

Os truques de corte e montagem, que o cinema permitia, superava todos os limites humanos e permitia proezas jamais imaginadas. Nos parques de diversões, eles eram atraídos pelos brinquedos — trenzinhos expressos, roda-gigante, montanha russa —, que por submeterem as pessoas a experiências extremas de deslocamento e aceleração, ou por lhes propiciar perspectivas inusitadas, alteravam dramaticamente a percepção do próprio corpo e do mundo ao redor.

Esses artistas souberam transpor essas experiências para a arte. Ao observarmos um quadro típico do cubismo, o que vemos é o efeito conjunto das técnicas de corte, montagem, multiplicação de perspectiva e fragmentação da visão. Os objetos são vistos simultaneamente por cima, pelos lados, por dentro, por fora, por baixo, em diferentes ângulos ao mesmo tempo e num contexto espacial segmentado em múltiplas faces e dimensões.

Ao observar um quadro, percebemos que ele representa um dinamismo sensorial em turbilhão, como se estivéssemos nos deslocando rapidamente em diferentes direções e vendo a cena pintada de vários ângulos e em muitos recortes ao mesmo tempo. "O que a nova estética cubista propõe já nada tem a ver com as tradicionais belas-artes, mas é uma reflexão acerca dos novos potenciais e seu impacto transformador sobre a percepção, a imaginação e a inteligência humanas", conclui Sevcenko.

Relações amorosas

Quando a classe média industrial predominou, no começo do século XIX, ela estabeleceu como padrão de amor um romantismo domesticado, pudico, patriarcal e sentimental. A historiadora Anne-Marie Sohn assinala que foi preciso uma longa progressão das mentalidades para que os indivíduos ousassem se emancipar da influência da religião, da família, da pequena cidade ou da profissão. No final do século XIX, novos comportamentos saíram do esquecimento, em oposição à moral oficial vitoriana, resultando na emancipação dos corpos e dos espíritos. Essa corrente de libertação iria se desenvolver no século XX, provocando uma verdadeira ruptura ética na história das relações entre homens e mulheres.[7]

OS ANOS LOUCOS

"Finalmente! Depois de séculos de inibições, frustrações, repressões, surge timidamente da penumbra essa coisa inconfessável, tão escondida, tão desejada: o prazer... A revolução amorosa que se desencadeia entre 1860 e 1960 é discreta, mas inelutável. Basta dessas conveniências hipócritas, dessa vergonha do próprio corpo, dessa sexualidade culpada que sanciona a indignidade dos homens e a infelicidade das mulheres! Não ao casamento sem amor! Não ao amor sem prazer! É o que as pessoas começam a pensar, a despeito de ainda não o ousarem dizer. A partir do período entre as duas guerras, tomadas por um hedonismo salutar, as pessoas começam a se tocar, a se acariciar, a se beijar na boca (sim, na boca!). Em suma, elas se liberam. Esses anos, não tão loucos, abriram um novo ato na nossa história. E mais uma vez são as mulheres que vão para a frente da cena."[8]

O período de dez anos após a Primeira Guerra Mundial, conhecido como "Os Anos Loucos" (1920 a 1929), é de grande prosperidade econômica. A guerra, terminada há pouco, é um pesadelo cuja lembrança deve ser banida para bem longe. Inaugura-se então um novo estilo de vida, onde todos devem aproveitar ao máximo o momento presente. Ser diferente, libertar-se das amarras de preconceitos vividos há tanto tempo, é a grande aspiração. Assim, podem ser satisfeitos os desejos de uma sociedade que busca entretenimento, luxo e cultura.

Paris é o palco de um despertar cultural incomparável a qualquer outra época e se torna o centro do mundo na década de 1920. Os maiores expoentes da arte, além de muitos milionários, vivem na cidade ou a visitam. Trata-se de uma década revolucionária e charmosa. A fantasia, a ousadia, a criatividade, juntas, permitem que o progresso se instale.

As carruagens dão lugar aos automóveis. O novo público frequentava boates ao som do jazz. O bairro de Montparnasse, onde os artistas se instalam, vira moda. Com a necessidade de relaxar as tensões acumuladas pela guerra, os anos 1920 veem reflorescer culturas sexuais mantidas debaixo do pano, mais que pulverizadas pela ofensiva vitoriana. Adota-se um frenético estilo de vida.

Nos Estados Unidos, quem melhor representa o período é o escritor F. Scott Fitzgerald. Em seu livro *O grande Gatsby*, ele mostra bem como é a mentalidade da época: a vida deve ser aproveitada ao máximo em diversão. A bolsa de valores produz, a todo momento, novos milionários que ajudam a promover festas deslumbrantes.

A ERA DO JAZZ

Durante os Anos Loucos, o jazz e o charme das melindrosas dançando o charleston — uma dança vigorosa, caracterizada por movimentos de braços e projeções laterais rápidas dos pés — contribuíram para a mudança das mentalidades. Elas eram mulheres que traduziam em seu comportamento e modo de vestir o espírito da também chamada Era do Jazz. "É extremamente difícil imaginar hoje o impacto que essa nova música, vibrante, sensual, dotada de swing, provocou sobre as plateias da época. Antes do jazz, a música para dançar era de origem europeia, bastante formal e com regras claras para o contato entre os pares. A chegada do novo estilo, que trazia o caráter lascivo das danças coladas de cabaré, causou grande furor na imprensa conservadora e escandalizou os membros da sociedade americana com mais de 30 anos. Por outro lado, foi justamente esse um dos motivos que fez o jazz, desde que executado por músicos brancos, agradar em cheio à juventude enriquecida e emancipada que surgira no período posterior à Primeira Guerra Mundial."[9]

As excentricidades ganharam as primeiras páginas dos jornais. Dos dois lados do Atlântico, a moda eram intimidades nas festas com roupas semelhantes a pijamas e noitadas de muita ostentação regadas a álcool, na América graças à proibição, e na Inglaterra, graças à América. O sexo "fortuito" passa por uma sofisticação entre os afortunados.

A escritora americana Dorothy Parker zomba: "Se todas as jovens de Yale dormissem uma atrás da outra — eu não me surpreenderia". Em uma história da alta sociedade dos anos 1920, Stella Margetson escreve que "a jovem dos anos 20 não é insegura. Uma reputação perdida antigamente era ostracismo garantido, que necessitava de uma fuga diplomática para se refazer, não é mais um pecado mortal. E pode-se conseguir o divórcio sem medo das consequências sociais".

A MODA

Elevada a uma situação que a maior parte das mulheres da classe média desconhecia — o acesso ao ensino secundário e superior, e ao emprego —, a mulher libertou-se de várias formas de aprisionamento, entre as quais o vestuário, que se tornou mais leve e solto. Os vestidos, mais curtos, deixavam braços e costas à mostra. Que diferença dos espartilhos do século XIX!

Os novos modelos quebraram bruscamente a silhueta de cintura marcada; esta foi deslocada para baixo, no meio do quadril. Usavam-se também vestidos totalmente retos. Essa nova moda facilitava os movimentos agitados exigidos pelo charleston. Os colares de pérolas longos, até abaixo da cintura, tornaram-se indispensáveis quando as jovens dançavam. A moda mistura elementos masculinos e femininos. A mulher sensual era aquela sem curvas, sem seios e com quadris pequenos.

Os chapéus, que já eram usados desde o final do século XIX, tornam-se indispensáveis, como complemento para o dia. Os modelos de chapéu adaptaram-se ao corte impecável que deixava o cabelo curto, de forma a descobrir o pescoço, mas acompanhando o contorno da cabeça. Havia mulheres que cobriam a testa com a franjinha, dando mais realce aos olhos e às maçãs do rosto. O modelo mais popular era o "cloche", enterrado até os olhos, que só podia ser usado com os cabelos curtíssimos, "à la garçonne", como se dizia.

Na maquiagem, a tendência era o batom carmim na boca pintada em forma de coração. A maquiagem era forte nos olhos; as sobrancelhas eram tiradas e o risco, pintado a lápis. A tendência era ter a pele bem branca. A maquiagem realçava os olhos e a boca. As faces, ruborizadas pelo carmim bem espalhado, disfarçavam o cansaço ou a doença. As mulheres, mais independentes, fumavam e dirigiam automóveis.

As melindrosas

Ao som do charleston, as melindrosas, como eram chamadas as garotas que estavam na moda — cabelos curtos, chapéu cloche, vestido franjado — dançavam e ditavam, com maneiras afetadas, o ritmo dos anos 1920. "Ousadíssimas, as melindrosas são uma das primeiras tribos urbanas jovens a ter um código visual específico. E aquele vestido preto com franjas, estereótipo da melindrosa, não era a única peça no armário delas. As garotas usavam vestidos um pouco acima dos joelhos — o que já era um escândalo na época — com a saia começando no meio do quadril e geralmente com pregas, um pouco evasê. Chapéus ou enfeites na cabeça e colares também faziam parte do look."[10]

A CRISE DE 1929

"A crise chegou. Os donos dos bordéis americanos pensaram que iam falir. Mas, na realidade, havia mais clientes do que capacidade para recebê-los: os falidos desesperados vinham em busca de sexo como última etapa antes do suicídio. 'Eles se portavam como sátiros', conta um proprietário; 'atmosfera era mais para asilo do que para bordel', constata um outro. Os anos 30 chegam marcados pela dissipação e pelo cinismo — fim para a futilidade e a indolência dos anos 20."[11]

No dia 29 de outubro de 1929, acaba a euforia dos anos 1920. A Bolsa de Valores de Nova York registra a maior baixa da sua história. De um dia para o outro, os investidores perdem tudo. Suicídios, desorientação, desmoralização são tudo que resta. Os Estados Unidos, que já dominavam a economia do mundo, arrastaram, na sua queda, a Europa e a economia de todos os continentes. A depressão econômica inicia o esvaziamento de Paris. O desemprego e a miséria trazem junto desordem e desestabilização social. Surgem núcleos de confronto entre esquerda e direita e abre-se o caminho para a instalação de regimes ditatoriais em alguns países: Hitler na Alemanha, Mussolini na Itália, Salazar em Portugal, Franco na Espanha, Stalin na União Soviética e Getúlio Vargas no Brasil.

Para trás ficam o sonho, a fantasia, a extravagância, a vida sem opressão. Os anos seguintes ficaram conhecidos como a Grande Depressão, marcados por falências, desemprego e desespero. Em setembro de 1939, exatamente dez anos depois, todos assistem atônitos ao deflagrar de outra guerra — esta bem mais devastadora e globalizante do que a de 1914.

AMOR

O período após a Primeira Guerra Mundial não foi de euforia e diversão para todos. O isolamento e o anonimato, provocados pela industrialização, fizeram com que grande parte das pessoas buscasse vínculos mais firmes e um sentido da importância individual. Na década de 1930, muitos filmes e peças de teatro abordaram o amor, especialmente o desânimo da felicidade ocasional. O público manifestava grande interesse pelo tema. "A Depressão apenas conseguiu acentuar mais essa tendência, varrendo para longe as loucuras superficiais e as extravagâncias extremadas da década anterior, e tornando o conforto e a segurança do amor mais necessários do que nunca, como na última parte do século XIX, quando as certezas vitorianas estavam desintegrando-se e parecia haver só o amor, para a gente nele se apegar."[12] Foi precisamente a ânsia de autodefinição que propiciou a mudança nas expectativas a respeito do amor romântico.

O amor romântico foi conservado como o mais ardoroso ideal, capaz de trazer-nos as mais doces alegrias e as mais profundas dores emocionais. Ocupou um lugar central na nossa vida social em todos os níveis culturais — da poesia e dos romances, que tendem a retratá-lo como uma mistura de paraíso e catástrofe, aos finais felizes dos musicais da Broadway e dos filmes de Hollywood e até as excitações oferecidas pelas revistas populares.

Quaisquer turbulências que o amor romântico pudesse engendrar na alma dos jovens e, talvez, dos "neuróticos" (assim eram considerados os que falhavam no amor e no casamento), todos pensavam que tudo se acalmaria a partir do momento em que tivessem ao lado a pessoa certa.[13]

O AMOR ROMÂNTICO DO SÉCULO XX

Na versão do século XX do amor romântico, a mulher não era mais a mocinha tímida, ruborizando-se e olhando para o chão, à espera de ser notada na igreja por algum jovem, que depois fosse pedir ao pai licença para visitá-la em sua casa. Este mecanismo funcionava nas cidades pequenas, mas não nas cidades de rápido crescimento industrial. Já no século anterior, a estrutura do casamento começara a desmoronar, e as próprias mulheres se revoltaram contra o seu estado de glorificação, ou seja, contra a perfeição que era exigida delas no papel de anjo da casa e rainha do lar.

Entretanto, outros componentes continuavam a fazer parte do amor romântico. Embora os excessos tenham desaparecido, a idealização do outro e do próprio par amoroso continuava presente. Entre as crenças a respeito do amor romântico encontramos:[14]

1. A convicção de que, para cada indivíduo, existe "um(a) companheiro(a) certo(a)", que também é considerado(a) o único no mundo, à espera de ser encontrado. É tarefa então de todas as pessoas solteiras esperar ou sair à procura, até que esse ser único seja localizado. "Em algum lugar eu o encontrarei", e em "algum lugar, neste mundo, ele está à sua espera" são apenas duas das várias centenas de expressões familiares dessa crença.

2. O significado do "ato de se apaixonar". Em geral, presume-se que as pessoas se encontram distraídas e não preparadas para receber o ataque, que acontece de súbito, e com o máximo de força, seja à primeira vista, seja logo após; e então a vítima ao que se supõe cai, sem possibilidade de defesa, nas garras de uma vontade superior.

3. A ideia de que o amor é cego, e que a pessoa que ama nem observa as imperfeições da pessoa amada, seja de caráter, seja de beleza, nem as admite quando lhe são apontadas.
4. O amor tudo conquista. A força poderosa do amor consegue derrubar todos os obstáculos, todos os raciocínios e todos os vínculos.

O amor ocidental, a partir do século XX, procura combinar satisfação sexual, amizade com afeto e as funções procriadoras numa única forma de relação. A atração romântica é considerada a base adequada e, na verdade, única para qualquer pessoa escolher a sua companheira para o resto da vida. Espera-se que a ternura, o mistério e a excitação coexistam com os cuidados de manutenção da casa, com os problemas de criação dos filhos, e com a rotina de 15 mil noites passadas na mesma companhia.

Os ocidentais são os únicos no mundo a ter essas expectativas, que vão perdurar durante todo o século, como única forma de amor possível. Contudo, "sociólogos, que estudaram o amor e o casamento, no decorrer de várias décadas, investiram contra o amor romântico, louvando o amor de companheirismo. Atribuem ao amor romântico boa quantidade de maluquices, e especialmente essa da 'romantização' ou da 'idealização', isto é, do ato de imaginar ou de atribuir beleza e qualidades extraordinárias a alguma pessoa perfeitamente comum".[15]

CARTAS DE AMOR

O amor não era mais um luxo como antigamente e passou a ser cultivado. As pessoas se tornaram orgulhosas dele. As cartas de amor, em grande quantidade no começo do século XX nos meios populares, desenvolvem uma retórica inflamada e romântica, a exemplo desses romances-folhetins que exploram velhos temas da literatura, como a mocinha perdida que o rapaz salva pela força de sua paixão. Entre 1900 e 1939, trocavam-se também cartões-postais amorosos, em geral mostrando um casal num ambiente bucólico: o homem com uma pose dominadora, estendendo à sua companheira um buquê de flores.[16]

A imagem vem frequentemente acompanhada de alguns versos: "Sou todo seu. Meu coração está a seus pés. Uma palavra vinda de seus lábios fará minha felicidade." Anexava-se a eles um bilhetinho, retocava-se ligeiramente o texto impresso ou apenas se acrescentava: "Não preciso dizer mais nada, está tudo escrito neste cartão." A partir de 1914, o estilo mudou um pouco: os apaixonados estavam geralmente de frente um para o outro, olhos nos olhos, fascinados; depois estão abraçados, prestes a trocar um beijo apaixonado. Os filmes, os romances de banca de jornal são do mesmo gênero.[17] Havia, sem dúvida, uma verdadeira sede de amar.

AS MULHERES

É realmente pensamento natimorto o de se lançar a mulher à luta pela existência, exatamente como os homens. Se, por exemplo, eu imaginasse a minha doce e delicada namorada como competidora, isso só poderia terminar com o fato de eu dizer a ela que lhe quero muito bem e que imploro para que se retire do trabalho e se recolha à atividade calma e não competitiva do meu lar. É possível que modificações de educação e formação venham a suprimir todos os atributos de ternura da mulher, tão necessitada de proteção e, ainda assim, tão vitoriosa... A Natureza determinou o destino da mulher através da beleza, do encanto e da doçura...

Esta é outra carta que foi escrita por Sigmund Freud, em 1883, à sua noiva Martha Bernays. Ela não deixa dúvida quanto à mentalidade patriarcal típica da época vitoriana e que se estendeu até os movimentos de contracultura dos anos 1960-1970. "Para Freud, no desenvolvimento psicológico da mulher a Natureza fracassou ao não lhe proporcionar o admirável equipamento que os homens possuem. O resultado é que a mulher passou a se sentir inferior e, por um processo de ajustamento, assumiu na vida um papel passivo e submisso. A mulher 'normal' voltou-se para a dependência e para a domesticidade. A mulher que preferiu seguir uma carreira sofria de neurose ou de 'complexo masculino'. Freud assim proporcionou a si próprio uma justificativa teórica para seus preconceitos vitorianos e interpretou como sendo leis naturais as opiniões efêmeras do seu próprio tempo."[18]

As mulheres da primeira metade do século XX, menos submissas do que as do século anterior, pretendem conquistar não só a igualdade legal, mas também ter o mesmo nível de instrução que o homem. Elas não desejam mais ser relegadas ao espaço privado do lar nem ser dependentes do marido. As feministas acreditavam que quando essa meta fosse alcançada, a competência profissional da mulher e suas características de personalidade não seriam distinguíveis das do homem. Contudo, influenciadas ainda pela mentalidade vitoriana, no meio do caminho surgem conflitos difíceis de serem solucionados.

O MEDO DE NÃO SER AMADA

Na primeira metade do século XX a mulher consegue igualdade com o homem em diversos aspectos legais, mas vive em conflito entre sua capacidade e o medo de não corresponder às expectativas masculinas. Ela teme que isso lhe custe a oportunidade de amar, de que a relegue à situação de solteirona. O conflito é maior porque "a mulher não precisa fazer as coisas que o homem faz, porque, em nome do amor, ele ainda lhe sustenta e lhe permite depender dele. Assim, ela compra o amor ao preço de permanecer desigual e inferior, bem como ao preço de sentir-se descontente com a barganha a vida toda."[19]

A mulher se sente confusa. Por um lado há o desejo de fazer uso dos seus direitos tão duramente conquistados, desenvolvendo-se tanto quanto o homem, mas por outro lado ela deseja ser protegida pelo homem e dependente dele. "Ela com frequência, adota o papel de 'coisa doce' ou 'cabeça de vento', a fim de não afugentar os homens para longe de si. Em uma pesquisa entre estudantes nos Estados Unidos, realizada em dois campi diferentes, quatro em cada dez mulheres admitiram que 'se faziam de tolas' na presença de homens interessantes, pronunciavam mal, deliberadamente, palavras ocasionais; e, nos encontros marcados, adotavam conscientemente a posição de quem diz que 'eu não me incomodo com coisa nenhuma disso que você quer fazer'."[20]

Esse medo das mulheres não era sem fundamento. O padre francês Grimaud, em seu livro *Futurs époux* (Futuros esposos), de 1920, premiado pela Academia Francesa, reforça a mentalidade de seu tempo ao aconselhar aos homens que evitem as intelectuais e as mulheres que trabalham fora tanto quanto as prostitutas. Muitos se sentiam ameaçados diante de uma mulher que competisse com eles, que pudesse derrotá-los num debate, que conseguisse resolver mais rapidamente um problema de cálculo, ou redigir um texto melhor. "Pouco à vontade, o homem diz a si mesmo que ela é 'fria', 'nada feminina', mas no inconsciente sente a ameaça que ela representa para a sua tradicional superioridade masculina e, dessa forma, para a sua própria potência. Não admira que a mulher que segue carreira com frequência fique solteira."[21]

VOZES CONTRA A MULHER

Um coro de vozes foi erguido assegurando à mulher que, para ganhar o amor, ela deveria aceitar os ditames da Natureza e contentar-se em ser um corpo doméstico afetuoso, emocional e subserviente. Mas o impressionante é que entre essas vozes está a de uma mulher que fez carreira de sucesso. Marlene Dietrich aconselhou à mulher da primeira metade do século XX, no *Ladie's Home Journal*, a aceitar ser subserviente: "Ame seu marido incondicionalmente e com devoção. Você o escolheu. Ele deve ser maravilhoso." Na prática, explicou a famosa atriz, isso significa que a mulher deve se adaptar completamente às necessidades e aos caprichos dele, adorando-o e tratando-o como o senhor inesquecível da casa, mimando-o e confortando-o, e também dedicando o tempo todo à tarefa de torná-lo feliz, sem o menor pensamento para consigo própria. Nem mesmo os pais da Igreja, como Tertuliano, por exemplo, conseguiram ser mais patriarcais.[22]

"Acredite-me. Não há muito estímulo no lavar incessante de pratos, nem na tarefa contínua de recolher as coisas, de passar a ferro, de dobrar fraldas, de vestir e desvestir crianças, de fazer as camas, dia após dia. A minha vida social com as outras mães, nos bancos dos parques, é deprimente. Não consigo mudar a mesma velha conversa... Meu marido é muito compreensivo e procura ajudar-me nos fins de semana, mas ele tem o trabalho dele para fazer, e é preciso que tenha possibilidade de o fazer, a fim de progredir em seu emprego. Devo confessar que tenho inveja dele. Éramos dois estudantes universitários, ele uns poucos anos à frente. Eu me formei em arte; cheguei mesmo a ter ambições por minha conta. Agora, ele ainda vive uma vida muito cheia de interesses. No decorrer do dia, encontra-se com as pessoas mais interessantes da sua carreira. Até mesmo o seu lanche diário, no clube da Universidade, é mais convidativo do que seja lá o que for que aconteça comigo."[23]

Esta carta foi escrita pela esposa de 25 anos de um professor universitário de uma grande cidade dos Estados Unidos. Trata-se de uma situação típica das mulheres da época. Nas primeiras décadas do século XX, 70% das esposas americanas não trabalham. A quarta parte das mulheres solteiras também não. Especialistas observaram que muitas esposas americanas sofriam de determinado grau de insatisfação crônica consigo mesmas e com a vida. Elas sentiam-se entediadas, receosas de "ficar para semente", fatigadas por seus deveres a despeito de toda a mecanização da manutenção da casa, e invejosas da vida que os respectivos maridos levavam.

O que provoca essas insatisfações é conhecido por "conflito de papel" ou "confusão de papel". A mulher não sabe, na realidade, o que deseja ser; e mesmo que saiba, também tem razão para desejar ser algo muito diferente. Ela vive numa sociedade feita para o homem. Ele é quem dá à família e aos filhos o seu último nome, que gera a maior parte dos negócios, que toma as decisões importantes. É um mundo em que quase todas as satisfações de prestígio e de importância convergem para o homem.[24]

A mulher que não segue carreira alguma inveja o homem. Após o casamento, em muitos casos, surge o desejo de competir com o marido, que se manifesta por meio de críticas hostis às suas deficiências e a seus fracassos. O homem, em geral, reage como se sua masculinidade estivesse sendo atacada e se sente desvalorizado. Os resultados desse embate são desastrosos. O psiquiatra Karl Menninger informa que para cada mulher que se queixa do excesso de virilidade do seu marido, uma dúzia se queixa da sua apatia sexual, e mesmo da sua impotência.

ESPORTES: O NOVO CORPO

Aos poucos, o corpo foi ficando mais à vontade com a moda dos esportes. A historiadora Mary Del Priore faz uma ótima análise desse aspecto tão importante na vida das mulheres, que sintetizo a seguir.[25] Os homens — pelo menos na elite — não desejavam mais a mulher que tinha o corpo em forma de ampulheta, que usava espartilhos e anquinhas que a apertavam e projetavam seios e nádegas.

Essa couraça toda que teve, no século XIX, o objetivo simbólico de proteger as mulheres do desejo masculino ficou para trás. Desde o início do século XX, multiplicavam-se os ginásios, os professores de ginástica e os manuais de medicina que defendiam as vantagens físicas e morais dos exercícios. Os novos métodos de ginástica se diferenciavam em muito do maneirismo aristocrático da equitação ou da esgrima, assim como da brutalidade dos jogos populares.

Pedalar e jogar tênis tornava-se cada vez mais comum entre as mulheres. Como não poderia deixar de ser, os moralistas consideravam isso uma imoralidade, uma degenerescência e, até mesmo, um pecado. Qualquer coisa que pudesse macular o papel da mãe dedicada, voltada exclusivamente para o lar, era criticada. "Hoje em dia, preocupada com mil frivolidades mundanas, passeios, chás, tangos e visitas, a mulher deserta do lar. É como se a um templo se evadisse um ídolo. É como se a um frasco se evolasse um perfume. A vida exterior, desperdiçada em banalidades, é um criminoso esbanjamento de energia. A família dissolve-se e perde a urdidura firme e ancestral dos seus liames", queixava-se um editorial da *Revista Feminina*.

Mas havia médicos e higienistas que associavam a histeria e a melancolia — tão comuns no século anterior — à falta de exercícios físicos. A mulher elegante, que praticava esportes, passou a ser a mulher saudável. Nascia uma nova mulher. O esporte, que antes fora condenado, indica mudanças: "Nosso fim é a beleza. A beleza só pode coexistir com a saúde, com a robustez e com a força", dizia o autor de *A beleza feminina e a cultura física*, em 1918. A partir desse ano, o espartilho começa a ser substituído pelo "corpinho". Ao contrário dos espartilhos que salientavam os seios, o corpinho os deixava livres e achatados.

ROMANCES ÁGUA COM AÇÚCAR

Inúmeras novelas e histórias românticas fazem sucesso desde o início do século XIX. O romance ideal — a perfeita expressão da fantasia romântica — é encontrado nos romances do tipo água com açúcar, que descrevem de forma banal a promessa do mito do amor romântico. Mas a família, a escola e a Igreja definiam o que os jovens deveriam ler, ou seja, o que consideravam mais recomendável. "A Igreja Católica, a partir da virada do século XIX para o XX, passa a incentivar a leitura de 'romances honestos', os quais deveriam ser a leitura preferencial dos fiéis e constar das bibliotecas paroquiais e das escolas femininas mantidas pela Igreja. Eram considerados romances honestos aqueles que colocavam em cena uma boa lição moral e que favorecessem a edificação da alma e do caráter."[26]

Esses livros reforçavam os valores morais da primeira metade do século XX quanto à escolha do par, a forma de se relacionar no namoro, o noivado e também os papéis de cada um no casamento. Eles visavam também aprimorar o caráter, fortalecer a vontade, orientar a jovem leitora para os valores consagrados da pureza, honra e beleza moral segundo o modelo apontado pela ética e pela hagiografia católicas, que tinham a preservação da virgindade como supremo objetivo, condição última da tranquilidade de consciência e atributo insubstituível para o casamento e a dignidade da mulher.[27] A vigilância era maior sobre as leituras das moças. Elas eram alvo de um cuidado extraordinário da parte dos adultos para que não se desviassem desses padrões.

Os romances de M. Delly

Os romances de M. Delly foram muito populares junto a jovens brasileiras de classe média a partir da década de 1930. Ambientadas na França, essas narrativas eram aprovadas pela Igreja e pelos professores, por serem consideradas romances de família: leitura para senhoras e senhoritas, cuja moral cristã seria conveniente preservar. Muitos se referem a M. Delly como Madame Delly. Trata-se, no entanto, do pseudônimo de um casal de irmãos franceses, católicos fervorosos, que se chamavam Fréderic Henri Petitjean e Jeanne-Marie Henriette Petitjean de La Rosiére. Seus enredos seguiam uma estrutura bem definida: o herói (nobre e rico) e a heroína (plebeia e pobre) como núcleo problemático no início. Mas, ao final, se encontrando no casamento feliz: um eco da moral dos contos de fadas.[28]

Controle da natalidade

Margaret Sanger (1879-1966), pioneira do controle da natalidade nos Estados Unidos, luta, nas primeiras décadas do século XX, pelas pesquisas que pudessem libertar a mulher de seu jugo de mãe à força. Para ela, nenhuma mulher pode se considerar livre se não puder controlar o seu próprio corpo. Tom Hickman, no livro *Un siècle d'amour charnel*, nos conta sua história.[29]

Filha de operários irlandeses, Sanger foi testemunha da lenta agonia de sua mãe esgotada por 18 gravidezes, das quais 11 chegaram a termo. Enfermeira e parteira nos bairros mais pobres de Nova York, assistiu ao sofrimento de um grande número de mulheres debilitadas, incapazes de cuidar dos próprios filhos, com a vida sexual totalmente destruída.

Em 1912 ela ouve uma paciente, que se recupera de um aborto frustrado depois da nona gravidez, suplicar ao médico para lhe ensinar como evitar a próxima. A resposta que ouviu não lhe ajudou em nada: "Comer o bolo e querer guardar o bolo, ah, não é possível. A única coisa segura é mandar Jake dormir no telhado", zombou o médico. Três meses mais tarde, a mulher morria de um aborto que havia tentado sem ajuda. Sanger chegou dez minutos atrasada. Nesta noite, conta ela, jurou combater o aborto — o que na época só se podia fazer controlando a natalidade. As informações sobre contracepção nos Estados Unidos foi tão censurada que era crime enviá-las pelo correio. Para os ricos não havia problema. Com acesso à informação, sabiam onde comprar os produtos "franceses" (os preservativos) e os produtos de "higiene feminina" (os cremes espermicidas). Sanger não se conformou com essa injustiça social e redigiu uma série de artigos intitulados "O que toda jovem deve saber", publicados em um periódico do Village, *O Apelo*.

No ano seguinte, conseguiu dinheiro suficiente para editar seu próprio jornal, *La Femme Rebelle*: o quarto número foi proibido devido a "obscenidades". Preferindo se exilar a ir para a prisão, escreveu um panfleto, *Limitação familiar*, reunindo tudo que sabia sobre controle de natalidade — 100 mil exemplares a 25 cents cada — e partiu para o Canadá. De lá, com um falso passaporte, foi para a Inglaterra.

Sanger volta aos Estados Unidos em 1916, livre das acusações, e abre a primeira clínica para controle da natalidade — "um crime" pelo qual é condenada a trabalhar trinta dias em um asilo, pois centenas de mulheres fazem fila diante da clínica. *Limitação Familiar* vendeu dez milhões de exemplares e foi traduzido para 13 idiomas. Sanger persiste até a lei ser mudada. Uma corte nova-iorquina declara legal a informação sobre o controle da natalidade às mulheres cuja saúde esteja ameaçada: rompe-se o bloqueio.

Sanger amplia a ação de suas clínicas, popularizando o diafragma e iniciando o aconselhamento sobre o sexo. Em dois meses sua clínica na Quinta Avenida, em Nova York, recebe cerca de 3 mil mulheres e distribui mais de mil diafragmas. A indústria só começou a produzi-los no fim dos anos 1920, e Sanger teve de se abastecer naquele momento em diversas fontes. O controle de natalidade sendo ilegal, ela os contrabandeava da Holanda em garrafas de aperitivo. Seu segundo marido, J. Noah Slee, comprava outros no Canadá, que vinham escondidas em contêineres de azeite.

FLERTE

O século XX trouxe grandes mudanças nos encontros e na forma de conquistar uma pessoa. Até então era comum o flerte se dar na missa, onde trocavam-se olhares, na presença de acompanhantes. A bicicleta — e de modo especial o automóvel, agora designado como "dormitório sobre rodas" — contribuíram para novas formas de encontros entre os jovens. Embora a moralidade tradicional limitando a sua interação continuasse, a possibilidade de haver vigilância diminuiu. A juventude torna-se mais independente.

O jogo da sedução se intensifica para as mulheres. O desenvolvimento do uso de maquiagem, de tintura de cabelos nos anos 1920, do culto ao corpo, à juventude e à esbelteza são sinais de um desejo de amar e de ser amada que se afirma cada vez mais. A ruptura com a mentalidade vitoriana — duplo padrão masculino e sujeição feminina — faz com que haja mais equilíbrio entre os sexos. O pêndulo volta para o lado da negociação entre as duas partes...[30]

LOCAIS DE ENCONTRO E SEDUÇÃO

No começo do século, o melhor lugar para o flerte era a missa, onde os jovens trocavam olhares. Um homem não se dirigia a uma mulher se não houvesse sido apresentado. A relação só ia adiante se o homem fosse um pretendente em potencial e se apresentasse formalmente. O encontro acontecia na casa da jovem e na presença dos pais. Mas a sedução adquiria cada vez mais importância nessa época. A partir de então, passou a ser necessário agradar. O amor era almejado, mas as necessidades sociais não desapareciam, continuavam restringindo a liberdade de escolha. Sintetizo a seguir o que a historiadora francesa Anne-Marie Sohn nos conta sobre essa sedução.[31] As pessoas se encontravam no trabalho, na fábrica, no campo, no casamento da prima — um grande clássico — ou nas festas da cidadezinha, ou seja, no mesmo meio social.

Na Bretanha, nas festas chamadas Perdões, media-se a riqueza de uma moça pelos bordados de sua saia de veludo, traje muito caro: quanto mais ricos de relevos fossem os bordados, mais a senhorita era abastada. Conforme o caso, o rapaz pobre não iria cortejá-la. Entre as pessoas do mesmo nível havia troca de presentes, como as "bolas de perdão" que se penduravam nas casas, sinal do interesse que se tinha pela pessoa. Na Provença, oferecia-se um xale. Quando amavam alguém acima de sua condição social muitas vezes tinham que enfrentar a oposição dos pais. Para as moças era mais fácil; podiam ter esperança de amar alguém fora do seu meio social.

As festas tradicionais, locais de encontros clássicos, se tornaram muito numerosas. Mas os locais de lazer se multiplicaram. A partir de 1900, os donos de bares começaram a organizar bailes nas salas de trás todos os domingos. No começo havia um violinista. Depois viriam o fonógrafo, o dancing, o cinema e, após a Segunda Guerra Mundial, as boates e as "festas surpresa". Graças à bicicleta e mais tarde aos serviços de táxi, a partir do período entre as guerras, as pessoas começaram a se deslocar com facilidade, indo de festa em festa.

Saber dançar ganhou grande importância, um passaporte indispensável para o amor. Os jovens adquiriram o hábito de sair aos domingos, de dançar juntos, de se rever. Eles se "frequentavam". Os pais eram informados com quem seus filhos iam ao bailes. Alguns pais tentavam impedir a filha de sair, mas havia um conflito porque eles sabiam que elas precisavam arranjar um marido. Por conta disso, aos poucos os jovens adquiriram mais liberdade. Os casais não casados passaram a ser aceitos e podiam se exibir. Eles eram vistos passeando juntos aos domingos.

NAMORO

Verão de 1928, Kansas, Estados Unidos. Bud e Deanie são jovens e estão apaixonados. Os carinhos febris no carro dele, em algum local afastado, levam ambos ao desespero, por não poderem consumar a relação desejada. Seria inadmissível, naquela época, uma moça "de família" fazer sexo antes do casamento. A mulher deveria se reprimir. A mãe de Deanie, percebendo o intenso desejo sexual do casal, trava o seguinte diálogo com a filha:

— Rapazes não respeitam uma garota que faz tudo o que eles querem. Eles desejam uma boa garota como esposa.

— É assim tão terrível ter esses sentimentos por um rapaz? — questiona Deanie.

— Nenhuma boa garota tem — determinou a mãe.

— Você nunca se sentiu dessa maneira com papai?

— Seu pai nunca encostou a mão em mim até nos casarmos. E então eu fiz com ele somente o que uma esposa deve fazer. Uma mulher não aprecia aquelas coisas de que os homens gostam; ela apenas deixa que seu marido venha até ela para ter filhos.

Bud também foi advertido pelo pai de que deveria tomar cuidado: seria obrigado a casar, se passasse dos limites. Suas palavras continham outra informação. Bud era de uma família de novos-ricos. O petróleo expandia o capitalismo na América e eles tinham muitos poços do ouro negro. Bud estava sendo preparado para cursar a Universidade de Yale e passar a constituir parte da elite do país. Mas o rapaz desejava mesmo era casar com Deanie, ser rancheiro e cuidar do gado. Cada vez mais frustrado, tendo que conter seu desejo pela namorada, Bud se vê obrigado a aceitar a imposição do pai de só se casar com Deanie depois da graduação.

Tanto Bud quanto Deanie são belos e desejados por seus colegas de colégio. Embora Deanie seja filha de um doceiro, veste-se bem e é estimada pelas amigas. O despertar do desejo sexual não realizado e a pressão do pai faz com que Bud se afaste de Deanie para encontrar outro tipo de garota, que corresponderia mais a suas necessidades sexuais. Essa inversão de perspectivas faz com que Deanie sofra um abalo emocional profundo. Pouco tempo depois, a moça corta os cabelos e veste-se de forma provocante, decidida a consumar a relação com Bud no baile do colégio. Mas moralismo e preconceito inviabilizam a relação dos dois.

Submetido às pressões do pai, acreditando que seria errado fazer sexo com Deanie, já que não teria como se casar logo com ela, Bud a rechaça. Desesperada, sem aceitar a perda de Bud e, ao mesmo tempo, sem conseguir se rebelar contra a moral da época, Deanie surta. Sai de carro com o rapaz que a tinha levado ao baile. Num recanto próximo a uma represa, local de namoro nos automóveis, ele tenta desvirginar a garota. Ela o repele, foge e se joga no rio. É salva pelos guardas e internada num hospital. Lá, seus pais são aconselhados a interná-la numa clínica psiquiátrica. Despendendo suas economias, enviam Deanie para uma clínica em outro estado.

Na evolução desses acontecimentos, Bud é enviado contra sua vontade a Yale. Seu desempenho numa das melhores universidades dos EUA é medíocre. O pai vai até lá e descobre que Bud está namorando a garçonete de uma pizzaria. Relaciona isso com o fracasso do filho: sua suposta "queda" por mulheres bonitas. Nesse momento está acontecendo o "crack" da Bolsa de 1929, e as ações da empresa do pai de Bud viram pó. A informação chega quando Bud e o pai estão num cabaré em Nova York, este insistindo mais uma vez para que Bud faça sexo com garotas de programa. Naquela mesma noite, como outros muitos investidores, o pai de Bud se joga da janela do hotel.

Deanie passa dois anos e meio internada na clínica. Nesse período, conhece um rapaz também internado e em confronto com os desejos familiares. Eles começam a namorar. Bud casa-se com a garçonete e vai morar num rancho no interior do Kansas. Deanie recebe alta da clínica, mas antes de se casar pede a duas amigas que a levem para ver Bud no rancho. Lá conhece sua esposa e filho pequeno. O reencontro entre Bud e Deanie é profundamente triste. Logo depois, ela também se casa e muda-se para Cincinnati.

———•—

Este é o resumo do filme *Clamor do sexo*, de Elia Kazan, lançado em 1961. Bud é interpretado por Warren Beatty, em sua estreia no cinema, e Deanie, por Natalie Wood. O filme é uma denúncia à repressão sexual da época; Elia Kazan mostra como os acontecimentos infelizes da trama — frustrações, medos, inseguranças — são desencadeados pelo moralismo.

A maior preocupação da mãe é zelar pela virgindade de Deanie, afinal, a moça não deveria se tornar uma pessoa indigna de se casar com o bom partido que era Bud. Mas ela não pode ser responsabilizada; criou a filha da mesma forma que tinha sido criada e segundo os valores que absorveu. Os pais assistem passivamente à infelicidade dos filhos sem que consigam realmente ajudá-los a viver melhor. Muitos jovens foram reprimidos, sofreram e tiveram suas vidas destruídas por conta de uma moral avessa ao prazer. A dificuldade de Deanie e Bud de romper com as exigências de suas famílias é maior porque os valores e as proibições sociais são assimilados de tal maneira que, depois de internalizados, já fazem parte da pessoa, e se expressam sob a forma de culpa e vergonha.

Essa história dramática e tantas outras semelhantes ocorreram no início de um século que, algumas décadas depois, mudou por completo a mentalidade do Ocidente quanto ao amor e ao sexo.

O NOVO NAMORO ROMÂNTICO

A idealização da moça recatada e passiva como a do século XIX já havia sido posta de lado. Mas a iniciativa do namoro normalmente cabe ao homem e isso determina que ele pode selecionar suas candidatas entre todas as moças de sua classe social. A moça, por sua vez, fica em princípio reduzida a escolher apenas entre aqueles que se interessam por ela, já que não deve jamais se oferecer. Durante o namoro, os movimentos visando tornar a aproximação mais íntima e expressar o desejo de compromisso são também do homem. E obedecem a uma prescrição complexa: uma parte é diversão juvenil; uma parte é esforço de ascensão social; uma parte é atração sexual; uma parte é vaidade e desejo de brilhar; uma parte é procura prática de companhia; e um considerável número de partes se refere a uma expectativa quase mística de amor, de alegria e de afirmação pessoal, relacionada com o casamento.[32]

TELEFONE E AUTOMÓVEL

A grande novidade nas relações amorosas veio com o telefone e o automóvel. Mas como sempre ocorre com qualquer novidade, os conservadores reagiram. Nos Estados Unidos, B. S. Steadwell, da Federação Mundial da Pureza, se indignou, a partir de 1913, com os telefones que foram instalados em todos os bordéis, "assim conectando cada casa com estes antros de infâmia". Há também os que alertam para os perigos da voz de um homem no ouvido das moças. E. S.Turner, em sua *História da sedução*, escreve: "Uma jovem na cama pode ouvir a voz de seu bem-amado, junto ao travesseiro, com um tremor voluptuoso, que seria considerado bem indecente na época vitoriana. O homem pode muito bem estar em uma cabine telefônica, mas sua voz será suficiente para levar sua imagem para aquele travesseiro."[33]

Realmente, telefonar para uma moça passa a ser o meio de comunicação preferido pelos rapazes. Dessa forma, pode-se conseguir uma comunicação que não se consegue por outras vias, pois por telefone não há porta que se feche e podem ser mantidas demoradas conversas. Quando se faz uma chamada para a residência da família e a linha está ocupada por muito tempo, suspeita-se de que alguma moça da casa esteja falando com o namorado. Os telefonemas em voz muito baixa ou sussurrada podem ser ocultados particularmente quando se conta com a conivência dos que atendem às chamadas. Funcionários públicos, profissionais liberais, empregados do comércio utilizam os telefones de seus locais de trabalho; outros usam os aparelhos de lojas, escritórios ou de amigos.[34]

O automóvel é visto como muito mais perigoso. Desde 1902, os anúncios diziam "Para se divertir é preciso uma namorada e um carro". Nos anos 1920 um carro era "um pecado sobre quatro rodas", o meio mais simples de escapar dos olhares e da pressão social. As vendas declinaram durante a Depressão, mas sexo e carro estão definitivamente ligados no imaginário americano. Um sociólogo que em 1936 visitou um acampamento de turistas em Dallas percebeu que só sete pessoas em 109 tinham dado seu verdadeiro nome. Os verdadeiros viajantes não eram populares, pois ficavam toda a noite. Preferidos eram os casais que iam e vinham para ficar uma hora ou duas.[35]

ENCONTRO MARCADO

A partir da década de 1920, com o advento do telefone e do automóvel, uma revolução técnica do namoro se tornou possível. Ela se baseou na invenção espontânea do encontro marcado: foi esse o novo mecanismo mais expressivo de seleção de companhia, durante muito tempo. Em lugar do encontro na igreja, da conversa preliminar com o pai, e das tardes muito bem vigiadas na sala de visitas da família, a juventude da época encontra-se em recepções, marca encontros pelo telefone e sai a passeio a sós, de carro, para passar suas noites no cinema, em salões de baile e em estradas afastadas. "Contudo, os dispositivos mecânicos, embora essenciais para a efetivação dos novos padrões, não os criaram, foram absorvidos por eles, porque eram profundamente necessários. A sociedade elaborou o novo processo porque foi obrigada a isso; a juventude exigiu, com urgência, um novo recurso para se desenvolver e se transformar em pessoas casadouras através da experiência social, e também através de uma exposição nova, mais ampla, a possíveis companheiros, a fim de tornar menos arriscado o processo de se apaixonar."[36]

O encontro marcado é inteiramente livre de compromisso e constitui a adaptação de um comportamento mais antigo de fazer a corte às conveniências do século XX. Os jovens precisavam de tempo para estar aptos e se tornarem experientes na relação com o sexo oposto. Tinha-se por finalidade adquirir autoconfiança mediante certos meios, como pelo número de encontros obtidos por alguém. Um estudante secundário orgulhou-se de ter "agendado" 56 moças em nove meses.

Até 1945, o objetivo do encontro era sair com o maior número possível de pessoas: quanto mais requisitada a pessoa, tanto melhor. "O 'encontro' parecia ser o método democrático de encontrar a confiança própria: era uma espécie de voto, uma eleição perpétua. Em vez de se preocupar com um amor ilusório, os moços provavam um ao outro que eram muito populares conforme o desempenho na competição."[37] Além disso, o "encontro" libertou os jovens da tutela dos pais, já que envolvia a saída para lugares de divertimento público, escapando assim à supervisão direta no lar. Era importante que houvesse uma série de tentativas de escolhas para poder optar por uma delas. Nas danças, por exemplo, as mulheres vitoriosas eram as que dançavam a noite inteira, mas nunca duas vezes com o mesmo homem. "Nunca esnobe um parceiro", aconselhava o *Woman's Home Companion*, em 1940, "porque ele pode estar disponível para uma noite sem agenda".[38]

Os homens imaginaram que o "encontro" restaurava sua supremacia; se pagavam as diversões, bebidas e refeições, então estavam comprando a mulher para seu entretenimento, investindo nela da mesma forma que em seus automóveis. E muitas moças se convenceram indubitavelmente de que sair com o maior número possível de rapazes era a única maneira de serem consideradas populares; por conseguinte, gastavam prodigamente em cosméticos e roupas, em contrapartida às despesas dos rapazes.

Até que ponto seria privilégio masculino tomar a iniciativa, quando uma mulher no colégio convidava um homem para dançar sábado à noite, "e ele a interrompia no meio da frase afastando-se?". As mulheres tinham o privilégio de decidir quem aceitar e colocar na agenda. Na Universidade de Michigan, as estudantes classificavam os homens de acordo com a sua estimativa nos encontros: "A — suave; B — no ponto; C — sem lenço nem documento; D — meio estúpido; E — fantasma".[39] Entretanto, as críticas feitas ao encontro marcado deixavam claro o medo de que a geração mais nova estivesse se transformando em sexualmente descontrolada.

CASAMENTO

Na primeira metade do século XX, casar significava formar um lar e se situar socialmente dentro da coletividade. Socialmente, o amor não era condição do casamento nem significava o seu sucesso. Para se casar, um homem e uma mulher deviam sentir certa atração e ter a sensação de que poderiam se entender. Isso não excluía a possibilidade de já se amarem, nem garantia que viessem a se amar mais tarde. Num levantamento de 1938, na França, sobre as condições da felicidade conjugal, a atração sexual se colocava depois da fidelidade, das qualidades espirituais, da divisão de autoridade e principalmente da divisão das tarefas e preocupações.

FIM DO CASAMENTO ARRANJADO

O fim do casamento arranjado foi uma novidade, que se efetivou por volta de 1940, primeiro nos meios populares, em que reinava maior liberdade de costumes e as pessoas não eram tão dirigidas por interesses financeiros. A valorização do amor conjugal sob todos os seus aspectos, principalmente o sexual, é a grande mudança. "As mulheres, pouco a pouco, foram se apropriando do poder de dizer 'não'. O êxodo rural e o fato de receber salários, ao dar a cada um a possibilidade de dispor de seus próprios rendimentos, tornaram os jovens mais autônomos: os que iam para os centros urbanos não dependiam mais dos pais, não tinham mais que prestar contas ao padre ou ao prefeito do vilarejo. Procuravam naturalmente ser felizes."[40]

A ideia inovadora de que o casamento deveria ser baseado em um sentimento amoroso recíproco entre o homem e a mulher chegou à burguesia. As relações do casal estavam um pouco mais igualitárias. Entretanto, a afirmação do sentimento amoroso resultou também em novas formas de dominação masculina, mais sutis: a mulher se submetia não mais por pressão, mas por amor. Pois com amor chegavam também todas as manipulações afetivas, a exemplo do ciúme tirânico de certos maridos.[41]

A NOITE DE NÚPCIAS

A noite de núpcias é a meta dos sonhos e temores da moça, nesse século da virgindade. Mas também é uma provação; o difícil momento da iniciação feminina por um marido que conhecera o sexo só com prostitutas. Essa noite impõe uma encenação coletiva do pudor, do temor e da ignorância que todos os médicos descrevem. A iniciação pode ser brutal. Os maridos aguardaram essa noite para se revelarem. Em 1905, o Dr. Forel observa que, em sua clientela, os bons costumes proíbem aos noivos cuidar de suas necessidades sexuais.

A partir desse momento, o marido tem a tarefa de proporcionar prazer à sua companheira. Acredita-se que como toda esposa esta pode tornar-se uma terrível devassa; apenas uma sexualidade satisfatória irá salvá-la das angústias da ninfomania ou, mais simplesmente, dos incômodos do "nervosismo". Partindo do princípio de que o desejo feminino precisa ser provocado, os médicos atribuem ao marido uma pesada responsabilidade. É fácil compreender então como o jovem marido fica desconcertado quando descobre uma esposa não tão ingênua.

A moda da viagem de núpcias, a lua de mel, se difunde por volta de 1830. Diante de todos os tabus a respeito do sexo, essa prática crescente tinha o objetivo de poupar o círculo familiar de um momento "tão constrangedor".

Sexo no casamento

Anne-Marie Sohn nos traz interessantes informações a respeito do sexo no casamento nesse período.[42] Até então o ato sexual fora conduzido de maneira bastante primitiva, até mesmo arcaica, inteiramente reservada à satisfação muito rápida do homem. Na cama, a novidade foi o destaque dado às preliminares. A sexualidade oral se desenvolveu. O longo movimento da descoberta do corpo entrou em ação. É preciso notar que isso surgiu junto com o progresso da higiene íntima. A limpeza era exigida.

Entretanto, as pessoas não ousavam se mostrar nuas. Durante séculos, a nudez foi um tabu religioso. Entre o banho do nascimento e o dia do próprio enterro, algumas mulheres nunca se exibiram nuas. Durante os Anos Loucos, vestiam saias curtas, mostravam as pernas, mas apesar de tudo conservavam um antigo pudor. Embora nos meios populares as pessoas fizessem sexo em pleno dia, às pressas, na estrebaria ou em cima do baú de comidas, nunca tiravam a roupa.

Dentro do quarto os casais se despiam, mas ficavam no escuro. Amar ainda não era abandonar-se. A historiadora lembra que os jovens casais dos anos entre as duas guerras tiveram pais educados no século XIX, aos quais foram inculcadas regras de pudor muito estritas. Contudo, a partir dos anos 1930, graças às férias remuneradas, as mulheres passaram a ir à praia, usar maiôs, shorts, vestir saias-calças para andar de bicicleta. Pouco a pouco, os corpos foram se desvendando. Para as mulheres, o prazer não era ainda uma reivindicação afirmada. Elas não falavam, mas pensavam nisso.

Esposa virtuosa x garota dos anos loucos

Mary Del Priori mostra que a esposa virtuosa deveria ser complacente e generosa para prever, satisfazer e até adivinhar os desejos do marido.

Deveria ter dedicação para compartilhar abnegadamente com ele os deveres do casamento; paciência para aceitar suas fraquezas de caráter. O contrário dessa santinha era a garota dos Anos Loucos, que para a *Revista Feminina*, de maio de 1918 era "uma pobre mariposa: 'esbagachada', cheia de liberdades, de saia curta e colante, de braços dados e aos beijos com homens, com decotes muito baixos, perfumadas com exagero, excessivamente pintadas, postas na vida como figura distante de uma paisagem cubista".[43]

AMARGOR NO CASAMENTO

As pessoas buscavam, como ideal, juntar casamento, sentimento e prazer. Além da vontade de ter filhos, o que complicava esse desafio. Então as mulheres tentaram se persuadir de que tudo ia bem. O fenômeno apareceu claramente entre 1930 e 1950: algumas mulheres católicas começaram a viver uma impostura; elas permaneciam casadas por dever, mas mergulhavam no amargor. Outro reverso da medalha: os casais que casaram por amor se desfaziam mais facilmente do que antes. A partir dos anos entre as guerras, numerosos casais se desfizeram por desencantamento. O adultério se tornou o revelador da disfunção amorosa. Dos pedidos de divórcio, 75 a 80% eram formulados por mulheres.[44]

Entretanto, em 1922, um juiz de Denver, Estados Unidos, Benjamin B. Lindsey, já percebera a infelicidade no casamento e fez o seguinte comentário: "O casamento tal como existe é um verdadeiro inferno para a maioria das pessoas que o contraem. Isto é um fato indiscutível. Desafio quem quer que seja a chegar a uma conclusão contrária, depois de observar a procissão de vidas arruinadas, de homens e mulheres infelizes e miseráveis, de crianças abandonadas que passam pelo meu tribunal."[45]

FAMÍLIA

As famílias rurais dos séculos anteriores haviam produzido a maior parte do seu próprio alimento, construído os seus próprios abrigos, preparado a sua própria comida e os seus próprios remédios e educado seus filhos. No êxodo da região rural para a cidade, os homens começaram a trabalhar para obter salários, a usar dinheiro em espécie para comprar mercadorias e pagar por serviços de que precisavam e a mandar seus filhos para as escolas públicas. As mulheres foram deixadas com os encargos de criar filhos e cuidar da casa, mas pouca coisa lhes restou que as tornasse insubstituíveis ou que lhes desafiasse a capacidade. Os homens, na realidade, não precisavam delas para sobreviver na cidade; se preferissem poderiam viver sozinhos.

Quanto às crianças, elas já não eram mais uma vantagem econômica como anteriormente. Não era mais preciso fabricar velas, ordenhar as vacas e efetuar colheitas. Adam Smith, filósofo e economista escocês do século XVIII, informou, em 1776, que uma criança americana do sexo masculino equivalia ao lucro líquido de 100 libras esterlinas para seus pais, antes de abandonar a casa paterna. Em 1910, nas cidades, cada filho criado até a maturidade custava milhares de dólares. Filhos passaram a ser, então, um luxo dispendioso que só adquiria valor por motivo de amor e de orgulho.

SEXO

A primeira metade do século XX se caracteriza por uma busca crescente de prazer sexual. A partir do período entre as guerras, a moral sexual foi se tornando cada vez menos rígida. Apesar de a Igreja só aceitar o sexo no casamento para a procriação e, portanto, o prazer sexual ainda ser visto como pecado, um número crescente de pessoas defendia que o amor e o prazer estavam associados. Assim, as interdições caíam.

A LINGUAGEM

A mudança começou na linguagem, na medida em que havia menos vergonha dos prazeres do sexo. Até então, utilizava-se a linguagem romântica do século XVIII, "satisfazer a paixão". Para as relações sexuais usavam-se palavras que remetiam à sujeira e ao pecado. Naquele momento, passou-se a falar de sexo utilizando uma linguagem neutra e distante — "relações", "partes sexuais" —, o léxico anatômico que permitia descrever tudo com um certo distanciamento. Não se hesitava mais em nomear com precisão as partes do corpo. Os processos judiciais da época estão repletos de termos médicos. Mencionavam-se "sexo", "vagina", "coito". A linguagem se liberava. As consciências também. Tudo isso desculpabilizava as práticas sexuais entre adultos.[46]

EROTIZAÇÃO DO CASAL E BEIJO NA BOCA

No período entre as guerras, as carícias mais demoradas se generalizaram, assim como o beijo na boca. Este até então era julgado escandaloso, mesmo na intimidade. Na França, uma sentença do Supremo Tribunal, de 1881, julgou-o crime de atentado ao pudor. De repente, o longo beijo na boca tornou-se símbolo da paixão e se generalizou. No campo, ele substituiu os antigos códigos, os esbarrões e as beliscadas que os rapazes davam nas moças. Até então as pessoas eram extremamente pudicas em relação à expressão dos sentimentos, reserva herdada de uma desconfiança inculcada durante séculos pela religião cristã. Agora, começava-se a beijar as crianças, o que não se fazia anteriormente. As crianças também passavam a expressar seu amor fazendo carinho nos pais... Tudo isso se desbloqueou. No fundo, o sentimento amoroso foi a vanguarda da expressão de outros sentimentos.[47]

Contudo, apesar do assunto da moda ser o beijo, isso não impediu que todos os beijos trocados nas esquinas enfurecessem os moralistas. O conselho em geral era para que a jovem se cuidasse para o que haveria atrás do beijo e não deixasse as coisas irem muito longe. Os conselhos eram mais eficazes do que as palavras da canção: "Teus lábios dizem não, mas está escrito, sim, sim, sim, nos teus olhos."

ORGASMO

Alguns dos revolucionários do sexo reconheciam a existência do desejo feminino e afirmavam em voz alta o direito da mulher ao orgasmo. Em 1918,

Marie Stopes, mulher inglesa que havia tido um casamento não consumado, publicou o livro *Married Love*. A obra exerceu imensa influência na Europa e Estados Unidos e teria feito qualquer dama vitoriana desmaiar instantaneamente. Ela proclamou com ardor que a esposa devia ser sócia completa do prazer sexual, tendo o direito de obter plena satisfação a cada vez. Em 1926, o médico holandês Theodoor van de Velde publicou a obra *Ideal Marriage* (Casamento ideal), na qual afirmava: "Toda estimulação erótica considerável, que não leve ao orgasmo da mulher, representa uma lesão; e as lesões repetidas dessa espécie conduzem a dano permanente tanto para o corpo como para a alma." Mas, sem dúvida, o estudioso mais revolucionário quanto à importância do orgasmo na vida de homens e mulheres foi Wilhelm Reich.

Reich (Áustria, 1897-1957)

Fator de influência tão radical na evolução humana, o sexo seria naturalmente objeto de controle social por parte do poder, pode se resumir assim a conclusão a que chegou Wilhelm Reich, psicanalista, discípulo de Freud, que escreveu *A função do orgasmo*, entre outras obras fundamentais.

Reich considera que as enfermidades psíquicas são a consequência do caos sexual da sociedade, já que a saúde mental depende da potência orgástica, isto é, do ponto até o qual o indivíduo pode se entregar e experimentar o clímax de excitação no ato sexual. Para ele, o homem alienou-se a si mesmo da vida e cresceu hostil a ela. Sua estrutura de caráter — refletindo uma cultura patriarcal milenar — é encouraçada, contrariando sua própria natureza interior e a miséria social que o rodeia. Essa couraça de caráter seria a base do isolamento, do desejo de autoridade, do medo à responsabilidade, do anseio místico e da miséria sexual.

A unidade entre natureza e cultura será um sonho enquanto o homem continuar a condenar a exigência biológica de satisfação sexual natural (orgástica). Numa existência humana ainda sujeita a condições sociais caóticas, prevalecerá a destruição da vida pela educação coerciva e pela guerra. O homem é a única espécie que não satisfaz à lei natural da sexualidade.

A morte de milhões de pessoas na guerra seria o resultado da negação social da vida, que por sua vez seria expressão e consequência de perturbações psíquicas e somáticas da atividade vital. "O processo sexual, isto é, o processo expansivo do prazer biológico, é o prazer vital produtivo per se."

Essa visão e uma contínua prática de análise de pacientes fez com que Reich viesse a elaborar uma crítica radical da vida sexual da humanidade, especialmente consolidada dentro do mundo burguês. Ele observou como a moral do casamento era um empecilho a qualquer reforma sexual.

A teoria do orgasmo de Reich

Reich tinha total convicção da importância do orgasmo para a saúde física e mental, bem como para evitar as neuroses. A partir da observação de seus pacientes, concluiu que aqueles que passavam a estabelecer relações sexuais mais prazerosas apresentavam melhoria do quadro clínico. Baseado nisso, ele desenvolveu a teoria do orgasmo, na qual somente a satisfação sexual intensa consegue descarregar a quantidade de libido necessária para evitar a formação de acúmulo de energia, gerador da neurose.

Reich argumentou que era a total inaptidão dos neuróticos para descarregar a energia sexual, completamente e com satisfação, durante o orgasmo, que criava a obstrução de energia (de "estase", na sua terminologia) que mantinha viva a neurose. Ele acreditava que se as sociedades civilizadas permitissem que a vida fosse mais livre, e o ser humano vivesse com mais prazer, liberto da submissão à sua couraça de caráter, muitos problemas emocionais e até mesmo muitas doenças físicas, incluindo o câncer, jamais ocorreriam. O sofrimento para ele é, em princípio, desnecessário, só sendo produzido pelas limitações sociais impostas à vida e à sabedoria do corpo.

Para Reich havia uma grande diferença, tanto física como psicológica, entre o ato sexual realizado pelo "caráter genital" (pessoa saudável) e por indivíduos orgasticamente imaturos (encouraçados). Ele acreditava que o homem civilizado típico, com a sua couraça de caráter inibidora, só experimentava libertações parciais de tensão, semelhantes ao orgasmo; o caráter genital, por sua vez, experimentava uma "entrega involuntária e vegetativamente final", que a maioria das pessoas nem faz ideia do que seja.

———

No momento em que se fecha o ciclo repressivo, por volta dos meados do século XX, as mulheres ainda não reivindicam tudo o que suas herdeiras acham natural no início do seguinte. Permanecem muitos tabus referentes à menstruação, à recusa de luz durante as relações sexuais, ao constrangimento de expor os órgãos genitais diante do ginecologista, até mesmo ao receio de expressar abertamente desejos sexuais. Nenhuma mulher ousaria então escrever o equivalente ao conteúdo brincalhão da carta de um rapaz francês à sua amada, em 1939.[48]

> *Estou duro como um cervo. Ficaria feliz em poder apertar você em meus braços e deslizar meu pinto para dentro do seu lindo cuzinho. Penso que enquanto ele estivesse lá dentro eu faria você gozar bastante e nós dois ficaríamos felizes em poder tirar um juntos (...). Você sentiria meu belo par de colhões bater no seu traseiro (...). Tenho certeza de que você irá embora contente depois de chupar uma bela pica e roçar um par de colhões que tem um bom suco.*

O barão de Blot, cuja filosofia, por volta de 1650, era comer, beber e foder, certamente teria apreciado como conhecedor essa prosa descritiva...[49]

A INFLUÊNCIA DE HOLLYWOOD

Nos anos 1920, além da Ópera e do teatro, também frequentavam-se os cinematógrafos, que exibiam filmes. Foi Hollywood, desde os dias em que sua popularidade se difundiu, nessa época, até a televisão passar a ter mais influência nos anos 1950, que sustentou a imagem do casamento como o objetivo natural da mulher, a culminação romântica de sua vida. Muitas mensagens sempre foram vendidas ao público, mas nunca nenhuma o foi tão efetivamente como a mensagem hollywoodiana de glamour, romance e casamento. Muito depois que a "mulher moderna" se libertou das ideias e hábitos de sua avó vitoriana, Hollywood continuava a condicioná-la à crença de que o lugar e o destino da mulher estavam no lar. Não porque, como no passado, inexistissem opções para ela, mas porque essa mulher estava voluntariamente atada lá, pelo mágico poder do amor.[50]

O conceito de Hollywood sobre o amor não era novo, em absoluto, as novelas românticas do século XIX o reconheceram como uma rara reação química entre indivíduos bem dotados. Entretanto, Hollywood o apresentava como um direito inato de todas as pessoas atraentes, e o casamento de branco como uma garantia de sua validade vitalícia. O condicionamento também se estendia aos homens. Foi Hollywood que forneceu as canções marciais, ofereceu a imagem da jovem que morava na casa ao lado e garantiu a cada frequentador de cinema que, quando tudo terminasse, a situação voltaria a ser melhor do que antes.[51]

A sociedade ocidental é a única cultura da História que tem a experiência do amor romântico como um fenômeno de massa. Somos os únicos a cultivar o ideal do amor romântico e a fazer do romance a base de casamentos e relacionamentos amorosos. É inegável a importância de Hollywood para isso, principalmente, a partir de 1940.

No escurinho do cinema

Os jovens logo descobriram a delícia de namorar no cinema. Se havia uma cena alimentando a imaginação, melhor ainda. Os moralistas pediram mais luz nas salas de projeção, mas a audiência reclamou e os empresários da Europa Central, que conduziam o cinema, não cederam: "O público prefere a obscuridade".

Sexo e cinema

Inspirado numa peça da Broadway, *Le Baiser* (O beijo) é um dos primeiros hits da história do cinema. Mostra um beijo de língua. Autoridades médicas atentaram para os perigos da prática. Um leitor escreveu para o jornal *Evening World* protestando: "Essa forma de devorar os lábios é insuportável. Mas em formato gigante, e três vezes seguidas, é insustentável."

O advento do cinema, no final do século XIX, multiplicou as possibilidades do erotismo artístico, antes limitado à pintura, às gravuras e aos daguerreótipos. A imagem em movimento trouxe um realismo impensável ao sexo representado. Datam dos anos finais do século, logo após a invenção do cinematógrafo, os primeiros filmes eróticos, mudos, mas encantando e surpreendendo uma sociedade ainda carregada de preconceitos quanto ao que envolvesse a sexualidade. Em 1896, o *mutoscope* desfila séries fotográficas animadas com modelos se vestindo ou se despindo. Os cineastas confirmam a previsão de que o público quer sexo. Os filmes que mostram mulheres subindo nas árvores chegam ao dobro do faturamento de fitas sobre a guerra.

Em 1913, *Tráfico de mulheres*, que aborda o tema explicitado no título, alcança bilheterias de 450 mil dólares. É também um dos primeiros casos de marketing do cinema. O filme foi construído sobre a notícia alarmista de que 60 mil mulheres brancas eram vendidas como escravas nos EUA. O sexo no cinema, apesar dos protestos moralistas, atrai cada vez mais público.

CONSTELAÇÃO DE CELULOIDE

O mais famoso ator da primeira metade do século XX foi Rodolfo Valentino. Entre as atrizes podemos destacar algumas, tais como Rita Hayworth, Theda Bara, Eleonor Glyn, Greta Garbo, Lana Turner e Marlene Dietrich.

O PRIMEIRO *SEX SIMBOL*

O exotismo do Oriente compôs o primeiro mito cinematográfico masculino: O Sheik, misterioso personagem vivido por Rodolfo Alfonso Raffaelo Pierre Filibert Guglielmi di Valentina d'Antonguolla ou apenas Rodolfo

Valentino (1895-1926), como ficou conhecido por uma geração inteira de mulheres, que suspiravam por ele em uníssono. O filme rendeu 4,5 milhões de dólares e provocou uma paixão pelo tango.

O Sheik fez de Rodolfo o símbolo sexual da década. Seu olhar parecia dizer: "te amo, te desejo". Os homens americanos se julgavam sheiks e beijavam a mão de suas namoradas, a quem chamavam *shebas*. Em contrapartida evitavam levar suas mulheres ao cinema nos filmes de Valentino. Elas rejeitavam suas bolinações durante as cenas quentes. Eram fiéis ao ídolo.

Rodolfo Valentino morreu de úlcera aos 31 anos. Os jornais acusaram o astro de ser bissexual e macular o bom nome do macho americano. O jornal *Chicago Tribune* publicou um artigo intitulado "Esponja de arminho rosa". Isso não impediu o suicídio de várias mulheres americanas e nem que muitas outras, no mundo inteiro, derramassem lágrimas. Trinta mil fãs acompanharam o funeral. Hollywood, aproveitando a publicidade, fez seu esquife percorrer todo o país, muitas vezes até a Califórnia.

A PRIMEIRA *VAMP*

O primeiro mito sexual do cinema internacional era filha de um alfaiate de Cincinnati, Ohio, EUA, e se chamava Theodora Goodman. A recente máquina de Hollywood a transformou em Theda Bara, amamentada por crocodilos e algoz dos amantes, que eliminava com veneno guardado em amuletos misteriosos. Theda Bara assustava as famílias interpretando Cleópatra e Salomé. Foi chamada de *Vamp*, porque, assim como os vampiros, sugaria seus apaixonados. A ingênua classe média americana fez a leitura de que o sexo podia destruir a ordem social. Melhor para a bilheteria.

TELA PERIGOSA

O país que criara a indústria do cinema e se tornava o maior produtor de filmes do mundo esbarrava nas limitações impostas pela própria população. Os EUA se levantaram para estabelecer limites à nova arte de massas.

Voluntárias assistiam aos filmes em nome da Liga pela Decência. Várias cenas eram consideradas perigosas. Na Pensilvânia, não se podia mostrar a mãe preparando o enxoval dos filhos, porque "crianças acham que os filhos são trazidos pela cegonha, e seria um crime abalar essa ilusão".

A histeria pública contra o cinema entrega o poder de regulamentação a Will H. Hays, um político corrupto, que se especializara em fazer demagogia com a moralidade. Sua escolha se deve ao fato de haver lançado dúvidas sobre o interesse dos correios em vigiar o envio de material obsceno. Hays faz o cinema entrar na era da purificação. Ele cria, em 1924, um estatuto de produção, conhecido como Código Hays.

Havia três regras: o que fazer, não fazer ou tomar cuidado. Os contratos dos atores traziam uma cláusula em que se comprometiam a não "insultar, ultrajar ou chocar a comunidade e a moral". Os produtores fingiram concordar, mas como sabiam que o combustível do cinema era o sexo, não deixaram de mostrar os seios das atrizes nas cenas bíblicas dos filmes de Cecil B. de Mille ou orgias e estupros na *Viúva alegre*, de Erich von Stroheim. A Igreja reclamou da falta de seriedade dos estúdios e eles tiveram que se conter, afinal, um terço do público era religioso.

O SEXO EM CRISE

O cinema falado dá uma nova dimensão ao sexo no cinema. Vozes, ruídos, gemidos passam a ter importância. Em 1929, em plena depressão da bolsa, quando o público diminuiu em dois terços, era necessário aumentar a voltagem das cenas de sexo. Em *Chuva*, Joan Crawford (1906-1977) é desencaminhada por um pastor e se torna prostituta. Jean Harlow é amante de Clark Gable, motorista do marido idoso. O visto de distribuição é recusado, mas o filme passa em pequenas salas alternativas.

Nos anos 1930 surge Mae West, uma estrela que tinha o que dizer. Suas tiradas até hoje encantam os admiradores do bom humor e da picardia. Ela improvisava durante as filmagens com frases como: "O casamento é uma grande instituição, mas não estou preparada para instituições" ou "Entre dois males escolho sempre o que nunca experimentei" ou ainda "Quando as mulheres erram os homens correm atrás". Seus filmes lotavam os cinemas e tiraram a Paramount do vermelho.

O NOVO CÓDIGO

Em 1935, Marlene Dietrich (1901-1992) chega a Hollywood escorada no sucesso de *Anjo azul*, que realizara com Josef Von Sternberg. Seu próximo filme, *Morocco*, é escandaloso para os padrões da época. A Igreja Católica decidiu então liderar uma cruzada pela decência, e 70 mil estudantes marcharam assegurando que entrar num cinema equivalia a descer aos infernos.

Joseph Breen, um religioso irlandês, estabelece as novas regras; o tempo médio do beijo nas telas cai de quatro segundos para um segundo e meio. Em *King Kong*, a cena em que o gorila toca as roupas de Fay Wray é extirpada. São proibidas cenas de mulheres amamentando, para não mostrar seios, ou delas se vestindo, para evitar roupas íntimas. As camas dos filmes, para não sugerir o ato sexual, eram sempre de solteiro. Nada disso impediria o crescimento da sexualidade no cinema.

A FORÇA DE HOLLYWOOD

Os jornais descreviam Hollywood como a meca da depravação. Perto de quarenta estados apelaram para a censura cinematográfica. Todas as mudanças repercutem no cinema: a realidade aí torna-se ficção, e esta por sua vez contamina a realidade. Algumas vezes, o que se supunha verdadeiro na tela tornava-se realidade fora dela — a proibição hollywoodiana à cama de casal produziu camas de solteiro, um padrão do American way of life. É a sociedade e não o cinema que reinventa o sexo.

Jornais, revistas, rádio e canções — tudo isto modifica as atitudes e hábitos: sexo pago, alegrias e perigos do sexo e mesmo a "etiqueta" sexual. O cinema faz mais: a imagem do sexo toma, agora, toda sua força ao lado do próprio ato sexual como parte da experiência humana. A atividade sexual passa assim do domínio privado para o domínio público. As fantasias da tela tornam-se as fantasias de milhares de espectadores. O comportamento de astros e estrelas na tela afeta a vida privada do público.

SEGUNDA GUERRA MUNDIAL (1939-1945)

As guerras modificaram a evolução rumo ao casal formado por amor e por prazer? Para Anne-Marie Sohn a revolução amorosa não conheceu ruptura, na medida em que a sexualidade e o amor têm uma cronologia própria, independente dos acontecimentos políticos. Havia evidente frustração dos soldados, a homossexualidade latente no front, coisas de que ninguém falava. Alguns soldados enfrentaram terríveis violências. Como poderiam retornar a um ideal amoroso? Por sua vez, as mulheres sentiram a ausência de seus namorados e maridos; nem sempre foram fiéis... Quando os soldados retornaram houve inúmeros divórcios.[52]

Tom Hickman faz uma interessante análise do amor e do sexo durante a Segunda Guerra, que sintetizo a seguir.[53]

MAIS LIBERDADE PARA AS MULHERES

Na guerra há o medo de não voltar para casa e de não ver o dia seguinte. Durante as duas guerras mundiais, com a ordem social provisoriamente suspensa, e a moralidade de pernas para o ar, as mulheres enfrentaram o dilema: por que preservar o que tinham a dar? Algumas se precipitaram para o casamento, com a aliança que legitimava todos os desejos. Outras não preservaram nada.

As que permaneceram intactas depois se lamentaram: "Alguns meses atrás meu namorado me perguntou se eu queria, mas recusei. Então, ele me disse que estava me testando para ver se eu resistia. E agora que ele sumiu estou deprimida, porque acho que deveria ter dado o que ele pediu", diz uma carta publicada na *Woman's Own* em junho de 1944. Centenas de cartas semelhantes apareceram nas revistas durante os dois conflitos mundiais.

Mulheres durante a guerra

A guerra é um afrodisíaco — foi assim tanto no primeiro conflito como no segundo. Um conflito diferente, mas importante, menos estático, tendo lugar no céu, na terra e nos mares. Gerando a mesma mescla de patriotismo, excitação e medo — medo redobrado na Inglaterra pelo perigo dos bombardeios que colocavam os civis na linha de frente. E resultou, mais uma vez, em uma sexualidade exacerbada. As adolescentes rondavam os acampamentos dos soldados. As solteiras enchiam os dancings. E as casadas, quando os maridos estavam fora, tiravam as alianças e se fingiam descompromissadas.

Sem inibições

Antes de 1945, 12 milhões de americanos se alistaram, e portanto desapareceram das ruas, dos bares, dos cinemas... Os que ficaram eram considerados muito jovens ou muito velhos. Nos campi universitários a relação homem/mulher oscilava entre 1 para 5 e 1 para 8. São organizados seminários sobre a arte de seduzir os poucos homens disponíveis.

O escritor James Jones, especialistas em Segunda Guerra, autor de *From Here to Eternity*, conta que em Memphis "havia, dia e noite, entre seis e 12 festas surpresa acontecendo nos hotéis... Não havia falta de mulheres. Alguém levava a bebida e apareciam muitas jovens sem compromisso nestes hotéis. Você subia para o terraço e encontrava uma jovem simpática com quem dançava antes de descer para os quartos. Todos transavam. Algumas vezes nem se importavam se havia outras pessoas no quarto".

Maureen Riscoe viveu uma guerra mais movimentada que outras moças inglesas. Filha de comediante, fazia parte do coro de um show em West End dez dias antes do começo das hostilidades — que marcou o fechamento dos teatros. Agora divertia as tropas na Inglaterra e depois na África do Norte, Malta, Sicília e Itália. "A guerra varreu as inibições porque a morte espreitava, não é? De fato nós não sabíamos se o sol se levantaria para nós. Eu tinha vários namorados. Sexo acontecia, mas muito delicadamente —

os homens eram gentlemen naquela época. Eu não me lembro quem foi o primeiro."

ESPOSAS DE GUERRA

Em 1944, Daphne tem 16 anos, vive em Kent, Inglaterra, e trabalha como garçonete em um pub. Apaixona-se por um soldado canadense de 18 anos, Bill Smith , e fica grávida. "É igual em todo o país", afirma Bill. "A mãe de Daphne queria o aborto, mas seu pai, aposentado da RAF, me abraçou chorando e perguntou: 'O que você quer fazer?'". Daphne usou um vestido emprestado quando se casou. Bill partiu quase que imediatamente: era o dia D. Quando conheceu a filha, ela estava com 11 meses.

Os soldados iam em massa se despedir das amadas antes de partir para o front. Assim, aproximadamente mais de um milhão de casamentos foram realizados. Alguns se casaram apressadamente, aproveitando as licenças — muitas vezes se conhecendo bastante mal. A guerra forjou muitos casais incompatíveis.

O número de casamentos aumentou 50% depois de Pearl Harbor; os homens queriam ter alguém para quem voltar. Enquanto a guerra prossegue, a média de idade dos recém-casados diminui sensivelmente. Como uma das diversas noivas que se casaram em 1942 lembrou, cinquenta anos depois: "Provavelmente não teríamos nos casado tão rápido se não fossem aqueles tempos de guerra." Por volta de 1944, havia 2,5 milhões de mulheres casadas a mais do que em 1940.

BABY BOOM

A guerra gerou muitos bebês: na despedida e na chegada dos maridos. Os EUA e outros países envolvidos no conflito conheceram o baby boom, fenômeno causado pela taxa de nascimentos, que aumentou. A taxa de natalidade pulou de 2.466 milhões nascimentos, em 1939, para 2.703 milhões em 1941 e 3.104 milhões em 1943. Duas vezes mais famílias com três filhos e três vezes mais com quatro. A população cresceu 28 milhões em dez anos. Um crescimento mais rápido do que o da Índia.

Antes da guerra, os três quartos de gravidezes se resolviam por um casamento antes do nascimento da criança. Muitas vezes a convocação impedia de se regularizar a situação. O maior número de mães solteiras não estava entre as adolescentes e sim entre as mulheres de 30 a 35 anos. Um relatório de 1944 lamenta o comportamento "predador" de algumas mulheres que se envolvem com três ou quatro soldados americanos para se garantirem com pelo menos um para o sustento do futuro filho. Alguns americanos manifestaram preocupação a respeito do futuro dessas crianças, muitas das quais não teriam pais depois da guerra. O consenso geral era de que os bebês, como o casamento, eram bons para o país.

Na Europa, o índice de nascimentos não subiu antes do começo dos anos 1950, quando o país se refez de suas ruínas. Esses índices haviam aparecido durante a convocação. Os soldados queriam manter as mulheres presas para quando voltassem, e as engravidaram. Naquele momento ainda não havia pílula anticoncepcional.

ATENÇÃO: MULHERES TRABALHANDO!

A Segunda Guerra Mundial acelerou a tendência que já havia, uma vez que toda a força de trabalho feminina vinha aumentando de maneira constante desde a virada do século. Marilyn Yalom nos informa sobre o trabalho da mulher nesse período.[54] A Segunda Guerra funcionou como um catalisador, impulsionando mudanças sem precedentes na ocupação feminina, especialmente em relação às esposas. Nos Estados Unidos, das 6.500 milhões de novas mulheres empregadas durante a guerra, 3.700 milhões eram casadas. Pela primeira vez na história do país, a força de trabalho tinha mais mulheres casadas do que solteiras.

Inicialmente, a Comissão da Força de Trabalho, relutou em encorajar as donas de casa a procurar emprego, enfatizando, ao contrário, as responsabilidades que elas tinham em relação às famílias. Mas muitas cidadãs patriotas, organizações e revistas intimaram as esposas, assim como as mulheres solteiras, a ocuparem os empregos vagos deixados pelos soldados e a preencherem as novas vagas exigidas pela indústria de guerra.

Um dos muitos cartazes publicados pelo governo americano perguntava: "Sua mulher não deveria ter um emprego durante a guerra?" Respondendo a esta pergunta, o pôster dizia: "Toda mulher com mais de 18 anos, que estiver bem fisicamente e não tiver filhos com menos de 14 anos, deve estar preparada para arrumar um emprego."

Um anúncio de rádio de um minuto de duração recrutou vozes femininas para transmitir a seguinte mensagem: "Aqui é (nome)... falando seriamente para as esposas da (cidade). Eu sou uma dona de casa também; nunca trabalhei fora de minha casa até este ano. Alimentar a minha família e comprar bônus de guerra não parecia ser suficiente. Então arrumei um emprego de oito horas por dia e consegui gerenciar meu trabalho de casa também... Meu marido está orgulhoso de mim... e eu nunca estive tão feliz. Acredito que estou realmente ajudando para que a guerra termine logo."

Se durante a Depressão o trabalho da esposa tinha sido objeto de imensa discórdia por "ter tirado o emprego dos homens", agora ela era convidada e abençoada por trabalhar.

A GUERRA TERMINA

Laura mora nos arredores de Londres, numa casa confortável, com seu marido Mike e um casal de filhos pequenos. O ano é 1946. Uma vez por semana, sempre às quintas-feiras, ela pega o trem e vai até um vilarejo próximo, onde faz compras e aproveita para ir ao cinema. Essa rotina é marcada pela passagem por um café, junto à estação ferroviária, onde ela aguarda a passagem do Expresso.

Uma fagulha entra em seu olho com a fumaça da locomotiva e ela procura ajuda no Café. Apresenta-se Alec, médico que atende no hospital local às quintas-feiras. Ele, jeitoso, retira o cisco do olho de Laura. Nas semanas seguintes, pelo acaso de usarem a estação para direções diferentes, acabam se encontrando e conversam. Ambos sentem prazer na companhia do outro, porém, assim como Laura, Alec é casado e pai de filhos pequenos.

Mas as expectativas se tornam fortes quando ela está almoçando num pequeno restaurante lotado e, ao vê-lo entrar, oferece a ele um lugar à mesa. A tarde de Alec estava livre e ele acaba indo ao cinema com Laura. Um jogo de interesses velados se estabelece. Ambos sabem que há um envolvimento no ar, mas fingem naturalidade. Ao final do dia ele pergunta: Na quinta nos encontramos novamente? Ela vacila, mas acaba por ceder. As voltas para a casa, e o encontro com o marido gentil e os amados filhos, tornam-se uma tortura para Laura, que só pensa em Alec. A relação extraconjugal era considerada algo sujo e sórdido, e a sensação de estar sendo desonesta lhe faz muito mal.

Na semana seguinte, o médico está com o carro de um amigo e eles passeiam por lugares românticos. Acontece o primeiro beijo e ele a deixa na estação de trem. Ela sabe que ele está na casa do amigo, que lhe deixou o apartamento e o carro. Obedece a um impulso e vai até lá. No caminho cai uma chuva. Ele a recebe encantado, mas logo o dono da casa chega e ela é forçada a sair pelos fundos.

A pressão dos acontecimentos e o vexame da chuva a fazem sofrer muito e ela decide terminar a relação com Alec. Ele também se sente oprimido pelos acontecimentos e aceita uma vaga profissional em outro continente. Na quinta-feira seguinte eles se encontram mais uma vez. Passeiam de carro em silêncio e, pela última vez aguardam a chegada do trem. Em casa, perturbada, Laura busca o ombro do marido.

———•———

Este é o enredo do filme inglês *Desencanto*, de David Lean, que chega às telas em 1945, anunciando como deveria ser o comportamento de homens e mulheres no pós-guerra. Laura e Alec desistem de sua paixão para "fazer o que é direito". E é o que milhões de mulheres fazem: apesar de terem provado o gosto da igualdade e da liberdade econômica, cedem à supremacia masculina e desistem de trabalhar fora de casa para que os homens recuperem seus empregos.

Assim, se voltam para o trabalho doméstico e o cuidado com a família. "Elas teriam outra alternativa? Talvez não, mas também não se opuseram — para grande perplexidade das feministas dos anos 60."[55]

As esposas sentiam o alívio pelo fim da guerra, a felicidade de ver seus homens retornarem, o desejo de estabilidade. O pós-guerra não era a época apropriada para uma revolução sexual. Na Inglaterra devastada, em plena reconstrução, onde a penúria e os racionamentos ainda iam durar dez anos, as mulheres deviam se recuperar depois de tantos anos de ansiedade. Nos Estados Unidos, intocados pela destruição bélica, onde um boom econômico encheu de repente as casas com novos bens de consumo, as mulheres vislumbraram um futuro atraente. Homens e mulheres, mesmo tendo segredos não confessados, acalentaram a ilusão de que tudo seria "como antes" e de que as mudanças na balança do poder entre os sexos pudessem ser ignoradas.[56]

Entretanto, um artigo da *Harper's Magazine*, de 1944, "A economia depois da guerra", trouxe uma visão progressista do futuro das esposas. Ele perguntava se as mulheres continuariam a ser "meras empregadas de seus maridos e filhos" ou se algum sistema poderia ser planejado para que pudessem "fazer um bom trabalho como donas de casa e ainda ter tempo para trabalhar fora".

Os fabricantes do pós-guerra produziram aspiradores de pó, torradeiras, liquidificadores, máquinas de lavar roupas e pratos mais potentes e mais baratos para substituir os modelos ineficientes criados antes da guerra, além de outros aparelhos para economizar tempo. Entretanto, o sentimento popular, apesar da *Harper's Magazine*, era de que as mulheres deveriam ir para casa e reassumir suas tarefas como donas de casa, mães e esposas. Agora que os homens estavam de volta, não havia nenhuma necessidade de as mulheres trabalharem.[57]

As mulheres concordaram em desempenhar, no pós-guerra, o papel de esposas dedicadas exclusivamente ao lar e submissas ao marido. No entanto, isso não duraria muito tempo; a contagem regressiva para o movimento de emancipação feminina prosseguia. Como vimos, no início do século XX, saindo de um período de intensa repressão, delineia-se uma revolução dos costumes que irá lentamente amadurecer, preparando as grandes transformações que ocorreriam a partir da década de 1960. Agora, falta pouco para experimentarmos uma nova liberdade no amor.

SÉCULO XX: PÓS-GUERRA

1945 A 1964

> *Se em algum lugar do mundo resolvessem levar as mulheres que*
> *já cumpriram sua função de ter e criar os filhos a um paredão*
> *de fuzilamento ou a uma câmara de gás, o mundo inteiro*
> *clamaria em altos brados pelo genocídio cometido. No entanto o*
> *que acontece é o assassinato sutil e lento, metódico e invisível da*
> *mulher casada.*
>
> Belkis Morgado

Início dos anos 1960, em Manhattan, Nova York. Automóveis exibiam longas carrocerias e as saias desciam até um pouco abaixo do joelho. Fumava-se muito, sempre e em todos os lugares. O consumo explodia e os anúncios em revistas, jornais e TVs eram a sua locomotiva. As agências de propaganda se tornam a meca dos negócios. Numa delas, a Sterling Cooper, reinava Don Draper, genial diretor de criação. Alguém que não pode errar e sempre apresenta uma solução imediata para o cliente.

Além de brilhante, Don era um belo exemplar de homem: forte, elegante, confiante. Sua esposa é a linda Betty, que foi modelo, mas tornou-se dona de casa e mãe de um casal de crianças. Eles moram num bairro elegante fora da cidade. Betty compreende que está dentro de uma moldura, como se fosse um quadro na parede, mas tenta suportar essa "felicidade" artificial frequentando um psicanalista.

A agência Sterling possui bons clientes e procura agradá-los em todos os níveis. O que não exclui a contratação de prostitutas, que agradam os clientes e mantêm as contas da empresa. O grupo de criadores — Pete, Paul, Ken e Harry — trabalha num clima de aparente irresponsabilidade: bebem durante o expediente e tratam as colegas à base de piadas sexistas e desprezo. Roger Sterling, sócio da agência, é amante de Joan, a bela gerente do escritório. Don Draper também mantém relações sexuais regulares com Midge, uma ilustradora com perfil contracultural.

Don e sua esposa Betty são vizinhos de uma mulher separada. Ela trabalha para sustentar a casa. Betty a observa com curiosidade. Quando a esposa de Don encontrou uma amiga de colégio, que não via há muitos anos, e ela a informou que trabalhava com decoração, Betty respondeu: "Eu tenho dois pequenos!" A maternidade era uma atividade desejável para uma mulher bem-sucedida. Levar os filhos para a mesa, prepará-los para a escola, ajudá-los nos deveres de casa eram tarefas que se esperava de uma dona de casa. Betty preenchia também a função de amante, uma delas, de um marido que era um sucesso.

As mulheres que trabalhavam na agência sonhavam quase todas com um futuro de donas de casa de homens bem-sucedidos. Todas flertavam com Don Draper, com Roger e com todos os outros em boas posições. Roger, casado com uma mulher da sua faixa de idade — mais de 50 anos —, abandona a esposa para ficar com uma jovem secretária. O valor de uma bela e jovem mulher era semelhante ao preço de um automóvel de luxo.

Quando chega a chefe de criação da agência Sterling, Don Draper compra um Cadillac. A esposa preenche a lacuna social nas reuniões, a lacuna de constituição dos descendentes como mãe e supre o patriarca de amor carnal como amante, mas não com exclusividade. A bela Betty Draper preenche todos esses requisitos e se comporta de forma exemplar, em contrapartida mora numa boa casa, veste-se bem e pratica equitação num clube de elite da cidade.

Talvez ela estivesse preparada para ficar com Don por muitos anos e seria trocada por uma jovem secretária sem grande sofrimento. O pecado imperdoável que seu marido cometeu diz respeito à identidade. Don Draper mentiu sobre um artifício que usou na tentativa de escapar à Guerra da

Coreia. Ele mentiu para ela durante muitos anos. Nada que a tenha prejudicado seriamente, mas uma quebra de contrato considerada imperdoável. Betty o trocou por outro patriarca, esse mais autêntico.

———————

Esse é o resumo de *Mad Man*, série apresentada no canal HBO que conta a história dos publicitários dos anos 1960, e de como venderam o sonho americano. Ganhadora de diversos prêmios, *Mad Man*, criada por Matthew Weiner, estreou em 2007. Não importa o que você é ou o que quer, mas sim como você se vende. Esse é lema da série.

Na Sterling Cooper, uma das grandes agências de publicidade da Madison Avenue, em Nova York, é grande a competição entre homens e mulheres. Eles fazem da publicidade a arte da persuasão e põem suas vidas pessoais à venda. As mulheres começam a ganhar independência. Calmantes e anticoncepcionais estão na boca de todo mundo. Todos fumam em demasia. Não se cogita proibir o fumo e o assédio sexual. É nessa época que se passa *Mad Men*.

AMERICAN WAY OF LIFE

No pós-guerra, os Estados Unidos experimentaram um período de grande prosperidade e bem-estar social. O modelo de classe média branca, confortável, bem remunerada e inserida no mercado de consumo — estimulado por uma grande quantidade de bens duráveis como os eletrodomésticos, automóveis, residências no subúrbio — foi exportado para todo o planeta. Um modo de vida que, durante a Guerra Fria, valorizava o capitalismo e depreciava o socialismo. É o *American Way of Life*, que se tornou modelo invejável em muitos grupos de classe média de todo o Ocidente.

Anos dourados

Os anos 1950 foram marcados por grandes avanços científicos, tecnológicos e mudanças culturais e de comportamento. Foi a década em que começaram as transmissões de televisão, provocando uma grande mudança nos meios de comunicação. Marilyn Yalom nos traz dados interessantes desse período.[1] A televisão da década de 1950 mostrava várias famílias em seriados como *Papai Sabe Tudo*, *I Love Lucy* e *The Adventures of Ozzie and Harriet*.

As adoráveis esposas e donas de casa brigavam com os maridos que proviam o sustento da casa, geralmente se aproveitando deles com um toque despreocupado. As imaculadas mães da TV reinavam sobre casas e crianças superlimpas. Esta imagem artificial, projetada para dentro da casa dos ricos e pobres, serviu para fazer com que algumas pessoas questionassem seus próprios lares não tão perfeitos.

Ainda criança, a escritora negra Assata Shakur se perguntava:

> *Por que minha mãe não me espera na escola com um tabuleiro de biscoitos assados? Por que não vivemos em uma casa com jardim e sim em um apartamento? Eu me lembro de minha mãe limpando a casa, usando um casaco velho e rasgado e com os cabelos presos. "Que coisa terrível", pensava. Por que ela não limpa a casa de salto alto e bem-vestida como acontece na televisão?*

A televisão, Hollywood e os anúncios alimentavam a fantasia de uma esposa sempre bela, muito bem-vestida e penteada, e tranquila. Com os diversos aparelhos domésticos e alimentos já prontos disponíveis nos anos do pós-guerra, esperava-se que a tarefa de dona de casa fosse praticamente facilitada. Mas, na verdade, os novos produtos não reduziram a quantidade de tempo que as mulheres dedicavam ao trabalho doméstico. Melhores padrões de limpeza e atrativos pessoais promovidos pela TV, revistas femininas, literatura doméstica e anúncios davam às donas de casa mais a fazer e mais com que se preocupar.

Na revista *Redbook* de setembro de 1960, há reclamações de esposas. Uma diz que, em dez anos de casamento, seu marido esperava que ela fosse "uma combinação de Fanny Farmer e Marilyn Monroe". Outra confessou: "Fico irritada se sirvo o jantar tarde ou se ele chega cedo e meus cabelos ainda estão enrolados." A domesticidade estava novamente na moda, e esperava-se que preenchesse as necessidades básicas de uma esposa. Caso contrário, a conclusão era que havia algo de errado com ela.

As esposas eram vistas como a chave para o sucesso ou fracasso não apenas de seus filhos, mas também dos seus casamentos. Se um casamento ia mal, a culpa era inicialmente dela e não do marido. Um psiquiatra de Harvard pôde escrever com impunidade no início dos anos 1960: "Assim como o destino do desenvolvimento da personalidade depende da influência exercida pela mãe sobre seus filhos, acredito que o destino do casamento dependa do efeito que a esposa exerce sobre o seu marido... irresistivelmente, o fluxo da crucial influência que a mulher exerce sobre o homem exige adaptação ou defesa da parte dele. É a mulher quem 'constrói ou destrói' um casamento."

Consciente ou inconscientemente, a maioria das mulheres casadas sabia que elas seriam mais culpadas do que os seus maridos se o casamento se rompesse, e muitas não queriam se parecer com esposas vulgares, insatisfeitas com suas vidas e com o propósito de destruir os próprios maridos, como foi retratado em várias obras populares de ficção.

O AMOR

O amor romântico, que valoriza a escolha subjetiva e o afeto, existe como possibilidade no casamento desde o final do século XVIII, mas só se torna fenômeno de massa a partir da década de 1940, quando a grande maioria das pessoas se casa por amor. Mas ele não é apenas uma forma de amor, e sim todo um conjunto psicológico — uma combinação de ideais, crenças, atitudes e expectativas. Essas ideias coexistem no inconsciente das pessoas e dominam seus comportamentos e reações. Inconscientemente, predetermina-se como deve ser o relacionamento com outra pessoa, o que se deve sentir e como reagir.[2]

Como vimos, o amor romântico povoa as mentalidades do Ocidente desde o século XII, mas sempre à margem do casamento. Esse tipo de amor é regido pela impossibilidade, pela interdição; é construído em torno da projeção e da idealização sobre a imagem em vez da realidade. A pessoa amada não é percebida com clareza, mas através de uma névoa que distorce o real. A ideia é que duas pessoas se transformam numa só, havendo complementação total entre elas, nada lhes faltando.

As expectativas são, entre outras, as de que o verdadeiro amor é para sempre, que não é possível amar duas pessoas ao mesmo tempo, que quem ama não sente desejo sexual por mais ninguém, que o amado é a única fonte de interesse do outro, e que um terá todas as suas necessidades satisfeitas pelo outro. As pessoas alimentam a expectativa de encontrar a alma gêmea, alguém que as complete, portanto a exclusividade sexual é uma das características básicas do amor romântico.

O amor que as mulheres vivem é totalmente voltado para o casamento, a maternidade e as convenções sociais. Não lhes é permitido qualquer deslize passional fora das regras da ordem. O sentimento amoroso precisa apoiar-se em valores seguros, vinculados à "harmonia" de uma união conjugal e à estabilidade familiar. Por isso, deve ser domesticado. Para a mulher, as responsabilidades de esposa e mãe devem ser as mais importantes da vida, e estar acima de qualquer outro desejo. Com o homem é diferente. Ele encontra uma válvula de escape nas suas atribuições de chefe de família utilizando-se das chamadas "liberdades" masculinas.[3]

AS MULHERES

Apesar de situações difíceis como o colapso da bolsa nos Estados Unidos, em 1929, a depressão dos anos 1930, a Guerra Mundial de 1939-1945 e os longos anos de recuperação na Europa, houve grandes mudanças sociais, em particular para as mulheres. Vinte milhões de jovens mulheres se ergueram com o grito: "Ninguém mais nos ditará ordens!" Os anos 1920 abriram uma nova perspectiva de independência para a mulher, que agora tinha possibilidade de se tornar realidade. Mas as mulheres não foram encorajadas a desejá-la.

Como vimos, lhes eram oferecidas todas as novas utilidades domésticas e diversões do período pós-guerra. Cosméticos, roupas leves, joias baratas, vinis, férias à beira-mar, salões de dança, restaurantes, cafés, salas de chá e, acima de tudo, o cinema. Esperava-se que suas vidas profissionais, quando havia, durassem apenas entre o colégio e o casamento. Algumas décadas ainda seriam necessárias para que as mulheres percebessem que o direito ao voto era apenas um símbolo. Para elas se libertarem teria que haver uma outra revolução, que só aconteceria na década de 1960.[4]

Supremacia masculina

O período pós-guerra compete com a era vitoriana no que diz respeito à opressão das mulheres. Na Inglaterra, a supremacia masculina se reinstala tão claramente que um guia dos anos 1950, *Como ser uma esposa perfeita*, aconselha: "Sejam alegres... preocupando-se com o conforto dele trará grandes satisfações pessoais... Mostre sinceridade no desejo de agradar ... Fale com voz lenta, quente e agradável... Lembre-se que ele é o patrão e que por isso vai exercer sempre seu poder com justiça e habilidade... Não faça perguntas... uma boa esposa sabe reconhecer seu lugar." Mesmo sendo capaz e talentosa, a mulher se sente insegura, acreditando ser antinatural fazer uso de seus talentos. Afinal, ela ouvia conselhos do tipo: "Sê bondosa, doce jovem, e deixa que seja capaz e hábil quem possa ser."

As mulheres não existiam por si próprias. Até hoje são definidas pelo seu relacionamento com o homem. As designações tradicionais para uma mulher demonstram claramente essa verdade na cuidadosa descrição que fazem do seu status — senhorita (que não tem homem) ou senhora (que tem um homem ou já teve, mas ele partiu ou morreu) — e no significado da expressão "casar-se bem". Elas tinham que usar, quando casavam, o sobrenome do marido, em detrimento do seu próprio. Esse fato tem como origem deixar claro que a mulher é propriedade do homem.

Os psicanalistas Marynia Farnham e Ferdinand Lundberg publicam, em 1947, o best-seller *Modern Woman: The Lost Sex* (Mulher moderna: o sexo perdido). Para os autores, as insatisfações da mulher se devem exclusivamente ao seu fracasso no amor, resultado de sua incapacidade de ser uma verdadeira mulher. Eles afirmam que "a mulher saudável é aquela que seguiu seu destino biológico e procriador, que aprendeu a fazer crochê, evitou o ensino superior a todo custo, pois isso a tornaria frígida, e adotou uma forma feminina de vida". Os psicanalistas alegam que a maioria dos problemas da sociedade — alcoolismo, vandalismo de adolescentes e até mesmo a guerra — é causada por conta de mulheres que seguem carreiras em vez de serem donas de casa e mães. As mulheres são bombardeadas com propagandas para convencê-las a ficar em casa. Um anúncio da Penn Mutual Life Insurance, por exemplo, mostra uma noiva sob o título "Senhora, você tem um trabalho!". Em seguida, ela afirma: "Eu prometo amar, honrar, obedecer, cozinhar, fazer camas, lavar roupas, cuidar de bebês etc." Cozinha e aparelhos eletrodomésticos são anunciados como "o sonho de toda mulher". Essas mudanças são refletidas nos campi universitários. Em 1950, no Estados Unidos, as mulheres representam apenas 30% dos estudantes universitários matriculados; uma queda de 47% em relação a 1920.

Retorno à feminilidade

Durante a década de 1950, o retorno à feminilidade foi o conselho dado às mulheres. Theodore Zeldin[5] nos conta que a revista americana *Woman's Home Companion* editou um questionário para capacitar as leitoras a medirem sua própria feminilidade. A primeira pergunta era: Você usa esmalte para as unhas? A segunda: Você tem ambições de fazer carreira? A partir dos 12 anos, as moças usavam sutiãs com chumaço de algodão para se tornarem cópias do modelo feminino em voga, o das atrizes de seios enormes. O propósito era permitir a cada sexo ter papéis definidos. Em uma pesquisa, a maioria das mulheres disse que preferia homens conhecedores da etiqueta formal aos que possuíssem personalidade agradável.

Zeldin acredita que pelo fato de serem femininas e submissas, daquelas mulheres esperava-se que tornassem os homens mais masculinos, ajudando-os a "se sentirem homens". Isso parecia necessário numa época em que as mulheres competiam com os homens no trabalho, e o código do cavalheiro antiquado parecia ser uma maneira de evitar a competição na vida privada. Mas, naturalmente, os homens que necessitavam da proclamação de sua masculinidade não tardaram a ser considerados insuficientes, e as mulheres decidiram que tinham adotado a estratégia errada.

Fica claro, desse modo, que embora as mulheres fossem capazes de alterar a maneira como os homens dançavam em volta delas, os dançarinos continuavam desajeitados e difíceis. Muito antes da revolução sexual da década de 1960 os americanos se preocupavam acerca da sua identidade sexual; a Universidade da Califórnia do Sul já oferecia a seus estudantes cursos sobre "seis diferenças fundamentais entre homens e mulheres" dez anos antes.

"Jeitinho feminino"

A mulher é aconselhada a valorizar o "poder dos bastidores" na relação com os homens, a usar o "jeitinho feminino" para conseguir ter algum desejo satisfeito. A historiadora Carla Bassanezi, em seu livro *Virando as páginas, revendo as mulheres*, para o qual pesquisou o que aconselham as revistas femininas brasileiras sobre as relações homem-mulher, de 1945 a 1964, analisa esse "jeitinho feminino", que sintetizo a seguir.[6]

O "jeitinho feminino" é um falso poder destinado a manter a submissão feminina dentro das relações homem-mulher que conferem supremacia ao masculino. Na verdade, quem exerce o poder das decisões finais e importantes são os homens. Nas situações em que a mulher precisa usar o "jeitinho feminino" para lidar com o homem, ocorre simplesmente a confirmação da hegemonia do poder masculino: o homem é o ponto de referência, a mulher se coloca, antes de tudo, diante de sua relação com ele, na dependência de sua boa vontade. Não há uma relação entre iguais.

As receitas para cativar o marido ou manobrá-lo sem que ele se dê conta são apenas formas ilusórias de compensação dadas às mulheres por sua condição de submissão de fato. O "jeitinho feminino" é apenas um recurso concedido às mulheres para reduzir ou escamotear conflitos e tensões nas relações homem-mulher, uma mera adaptação às estruturas e não uma ameaça real às relações de poder estabelecidas. O domínio da "rainha do lar" é o domínio do não essencial. A vida da dona de casa de classe média é uma vida "na sombra", vivida por "procuração", sem criatividade, incapaz de grandes realizações. A ideia de que a mulher é a "rainha do lar" contribui para manter o mundo feminino separado do masculino pela mesma distância que separa o acessório do essencial.

A adequação ao ideal da mulher de prendas domésticas, responsável pela harmonia do lar, que exerce um "poder nos bastidores", reforça a situação de hegemonia masculina na distribuição desigual de poderes entre homens e mulheres na sociedade. Este ideal atribui à mãe de família capacidades de heroína para abnegação, sacrifícios virtuosos em função do marido e dos filhos, além de desfavorecer a participação feminina no mundo do trabalho.

A MULHER E O TRABALHO

O trabalho da mulher fora de casa é aceito apenas se houver necessidade financeira. Entretanto, nesse caso, o marido fica numa situação difícil. Considera-se que ele não está sendo homem suficiente para sustentar sozinho toda a família. Isso o deixa envergonhado e abala sua autoestima. Carla Bassanezi mostra que alguns textos afirmam que o principal perigo para a mulher que trabalha é o de deformar sua feminilidade, a ponto de ter "atitudes masculinas" encontradas em mulheres muito decididas, sem o amor de um homem e de uma descendência. Mais uma vez o modelo de felicidade feminina aparece ligado à família. A independência financeira é relacionada ao estereótipo da "solteirona" que, por ter outros interesses prioritários, além de marido/casa/filhos, não pode ser feliz totalmente.[7]

Quando o trabalho feminino já é considerado um fato — mesmo que concretamente os números não sejam tão elevados, o estremecimento de valores tradicionais já se faz sentir —, vários argumentos são encontrados para manter a mulher "no seu devido lugar", ou seja, conservá-la com suas antigas funções e atributos de gênero — domesticidade, fragilidade, dependência financeira de um homem etc.[8]

AS "SOLTEIRONAS"

Depois da guerra, as mulheres americanas começaram a ficar ansiosas para arranjar marido. Dezesseis milhões de jovens soldados foram enviados ao outro lado do mar; 250 mil foram mortos; 100 mil se casaram com mulheres inglesas, francesas e de outras nacionalidades. "Elas perceberam que já não havia homens em número suficiente e, mais grave ainda, que os veteranos estavam exigindo mulheres maduras, sofisticadas, iguais às que tinham conhecido na Europa, e não tinham tempo a perder com moças de cabeça oca. Surgem então as 'caçadoras', 'ladras de homens', admiradas em lugar das outras. Frequentar o colégio tornou-se uma forma de pegar marido, 'ser diplomada como madame' — e se, em outubro, a moça ainda não tivesse parceiro, então era mesmo um fracasso."[9]

A mulher solteira com mais de 25 anos é estigmatizada com o rótulo de "solteirona" ou a que "ficou para titia". Carla Bassanezi resume como vivem essas mulheres.[10] Trata-se de uma situação socialmente indesejável; a mulher "incompleta", que não é esposa nem mãe. Sujeita às gozações, a "solteirona" tem a sua reputação controlada: não deve sair sozinha à noite ou insinuar-se abertamente para um homem. Muitas vezes é vista como um peso para a família, pois não arranjou marido para sustentá-la. Uma das saídas "honrosas" seria trabalhar.

Da mesma forma que ocorre com as mocinhas, seu corpo está sempre sendo vigiado. A mulher solteira e independente, a partir de uma certa idade, é uma ameaça que ronda "homens bem casados". Se as oportunidades de casamento "desaparecerem" — porque a mulher já "passou da idade", não é mais virgem, não soube garantir sua reputação, tem relações com um homem casado etc. —, acredita-se que ela pode optar pelas indesejáveis "alternativas tradicionais" — morar com parentes, tornar-se concubina ou prostituta. Em suma, o "não casar" significa frustrar as expectativas da sociedade. As mulheres introjetam os valores da sociedade e passam a considerar o "não casamento" sinônimo de fracasso.

AS REVISTAS FEMININAS NO BRASIL

"Voltamos nosso olhar para uma época com o significativo apelido de 'Anos Dourados' à procura das relações homem-mulher marcadas por estas representações. E nada melhor que as revistas femininas do período para atuar como porta de entrada para o universo das 'verdades absolutas', das normas sociais e da 'natureza' dos sexos. A leitura dessas revistas traz à tona a 'boa esposa', a 'moça de família', a 'jovem rebelde', o 'bom partido', o 'marido ideal', a 'leviana', a 'outra', a 'felicidade conjugal', as 'infidelidades', o 'jeitinho feminino'. Revela também os jogos de poder envolvidos nas relações entre homens e mulheres, os conflitos de gerações, os valores morais presentes entre as classes médias urbanas da época", escreve Carla Bassanezi na introdução do seu livro.[11] A seguir faço uma síntese de suas observações a respeito das revistas femininas brasileiras, que exerciam grande influência sobre as mulheres.

As revistas femininas pesquisadas pela historiadora são principalmente *Jornal das Moças* (anos 1940-1950) e Cláudia (anos 1960), além das publicações *Querida* e *O Cruzeiro*. Fotonovelas como *Capricho* e *Grande Hotel* são também bastante populares na década de 1950. As revistas buscam, na medida do possível, refletir as ideias dominantes sobre o masculino, o feminino e as relações homem-mulher. Os artigos, principalmente os hoje chamados "de comportamento", tratam de questões do tipo: Como deve comportar-se uma boa esposa?; O que é moralmente aceito?; Como e por que controlar os impulsos e as paixões?; O que significa ser uma boa mãe ou boa filha?; Como entender, conquistar e manter os homens?

A ideia de que a natureza feminina conduz as mulheres ao casamento, à maternidade e, consequentemente, ao cumprimento do papel de dona de casa é marcante nas revistas dessa época, constituindo-se em uma das bases de seu conteúdo. As revistas femininas negam a dimensão social e temporal quando apresentam o casamento e a maternidade, unidos às funções domésticas, como um destino *natural* traçado para todas as mulheres. Ligado a uma noção de essência feminina, este destino surge como praticamente incontestável. As mulheres são assim definidas como esposas, mães e "rainhas do lar" em potencial. E não de qualquer tipo. São mães, esposas e donas de casa que correspondem a determinado modelo.

Portador de novos hábitos, mais "liberado", o cinema, que atrai a juventude e imprime novos padrões de conduta, é visto como um perigo. Os limites da masculinidade e da feminilidade reforçados pelas revistas determinam quase sempre imagens de força e iniciativa para o homem; doçura, passividade, "instinto maternal" e sentimentalismo para a mulher. Um bom exemplo é o que diz o *Jornal das Moças* em 30 de agosto de 1945: "Criança que chora é criança. Homem que chora é mulher. Mulher que não chora é homem."

Se um homem tentar passar dos limites (com carícias, sugestões e intimidades sexuais) com uma moça de família, ele será absolvido por sua masculinidade — "ele é homem e não é bobo" —, cabendo à mulher o papel de freio aos desejos do corpo. As revistas alertam suas leitoras para que não se deixem levar pelas estratégias de sedução de homens "mal-intencionados". Muito presente no *Jornal das Moças* e em *Cláudia* está o alerta de que as mulheres, se não forem orientadas, poderão ser enganadas facilmente, pois são românticas ingênuas e influenciáveis.

Outro argumento muito usado para justificar o interesse sexual masculino por várias mulheres, legitimando as aventuras extraconjugais dos maridos, e ao mesmo tempo restringir o desejo das mulheres por mais de um homem é o de que a mulher não pode dissociar sexo de amor, sob pena de graves consequências.

Carla Bassanezi resume assim o papel das revistas femininas na época: "As revistas alimentam nas jovens o ideal do amor romântico (ainda que 'domesticado' e com vistas ao casamento), colocam, desta forma, o homem nas alturas, o príncipe encantado (ou, mais atualizado, o galã de cinema) que as levará para o altar no 'dia mais feliz' de suas vidas. O homem, posto no pedestal, torna-se a *meta*, o objetivo de vida destas jovens.

"O futuro marido passa a ser aquele capaz de dar toda a felicidade almejada pela mulher... E, então... as revistas procuram tirar as moças das nuvens das idealizações românticas chamando-as de volta à realidade dos *deveres e obrigações* de esposa e mãe que estão acima de decepções, ciúmes, paixões e 'capricho' femininos. O amor aparece como a maior contribuição da mulher, mas se ele for 'exigente demais', passa a ser desvalorizado, ridicularizado e/ou considerado perigoso para as instituições. Aqui, o círculo se fecha: as revistas contribuem na preservação da estabilidade da *família*."[12]

Conselhos às mulheres

A revista *Jornal das Moças* é a mais vendida do segmento na década de 1950. Vangloria-se de ser 100% familiar, coloca-se claramente a serviço dos "bons costumes", considerando que a prioridade da vida da mulher deve ser o lar, o casamento e a maternidade. Uma combatente eficaz para que não haja dissolução no lar.

A revista *Cláudia* surge em 1961 com um ar de modernidade. Em geral, seus artigos reafirmam a responsabilidade/obrigação da mulher para com os afazeres domésticos (ainda que trabalhe fora), a educação e o cuidado dos filhos em casa e a harmonia conjugal. Em muitos textos ainda prevalece a moral sexual de décadas passadas. Família, Igreja e Lei são praticamente incontestáveis.

A seguir alguns exemplos de conselhos que as mulheres recebiam dessas revistas.

> *"É leviana sim a moça que consente em ser beijada pelo namorado que conheceu hoje, no baile, e com quem bebeu muito champanhe (...) tem razão para temer o que o rapaz agora ande a dizer na roda de amigos. Felizmente não permitiu que outro namorado, depois, desfrutasse em tal companhia de 'intimidades silenciosas, (...) ela o teria prendido por um tempo, sim, mas não para amá-la, antes para desfrutá-la e deixá-la depois com a alma cheia de remorsos." (O Cruzeiro — 8/1/55)*
>
> *"A desordem em um banheiro desperta no marido a vontade de ir tomar banho na rua." (Jornal das Moças — 25/10/45)*
>
> *"Não se precipite para abraçá-lo no momento em que ele começa a ler o jornal; não lhe peça para levá-la ao cinema quando ele estiver muito cansado; não use sem bolero o vestido que ele acha muito decotado; não o interrompa quando ele começa a contar uma história; não o acaricie muito em público." (Jornal das Moças — 03/03/55)*
>
> *"Se o marido gosta de fumar, você não deverá armar uma briga pelo simples fato de ele deixar cair cinza no seu tapete. O que deve fazer é ter uma boa quantidade de cinzeiros espalhados pelos quatro cantos da casa a fim de evitar discussões sobre o assunto." (Jornal das Moças — 16/05/57)*
>
> *"Uma boa esposa não rouba do marido certos prazeres, mesmo que estes a contrariem. Mesmo arriscando-se, por exemplo, a não adormecer, deixa um abajur aceso para que ele possa ler as notícias dos jornais." (Jornal das Moças — 12/07/56)*

"Não lhe dê lições; no seu trabalho ele pode receber ordens, portanto, deixe-o tranquilo quando ele chegar em casa. Mesmo que você saiba mais do que ele, faça de conta que quer aprender, que ele é o mestre...." (Jornal das Moças)

"Sorrir e não fazer cenas para que o marido, a fim de fugir destas cenas, não caia nos braços de outra e abandone de vez a casa." (Jornal das Moças — 08/03/56)

"Toda esposa que deseja conservar seu marido deve dedicar uma boa parte do seu tempo ao estudo e aperfeiçoamento da arte culinária (...) os homens são como peixes, agarram-se pela boca..." (Jornal das Moças — 16/05/57)

"Não há homem que não aprecie chegar em casa, depois de um dia de trabalho agitado no escritório, e encontrar a esposa arrumada e com um aspecto atraente. (...) Assim ele esquece a mulher que admirou na rua e se sente feliz e satisfeito de ter em casa alguém talvez ainda mais atraente, à sua espera." (Jornal das Moças — 29/10/59)

"(...) se ele lhe parece um pouco 'distraído', está certa de que não foi você que o afastou com suas atitudes? Observe-se bem: continua sendo cuidadosa, romântica e gentil? Sabe ainda demonstrar-lhe, com graça, seu amor, sua admiração?" (Cláudia — 04/62)

"Jamais fique amuada e de maneira alguma aborreça a paciência do marido." (Cláudia — 12/62)

"Se desconfia da infidelidade do marido, redobre os carinhos e a prova de afeto." (Cláudia — 02/62)

"Para amá-la, o homem necessita que sua mulher esteja inteiramente de bom humor, contente, inteiramente feliz. É necessário que o faça rir, mesmo quando não tem vontade, que seja espirituosa, mesmo quando tem dor de cabeça, sempre pronta a aceitar tudo, incapaz de ter mau humor: dócil, graciosíssima a seu serviço..." (Cláudia — 05/62)

SINAIS DE MUDANÇA

Carla Bassanezi nos mostra um importante sinal de que as mentalidades começariam a mudar. Em novembro de 1963, Carmen da Silva, colunista da revista *Cláudia*, num artigo intitulado "Uma pequena rainha triste", traz uma visão diferente da condição feminina e novas propostas de vida para as mulheres. Carmen diz: "A sociedade outorga à mulher, esposa e mãe, o título de 'rainha do lar', mas esta rainha é insatisfeita, embora não o confesse nem a si própria."

No texto, Carmen da Silva desnaturaliza e remete às determinações sociais o "domínio" da mulher no espaço doméstico; bombardeia o ideal dominante de felicidade e aspirações de vida atribuídos ao feminino; convida à reflexão a partir de novas ideias e não mais das normas sociais ou do senso comum; destrincha o cotidiano "insatisfatório" da dona de casa de classe média.

Para Carmen, o problema mais grave no relacionamento do casal, marcado pelas convenções e preconceitos que rodeiam a figura da rainha do lar, é o sexo: mãe de família não deve permitir "certas coisas", mantendo uma conduta sexual moralista. Assim, ficam de lado a espontaneidade, a subjetividade e a criatividade. Concluindo que a "rainha do lar" é, na verdade, escrava, Carmen da Silva combate o ideal de felicidade doméstica com base nas atribuições femininas tradicionais. Não se restringe, entretanto, à análise crítica; propõe um caminho: a mulher deve abrir-se ao mundo e abraçar outras possibilidades de autorrealização.

Carla Bassanezi chama a atenção para o fato de que nos textos de Carmen a "felicidade da mulher" não se confunde mais — como era comum ocorrer em revistas dos anos 1950 e mesmo na própria *Cláudia* — com a "felicidade do lar". Ao mesmo tempo, a harmonia familiar, incluindo os aspectos conjugais e sexuais, torna-se mais "completa e verdadeira" com a realização pessoal da mulher, que é também, mas não só, esposa e mãe.

Para a historiadora, o trabalho de Carmen da Silva combate vários dos mitos, estereótipos e valores sociais arraigados. E interfere na contestação/reconstrução de vários aspectos das relações homem-mulher em sua época.

SEXO

A repressão da sexualidade era grande, assim como a preocupação com a opinião alheia quanto à conduta, principalmente das mulheres.

"O que os outros vão dizer?", perguntavam as mães aflitas a qualquer pequena ousadia de suas filhas. As aparências e as normas sociais tinham peso excessivo. A reputação das moças se apoiava em sua capacidade de resistir aos avanços sexuais dos rapazes. A ideia era a de que se ela não resistisse ao namorado, não resistiria a outros homens depois de casada. Os homens insistiam por mais intimidade, mas os que alcançavam seus intentos se desencantavam. Casar, para a mulher, era a principal meta a ser alcançada na vida. E para isso era necessário impor respeito. A "fácil", aquela que permitia certas liberdades, ficava malfalada, diminuindo assim suas chances de encontrar um marido.

Ninguém mais queria casar sem amor, portanto as jovens teriam que conhecer os rapazes. A ênfase na educação para o autocontrole das moças se intensificou. Era importante que elas soubessem distinguir o *certo* do *errado* de forma a conservar suas virtudes e a conter sua sexualidade, *dando-se ao respeito*. Ficava mal para a reputação de uma jovem usar roupas sensuais, sair com muitos rapazes diferentes ou ser vista em situações que sugerissem intimidade com um homem. Seria prejudicial a seus planos de casamento ter fama de leviana, namoradeira, vassourinha ou maçaneta (que passa de mão em mão), enfim, de garota *fácil*, que permite beijos ousados, abraços intensos e outras formas de manifestar a sexualidade.[13]

As moças levianas eram aquelas com quem *os rapazes namoram, mas não casam*. As moças de família as evitavam para que não fossem atingidas por sua má fama. A moral sexual dominante nos anos 1950 exigia das mulheres solteiras a virtude, muitas vezes confundidas com ignorância sexual e sempre relacionadas à contenção sexual e à virgindade. Ao contrário, os homens eram valorizados se tivessem relações sexuais com várias mulheres. Geralmente, eram prostitutas ou garotas com quem não casariam, como as que eram chamadas de fáceis, galinhas, bandidas, biscates. Essas lhes permitiam contatos sexuais proibidos às moças para casar.[14]

Em agosto de 1958, começou a ser vendido nas lojas o disco de 78 rotações, do selo Odeon, do cantor João Gilberto com as músicas "Chega de saudade" (Tom Jobim e Vinicius de Moraes) e "Bim Bom", do próprio cantor. A forma intimista de cantar, o arranjo econômico e os acordes dissonantes surpreendem e modificam todo o cenário musical da época. É o início da bossa-nova.

As gírias estavam em todo lugar. Homem bonito era um *pão*, algo muito bom era *bárbaro*, uma pessoa charmosa tinha *borogodó*, e se alguém queria se exibir, *tirava uma chinfra*, o fácil era *sopa no mel*, e se você bobeasse estava *marcando touca*. Eram "os últimos momentos em que ninguém era careta ou doidão, alienado ou engajado, direita ou esquerda, vanguarda ou reacionário, brega ou chique. (...) Tempos de elegância formal, que obrigavam a mulher a se definir entre a linha saco, trapézio ou balão", explica o jornalista Joaquim Ferreira dos Santos, no seu livro sobre a época.[15]

Celly Campelo estourou em 1959 com a música "Estúpido Cupido" e as garotas montavam na garupa das lambretas de seus namorados e iam passear na despovoada Barra da Tijuca, no Rio. Claro que só faziam isso as mais liberadas, e assim mesmo escondidas dos pais. Também em segredo era usado o maiô duas peças, a grande novidade, que inicia assim seu percurso rumo ao fio dental. "A juventude era transviada, mamãe rebolava no bambolê, Carmem Mayrink Veiga se esbaldava com lança-perfume e o catecismo assinado pelo deus Zéfiro ficava escondido com o diabo debaixo dos colchões", continua Joaquim.

O sexo estava vinculado à procriação, pois não havia ainda pílula anticoncepcional, mas por conta de todos os preconceitos, as mães solteiras eram repudiadas. Afinal, a mulher que tinha relações sexuais antes do casamento era considerada indecente, sem-vergonha, indigna. A atriz Maria Pompeu tinha 20 anos e declara: "Em 58 perdi a virgindade com um rapaz de quem já estava noiva há dois anos. Eu pretendia me casar com ele, que era bastante carinhoso. Depois que perdi a virgindade o sujeito não quis mais saber de casamento. Foi uma tragédia em cinco atos. Como eu ia casar se não era mais virgem?".[16]

Uma bomba sexual: o relatório Kinsey

"Nós registramos e mostramos os fatos; não julgamos os comportamentos, mas os descrevemos", diz Alfred Kinsey (1894-1956). A realidade das condutas sexuais dos seres humanos, num universo de grande repressão, demorou muito a acontecer. Muralhas de preconceitos, fanatismo e intolerância se levantaram contra os cientistas que ousaram tratar do assunto. A opinião pública, insuflada pelas religiões e outros setores conservadores da sociedade, atrasaram em séculos o estabelecimento de padrões de comportamento sexuais médios. Nos primeiros anos do século XX os médicos Van der Velde e Dickinson foram os primeiros cientistas a escrever sobre fisiologia sexual. Foram rechaçados em todas as frentes e seus textos se mantiveram confinados a publicações acadêmicas.

À frente da equipe do Institute for Sex Research (Instituto para Pesquisa Sexual), da Universidade de Indiana, EUA, Kinsey empreende, a partir de 1938, uma gigantesca pesquisa sociológica sobre o comportamento sexual humano. O resultado foi a publicação dos livros *O comportamento sexual do homem*, de 1948, e *O comportamento sexual da mulher*, em 1953, três anos antes de sua morte. Algumas das conclusões foram surpreendentes na época e tiveram o efeito de uma bomba no senso comum americano e mundial. O relatório Kinsey abalou muitas ideias prontas. Essa desmistificação tranquila foi rapidamente utilizada por grupos confinados às margens da sociedade, que se apoiaram nos dados coletados para reivindicar direitos.[17]

Muito corajoso para a época e intensamente criticado, ele abre abruptamente uma janela para a sexualidade masculina, até então objeto de constrangimento e de pesado silêncio. "A questão da sexualidade e do prazer é tão crucial em nossa civilização que durante séculos ela permaneceu um tabu, como os grandes mitos fundadores. A mudança radical inaugurada por Kinsey foi possibilitada por um movimento fundamental referente à percepção pelo Sujeito de sua relação com os outros. O aspecto mais fascinante desse trabalho erudito sistemático é o fato de definir com clareza exemplar a diferença entre as normas e as realidades."[18]

O orgasmo feminino começa a ser admitido com muita cautela. A mulher que gozava sem amor era tida como ninfomaníaca, ao passo que o homem casado que frequentava os bordéis era considerado normal. A sexualidade humana é elevada a ramo legítimo das ciências humanas.

Os estudos de Wilhelm Reich (*A função do orgasmo*, 1927), Alfred Kinsey (*Comportamento sexual do homem*, 1948 e 1953) e Masters e Johnson, que em 1950 observaram pela primeira vez os aparelhos genitais masculinos e femininos durante o ato sexual, e em 1966 publicaram *A conduta sexual humana*, lançam luz sobre o erotismo. Em seguida, múltiplas pesquisas põem em evidência o papel essencial do gozo feminino, liberado do dever de maternidade, pela primeira vez desde a origem da humanidade, em função da livre vontade da interessada. "A verdadeira revolução é essa! Ainda difíceis de serem avaliadas em nossos dias, suas consequências fazem-se sentir rapidamente nas relações humanas de todas as naturezas."[19]

Agora, a mulher insatisfeita, o homem com problemas de ereção, com ejaculação precoce ou impossível, vão consultar o sexólogo: "No plano ético, ele coloca e define uma norma simples: o imperativo orgásmico, isto é, um contrato sexual recíproco do gozo que inaugura uma democracia sexual. No plano técnico, ele ensina ao paciente a autodisciplina orgásmica", escreve o historiador francês Gerard Vincent.

Masters e Johnson relatam que na década de 1950, seus pacientes eram homens preocupados com a impotência e a ejaculação precoce. A partir daí, surge um novo discurso feminino que expressa sua sexualidade e manifesta suas reclamações. Dos anos 1960 em diante, um número cada vez maior de mulheres vão consultá-los pela dificuldade ou incapacidade de atingir o orgasmo.

FLERTE

Trocas de olhares e sorrisos são as formas mais comuns de demonstrar interesse pelo outro. Entretanto, "numa época em que o namoro é considerado pela moral dominante como apenas uma etapa na escolha do cônjuge e que, portanto, deve ter em vista o casamento, o flerte feminino 'inconsequente' não é encarado com bons olhos".[20] As moças são orientadas a sempre agradar aos rapazes, mas nunca através de intimidades sexuais que comprometam seu status de "moça direita" para casar. Tarefa bem complicada. Elas devem corresponder às expectativas do rapaz, ao mesmo tempo que devem se controlar e escolher a atitude mais adequada na relação com ele.

Para ensinar às moças como se comportar, dentro da "moral e dos bons costumes", para que os rapazes as vejam como "boas moças", o *Jornal das Moças*, em 6 de outubro de 1955, publicou um teste intitulado: "Sairá ele com você uma segunda vez?". Ansiosas em saber se seriam aprovadas pelo rapaz, muitas jovens devem ter respondido ao teste. A seguir, algumas das questões apresentadas com a resposta considerada certa pelo *Jornal das Moças*.[21]

2. E se ele a deixa escolher o lugar onde irão?

a) Pede para que ele venha buscá-la em casa?

b) Propõe que se encontrem num restaurante?

c) Pergunta onde ele acha melhor?

Resposta: A (a) é preferível, mas tenha cuidado: se você vive sozinha, ele interpretará isso como um convite arriscado.

11. Se ele lhe conta uma história um pouco ousada destinada a fazê-la rir, mas cujo humor lhe parece condenável...

a) Você ri ruidosamente?

b) Assume um ar glacial?

c) Sorri dizendo que seu espírito não compreende prontamente este gênero de histórias?

Resposta: (c).

12. A questão do vinho...

a) Deixa que ele encha a sua taça todas as vezes que estiver vazia e bebe-a imediatamente?

b) Se a garrafa esvazia, deixa que ele encomende outra mesmo sabendo que o jantar está quase no fim?

c) Você não toca na taça que está cheia diante de si?

Resposta: Zero para (a) e (b). Não despreze o vinho, mas beba pouco. Os vinhos generosos sempre fazem a gente cometer tolices. Ele se divertirá... mas julgará você leviana.

15. Quando chega o momento de pagar...

a) Você pede para dividir as despesas?

b) Você o deixa pagar?

c) Você coloca delicadamente uma nota sobre a mesa para pagar com tato?

Resposta: (b).

21. Se ele após o teatro ou cinema lhe propõe ir ao apartamento para beberem alguma coisa...

a) Você aceita alegremente?

b) Você o convida então para irem ao seu apartamento?

c) Você lhe sugere um café próximo?

Resposta: Mesmo se ele se divertir, não gostará se você adotar (a) ou (b).

23. Se ele tentar abraçá-la antes de ir embora...

a) Você permite?

b) Você repele-o com ar escandalizado?

c) Você desprende-se gentilmente e estende-lhe a mão?

Resposta: Zero para (a) e (b). Não o repila grosseiramente, é melhor adotar (c).

———•———

Se a moça faz tudo direitinho, ajustando a sua imagem às expectativas do rapaz, mostrando que é pura e recatada, tem chances de ele querer namorá-la.

NAMORO

Se você quer ser minha namorada,
Ai que linda namorada
Você poderia ser.
Se quiser ser somente minha,
Exatamente essa coisinha,
Essa coisa toda minha
Que ninguém mais pode ser.
Você tem que me fazer um juramento
De só ter um pensamento,
Ser só minha até morrer,
E também de não perder esse jeitinho
De falar devagarinho
Essas histórias de você.
E de repente
Me fazer muito carinho
E chorar bem de mansinho,
Sem ninguém saber por quê.

———————

Esta é a primeira parte de "Minha Namorada", música de Carlos Lyra com letra de Vinicius de Moraes, lançada em 1962, que deixa claro como a moça deve se comportar no namoro para agradar ao homem. Além de só pensar no namorado e de falar devagarinho, Carla Bassanezi nos lembra que ela deve provar que é fiel, prendada, boa dona de casa e futura boa mãe.

Nessa época, a mãe deve preparar a filha para o casamento, vigiar de perto seu comportamento, ajudá-la na escolha do noivo, controlar suas saídas e horários, zelar por sua reputação, manter o pai informado do assunto etc. É preciso evitar a falta de compromisso "sério", pois o namoro quase obriga ao noivado e ao casamento, ou pelo menos deve ser este seu objetivo segundo os valores dominantes da época. Ao pai cabe avaliar o pretendente e cuidar para que sua filha seja sempre vista como uma "moça de família" protegendo sua honra diante dos outros.

O namorado, por sua vez, precisa demonstrar — para a namorada e sua família — que é honesto, responsável, trabalhador e "respeitador", enfim, um "bom partido". As moças são aconselhadas a escolher um namorado estudioso, ou com emprego fixo, que lhes possa garantir um "bom futuro" — família estável, sustento do lar, dedicação. A revista *Querida*, de janeiro de 1959 mostra que 25% das moças já romperam o namoro devido à desaprovação dos pais e 22% devido ao "atrevimento" do rapaz.[22]

NAMOROS ÍNTIMOS

As "moças de família" ficam malfaladas se saem de carro sozinhas com algum rapaz. Contudo, "as pessoas começam a beijar-se, a tocar-se e a acariciar-se por cima das roupas. A anágua e a combinação são obrigatórias. Mas tudo o que parecia pôr um fim à sexualidade culpada convive, infelizmente, com conveniências hipócritas, com a vergonha do próprio corpo."[23]

A maioria das jovens dos anos 1950 tentava se casar virgem. Apesar dos riscos de "perder o respeito" do próprio namorado ou noivo, nem todas as moças evitam contatos íntimos. Algumas permitem certas "liberdades" desde que a virgindade — selo de qualidade exigido para o casamento — seja mantida e que "mais ninguém saiba". Nesse tipo de namoro pode haver "amassos" (carícias por cima e por baixo da roupa), sexo "feito nas coxas" ou até sexo oral e anal.[24]

Não é somente o medo de "dar um mal passo" ou de "se perder" que assustava as jovens. A contracepção era inacessível às mulheres solteiras e havia, portanto, o temor da gravidez indesejada. Nos Estados Unidos, as clínicas chegavam ao ponto de pedir o recibo do vestido de noiva para aquelas que queriam tomar precauções antes da noite de núpcias.

TEMPO DE NAMORO

Se o tempo de um namoro fosse longo, levantava suspeitas sobre as verdadeiras intenções do rapaz. Mas também não podia ser muito rápido a ponto de precipitar a data do casamento. "O namoro muito longo comprometia a reputação da moça, que se tornava alvo de fofocas maldosas. A opinião do grupo era tão importante quanto a do namorado ou da namorada. E a cobrança da sociedade para que os pombinhos se decidissem também contava pontos."[25]

CASAMENTO

As mulheres são incentivadas a se casar. Numerosos slogans são testemunha disto: "A pessoa só se realiza no casamento"; "Como você vai se manter se não se casar?", "A única vantagem da mulher é ter filhos". A mulher passa, assim, da dependência familiar à submissão ao marido, aceita pela sociedade. Ela fica restrita ao espaço privado, e é óbvio que manda quem tem o dinheiro, ou seja, o homem. As mulheres se casam cedo: nos Estados Unidos, a metade das recém-casadas tem menos de 20 anos; Na Inglaterra, menos de 25. As propagandas do governo americano fazem a promoção da família, base da sociedade — e defesa contra o medo da Guerra Fria. A nova prosperidade permite à maioria dos jovens casais conseguir casas novas que surgem em quantidade nos subúrbios das grandes cidades americanas. A Europa espera um pouco mais para tal desenvolvimento: enquanto isso a maior parte dos recém-casados vive com os pais, em geral com os pais da moça.

Na França, em 1953, começam a ser realizadas palestras de preparação pré-nupcial. Elas mostram o casamento como uma etapa de um processo de amadurecimento afetivo que se consuma com a realização do desejo de ter filhos. Considera-se que os filhos, para serem bem criados, precisam não só do amor dos pais, mas também do amor entre os pais. O termo *casal* passa a ser utilizado em expressões como "vida de casal", "problemas de casal". Agora, o amor ocupa um lugar central no casamento: é seu próprio fundamento.[26]

Numa revista pode-se ler a história de uma "mulher de mármore" que o marido não transformara numa "verdadeira mulher", e que descobre o prazer nos braços de outro, antes de retomar o "enfadonho dever conjugal". Em outra parte, uma mulher escreve: "Era mais imoral viver juntos sem amor do que viver separados." A partir de agora, já não basta o casamento para legitimar a sexualidade: é preciso amor. Entretanto, a sexualidade continua vinculada à procriação. [27]

O fato de as mulheres casadas pararem de trabalhar depois da guerra causou problemas para algumas delas. Marilyn Yalom nos esclarece a esse respeito. A seguir sintetizo suas informações.[28]

As mulheres que já tinham experimentado a independência, que vinha com o salário mensal, não tinham muita certeza de estarem dispostas a trocá-la por uma mesada do marido. Muitos maridos bem-sucedidos, após a ansiedade vivida nos anos da Depressão, se orgulhavam de serem capazes de sustentar uma esposa que ficava em casa. Mas mesmo que o marido consentisse, as mulheres eram dispensadas das ocupações obsoletas da indústria da guerra e eliminadas de outros setores da economia que davam preferência aos ex-combatentes.

Por outro lado, muitas mulheres, que anteriormente trabalhavam, *escolheram* se aliar às donas de casa e se dedicar exclusivamente ao lar e à família. Elas tinham sido educadas acreditando em papéis bem-definidos para maridos e esposas, e especialmente para mães, como uma delas ressaltou muitos anos depois: "Eu estava totalmente envolvida com a maternidade. Não sou do tipo que segue uma carreira profissional, e as mulheres da minha geração sempre foram educadas para serem mães. É o nosso objetivo na vida." Uma outra esposa reviu com orgulho como havia se saído bem em seu papel de esposa e mãe: "Eu nunca tive de trabalhar... Criei os garotos... Gosto de ser dona de casa... Uma mulher gosta de muita atenção, quer ser importante na vida de um homem... Quando ele volta para casa do trabalho, eu me arrumo como se fosse sair. Sempre fiz isso."

As imagens da mãe e da rainha do lar se propagaram, reforçando a ideologia doméstica. Um artigo de 1945 do americano *Ladies' Home Journal* discutia se a maioria das trabalhadoras gostaria de ser dona de casa em tempo integral depois da guerra. O autor, Nell Giles, reunindo os resultados de um estudo nacional, escreveu: "Se as mulheres americanas puderem encontrar um marido que possa sustentá-las, o emprego perde o seu significado ao lado da necessidade vital de ficar em casa cuidando da família — três filhos é o número ideal..."

Esse *Journal* repetiu esta mensagem inúmeras vezes, quando a seção "Como vive a América" mostrou a história da Sra. Eck, que desistira da sua carreira em prol do marido e dos filhos. Sejam quais forem os motivos que ela tenha tido para fazer essa escolha, estavam ocultos sob a retórica de uma satisfação consumista: "Quanto mais cedo uma mulher preparar o ambiente da casa para o homem, mais rápido ele terá êxito e poderá dar-lhe uma casa melhor, empregados, roupas e muito mais... Poucos maridos realmente apreciam quando suas mulheres trabalham." Implícita nesta e em outras avaliações similares voltadas para as leitoras femininas estava a crença de que uma esposa era responsável não só pelo bem-estar dos filhos e pelo conforto do marido, mas também pela sua carreira. Se ele não fosse bem-sucedido, a culpa era, indiscutivelmente, dela.

Cinco anos depois, em setembro de 1950, o artigo "Como fazer para que o casamento funcione", do *Journal*, aconselhava as esposas: "Preocupe-se com o gosto do seu marido — a comida, a arrumação da casa, até mesmo a sua aparência. Realizar os desejos dele, mesmo se forem apenas caprichos, é o caminho seguro para convencê-lo de que você realmente quer agradá-lo." Alguém poderia questionar se qualquer uma das leitoras do *Journal* estava consciente de que esta mensagem foi a mesma que as esposas americanas e inglesas receberam anos antes.

Havia, no entanto, alguns poucos sinais de que as donas de casa americanas não estavam apenas tendo alegrias dentro de casa. Por exemplo, um artigo de 1947 da revista *Life Magazine*, mostrando o "Dilema das mulheres americanas", reconheceu que muitas esposas e mães que cuidavam de suas famílias ainda queriam participar do mundo externo. Como elas poderiam realizar suas tarefas domésticas e ao mesmo tempo trabalhar como voluntárias fora de casa? Com toda a certeza, a sociedade não estava preparada para ajudá-las a resolver este dilema de maneira satisfatória.

DONAS DE CASA

"Uma dona de casa é uma dona de casa, é tudo. Inferior na escala social... Alguém que sai de casa e trabalha é mais importante do que alguém que não trabalha... Eu não gosto de rebaixar uma dona de casa, mas todas as pessoas têm feito isso há muito tempo. No fundo, no fundo, eu sinto que o que faço é importante. Eu adoro ser uma dona de casa."

Esta foi a forma que uma mulher de 60 anos, do subúrbio de Chicago, EUA, descreveu sua situação em uma entrevista de rádio. A expressão "apenas dona de casa" refletia o status diminutivo da esposa que ficava em casa. Ela expressou a ambivalência que muitas donas de casa sentiam em relação ao seu papel: porque eram incorporadas nas escalas inferiores da sociedade, sentiam-se "culpadas" por trabalharem e não terem salários, mesmo gostando de cozinhar, limpar e cuidar da família, como obviamente fazia essa mulher.[29]

Um anúncio da General Mills mostrava uma esposa fazendo biscoitos de Natal com o seguinte título: "Apenas uma dona de casa?" Por trás daquela pergunta retórica, um longo texto tentava fazer com que a dona de casa se sentisse melhor e, assim, continuasse fazendo biscoitos.

> *Sua carreira é a mais importante que uma mulher pode escolher. Seu trabalho é manter sua família bem alimentada e limpa. Sua ambição é moldar bons cidadãos, torná-los felizes, confortáveis e orgulhosos do modo como vivem. Seu dia de trabalho geralmente começa antes do amanhecer e pode durar até a hora de ir para a cama — durante os sete dias da semana. Seu salário? O pagamento que ela mais aprecia é o reconhecimento repleto de amor que sua família lhe dá.[30]*

Apesar dessas tentativas de incentivar a autoestima das donas de casa americanas, muitas sofriam de determinado grau de insatisfação crônica consigo mesmas e com a vida. Não suportavam a monotonia, o tédio e isolamento vividos no dia a dia. "Nem todos os produtos que surgiram para facilitar seu trabalho e tornar sua vida mais agradável (de acordo com os peritos de marketing daquela época), todas as modernas pílulas de humor — como o Dexedrine, prescritas por médicos indulgentes, todos os discursos do destino das mães biológicas e do local sagrado dentro da família poderiam esconder o senso de frustração e alienação que algumas esposas sentiam em suas casas. Não foi nenhuma surpresa que o livro *Feminine Mystique* (Mística feminina), de Betty Friedan, de 1963, com a sua passional exposição sobre o empenho das donas de casa, tenha ido de encontro aos pensadores americanos e vendido mais de 1 milhão de exemplares."[31]

As mulheres sentiam inveja da vida que os respectivos maridos levavam. Viviam num mundo em que quase todas as satisfações de prestígio e de importância convergiam para o homem. Ao contrário, elas eram consideradas incompetentes e desinteressantes, e lhes eram negadas quase todas as experiências do mundo. A expectativa em relação à mulher casada, principalmente se o marido desempenhasse bem seu papel social, era a de que se contentasse com a vida em família.

Ela não deveria desejar nada além disso, nem ter vontade própria. "Se em algum lugar do mundo resolvessem levar as mulheres que já cumpriram sua função de ter e criar os filhos a um paredão de fuzilamento ou a uma câmara de gás, o mundo inteiro clamaria em altos brados pelo genocídio cometido. No entanto o que acontece é o assassinato sutil e lento, metódico e invisível da mulher casada."[32]

O DIA A DIA DA DONA DE CASA

É frequente a mulher, quando se casa, perder a maioria das amigas. Estas passam pelo crivo de aceitação do marido, e é claro que as mais liberadas ou as mais independentes são rapidamente afastadas. Amigos homens, se houver, em geral são devidamente afastados durante o período de namoro antes do casamento. Como a mulher é responsável pela manutenção do lar com todas as obrigações, seus horários de lazer tornam-se limitados a períodos entre os deveres domésticos; suas diversões serão aquelas que interessam a seu marido. Uma mulher casada não sai sozinha à noite para divertir-se — isto seria tão inaceitável para ela e o marido quanto para a pessoa que a convidasse.

Entretanto, as esposas com maridos bem empregados não precisam ficar em casa o dia inteiro se dedicando a trabalhos domésticos. Muitas optam por algum tipo de trabalho voluntário, que pode ser realizado em igrejas, hospitais, museus e organizações. Ao mesmo tempo, a participação em grupos de bridge, jardinagem ou leitura oferece uma opção para os interesses culturais e intelectuais.

A BOA ESPOSA

Como já vimos anteriormente neste capítulo, a "boa esposa" deve fazer tudo para agradar o marido, mesmo em detrimento do seu próprio bem-estar. Além disso, não deve discutir com ele nem se queixar de algo. Carla Bassanezi nos revela mais alguns dados colhidos na sua pesquisa.[33] A expectativa quanto à "boa esposa" é que viva em função do marido. Elas são aconselhadas a não aborrecê-los com "manias" ou "futilidades femininas". Não desagradar o homem é a principal preocupação.

As atitudes violentas e impulsivas dos homens são justificadas como comportamentos inatos e inerentes ao masculino, que podem se expressar caso haja provocação por parte das mulheres. Este argumento foi usado com frequência para explicar crimes passionais cometidos por maridos e namorados nos anos 1950-1960.

Para o *Jornal das Moças*, uma "boa esposa" sabe proporcionar, sem questionamentos, *sossego e liberdade* ao seu marido, mantendo assim a "felicidade conjugal". Para isso, a esposa não deve incomodá-lo com suspeitas sobre sua conduta. Não deve duvidar de suas explicações sobre os atrasos. Não deve demonstrar ciúmes. Precisa saber esquecer as aventuras de seu marido com outras. Os homens têm direito à liberdade.

A "liberdade do homem" é defendida, no *Jornal das Moças*, em 16/05/57, acima dos sentimentos femininos de decepção, orgulho ferido e ciúmes.

> *Mais do que orgulho, o seu dever é mais forte (...) passe uma esponja sobre um desvio, uma leviandade tão própria dos homens. Caso contrário, quando ele a abandonar, acha que seu ataque de nervos, a sua crise de orgulho, secará suas lágrimas?*

Nos anos 1950 há a crença de que uma mulher só pode se realizar, emocional e financeiramente, ao lado do marido. A separação é, então, a grande ameaça para a mulher casada. A responsabilidade pela estabilidade no casamento é da esposa, que deve sacrificar-se para mantê-lo. E a melhor forma de conseguir isso é atraindo o marido com afeição e serviços, engolindo as reclamações e cobranças.

A REPUTAÇÃO DA ESPOSA

Quando a moça se casava lhe era imposta uma mudança na maneira de vestir — uma mulher casada deveria usar roupas de acordo com sua nova condição, e quanto mais importante fosse a posição do seu marido, maior seria essa imposição. Para a historiadora francesa Michelle Perrot, "o corpo está no centro de toda relação de poder. Mas o corpo da mulher é o centro, de maneira imediata e específica. Sua aparência, sua beleza, suas formas, suas roupas, seus gestos, sua maneira de andar, de olhar, de falar e de rir são objeto de uma perpétua suspeita. Suspeita que visa o seu sexo, vulcão da terra. Enclausurá-las seria a melhor solução: em um espaço fechado, controlado, ou no mínimo sob um véu que mascara sua chama incendiária. Toda mulher em liberdade é um perigo e, ao mesmo tempo, está em perigo, um legitimando o outro. Se algo de mau lhe acontece, ela está recebendo apenas aquilo que merece".[34]

Na pesquisa de Carla Bassanezi fica claro como a mentalidade da época tiranizava as mulheres. Os conselhos das revistas femininas para que as esposas tenham boa reputação são mais um item que demonstra isso. A seguir alguns aspectos citados pela historiadora em seu livro.[35]

Em função da "felicidade no casamento", as mulheres devem evitar comentários desfavoráveis a seu respeito: a mulher casada, mais ainda que a jovem solteira e descompromissada, está sob a mira do julgamento social; deve mostrar-se honesta e fiel ao marido.

> "Uma dama casada, ao contrário da solteira, pode ser dona de si mesma, porém é uma escrava da comédia social." (Jornal das Moças — 15/07/48)

> "O dia em que a mulher contrai matrimônio é o dia em que começa a ser julgada e observada; é o dia em que passa a ser sócia da vida e da responsabilidade do esposo. E o homem espera muito dela: capacidade,

presença de espírito, confiança, fé, honra, moral, amor..." (Jornal das Moças — 08/03/45)

A revista dá diversos conselhos neste sentido à mulher casada. Ensina-lhe, por exemplo, que quando o marido está ausente, a esposa deve limitar sua vida social. A "boa esposa" também não deve ser muito vaidosa, pois a vaidade chama a atenção e atrai "comentários maldosos" sobre o relacionamento do casal ou sobre a presumível intenção da esposa de "ofuscar o marido". A mulher casada deve conter-se eliminando atitudes que prejudiquem sua reputação ou provoquem a má interpretação dos outros e aticem as "más línguas". O marido, entretanto, é o seu maior juiz. Em contrapartida, a mulher que se casa ganha uma aura de respeitabilidade devido à aquisição do título de *senhora*.

SEXO NO CASAMENTO

Com tanta repressão, o sexo não era bom para a maioria, muito menos para as mulheres. O homem chegava à vida adulta com pouquíssima experiência, no máximo algumas relações com prostitutas, o que reforçava a ideia do sexo ser algo pouco digno. Quando casava com aquela moça virgem, que viria a ser a mãe dos seus filhos, o sexo se tornava, então, um problema bastante complicado para ele. Era feito no escuro, embaixo das cobertas, com muita pressa. "É fácil reconhecer no texto (das revistas femininas) os vários estereótipos consagrados — a mulher passiva, submissa, afetiva e maternal; o homem ativo, viril, sensual. (...) As esposas têm expectativas quanto ao ato sexual — a própria constatação do interesse feminino neste campo, embora sugira que as mulheres prefiram o 'antes' e o 'depois' ao ato em si, já constitui uma novidade diante das revistas femininas da década anterior."[36]

FIDELIDADE

Como em períodos anteriores, aos maridos são permitidas relações extra-conjugais. Não são criticados os que são discretos e continuam como provedores da família. Quanto mais mulheres ele conquista, mais é considerado viril e valorizado. As mulheres devem ter a sexualidade contida para serem vistas como esposas respeitáveis. A honra do marido depende muito da conduta da esposa. Descoberta uma relação extraconjugal, ela é atacada e, em caso de separação, corre o risco de perder a guarda dos filhos. "Um homem incapaz de tratar com violência a mulher infiel ou de separar-se dela perde o respeito de seus iguais e passa a ser visto como 'corno manso', um insulto considerado gravíssimo."[37]

Separação

Silvia Maria casou-se virgem, provavelmente acreditando que ficaria casada até que a morte a separasse do marido. Entretanto, após oito anos de vida em comum, não queria mais continuar ao lado de Máric. Não havia uma razão clara, nada de especial, a não ser o fato de considerá-lo um chato. "Eu vou me separar. Ainda desconheço de onde buscarei forças, mas vou conseguir", pensava ela. Mário afirmava que Silvia não sairia de casa para não perder o direito de ver os filhos. "Ele deixou bem claro que eu não tinha argumentos para pedir a separação e que nenhum juiz acharia razoável romper um lar em nome da futilidade. (...) O pior de tudo é que ele era gentil, não me traía, até onde eu percebia, comportava-se como bom pai, era equilibrado, possuía boa saúde..."

Naquela época não havia separações amigáveis. Na maioria dos países ocidentais, o casamento constituía um contrato duradouro e não era permitido o rompimento, a não ser em casos de faltas gravíssimas cometidas por um dos cônjuges. Entre elas estava o abandono do lar, adultério, alcoolismo e violência física. Portanto, mesmo farta da falta de assunto e de ficar sentada no sofá em frente à TV, suas chances de conseguir se separar eram remotas. E ela ficou casada até que a morte os separou.[38]

Reay Tannahill acredita que a paz se revelou mais desafiadora que a guerra, com os primeiros anos de casamento mais traumatizantes do que alguém poderia prever. Entretanto, velhas tradições custam a morrer, especialmente a tradição hollywoodiana vitoriana de que o estado de casamento em si era, por alguma forma misteriosa, suficiente recompensa, mesmo para uma vida inteira de incompatibilidade, filhos rebeldes, pequenas discussões, tensões financeiras e interminável tédio. A grande maioria dos casais mal-ajustados da classe média estava preparada para enfrentar tudo, exceto o escândalo da separação, a admissão do próprio fracasso. Assim, enquanto as famílias cresciam, eles se mantinham taciturnos, mas juntos "por causa dos filhos".[39]

A mulher temia a possibilidade de uma separação. O casamento era sua principal fonte de segurança. Sobreviver sem os rendimentos do marido, principalmente com filhos, era impensável, portanto tudo tinha que ser feito para evitar o fim do casamento. Nesse período não havia separações amigáveis. Na maioria dos países ocidentais, o casamento constituía um contrato duradouro e não era permitido o rompimento, a não ser em casos de faltas gravíssimas cometidas por um dos cônjuges. Entre elas estava o abandono do lar, adultério, alcoolismo e violência física.

A separação era considerada imoral, uma chaga da sociedade. Apesar de só se separarem quando o casamento se tornava insuportável, as mulheres eram discriminadas e representavam uma vergonha para a família. "Desquitados de ambos os sexos eram vistos como má companhia, mas as mulheres sofriam mais com a situação. As 'bem-casadas' evitavam qualquer contato com elas. Sua conduta ficava sob a mira do juiz e qualquer passo em falso lhes fazia perder a guarda dos filhos."[40]

Os juízes eram todos homens e ficavam indignados ao ver uma mulher pleitear os seus direitos. Embora, por vezes, fossem paternalistas, no geral a mera suspeita de que a esposa tivesse "traído" o marido era suficiente para que ela perdesse tudo: além da guarda dos filhos, ela perdia os bens, a pensão alimentícia, a respeitabilidade social. O marido poderia até matar que seria absolvido por "legítima defesa da honra".

Lentamente as mentalidades começaram a mudar, preparando as grandes transformações que ocorreriam nas décadas seguintes. "As posições antidivorcistas eram majoritárias. Uma 'segunda chance' tinha pouca possibilidade de se efetivar. Mesmo assim, a proporção de separações cresceu nos censos demográficos entre as décadas de 1940 e 1960. Na burguesia, também se tornou mais comum que cônjuges separados seguissem tocando a vida, reconstituindo seus lares mediante contratos formais ou uniões no exterior."[41]

Homens e mulheres separados tinham dificuldade de convívio social, visto que a maioria das pessoas ficava casada a vida toda e esses "desgarrados" representavam uma ameaça constante aos casais. Poderiam interessar a um dos cônjuges ou poderiam servir como um perigoso exemplo. Não formar um par era associado a não ter uma família, até então único meio de não se viver na mais profunda solidão. Tudo isso causava tanto medo — e para muita gente ainda causa — que era preferível se contentar com uma relação morna, frustrante e mesmo difícil a arriscar viver sozinho. Contudo, "a solidão prejudicial ao ser humano é a solidão das relações estéreis, a solidão do estar juntos, mas permanecendo como que isolado em uma câmara transparente que impeça toda e qualquer comunicação."[42]

Como vimos até agora, os anos que se seguiram à Segunda Guerra Mundial foram de grande repressão da sexualidade, apego às convenções, preocupação com a aceitação social, submissão da mulher. Mas ao mesmo tempo...

A REVOLUÇÃO SEXUAL SE ANUNCIA

Até meados do século XX, em todo o Ocidente, a maioria dos jovens partilha o mundo de seus pais. Veem os mesmos filmes, gostam das mesmas músicas no rádio e compartilham os mesmos valores. De repente os dois universos se dissociam. Após a Segunda Guerra, com a destruição de Hiroshima e Nagasaki, a ameaça da bomba atômica paira na cabeça dos jovens. Com o sentimento de insatisfação que isso provoca, eles começam a questionar os valores de seus pais. Muitos deles, principalmente nos Estados Unidos, se recusam a dar continuidade a um estilo de vida que consideram medíocre e superficial. Nasce então o *teenager* ou adolescente, que não quer se parecer com seus pais.

A incerteza dos anos pós-guerra parece impor novas regras: os pais propõem as deles e os jovens as recusam, afinal, consideram seus pais "quadrados". Os pais olham estes adolescentes e não conseguem penetrar em seu mundo. A ruptura da comunicação familiar se tinge de uma dupla agressão. Os adolescentes buscam uma identidade dentro de sua própria subcultura, com seus ídolos, seus filmes, sua música. O telefone é seu meio de expressão; o automóvel, seu sonho. Sexo e rebelião, uma coisa só. Uma geração inteira se identifica com James Dean, em *Juventude transviada*, ou com Marlon Brando em *O selvagem*, e como eles se sentem dilacerados.[43]

A delinquência juvenil, dos dois lados do Atlântico, proveniente de um sentimento de alienação, caracteriza este período. Os censores britânicos se preocupam com os ataques à ordem social assim como contra a moral. O filme de James Dean é cortado e o de Marlon Brando proibido. A música negra, banida das grandes redes, mas difundida pelas pequenas estações novas, é o denominador comum das revoltas. Os jovens a escutam dia e noite, para desespero de seus pais.[44] Em vez de se enquadrar nos papéis determinados pela sociedade, os jovens estavam dispostos a buscar uma verdadeira liberdade, com emoções diferentes e novas sensações.

Surgem os beatniks, jovens intelectuais americanos que, em meados dos anos 1950, resolvem — regados a jazz, drogas, sexo livre e pé na estrada — fazer sua própria revolução cultural através da literatura.

A Geração Beat

A chamada Geração Beat constitui-se na vida, na obra e também na lenda de alguns escritores. Eles acordaram do pesadelo da Segunda Guerra Mundial com a sombra de um cogumelo atômico sobre suas cabeças e produziram livros de poesia e prosa com uma marca muito própria. Eram, essencialmente, contestadores do *American Way of Life*.

Esses poetas achavam que tudo estava muito devagar, daí o nome "beat", ritmo, embalo, ligação, e também bater, e beatificar. Esses artistas da palavra estavam descobrindo a cultura negra, a riqueza do jazz, a sensualidade, e a festa, é claro. A festa dos cabarés ao som do sopro do jazz, tudo regado com gim, cannabis e outras drogas. Foi um movimento de celebração da vida e da liberdade. Afinal, o mundo poderia acabar por qualquer razão idiota que a Guerra Fria decidisse encontrar.

O grupo inicial tinha na figura de Jack Kerouac sua principal expressão. Kerouac criou o termo Geração Beat, sacramentado quando o *New York Times* o publicou. Kerouac era top de linha naqueles dias. Praticava uma espécie de escrita automática. Escrevia com rolos de papel telex na máquina, de forma que não era interrompido em sua corrente de criação. Ele escreveu o livro *On the Road* (Pé na estrada, 1957), e até hoje os *road movies*, filmes em que os protagonistas viajam de carro pelo deserto americano, repetem essa fórmula de sucesso.

Os beats ou beatniks eram contra tudo que tivesse a mínima suspeita de ser burguês e se negavam a seguir quaisquer convenções sociais. Detestavam empregos fixos e abominavam tudo o que tornava a vida confortável e segura. Tinham empregos temporários e flertavam com a existência numa "pobreza" autoimposta. Eles não participavam da febre de consumo dos anos 1950. Para eles, a vida deveria ser como um jazz: a mesma velocidade, imediata e vital; uma experiência espontânea e coletiva.

ROCK AND ROLL

O rock surge liberando toda a juventude do conformismo do pós-guerra. Um ritmo claramente erótico faz com que homens e mulheres movimentem os quadris. "Imoralidade, luxúria, sexualidade desenfreada", estas palavras enchiam as manchetes dos jornais. O rock incentivou o comportamento rebelde em relação à sociedade, um comportamento ofensivo para os conservadores.

Os jovens não perdiam tempo no momento em que seus hormônios fervilhavam. O rock and roll se expande. Quando Elvis Presley rebolava sensualmente, e a TV da época só podia mostrá-lo da cintura para cima, era sinal de que a revolução sexual estava começando. Os beats abriram essa porta e a geração seguinte fez muito sexo ao som de Jimi Hendrix ou com a voz rouca de Janis Joplin ao fundo. Mas essa mudança só foi possível porque o desenvolvimento tecnológico permitiu que um novo produto chegasse ao mercado.

A PÍLULA

Desde o início do século XX já se sabia que sem a ovulação era impossível a procriação. Os veterinários usavam uma substância produzida pelos ovários das vacas para torná-las estéreis. Nos anos 1930, Margaret Sanger, pioneira do controle da natalidade nos Estados Unidos, observa na URSS pesquisas experimentais no mesmo sentido para os humanos. Os russos abandonaram a ideia, bem como os nazistas, segundo a orientação política de crescer e se multiplicar. Em 1945, o hormônio progesterona é identificado, mas os cientistas hesitam em ir além, frente a oposição da Igreja Católica. Sanger, mais persistente que nunca, encoraja o biólogo Geoffrey Pincus a começar uma pesquisa financiada por sua rica amiga Katherine McCormick, que a ajudara a contrabandear diafragmas nos anos 1920. As primeiras tentativas no Haiti e Porto Rico tiveram sucesso. Em 1961 — Sanger tinha mais de 80 anos — a pílula estava no mercado. Como afirmou um médico em um simpósio em Londres, não é só "um simples meio de evitar filhos. É a hóstia do amor". A pílula fez do sexo uma religião secular.[45]

MUDANÇA RADICAL

A pílula anticoncepcional é a principal responsável pela mudança radical de comportamento amoroso e sexual observada a partir dos anos 1960. O sexo foi definitivamente dissociado da procriação e aliado ao prazer. A mulher se liberta da angústia da maternidade indesejada e passa a reivindicar o direito de fazer do seu corpo o que bem quiser.

O sistema patriarcal entre nós há 5 mil anos, que se apoiou na divisão sexual de tarefas e no controle da fecundidade da mulher — a mulher tinha quantos filhos o homem quisesse, passando grande parte da vida grávida —, recebe assim um golpe fatal e começa a entrar em declínio. A mulher, a partir de então, passa a ter a possibilidade de não só dividir o poder econômico com o homem, como ter filhos se quiser ou quando quiser.

As fronteiras entre o masculino e feminino começam a se dissolver — nada mais interessa ao homem que não interesse à mulher e vice-versa —, atenuando a distinção entre eles, o que é uma precondição para uma sociedade de parceria entre homens e mulheres. Percebemos então o início de uma profunda mudança das mentalidades, não só no que diz respeito à dominação do homem sobre a mulher, mas também na forma de se pensar e viver o amor, o casamento e o sexo.

Mas a pílula não favoreceu somente às mulheres. O fato de o sexo se dissociar da procriação faz com que as práticas heterossexual e homossexual se aproximem. A homossexualidade, representante máxima dessa dissociação, onde é possível atingir um alto nível de prazer sem a menor possibilidade de procriação, é beneficiada socialmente. Como veremos no próximo capítulo, alguns anos depois da pílula, nasce o Movimento Gay, disposto a mostrar que a heterossexualidade não é a única forma de sexualidade normal.

———————

De todos os fenômenos de natureza sociocultural que afetaram o comportamento nas sociedades ocidentais durante o século XX, o mais importante foi a chamada Revolução Sexual. Séculos de repressão criaram uma maneira de viver antinatural e neurótica. A libertação tornou-se, assim, uma necessidade e sua urgência se manifestou tanto em termos teóricos quanto práticos. Mas ela só ganhou verdadeiro significado para a civilização ocidental quando atingiu grandes segmentos da população, modificando as mentalidades e, principalmente, o comportamento das pessoas. É sobre isto que falaremos no próximo capítulo.

SÉCULO XX: REVOLUÇÕES

------◆------

DOS ANOS 1960 ATÉ HOJE

*A possibilidade de uma cultura libidinal não repressiva,
cuja ideia é exposta e desenvolvida por Herbert Marcuse, é
fundamental, decisiva para os destinos de nossa civilização. Ou
continuamos a nos afundar no pântano da neurose coletiva,
com suas manifestações secundárias de violência e doença a que
estamos assistindo todos os dias, em toda parte, ou conquistamos
a liberdade necessária para criar uma maneira de viver mais
saudável e mais feliz.*

Luiz Carlos Maciel

Quando Benjamim Braddock retorna para a casa dos pais, após se graduar numa boa universidade americana, está completamente indeciso quanto ao seu futuro. Os amigos da família o recebem com alvoroço. Todos querem parabenizar e aconselhar o jovem sobre o belo futuro que ele pode ter pela frente. Mas a Sra. Robinson, esposa do sócio de seu pai, quer mais do que isso. Ela o seduz e o faz seu amante. Ele era virgem e mergulha numa paixão sexual sem futuro. Os dois se encontram regularmente num bom hotel para fazer sexo. Não há diálogo, mas tudo transcorre sem problemas até que Elaine, a filha da Sra. Robinson, chega para as férias e encontra Benjamim.

Os pais de ambos, as famílias e amigos, todos, menos a Sra. Robinson, torcem para que eles formem um casal. Embora Benjamim tente evitar, se apaixona pela moça. A Sra. Robinson não aceita o fato e conta para a filha sobre o caso que mantém com o jovem. Ela então o repele, antes de retornar à universidade. Benjamim está apaixonado e segue em busca da moça, tentando reverter a situação.

É informado que Elaine vai se casar. Descobre quando e onde. Dirigindo o carro esporte que ganhou do pai, Ben segue em alta velocidade até a igreja, que fica em outra cidade. O combustível acaba poucos quilômetros antes. Ele abandona o veículo e segue correndo. Consegue entrar na parte superior do templo. A cerimônia está sendo concluída. Ben, desesperado, grita o nome de Elaine. Ela hesita, mas se decide por ele, e os dois saem em disparada, abandonando o noivo no altar. Familiares, noivo e amigos correm, tentando impedir a fuga do casal. Elaine, vestida de noiva, e Benjamim embarcam no primeiro ônibus que passa pela rua. Fogem felizes.

———•·•———

Este é o resumo do filme americano *A primeira noite de um homem*, de 1967. A direção é de Mike Nichols, e os atores principais são Dustin Hoffman — no seu primeiro papel no cinema —, Anne Bancroft e Katharine Ross. Considerado, por diversos críticos, um dos melhores filmes produzidos nos anos 1960, também ficou conhecido, entre outros motivos, pela trilha sonora composta pela dupla Simon & Garfunkel, principalmente as músicas "The Sound of Silence" e "Mrs. Robinson".

Na cena final do filme, Hollywood anuncia sua visão das mudanças dos anos 1950 para os 1960. O sociólogo americano Philip Slater observa que o fim desse filme representa o novo triunfo do sentimento pessoal sobre o decoro e o ritual social, sem dúvida é o tema da revolução cultural dos anos 1960. "*A primeira noite de um homem* não desbancou de maneira alguma o amor romântico; apenas enfraqueceu os laços entre o romance e o casamento, restabelecendo, de maneira nova, o antigo elo entre o amor romântico e a rebelião. Em épocas anteriores isso tinha sempre conduzido à tragédia; no filme apenas se coloca uma incerteza."[1]

A CONTRACULTURA

Nos anos 1960, os jovens contestam os costumes e os padrões de nossa sociedade judaico-cristã, nossas tradições e preconceitos. Enfim, nossas instituições sociais. A palavra de ordem era *drop out* — cair fora do *sistema* —, já que havia a recusa do modo de vida burguês, considerado *careta*. As informações chegavam — e o caldeirão fervia. "A maré neorromântica da contracultura, que pode ser definida como uma movimentação estético-psicossocial, se espraiou entre nós. Concentramo-nos, com intensidade variável, em coisas como o orientalismo, as drogas alucinógenas, o pacifismo, o movimento das mulheres, a ecologia, o pansexualismo, os discos voadores, o novo discurso amoroso, a transformação *here and now* do mundo etc. (...) Havia o sonho de superar a Civilização Ocidental. Era impressionante a confiança que tínhamos na possibilidade de construir um mundo radicalmente novo."[2]

A contracultura foi um acontecimento essencialmente pacífico. "Pela primeira vez na história da humanidade, enormes massas humanas, mais especificamente jovens, informalmente se organizaram em todo o mundo ocidental, para lutar com paz e amor. Não exatamente contra a miséria e a fome. Contra temas que em geral vêm oprimindo os homens desde os primórdios das sociedades humanas, independentemente da classe social a que pertençam. Temáticas que não dizem respeito apenas a um país ou a um possível segmento de fanáticos. Mas a toda uma aldeia global. (...) Depois dela passamos a lutar por um novo modo de viver já. Aqui e agora. A contracultura plantou uma nova ideia de família, de casamento, das relações sexuais; de uma outra atitude para com a natureza, para com o próprio corpo e para com Deus."[3]

Drogas

Costuma-se caracterizar essa geração, a da contracultura, pelas drogas. É bem verdade que o uso de drogas naturais mais leves, como a maconha, ou de drogas sintéticas como o LSD, foi bastante disseminado. Mas não era essencial para o movimento, nem sequer seu principal objetivo. A experiência com estados alternativos da consciência era apenas uma aventura capaz de atrair uma geração de jovens cujo fascínio pelo inusitado, pela exploração de áreas da experiência humana estranhas aos seus pais, foi sem dúvida marcante. Os paraísos artificiais de Timothy Leary, as portas da percepção de Aldous Huxley, as multicoloridas ondas pop psicodélicas da arte e da literatura não dão conta dos desvarios que o LSD provoca. Texturas, sons, dimensões, sentimentos se alteram em todas as direções e sem uma ordem lógica ou ilógica. Mesmo essas palavras perdem o sentido.

LIBERDADE

A liberdade inédita, a famosa permissividade da contracultura, foi duramente criticada pelas gerações anteriores como promiscuidade e degeneração. "É possível que, em muitos casos, tal crítica tivesse até algum fundamento, mas, de maneira geral, o que se descobriu foi simplesmente capacidade do instinto para se autorregular, para estabelecer espontaneamente seus próprios limites e os mecanismos de autocontrole porventura necessários, sem a imposição artificial de uma repressão externa."[4]

Os movimentos de contracultura — Movimento Hippie, Movimento Feminista, Movimento Gay, Revolução Sexual — constituem o início de um modelo ocidental radicalmente diferente do passado. Eles alteraram as correlações de força na sociedade, desfizeram preconceitos, ridicularizaram falsos poderes e criaram novos paradigmas culturais que vieram para ficar, como o modo de vestir, de fazer arte e de se relacionar.

REVOLUÇÃO SEXUAL

Para os jovens dos anos 1960, a geração que ficou conhecida por seu interesse em sexo, drogas e rock and roll, e cujo slogan favorito era *make love, not war*, o sexo vinha indiscutivelmente em primeiro lugar. A busca era por uma gratificação sexual plena. "Apesar de as canções continuarem a falar de amor, a música popular da época — rock and roll e o pop — emitia gritos de apetite sexual selvagem (I can't get no satisfaction, I want you!). Tratava-se exclusivamente de satisfazer os próprios apetites. A inibição e a frustração eram apontadas com o dedo como doenças a serem erradicadas; o sentimento amoroso, com sua extraordinária complexidade e suas fantasias seculares — o sentimento de posse, o ciúme, o segredo — , foi posto no índex."[5]

A liberdade sexual foi o traço de comportamento que melhor caracterizou o Flower Power. Durante vinte anos, dos anos 1960 aos 1980, houve mais celebração do sexo do que em qualquer outro período da História; já havia a pílula anticoncepcional e a Aids ainda não havia mostrado sua cara.

O principal objetivo da Revolução Sexual é a eliminação, ou pelo menos a diminuição, da repressão. A aspiração, em suma, é por uma maior liberdade sexual. Essa aspiração sempre foi experimentada como uma necessidade crucial pela maioria das pessoas que, porém, tradicionalmente optavam entre duas alternativas, as que lhes eram normalmente oferecidas: ou se submetiam de corpo e alma à repressão, o que originava distúrbios psíquicos, ou procuravam atender às solicitações naturais das pulsões sexuais em segredo, escondidas de modo hipócrita e mentiroso. De qualquer maneira, a repressão sexual sempre causou problemas emocionais. O combate à repressão e a aspiração pela liberdade sexual significam uma busca decidida da saúde psíquica, que exige sinceridade consigo próprio, honestidade de propósitos e principalmente coragem.

DEPOIMENTO DE QUEM VIVEU

O escritor francês Pascal Bruckner faz um relato interessante da experiência vivida em Paris, que sintetizo a seguir.[6] Naquela época, todas as combinações eróticas eram possíveis. De uma hora para outra, o sujeito amoroso podia se imaginar vagueando entre seus desejos, sem freios nem penalidades. A ciência vencera a velha ideia do pecado sexual. A liberdade parecia não ter limites. Esse era, pelo menos, o clima da época.

"A contestação vinha sendo exercida há mais de um século por diferentes vanguardas artísticas e estéticas. No meio dos anos 1960, nós fervíamos de vontade de saber, e nos agarrávamos ao menor sinal. Ficamos de fato fascinados por filmes como *Os trapaceiros*, de Marcel Carné, que representavam para nós a utopia do amor livre e da orgia. Estávamos saindo de uma sociedade hipócrita, na qual os pais ainda eram a lei dentro das famílias e os patrões dentro da empresa. E nós queríamos acabar com aquela França rígida, fechada.

"Tudo o que pudéssemos abocanhar do estrangeiro — rock, blues, soul, os hippies, os cabelos compridos — era adotado com uma avidez sem limites. Os meninos e as meninas se olhavam como duas tribos que logo iriam pular uma sobre a outra, mas que continuavam separadas por proibições. Havia a virgindade das mulheres antes do casamento (mas era quase um gracejo), as escolas não mistas, uma certa ascendência dos homens sobre as mulheres, uma forma de pudor... Na verdade, os tabus caíram naqueles anos porque já estavam mortos, roídos por dentro em decorrência de toda uma mentalidade democrática e igualitária."

Maio de 68

"Maio de 68 foi o ato de emancipação do indivíduo, o ato que solapou a moral coletiva. A partir de então vamos viver como indivíduos. Não temos mais que receber ordens de ninguém. Nem da Igreja, nem do exército, nem da burguesia, nem do partido... E, uma vez que o indivíduo é livre, não tem outros obstáculos diante de seus desejos senão ele próprio. 'Viver sem interrupção, gozar sem entraves.' É a maravilhosa promessa de um novo mundo. Manifesta-se então um verdadeiro júbilo diante da ideia de derrubar uma ordem que nos marcou a infância. Íamos passar da repressão à conquista, e tínhamos o sentimento de estar vivendo um momento histórico", diz Bruckner.

Uma frase do ministro da Educação, François Missoffe, dirigida a Daniel Cohn-Bendit, que reclamava o direito de ir até os dormitórios das meninas, acendeu a pólvora: "Se está incomodando vocês, tratem de ir à piscina!" Maio de 68 foi uma revolução antiautoritária, antitradicionalista, na qual a sexualidade agiu como um farol, como um instrumento de medida da mudança em curso. Subitamente, a irrupção da volúpia! No século XVIII dizia-se "eu te amo" para se dizer "eu te desejo". Dessa vez, diz-se "eu te desejo" em vez de se dizer "eu te amo".

PRAZER PARA TODOS

"A revolução sexual era o direito ao desejo para todos, o direito a não sermos mais penalizados ao manifestarmos nossa atração por outra pessoa, grande novidade para as mulheres que, até então, eram sempre reprimidas em sua expressão da libido. Antes vivíamos de amores interrompidos, que paravam no último estágio. Dali para a frente, a porta estava aberta: uma moça podia escolher o que queria, desobedecer à norma social, parental, familiar...

"Tudo se desestabilizou: a ênfase era dada não mais à proibição do prazer, mas, ao contrário, ao direito ao prazer. Grande revolução: reconhecia-se também uma outra categoria de desejo, o das mulheres. E passou-se desse reconhecimento ao ato propriamente dito. Foi uma época em que todo mundo dormia com todo mundo, tanto por desejo quanto por curiosidade. Era possível ter tudo, experimentar tudo! Durante os anos 1960 e 1970, houve uma enorme avidez: a vida se desenrolava inteiramente ao sabor da experiência. Dizia-se que nada devia ser recusado, nem mesmo as experiências homossexuais. Tentava-se incluir o amor livre em todas as ideologias da época", conclui Bruckner.

OUSADIA NO VESTIR

Em 1964, a inglesa Mary Quant escandalizou os conservadores, mas conquistou as mulheres do Ocidente com uma saia bem curta, que não tinha mais que 30 centímetros. Em 1971, mais um tabu foi quebrado quando a brasileira Leila Diniz passou a ir à praia de biquíni, exibindo uma grande barriga de gravidez.

MOVIMENTO HIPPIE

No início da década de 1960 o mundo conheceu o principal e mais influente movimento de contracultura já existente, o Movimento Hippie. A Geração Beat foi uma das principais vertentes que deram origem a ele. O termo derivou da palavra em inglês *hipster*, que designava as pessoas nos EUA que se envolviam com a cultura negra. Em 6 de setembro de 1965, o termo *hippie* foi utilizado pela primeira vez, num artigo em um jornal de San Francisco, Califórnia, EUA.

Os primeiros hippies surgiram propondo o desejo simples e elementar de felicidade da vida humana. O escritor Luiz Carlos Maciel, que viveu intensamente esse período, explica que o raciocínio fundamental, aqui, é muito simples. O sistema é injusto e cria a infelicidade, fazendo com que os seus valores sejam introjetados por nós. Em resumo, somos nós que sofremos a infelicidade que ele cria. Julgando-se impotente para transformar o sistema, o hippie se dispõe a transformar a si próprio, animado pelo projeto novo de ser feliz, a despeito e à margem do sistema.

Para Maciel, todo movimento hippie, em seus princípios, é feito de tentativas para responder à pergunta: Como é possível transformar o próprio espírito e ser feliz a despeito e à margem do sistema? Como vimos, a primeira solução é o *drop out*, a pessoa que "cai fora" do sistema para criar seu próprio estilo de vida. De imediato, todos perceberam que essa solução é insuficiente, desde que o *drop out* pode levar para sua existência marginalizada os valores e falsos valores, os conceitos e preconceitos, as doenças e os bloqueios de sua vida anterior. O fator descoberto que se acreditou, então, capaz de romper essas cadeias foram as drogas, especialmente as drogas alucinógenas ou psicodélicas, que expandiam a mente, levando o indivíduo a compreender e superar os seus mecanismos neuróticos.[7]

Os hippies vão mais longe que os beatniks, persuadidos de que o *Flower Power* existe e exortando ao mundo "Faça amor e não a guerra". Idealismo, talvez, mas o slogan significava alguma coisa para aqueles que protestavam contra a Guerra do Vietnã. Em sua fase hippie, John Lennon se despe e deita-se com Yoko Ono para fazer amor a fim de dar uma chance à paz. O musical *Hair* é um dos ícones da cultura hippie. O espetáculo conta, através de seu painel musical, a história de uma tribo de hippies de Nova York que vê um de seus integrantes ser convocado pelo Exército para a Guerra do Vietnã. *Hair* teve sua primeira estreia na Broadway em 1967, reflexo da explosão do movimento hippie nas grandes cidades, e foi responsável por uma revolução do comportamento cujo impacto se observa até hoje.

Estilo e comportamento hippies

"Era um tanto fácil identificar a 'tribo'. A maioria já tinha um modo incomum de se expressar também na maneira de se vestir. Eu diria até que nunca a roupa e o penteado comunicaram tanto (e a nudez também). Roqueiros, freaks, beatniks, cabeludos, psicodélicos, motoqueiros, filhos da Guerra Fria, andarilhos, malucos, yppies, hippies. Independentemente do nome que lhes seja dado, já estavam por aí contestando os costumes estabelecidos. E se proliferavam. Espécie na mais franca expansão. Mais exatamente desde o final da década de 50 com a 'Beat Generation', diga-se de passagem."[8]

Os homens deixavam os cabelos e a barba crescerem mais do que o usual, as roupas eram de cores brilhantes, e alguns estilos incomuns — calças boca de sino, camisas tingidas, roupas de inspiração indiana. Adotavam um modo de vida comunitário ou estilo de vida nômade. Na comunidade, todos os ditames do capitalismo eram deixados de lado. As funções eram distribuídas entre os moradores, as decisões tomadas em conjunto, normalmente era praticada a agricultura de subsistência e o comércio entre os moradores realizado através da troca.

Havia grande interesse por práticas orientais, com posturas e condutas que passavam pela macrobiótica, a ioga, o uso de túnicas e incensos indianos, o jogo do I-Ching. Novas drogas alucinógenas foram descobertas. "Eu e Bianca estávamos à beira-mar quando alguém sugeriu que a gente fosse atrás dos cogus, que eram os cogumelos que nasciam no cocô dos zebus, aqueles bois que possuem corcova. Os tais cogumelos são alucinógenos brabos. Caminhamos no campo e encontramos aqueles troços e tomamos com Coca-Cola e ficamos doidaços."

Aqueles jovens estavam assumindo uma outra atitude de vida. "Com uma forma e um conteúdo bem pouco convencionais. Estranhamente eram bárbaros e doces. Não eram o que se poderia chamar 'jovens bem-comportados'. Mas eram lindos e falavam em paz e amor. Na aparência, eram o protótipo da alienação. Ao mesmo tempo, na essência, ameaçavam a moral vigente. Usavam drogas. Não pregavam a antropofagia ou o incesto. Porém, questionavam na prática até a monogamia. E propunham um conceito diferente de família. Em comunidades um tanto atípicas."[9] O movimento hippie, com suas comunidades e passeatas pela paz, ganhou força a partir de um grande acontecimento, o festival Woodstock, em 1969, que marcou a era hippie.

O FESTIVAL DE WOODSTOCK

A cidade de São Francisco, Califórnia, EUA, berço do movimento hippie, não foi sede do principal festival mundial da contracultura, maior símbolo de toda uma época. No fim de semana de 15 a 17 de agosto de 1969, 500 mil jovens se reuniram em Woodstock, Nova York, para o Woodstock Music & Art Festival, subtitulado "Primeira Exposição Aquariana". Dia e noite, sob sol ou chuva, a música rolou quase sem parar.

Woodstock acontecia fora da cidade grande justamente para enfatizar o clima existente de volta ao campo, à natureza. Seu slogan "três dias de paz e música", que foi logo modificado para "três dias de paz e amor", era próprio da contracultura e continha o sentimento antiguerra, o conceito da Era de Aquarius. Havia a clara intenção dos quatro jovens organizadores de manter a paz no evento. O festival superou todas as expectativas e se revelou um fenômeno. Calcula-se que 1 milhão de pessoas não tiveram como chegar ao local. A área foi considerada de calamidade pública, pela falta de condições para abrigar tanta gente. (A expectativa dos organizadores era de 50 mil pessoas). Acarretou um dos piores engarrafamentos em Nova York, mas foram três noites e três dias sem nenhuma violência. Afinal, o lema era paz e amor.

A falta de higiene e conforto, típica dos hippies, foi compensada pelo time de astros que participou do festival: Jimi Hendrix, Janis Joplin,

Santana, The Who, Joan Baez, Joe Cocker, Jefferson Airplane, Bob Dylan. Em meio ao rock, houve nudismo, sexo livre e consumo de drogas, enfim, tudo o que batia de frente com os valores estabelecidos.

Embalados pela música, os jovens estavam reunidos para proporem uma sociedade diferente. "O Woodstock visto por olhos desavisados não passou de um concerto de rock de proporções gigantescas. É no mínimo uma estupidez não se interrogar sobre o sentido histórico de um acontecimento tão rico de significados. E que espantou a todo o mundo. Um espetáculo sem precedentes na história. Inimaginável que um show musical pudesse mobilizar tantos jovens, por tanto tempo. Mesmo sabendo que estariam tão mal-acomodados. Devia haver entre eles uma identidade de propósitos para com a vida muito forte. Algo que os unia além deles mesmos."[10]

No amanhecer de segunda feira, dia 18 de agosto, Jimi Hendrix sobe ao palco, brindando aqueles que ainda não tinham ido embora do local com sua interpretação do hino nacional dos EUA, "The Star-Spangled Banner", arrancando de sua guitarra explosões de bombas, granadas, rajadas de metralhadoras e roncos de helicópteros, numa clara alusão à Guerra do Vietnã. Woodstock foi, sem dúvida, uma cerimônia de consagração da contracultura.

DESBUNDADOS X POLITIZADOS

A década de 1970 foi o período mais repressivo do regime militar instalado no Brasil em 1964. A agitação estudantil de 1968 provocou uma forte reação da ditadura. Os militares resolveram sufocar de todas as formas qualquer indício de contestação. O Ato Institucional nº5, AI-5, foi criado e com ele as prisões se multiplicaram, as torturas se intensificaram, com métodos aperfeiçoados, e as execuções secretas tornaram-se prática comum.

No final da década de 1960, os jovens contestadores se distribuíram em duas vertentes radicais: a esquerda e o movimento contracultural. Antônio Risério tece comentários interessantes a respeito desses dois grupos, que sintetizo a seguir.[11] A aproximá-los, havia o sentimento de que os caminhos tradicionais da transformação social estavam bloqueados, de que as velhas estratégias já não tinham o que oferecer. Festiva ou desesperadamente, apontavam para a falência de fórmulas canonizadas.

Mas a distância entre contracultura e luta política era imensa. Para falar em termos semicaricaturais, o desbundado não estava preocupado em mudar o regime político, mas em ficar na dele, em paz, queimando seu charo e ouvindo Rolling Stones. Em vez de alterar o sistema de poder, ele pretendia, pela transformação interior e da conduta cotidiana, "mudar a vida", quem sabe construindo-se como novo ser de uma Nova Era, espécie de amostra grátis do Futuro. Acreditavam que "revolução" não era a crença à qual você aderira, a "organização" a que pertencia ou o partido em que votava, mas sim o que você fazia durante o dia — o seu modo de viver.

Enquanto o jovem terrorista se submetia aos rigores de uma disciplina bélica, a fim de arrombar a porta, saltando com os dois pés no peito do porteiro, o desbundado dava as costas ao "sistema", mais interessado na *rasgarganta* ébria de Janis Joplin, na Revolução Sexual, em cintilações canábico-lisérgicas nas praias azuis de Búzios ou Arembepe. Era a distância entre a metralhadora e o LSD, "pedra filosofal" do contraculturalismo. A contracultura pregou o "retorno à natureza", erguendo valores de contemplação e de harmonia. Era como se os jovens do mundo ocidental, especialmente os hippies, estivessem redescobrindo o milagre diário da natureza. Celebrava-se, na verdade, o mito da pureza do ser humano em contato com o mundo natural.

Duas visões

A psicanalista Maria Rita Kehl faz um balanço do que viveu na época: "Fomos a última geração do famoso conflito de gerações, que começou no pós-guerra e terminou no fim da década de 1980. A última geração que teve de enfrentar um abismo de projetos e referências ideológicas e estéticas em relação aos próprios pais. Jovens de classe média que dispensavam o conforto da casa paterna para viver sem carro, frequentemente sem telefone, sem televisão — esse era um ponto de honra para nós — e muitas vezes sem mesada. (...) Havia um certo heroísmo e uma certa ingenuidade em acreditar que poderíamos virar a vida do avesso, superar todos os nossos hábitos, toda a cultura em que tínhamos sido criados."[12]

O economista Armando Ferreira de Almeida Jr., que escreveu um ensaio sobre o tema, diz: "Estávamos, naquele momento, lançando o homem à Lua e tornado realidade, com os Beatles cantando 'All You Need Is Love', a primeira transmissão via satélite para o planeta. (...) Naquele momento o mundo se espantava em serem os Beatles mais conhecidos que Jesus Cristo."[13]

Se a revolução comunista caiu junto com o muro de Berlim, em 1989, os hippies ou seus descendentes podem afirmar que foram vitoriosos, porque foram um movimento estético antes de tudo, e o mundo incorporou essa estética. O cinema, a moda, a música, sobretudo, absorveram esse legado vorazmente.

Até as décadas de 1960/1970, o comportamento das pessoas era bem previsível. Cada indivíduo ocupava uma posição social, com uma série de funções. As relações eram restritas e a espontaneidade, reprimida. A evolução dos costumes tende a apagar as diferenças de posição, mostrando que a vida coletiva põe em contato pessoas iguais em sua singularidade, ou seja, totalmente diferentes umas das outras, que devem ser aceitas em suas particularidades. Essa recusa de ser classificado, definido por sua posição, constitui fundamentalmente uma vontade de ser tratado como pessoa privada dentro da própria vida coletiva. Ela leva à diluição dos papéis sociais.[14]

MOVIMENTO FEMINISTA

As mulheres foram literalmente penduradas em ganchos de açougue. A indústria do sexo, fomentada pelo capitalismo selvagem das décadas de 1950/1960 propiciou isso. A autora da proeza misógina foi a revista *Hustler*, que colocou na sua capa, um corpo de mulher retalhado, preso no alto por um gancho. Essa mesma publicação, que se tornou notória por seu ódio às mulheres, mostrou em outra capa um homem impelindo uma perfuratriz na vagina de uma mulher, com a legenda: "Preliminares". Os movimentos feministas denunciaram exaustivamente o uso da mulher em imagens desse tipo. O ápice da loucura antifeminina são os filmes *snuff*, onde mulheres são assassinadas diante das câmeras.

LUTA DE SÉCULOS

A história da mulher é a da constante luta contra a opressão. Desde que o sistema patriarcal se instalou, há 5 mil anos, as mulheres sofreram todo tipo de constrangimento familiar e social. Foram humilhadas, menosprezadas, escravizadas e constantemente utilizadas como forma de prazer para os homens. Os progressivos direitos adquiridos são resultado de muitos anos de luta. O século XX é o marco do início da participação efetiva das mulheres na sociedade.

Na verdade, o movimento pela igualdade entre homens e mulheres não é interesse apenas das mulheres — os homens também ganham com essa nova realidade —, nem começou nos EUA da década de 1960. Ali, ele teve seu recomeço com amplo esforço universal. Podemos considerar 1789, ano da Revolução Francesa, como início das reivindicações da mulher contra a multimilenar segregação que sofrem até hoje.

O SEGUNDO SEXO

Em 1949, Simone de Beauvoir publica *O segundo sexo*, obra seminal do movimento feminista, que apresenta uma imagem totalmente diferente das mulheres. Beauvoir e Jean-Paul Sartre, companheiros de 1929 a 1980, rejeitavam completamente o casamento, que viam como uma instituição burguesa incompatível com a liberdade existencial. Ela era mais dura ainda em relação à maternidade, que acreditava ter transformado as mulheres em objetos passivos feitos para a procriação e não criadoras ativas de seus próprios destinos.

"Sob certos aspectos, sua análise parece obsoleta, mas ela estava certa em pelo menos dois pontos: seu entendimento de que o gênero masculino ou feminino era socialmente construído, como destacou em sua mais famosa declaração — 'uma pessoa não nasce, e sim torna-se mulher' —, e a sua convicção de que as mulheres seriam sempre o segundo sexo se dependessem economicamente dos homens para viver. Estas duas posições tornaram-se credos do movimento feminista nas décadas seguintes."[15]

O COMBATE POR DENTRO

A jornalista Gloria Steinem trouxe para o feminismo o questionamento dos pressupostos básicos psicológicos, culturais e/ou biológicos do Ocidente. Denunciou os papéis contraditórios que os homens impõem às mulheres: de donas de casa e amantes, estereótipos anteriormente mantidos em separado. Os atributos de mulher bonita lhe permitiram trabalhar como coelhinha da *Playboy*.

Seu engajamento desvendou o mundo sexista de Hugh Hefner. Steinem fundou a *MS*, revista cujo título reivindicava o direito das mulheres de não serem identificadas como *Miss* ou *Mrs*. (senhorita ou senhora), designações que definem a mulher pelo seu relacionamento com o homem — senhorita, mulher que não tem homem; senhora, aquela que tem um homem ou já teve.

Steinem era loura, bonita, esperta e sabia fazer uso de seus recursos. Ela compreendeu que sua aparência desmontava os chavões que os homens costumavam usar, como o de que feministas só se dedicavam a essa atividade por não serem belas o suficiente para conseguir homens para se relacionar. O movimento pegou fogo em 1968, quando o grupo WITCH (*Women's International Terrorist Conspiracy from Hell*, ou *Conspiração Terrorista Internacional das Mulheres do Inferno*) invadiu a Feira de Noivas de Nova York, com as mulheres cobertas com véus pretos. Mais tarde naquele mesmo ano, o *New York Radical Women* atacou o concurso de Miss America, classificando-o de degradante, uma vez que estabelecia um padrão de beleza.

A MÍSTICA FEMININA

Como vimos no capítulo anterior, em 1963, Betty Friedan havia lançado *The Feminine Mystique*, estudo em que analisa o vazio na mulher dona de casa. "Era um estranho sentimento, espécie de insatisfação, desejo que invade as mulheres da segunda metade do século XX. Cada mulher lutava sozinha. Arrumava camas, fazia compras, comia sanduíches apressadamente, levava as crianças ao clube disto ou a reuniões daquilo, dormia ao lado do marido à noite, tinha medo de perguntar a si mesma, silenciosamente: É isso a minha vida? A vida doméstica é uma mentira, somos prisioneiras do papel tradicional de esposas, mães, mulher do lar, dependentes economicamente."[16]

Friedan, ao nomear a situação de "o problema sem nome", reacendeu o movimento feminista americano. Marilyn Yalom compara o trabalho das duas feministas.[17] Na verdade, diferentemente de *O segundo sexo*, de Beauvoir, que tinha aparecido 14 anos antes na França, *Feminine Mystique* levou a uma ação política. Enquanto a França de Beauvoir, em 1949, lembra as feridas da guerra, a América de Friedan, em 1963, estava pronta para mudanças sociais.

O ano das marchas pelos direitos civis em Birmingham, Alabama, e do discurso de Martin Luther King Jr. "Eu tenho um sonho", em Washington, foi em 1963. Em 1964, o presidente Lyndon Johnson assinou a Lei dos Direitos Civis, que incluía uma proibição contra a discriminação sexual no emprego. Em 1965, 15 mil estudantes marcharam em Washington para protestar contra a Guerra do Vietnã.

Foi dentro desse contexto de grande consciência política que o movimento feminista nasceu. Em 1966, foi fundada a Organização Nacional para as Mulheres, e Betty Friedan foi sua primeira presidente. O evento não foi absolutamente destaque na imprensa, apesar de o conservador *National Observer* ter publicado um artigo na primeira página que começava assim:

Atenção todos os maridos americanos: os dias de supremacia masculina estão contados. Suas esposas, vitimadas e desprezadas pelo duplo padrão da lei e dos bons costumes, encontraram um novo defensor. A Organização Nacional para as Mulheres (NOW) — um novo movimento militante dos direitos femininos — poderá se tornar um grupo de peso capaz de preencher o sonho de emancipação feminina mantido firmemente pelas sufragistas do século XIX.

A Organização Nacional para as Mulheres aprendera com o movimento dos direitos civis a interceder e a pleitear a favor das mulheres, de forma a conduzi-las à vida profissional e pública em pé de igualdade com os homens. Contestando Freud a respeito da sexualidade feminina, Betty Friedan recusa a máxima de que a anatomia é um destino. Ela prefere dizer: a identidade é um destino. Além de seu trabalho teórico, Friedan se tornou uma das mais importantes líderes feministas da História. Seu gesto de queimar o sutiã numa passeata do movimento adquiriu repercussão mundial. A peça do vestuário íntimo feminino representaria a submissão da mulher a modelos masculinos de feminilidade.

A Queima dos Sutiãs

O episódio conhecido como Bra-Burning, ou A Queima dos Sutiãs, foi um evento de protesto com cerca de quatrocentas ativistas do WLM (Women's Liberation Movement) contra a realização do concurso de Miss America em 7 de setembro de 1968, em Atlantic City, no Atlantic City Convention Hall. Edi Cavalcante nos conta como isso ocorreu. Na verdade, a "queima", propriamente dita, nunca aconteceu. Mas a atitude foi incendiária. A escolha da americana mais bonitinha era tida como uma visão arbitrária da beleza e opressiva às mulheres, por causa de sua exploração comercial. Elas colocaram no chão do espaço sutiãs, sapatos de salto alto, cílios postiços, sprays de laquê, maquiagens, revistas, espartilhos, cintas e outros "instrumentos de tortura".

Aí alguém sugeriu que tocassem fogo, mas isso não aconteceu porque não houve permissão do lugar para isso. Ninguém tampouco tirou o sutiã. Essas lendas urbanas surgiram porque, ao dar ampla cobertura para o evento, a mídia o associou a outros movimentos — como o da liberação sexual; dos jovens que queimaram seus cartões de segurança social em oposição à Guerra do Vietnã — e passou a chamá-lo de "bra-burning". A manchete do *New York Post* saiu com o título "Bra-Burners and Miss America" (Queimadoras de Sutiãs e Miss América), que logo ficou associado às mulheres sem sutiã. Desde então, a cultura popular ligou para sempre feministas e "queima de sutiãs". Depois disso, aconteceram queimas de sutiãs em vários cantos do mundo.[18]

O JEITO DE SE VESTIR

A evolução das roupas traduz a diluição dos papéis e das posições sociais. O desaparecimento dos papéis sexuais pode ser percebido na diminuição do uso de saias. Na França, em 1965, a produção de calças de mulher supera pela primeira vez a de saias, e em 1971 são fabricadas 14 milhões de calças, num total de 15 milhões de roupas. É o triunfo do jeans unissex, cuja produção quadriplicou entre 1970 e 1976. Já não é tão simples distinguir os sexos. Os rapazes deixam crescer o cabelo e usam colares e braceletes; as moças dissimulam suas formas sob blusões soltos.[19]

FEMINISTAS SUECAS

As feministas suecas defenderam a tese de que a liberação sexual dos anos 1960-1970 eliminou proibições formais, sem com isso modificar em profundidade os esquemas tradicionais. Elas denunciam como a literatura pornográfica ilustrava as relações homem-mulher. Em 1964, por exemplo, foi criada a revista *Expédition 66*, que pretendia ser o equivalente feminino da *Playboy*, oferecendo a suas leitoras alguns *pin-ups* masculinos. Mas por falta de leitoras e, principalmente, de modelos, a revista durou pouco. Nina Estin, a redatora-chefe, se recusou, com uma honestidade bem sueca, a recorrer aos arquivos de revistas homossexuais. A pornografia continuou visando apenas a uma clientela essencialmente masculina.[20]

MOVIMENTO GAY

Início dos anos 1960, praia de Copacabana, Rio de Janeiro. Carlos, 23 anos, estava sentado sozinho, lendo o jornal. Num determinado momento levantou-se para buscar um refrigerante. Um grupo de rapazes percebeu que ele era gay. Carlos, imediatamente, foi xingado e agredido fisicamente. Ele teve que sair correndo para escapar dos ataques.

———•◦•———

A divisão da humanidade em masculino e feminino não esgota as possibilidades da vida sexual. As diversas variáveis convivem de forma mais ou menos explícita na sociedade de cada época. A moralidade da Igreja e de setores conservadores sempre tentou bloquear as tentativas de normalizar a situação das minorias sexuais. Dessa opressão surgiu, no século XX, o Movimento Gay.

A trajetória da homossexualidade na história humana vai da aceitação quase institucional, passa por vetos da maioria dos setores organizados da sociedade e evolui para uma integração racional, em sintonia com a orientação sexual de cada um. Quase 3 mil anos transcorreram nesse trajeto. A homossexualidade já foi considerada crime e duramente castigada, assim como todas as práticas que não levassem à procriação. Depois passou a ser vista como doença a ser tratada. Como vimos, o surgimento da pílula anticoncepcional na década de 1960, ao permitir a dissociação entre o ato sexual e a reprodução, revolucionou os valores relativos à sexualidade e melhorou muito a situação dos gays.

A partir daí as pessoas podiam fazer sexo exclusivamente pelo prazer. Os gays, que nunca tiveram outro objetivo, foram beneficiados socialmente e puderam sair da clandestinidade. Afinal, as práticas homo e hétero nesse aspecto se aproximavam. E em 1973, a Associação Médica Americana retirou a homossexualidade da categoria de doença. Entretanto, nada disso aconteceu tranquilamente.

STONEWALL

Anos de luta conferiram aos homossexuais militantes muita experiência. Mas, em 28 de junho de 1969, um único momento definiu a causa gay. Um clube em Greenwich Village, Nova York, Estados Unidos, o Stonewall Inn, lugar de encontro de gays, lésbicas e travestis, foi invadido pela polícia. Os bares gays dos EUA sofriam inspeções rotineiras. Os policiais prendiam os travestis mais provocantes e todos os que vestiam mais de três peças do sexo oposto.

Não havia nada de especial na batida do Stonewall, a não ser que, pela primeira vez, os gays reagiram. "Eles arrastavam uma lésbica de porte masculino. Há um parque do lado oposto com muitos meninos de rua gays, e eles começaram a vaiar a polícia. A lésbica se debatia e se desembaraçou das algemas. Se jogou contra a porta e de repente saiu do carro e começou a chutá-lo, debaixo de aplausos. E, subitamente, o que era uma comédia passou a ser uma arruaça, foi um momento inesquecível", narrou depois um dos frequentadores à reportagem.

A polícia se retirou da boate. Os parquímetros do estacionamento foram arrancados e jogados na calçada. Bob Koiler, cliente do Stonewall, recorda: "Os rapazes começaram a zombar dos guardas chamando-os com nomes de travestis. Eu não vi nada que pudesse causar um tumulto, mas de repente irrompeu uma cólera e os guardas se retiraram do Stonewall. Alguém tentou forçar a porta com um parquímetro. Vidros foram quebrados. O fogo começou em algumas lixeiras. Havia uma boa dose de humor. Os guardas introduziram uma mangueira de incêndio por uma abertura para molhar todo mundo, mas apenas um filete d'água apareceu, foi humilhante. E novamente houve muitas risadas."[21]

Na noite seguinte os guardas chegaram com aparato antichoque. Os gays fizeram fila, cantando e dançando: "Nós somos meninas de Stonewall/ temos o cabelo cacheado/ não usamos roupa de baixo/ e mostramos nossos pelos púbicos." Os guardas avançaram para desmobilizar o grupo, mas quando viravam a esquina um novo grupo estava a postos. Um guarda porto-riquenho, boa pinta, escorregou e caiu. Um travesti agarrou seu próprio pênis e disse: "Você não gostaria de tê-lo no seu traseiro? Bem, há trinta anos o guarda talvez o matasse. Não se esperava que bichas falassem assim, nem que contra-atacassem, nem agissem como estavam agindo. Foi uma luta sangrenta e muito pior do que a da primeira noite. Muitos passantes se feriram também."[22]

Stonewall inspirou a criação da Frente de Libertação Gay, copiando o modelo norte-vietnamita usado na guerra. Vinte e quatro horas mais tarde as janelas de Stonewall estavam cobertas por slogans políticos: "Viva o Poder Gay". Os primeiros panfletos aparecem: "Os homossexuais estão se revoltando? Pode apostar seu belo traseiro nisso".

Seis meses mais tarde, a FLG (Frente de Libertação Gay) havia discursado em 175 campi universitários. A ideia da discrição homossexual começava a ruir. Um ano mais tarde, na primeira Semana do Orgulho Gay, a primeira marcha se organiza: 15 mil gays vão de Greenwich Village até o Central Park. Logo, marchas semelhantes acontecem em São Francisco, Los Angeles e Chicago.

"É difícil hoje compreender como eram importantes e aterradoras essas marchas", diz Fourett, um dos organizadores do movimento. "Uma coisa é passear com seu amiguinho de mãos dadas no Village, outra é desfilar na Quinta Avenida. A homofobia e os preconceitos são respostas irracionais e havia potencial de violência. Me cuspiram. Isso já havia me acontecido antes numa passeata antiguerra do Vietnã, mas ser cuspido por ser gay é muito diferente. A polícia, evidentemente, fingiu que não viu", recorda Fourett.[23]

"Stonewall foi como a queda de um grampo que é ouvida no mundo inteiro e a mensagem chegou claramente na Inglaterra", recorda Kenneth, militante inglês. Stonewall colocou a estabelecida e conservadora Homosexual Law Reform Society — que lutava pela igualdade dos homossexuais — em confronto com a emergente Frente de Libertação dos Gays. Só haveria um vencedor. "Homossexual é uma classificação. Gay é um estilo de vida", era a palavra de ordem dos americanos. Venceram. A primeira Marcha do Orgulho Gay inglesa aconteceu em 1972, mas antes disso os gays já eram visíveis e ouvidos. Dez anos mais tarde a cultura gay estava implantada. As paradas gays comemorando Stonewall foram organizadas em todo o mundo.

O relatório Kinsey sobre a homossexualidade, publicado em 1978, apresenta o resultado de uma pesquisa sobre o estilo de vida dos homossexuais de São Francisco, onde foram entrevistados 3.854 gays, numa época em que ainda não havia a ameaça da Aids. O estudo concluiu que 64% dos homens homossexuais não eram promíscuos, 39% mantinham um vínculo amoroso estável e 25% eram homossexuais assexuados que, por não se aceitarem como homossexuais, mantinham relações sexuais esporádicas.[24]

Nasce o movimento gay

Em algumas cidades americanas como Nova York e São Francisco, no final da década de 1960, os gays começaram a sair do silêncio e levar a vida que desejavam. Mas em todas as outras regiões, tanto da Europa, América do Sul e mesmo dos Estados Unidos, a aceitação ainda era restrita a alguns grupos e lugares.

Alguns homossexuais se autodenominaram gays, e isso designará uma cultura específica e positiva, e como afirma o sociólogo inglês Anthony Giddens, "gay, é claro, sugere colorido, abertura e legitimidade, um grito muito diferente da imagem da homossexualidade antes sustentada por muitos homossexuais praticantes e também pela maioria dos indivíduos heterossexuais".[25]

Nasce, assim, o Movimento Gay, disposto a mostrar que a heterossexualidade não é a única forma de sexualidade normal, questionando o privilégio dos machos e, dessa forma, contribuindo bastante para a reflexão feminista. Nos Estados Unidos e em algumas cidades da Europa, as leis e atitudes face à homossexualidade são reavaliadas devido à crescente força desse movimento e às atitudes mais liberais quanto à sexualidade em geral.

Surgem os *gay's studies*, um conjunto de trabalhos sobre a homossexualidade, sua história, sua natureza e sua sociologia. Na década de 1970, em várias partes do mundo, assistiu-se ao surgimento de uma nova minoria que reivindicava sua legitimidade. Tendo cultura e estilo de vida próprio, ao se tornar visível causou impacto sobre toda a sociedade, por buscar a afirmação da homossexualidade como parte importante de sua vida e não mais como algo privado e escondido. A sexualidade se torna mais livre; ao mesmo tempo que *gay* é algo que se pode "ser" e "descobrir-se ser".

Direito à indiferença

A confiança que os gays passaram a sentir em si próprios e a maior aceitação de sua própria sexualidade foram benéficas, mas o reconhecimento da condição de minoria trouxe desvantagens. Apesar de num primeiro momento os homossexuais terem reivindicado o direito à diferença — como forma de serem reconhecidos pela maioria —, nos anos 1980 houve uma modificação na tática do movimento gay. Ser minoria, uma espécie à parte, dificultava a visão de que a homossexualidade é um aspecto da sexualidade de cada um, provocando a exclusão da sociedade.

Acreditando que esse caminho levava ao estigma e ao gueto, surgiu a preocupação em mostrar que os homossexuais são homens como os outros e, mesmo que haja uma recusa aos papéis sexuais tradicionais, a sexualidade não determina o gênero — masculino ou feminino. A partir daí, passaram a não mais reclamar o direito à diferença, e sim o direito à indiferença, a serem olhados como qualquer outro cidadão.

Mas o problema da minoria homossexual é que seu destino depende da forma como ela é vista pela maioria heterossexual. Em 26 de junho de 1983, por exemplo, ocorreu uma manifestação em Nova York para mobilizar a opinião pública contra a Aids. Desfilaram policiais entre uma orquestra gay e uma fileira de escrivões acenando fotos de Roland Barthes, Jean Cocteau e André Gide. A reação dos moralistas não demorou a chegar. Patrick J. Buchanan, ex-redator dos discursos do presidente Nixon, numa clara alusão ao HIV se pronunciou: "Os homossexuais declararam guerra à natureza. A natureza se vinga. A revolução sexual começa a devorar seus filhos." Não resta dúvida de que os machos heterossexuais que perseguem o ideal masculino da nossa cultura, e são, portanto, prisioneiros da ideologia patriarcal, utilizam-se dos homossexuais como contraste psicológico para a afirmação de sua masculinidade.

O chamado baby boom, explosão de nascimentos após a guerra, foi a geração que viria a se constituir nos rebeldes dos anos 1960-1970. Os beatniks e os hippies rebelaram-se contra o que era estabelecido socialmente. O primeiro e mais revolucionário aspecto da liberação da mulher foi seu novo senso de independência sexual; a repressão de 5 mil anos da humanidade sofreu um súbito e severo choque. A tradição do casamento e família parecia não ter lugar válido no quadro feminista. Andrew Hacker, sociólogo político de Cornell, EUA, acentuou em 1970: "O problema é que a instituição a que chamamos de casamento não pode sustentar dois seres humanos completos — foi destinada a apenas um e meio."[26]

Um brusco resultado da revolução sexual dos anos 1970 foi a confusão de valores. Quando a revista *Time* realizou uma pesquisa, em 1977, tornou-se público que 61% das pessoas entrevistadas admitiam ser "cada vez mais difícil saber o que é certo ou errado". No mesmo ano da pesquisa da *Time*, um grupo de teólogos católicos surgiu com um dos mais surpreendentes documentos em toda a história da Igreja.

Ignorando a inflexível condenação do Vaticano, de 1976, de toda relação sexual fora do casamento como um desafio à lei "absoluta e imutável" de Deus, eles argumentaram que o relacionamento extraconjugal era moralmente aceitável, desde que fosse realmente "criativo" e "integrativo"; que a amizade estável entre homossexuais era preferível à abstinência sexual; que não se podia esperar que pessoas viúvas ou divorciadas vivessem como seres "assexuados". Entre outros casos o documento dizia que o sexo, qualquer que fosse a sua forma, podia ser considerado moral se fosse "autoliberador, valorizasse o outro, fosse honesto, fiel, socialmente responsável, servindo à vida alegre".[27]

Em matéria de amor e sexo, como em qualquer outra coisa, há sempre uma vanguarda, cujos comportamentos servem de modelo e terminam seguidos pela maioria. Desde o início da história registrada, a sociedade sempre sentiu necessidade de exercer um grau de controle sobre a conduta sexual das pessoas. Entretanto, se a revolução sexual dos anos 1970 teve o efeito fundamental de retirar do domínio público os aspectos mais íntimos do sexo e devolvê-los ao privado, então as crises psicológicas que essa mudança ocasionou valeram a pena.[28]

Além da audácia do espírito em busca da liberdade, a Revolução Sexual possibilitou a derrubada de práticas obscurantistas, como a inferioridade da mulher, o tabu da virgindade, a discriminação de pessoas separadas, a justificação de crimes passionais em nome da honra e outras aberrações de comportamento do mesmo quilate. Essas mudanças marcaram o século XX e, embora incompletas, abriram caminho para uma libertação mais ampla e saudável nas primeiras décadas do século XXI.

LINKS

PAIXÃO

Edward VIII renunciou ao trono inglês pela paixão que sentia por uma mulher. Se ele a amava mesmo ou o que predominava era uma profunda dependência emocional, nunca saberemos. Viveram juntos 33 anos. Mas na maioria das vezes a paixão não é duradoura.

Stephen Flemming é um dos líderes do parlamento inglês, com reputação intocável e comportamento familiar exemplar. Isto até se apaixonar pela noiva do filho, Anna. Os dois começam um relacionamento, mas Anna não está disposta a abrir mão do noivo. Stephen então altera sua rotina para estar com ela em seus encontros furtivos. Eles sabem o quanto este relacionamento pode abalar as pessoas que amam e destruir suas vidas, mas a paixão é mais forte que a razão. O que acontece? Uma tragédia.

Esta é a sinopse do filme *Perdas e danos*, de Louis Malle, baseado na novela de Josephine Hart, com Jeremy Irons e Juliette Binoche nos papéis principais.

A paixão nos faz olhar o mundo de outra forma. Tudo assume cores e matizes surpreendentes. Êxtase, euforia, apreensão, dias inquietos, noites insones... É possível estar entre muitas pessoas e ficar preso por uma única imagem. Todos desaparecem, até a realidade se afasta do cenário e a pessoa amada se torna a única presença significativa, a única que nos importa. Vivemos numa espécie de "solidão a dois". Uma dimensão minha, interna, de que eu não era consciente, emerge e eu me enriqueço com o que até aquele momento me era desconhecido.

A paixão pode ser comparada ao estado hipnótico. Há uma fixação no ser amado, o que em alguns casos se torna uma obsessão. Os amantes experimentam um sentimento de incrível plenitude e, simultaneamente, têm a impressão de terem vivido até aquele momento em estado de privação: a presença do outro é fonte de bem-estar que parece ter possibilidades inesgotáveis. É como se novas percepções e emoções enchessem os nossos canais sensoriais, abrindo à alma outra dimensão. Por conta disso, todos os apaixonados pressentem que um dia podem perder a pessoa amada, que isso pode acontecer a qualquer momento, e sofrem.

Por quem nos apaixonamos? "Não dá pra você antecipar por quem vai se apaixonar, nem qual o motivo que te faz se apaixonar. O apaixonamento é algo que te atropela, você é assolado, é tomado por aquilo. E exatamente o que o torna imprevisível é a impossibilidade de você estabelecer quais são os elementos que vão possibilitar esse apaixonamento. Caso contrário, você se protegeria. Para se apaixonar basta estar vivo e desejante, aberto para isso", responde o professor de teoria psicanalítica e escritor Luiz Alfredo Garcia-Roza.[29]

A principal característica da paixão é a urgência. Ela é tão invasiva e poderosa que pode fazer com que sejam ignoradas todas as obrigações habituais. Perturba as relações cotidianas, arrancando a pessoa das atividades a que está acostumada, deixando-a completamente fora do ar. É comum se fazerem escolhas radicais e muitas vezes penosas — falta-se ao trabalho, larga-se o emprego, muda-se de cidade, abandona-se a família. "O amor é bem comportado, se faz no lugar da ordem. É exercido a partir de uma série de referências bem-ordenadas. A paixão, não. Ela subverte, perverte, te vira pelo avesso. A paixão te coloca fora da lei. O amor é legal, tem futuro, faz promessas...", acrescenta Garcia-Roza.

O francês Denis de Rougemont, grande estudioso do amor no Ocidente, afirma que raramente os poetas cantam o amor feliz, harmonioso e tranquilo. E que o romance passa a existir unicamente onde o amor é fatal, proscrito, condenado... e não como a satisfação do amor. As provas, os obstáculos, as proibições são as condições da paixão. Afinal, paixão significa sofrimento.[30]

O desejo e o sofrimento fazem com que todos se sintam vivos, proporcionando um *frisson*, e muitas surpresas. Necessita-se do outro, não como ele é no real, mas como instrumento que torna possível viver uma paixão ardente. Somos envolvidos por um sentimento tão intenso que por ele ansiamos, apesar de nos fazer sofrer. Os apaixonados não precisam da presença do outro, mas da sua ausência. Contudo, a maioria reconhece que a paixão acaba logo.

Mesmo durando pouco, a paixão sempre foi sentida como uma doença da alma que, além de limitar a liberdade individual, pode levar ao assassinato ou ao suicídio. Para o famoso antropólogo Malinowski, estudioso de várias culturas, a paixão existe em qualquer lugar do mundo e atormenta a mente e o corpo, podendo conduzir a um impasse, um escândalo ou uma tragédia. Raramente ilumina a vida fazendo com que o coração se expanda e transborde de alegria.

Vários estudos já mostraram que o violento distúrbio emocional causado pela paixão é desencadeado por algo físico que acontece no cérebro. Talvez aí se explique por que as pessoas apaixonadas são capazes de ficar acordadas a noite inteira, conversando ou fazendo sexo. Mas existem alguns prerrequisitos: certo distanciamento e mistério são essenciais para a paixão; em geral, as pessoas não se apaixonam por alguém que conhecem bem.

Segundo uma pesquisa sobre a natureza da paixão feita nos Estados Unidos, em que foram entrevistadas 5 mil pessoas em 37 culturas, há uma série de evidências de que essa exaltação seja criada por um coquetel de substâncias químicas cerebrais e deflagrada pelo condicionamento cultural. Os pesquisadores observaram que esse tipo de emoção não dura mais que dois anos e meio, quando a pessoa começa a voltar a um estado mental relaxado. Em meados da década de 1960 a psicóloga americana Dorothy Tennov já havia chegado à conclusão de que a duração média de uma paixão é de 18 meses a três anos. Suspeita-se que seu término também se deva à fisiologia cerebral; o cérebro não suportaria manter eternamente essa excitação.

Contudo, a paixão está em via de extinção. As mentalidades estão mudando e a tendência é outra. Elisabeth Badinter acredita que agora homens e mulheres sonham com outra coisa diferente dos dilaceramentos. Se as promessas de sofrimento devem vencer os prazeres, preferimos nos desligar. Além disso, a permissividade tirou da paixão seu motor mais poderoso: a proibição. Ao admitir que o coração não está mais fora da lei, mas acima dela, pregou-se uma peça no desejo, acredita ela. Então, mesmo que ainda quiséssemos, não poderíamos mais. As condições da paixão não estão mais reunidas, tanto do ponto de vista social quanto psicológico.[31]

PAIXÃO X AMOR ROMÂNTICO

Paixão, amor romântico e amor são sentimentos distintos, embora com frequência confundidos. A paixão é sem dúvida a que causa mais tormentas. Para o sociólogo inglês Anthony Giddens, o amor apaixonado tem sido sempre libertador, mas apenas no sentido de gerar uma quebra da rotina e do dever. Em várias culturas essa experiência tem sido vista de diversas formas, desde uma revelação divina até uma psicose.

A paixão é de certa forma um fenômeno universal, mas o amor romântico é específico do Ocidente. Aproveitou alguns elementos da paixão, se diferenciando dela em importantes aspectos. Ao contrário da paixão, em que ninguém consegue raciocinar, o amor romântico prevê uma vida a dois estável e duradoura. Desde o início se *intuem* as qualidades da pessoa, e a atração que se sente ocorre na mesma medida em que se supõe que ela vá tornar completa a vida do outro.

A atração sexual que se sente no amor romântico é mais tranquila, bem diferente do ardor sexual enlouquecido, componente importante da paixão. O parceiro é idealizado e nele se projeta tudo o que se gostaria que ele tivesse. Como não poderia deixar de ser, esse tipo de amor não resiste ao cotidiano. A intimidade impede a permanência das idealizações. Os homens nunca tiveram problemas para resolver a questão entre o amor romântico, carinhoso e terno do casamento e a paixão sexual pela amante. E a vida seguia em frente com o confinamento da sexualidade feminina ao lar, e a mulher orgulhosa por ser considerada *respeitável*.

Falta falar do amor sem projeções e idealizações, que existe por si mesmo, só para amar e ser amado. O que se sente nesse amor? Prazer de estar com alguém, vontade de dividir nossas questões existenciais, participar da vida do outro e permitir que ele participe da nossa, ser solidário, torcer pela pessoa, sentir saudades. E claro que é possível amar muito uma ou mais pessoas e sentir desejo sexual por elas. Ou não sentir desejo algum.

"Preciso encontrar um grande amor!" Esta afirmação é ouvida com frequência na nossa cultura. Acredita-se só ser possível estar bem vivendo uma relação amorosa. A partir do século XX, mais do que em qualquer outra época, o amor ganhou importância. As pessoas passaram a acreditar que sem viver um grande amor a vida não tem sentido. "A idealização faz do amor algo maior do que desejo sexual e companheirismo. A idealização envolve a glorificação de uma única pessoa, a própria glorificação e a da relação também. Mas nós levamos essa glorificação a extremos e transformamos o amor numa questão de tudo ou nada. Procuramos alguém que nos ame totalmente, sem compromissos anteriores, sem paixões recolhidas de amores antigos e coisas não ditas ou não feitas, a suposta atração das virgens e a alegada inocência das crianças."[32]

A idealização do amor tem um custo. Não é verdade que "tudo o que você precisa é de amor". Precisamos também ter um espaço individual, amigos verdadeiros, investir na carreira etc. Ao nos concentrarmos no amor, negligenciamos inevitavelmente outras paixões, o que torna nossa vida mais limitada. O filósofo americano Robert Solomon faz interessantes considerações a respeito do amor, que sintetizo a seguir.[33] A idealização do amor leva à ideia arrogante de que o amor é um fenômeno singular, que as pessoas "encontram" ou não. Exigimos que nosso amor seja *isto* ou nada, e já que isto é frequentemente captado em termos extravagantes (arrebatamento, "felicidade perfeita") ficamos inevitavelmente desapontados.

Entretanto, o amor varia de intensidade, como qualquer outra emoção. Não hesitamos em nos descrever como "um pouco bravos" ou "um pouco tristes", mas somente no amor não queremos admitir gradações. E já que a maioria de nós não é capaz de manter um delírio febril por muito tempo, afinal há diversos compromissos no dia a dia, logo aparecem algumas dúvidas do tipo "será que isso é mesmo amor?" e "Será que ainda o amo?". É como se o amor só fosse real de fato quando é explosivo e obsessivo, quando nos incapacita ou nos absorve totalmente. O amor, porém, se manifesta de muitas maneiras e em muitas vidas diferentes. Por que nos recusamos a admitir que o amor pode, e usualmente deve, ser meio período, por que o amor, como a tristeza ou a alegria, deve às vezes esperar sua vez de entrar em cena?

Na melhor das hipóteses o amor é uma convergência de muitos desejos, alguns deles sexuais, outros éticos, muitos diretamente práticos, outros pouco românticos e fantásticos. No amor não queremos só sexo e segurança, mas também felicidade, companhia, diversão, alguém para viajar, sair, ouvir conselhos, ter orgulho desse alguém, enfim, uma associação com quem é uma vantagem social e um aliado, alguém com quem vamos dividir o trabalho doméstico e aumentar a renda da casa, alguém de quem podemos depender na hora dos problemas e nos consolar nos momentos de tristeza, e por aí vai.

Na realidade, gostaríamos de tudo isso, emoções e constância, excitação e segurança, e de preferência tudo junto, num só pacote, um pacote supostamente garantido pelo amor. Mas o amor é só um ingrediente nesse pacote. Mesmo que seja indesejável, podemos ter amor sem companheirismo, amor sem sexo, amor sem apoio emocional, amor sem excitação, amor sem estabilidade. Para Solomon o que muitos consideram o colapso do amor é, na verdade, a perda de um desses desejáveis acompanhamentos do amor. Contudo, isso não precisa ser a perda do amor, é só a perda do "pacote". Então, vale a pena perder o amor se considerarmos as outras coisas perdidas?

O amor está sempre ligado a outras emoções, e seu potencial inclui não só o oposto do amor, o ódio, mas também raiva, inveja, ciúme, dúvidas a respeito dos próprios sentimentos, orgulho, ressentimento, ansiedade, frustração etc. Como o amor envolve um sentido de pertencer, corporifica a possibilidade de perda, como no ciúme, e inclui uma espécie de forte confronto com o outro, que pode se transformar em ódio. Assim, também, o amor se encaixa numa matriz de necessidades, desejos, esperanças, medos e expectativas.

O AMOR ROMÂNTICO COMEÇA A SAIR DE CENA

Pensa-se no amor como se ele nunca mudasse. O amor é uma construção social, e em cada época da História ele se apresentou de uma forma. O amor romântico, pelo qual a maioria de homens e mulheres do Ocidente tanto anseiam, prega a ideia de que os dois se transformarão num só. Entretanto, a busca da individualidade caracteriza a época em que vivemos; nunca homens e mulheres se aventuraram com tanta coragem em busca de novas descobertas, só que, desta vez, para dentro de si mesmos. Cada um quer saber quais são suas possibilidades, desenvolver seu potencial.

Esse tipo de amor propõe o oposto disso — a fusão de duas pessoas —, o que começa a deixar de ser atraente. O amor romântico começa a sair de cena levando com ele a sua principal característica: a exigência de exclusividade. Sem a ideia de encontrar alguém que lhe complete, abre-se um espaço para novas formas de relacionamento amoroso, com a possibilidade de se amar e de se relacionar sexualmente com mais de uma pessoa ao mesmo tempo.

Giddens chama de "transformação da intimidade" um fenômeno sem precedentes que está acontecendo com milhares de homens e mulheres. Eles, estimulados pelos amplos movimentos sociais atuais, estão tentando, consciente e deliberadamente, desaprender e reaprender a amar.

Penso que para uma relação a dois valer a pena, são necessários alguns fatores primordiais: total respeito ao outro e ao seu jeito de ser, suas ideias e suas escolhas; nenhuma possessividade ou manifestação de ciúme que possa limitar a vida do parceiro(a); poder ter amigos e programas em separado; nenhum controle da vida sexual do parceiro(a), mesmo porque esse é um assunto que só diz respeito à própria pessoa. Poucos concordam com essas ideias, na medida em que é comum se alimentar a fantasia de que só controlando o outro há a garantia de não ser abandonado.

CASAMENTO

Nos anos do pós-guerra, as mulheres se esforçam para encontrar um marido. Há a crença de que sem o casamento e a maternidade a mulher não se realiza. Ela passa, assim, da dependência familiar à submissão ao marido. A esposa era incentivada a agradá-lo em tudo — na comida, na arrumação da casa, até mesmo na sua aparência. Não estar em casa esperando-o chegar do trabalho seria imperdoável. Passados mais de cinquenta anos, muitas mulheres se encontram cobradas da mesma forma

A ideia de felicidade conjugal depende da expectativa que se tem do casamento. Durante muito tempo a mulher não tinha do que reclamar se seu marido fosse bom chefe de família, não deixando faltar nada em casa. Para o homem a boa esposa seria aquela que cuidasse bem da casa, dos filhos e dele próprio. E, claro, mais do que tudo, não deixasse aflorar o menor sinal de sua sexualidade. Como não havia pretensão de romance nem de prazer sexual, ninguém se decepcionava e, portanto, não havia separações.

O amor romântico, que durante tanto tempo ficou excluído, mudou toda a história do casamento, depois que foi introduzido na relação do casal, por volta de 1940. Todos passaram a acreditar que só é possível estar bem vivendo uma relação amorosa, e o casamento por amor começou a ser visto como sinônimo de felicidade.

Entretanto, esses novos anseios trouxeram expectativas impossíveis de serem satisfeitas. Ao escolher seu parceiro por amor, as pessoas esperam que esse amor e o desejo sexual que o acompanha sejam recíprocos e para a vida toda. Com a convivência e intimidade excessiva, se percebe que não é bem assim. As frustrações se acumulam e inúmeras concessões começam a ser feitas.

A DIFÍCIL VIDA A DOIS

Num fim de tarde, Cíntia foi visitar uma amiga, que não via há bastante tempo. Mas à medida que o tempo ia passando ela começou a ficar desatenta à conversa, olhando, a todo momento, para o relógio. Sua amiga perguntou então o que estava acontecendo. Cíntia explicou: "É que João chega em casa mais ou menos a essa hora. Se não estou lá, esperando por ele, encontro-o depois com um mau humor terrível. A noite sempre acaba em briga."

Provavelmente, João não reage dessa forma por esse único motivo. E também não sabemos onde e como sua mulher o controla. Mas o mais difícil de entender é por que as pessoas não percebem que os modelos tradicionais de relacionamento são insatisfatórios e causam sofrimento. Por que se repetem tanto os mesmos padrões de comportamento? Pouca gente tem coragem de tentar novos caminhos. Apesar das frustrações quase todos recorrem ao que já é conhecido. O desconhecido assusta, dá medo, gera insegurança. No que diz respeito à vida a dois isso quase sempre acontece.

Depois de algum tempo, na maioria das vezes, as relações estáveis — e aí tanto faz ser namorado ou casado, morar junto ou não — se tornam tediosas. São tantas regras a seguir, tantas concessões a fazer, que a vida vai ficando sem graça. As pessoas se relacionam muito mais por necessidade de segurança do que pelo prazer da companhia um do outro. A dependência entre um casal é encarada por todos com naturalidade porque se confunde com amor.

Quando observamos o silêncio absoluto de um casal na mesa de um restaurante, por exemplo, onde se percebe uma falta total de interesse um pelo outro, fica claro que já não têm mais nada para conversar. E nem percebem, de tão acostumados que estão. Agem como se isso fosse natural. "A fantasia de representar uma unidade ou de sentir que se perde a identidade própria sem a presença do outro constitui o eixo em torno do qual giram as dinâmicas dos amantes. Isso implica também que na relação alguém é reconhecido somente à medida que corresponde às exigências do outro. Assim, em todo casal estruturam-se esquemas de comportamento, de coações, e é sobre elas que se fundam as dinâmicas relacionais do casal."[34]

Relação silenciosa

Estatísticas americanas mostram que homens e mulheres casados conversam apenas meia hora por semana. É muito difícil saber em que momento duas pessoas que escolheram viver juntas começaram a se tornar estranhas. E na maior parte das vezes nem os envolvidos conseguem responder o porquê. Alguns chegam ao ponto de, após anos de vida em comum, ir deixando de se falar. Mas ficam ali, juntos.

Há algumas décadas pensava-se no casal composto só por dois indivíduos. Com o tempo ficou claro que o casal se compõe de três partes — dois indivíduos e uma relação: eu, você, nós — e que cada parte deve ser igualmente observada, pois tem um significado na vida do casal. Virginia Sapir, famosa terapeuta familiar americana, explica: "Qualquer coisa que uma das pessoas faz requer que a outra responda, e essa resposta modela aquela pessoa. Paralelamente, a resposta do outro modela seu próprio eu. Essa sequência, repetida, dá origem a um modelo que se traduz em normas para a relação."[35]

Concordo também com sua afirmativa de que as dificuldades para enfrentar problemas em um casal sempre estão relacionadas à baixa autoestima dos parceiros. Outra complicação é representada pelo fato de que os membros de um casal podem ficar presos um ao outro, num encaixe psicológico que faz lembrar seus modelos infantis. E é fundamental que os cônjuges desenvolvam a possibilidade de lidar com a pessoa real. Jürg Willi, professor de medicina psicossocial da Universidade de Zurique, Suíça, acredita que para duas pessoas elaborarem um mundo comum é preciso negociarem juntas certas estruturas que dizem respeito ao sentido e objetivo da relação de casal.

Para Willi, o desenvolvimento pessoal de cada um implica redefinir continuamente a distribuição de papéis, regras, funções, poder. Para que uma relação continue sendo funcional, é importante que essas regras não sejam totalmente rígidas, nem modificáveis por um dos dois quando lhe aprouver e sem consultar o outro.

RANCOR MATRIMONIAL

Paulo e Sofia são arquitetos, casados há oito anos, com dois filhos. De uns tempos para cá a convivência está se tornando insuportável. Paulo, na última sessão de terapia, desabafou: "Não está dando mais para aguentar. Brigamos por qualquer motivo. Ontem combinamos de ir ao cinema, mas na última hora apareceu um possível novo cliente no escritório. Tive que ligar para Sofia e desmarcar. Ela devia entender, mas não. Tudo é pretexto para discussões intermináveis. Não devia ter voltado para casa; brigamos até as 4 horas da manhã! O pior é quando acontece na frente de outras pessoas. No sábado passado, quando estávamos saindo com um casal amigo para almoçar, a briga foi por causa de uma vaga para estacionar o carro. O clima ficou péssimo. As pessoas ficam sem jeito e nunca sei como contornar essa situação. Parece que é impossível vivermos em paz. Isso sem contar o mau humor e as caras amarradas, que são constantes. Sei que a culpa não é somente dela. Também fico sem paciência e, em alguns momentos, digo coisas agressivas. Na verdade, o que não sei é por que ainda ficamos juntos."

É muito difícil saber por que um casal começa a brigar. Na maior parte das vezes nem as pessoas envolvidas conseguem perceber o motivo. Entretanto, o que menos importa é o tema da briga; por qualquer razão o rancor que existe e que se tenta negar escapa, sem controle. As brigas também podem ser silenciosas. Caras, olhares, gestos, tons de voz, ironias disfarçadas, tudo tornando bem desagradável o dia a dia do casal e constrangendo quem está por perto. Alguns chegam ao ponto de, após anos de vida em comum, ir deixando de se falar. Mas ficam ali, juntos, sem nem pensar em separação. "Casamento é assim mesmo...", dizem.

Como, no mundo ocidental, há a ideia de que ninguém é inteiro, faltando um pedaço em cada um, com o casamento, as pessoas imaginam que estarão de tal forma preenchidas que nada mais vai lhes faltar. A ideia de ter enfim encontrado "a pessoa certa", "a alma gêmea", "a outra metade", faz com que a satisfação das necessidades e carências pessoais seja vista como dever do parceiro. Além disso, se estabelece uma relação simbiótica propícia para que ambos projetem, um no outro, seus aspectos que consideram inaceitáveis, vergonhosos, sujos. Em pouco tempo o outro se torna insuportável, porque passa a ser visto como um poço de defeitos — os próprios e os que foram projetados nele pelo parceiro.

O psicoterapeuta José Ângelo Gaiarsa não tem dúvidas quanto ao ódio que pode se desenvolver num casamento. "Já vi casais cuja única finalidade na vida era infernizar e torturar o outro o tempo todo, em cada frase, em cada olhar. O horror dos horrores. Só dois prisioneiros vitalícios obrigados a morar para sempre na mesma cela poderiam desenvolver sentimentos tão terríveis; e só dois que se proibiram de admitir outra pessoa ou qualquer outra atividade na própria vida chegam a esse ponto de miséria moral e de degradação recíproca."[36]

Se a pessoa só é aceita enquanto corresponde à expectativa do outro, ela fica presa num papel e não pode sair dele. Devido ao descompasso entre o que se esperava da vida a dois e a realidade, as frustrações vão se acumulando e, de forma inconsciente, gerando ódio. Eles se cobram, se criticam e se acusam. Para Virginia Sapir, por causa da sensação de fracasso, o que mais se vê no casamento são sentimentos de desprezo e raiva, de um para o outro, e de cada um por si.

Gaiarsa afirma não conhecer rancor pior que o matrimonial. "A maior parte dos casamentos, durante a maior parte do tempo, são de precários a péssimos. A cara das pessoas nessa situação fica de uma feiura moral que assusta. O clima em torno dos dois é literalmente irrespirável, sobretudo por acreditarem ambos que têm razão."[37]

Para o psicoterapeuta, o rancor matrimonial acima de tudo amarra, pega você de qualquer jeito, imobiliza, como se você tivesse caído numa teia de aranha. Quanto mais você se mexe, mais se amargura e sente raiva. Raiva — que faz brigar; mágoa — que faz chorar. A mistura das duas é o rancor, um ficar balançando muito e muito tempo entre o homicídio e o suicídio. E cometendo ambos ao mesmo tempo, conclui ele.

Contudo, até chegar a esse ponto, o casal se esforça para manter a fantasia do par amoroso idealizado. Toleram demais um ao outro, fazendo inúmeras concessões, abrindo mão de coisas importantes, acreditando que é necessário ceder. Como nem sempre isso traz satisfação, eles se cobram, se criticam e se acusam. As brigas se sucedem. Dependendo do casal, as acusações podem se renovar ou ser as mesmas, sempre repetidas. Em muitos casos, os parceiros dependem do outro emocionalmente, precisam do parceiro para não se sentirem sozinhos e, principalmente, para que seja o depositário de suas limitações, fracassos, frustrações e também para responsabilizá-lo pela vida insatisfatória que levam.

O longo tempo de convívio pode transformar os dois ou então tornar cada um mais preso a seu próprio jeito e hábitos. Isso para se defender das cobranças, vindas do outro, para que se modifique. A consequência é um deles se tornar mais rígido, impedido de se desenvolver. Gaiarsa acrescenta: "Esse rancor matrimonial é a coisa mais peçonhenta, amarga, azeda e torturante de que tenho notícia ou experiência. Sim, experiência — terrível. Quem não a tem vez por outra? Mas quando ela dura muitos meses — até muitos anos — é, na certa, o pior veneno que se pode imaginar."[38]

Muitos casais ficam juntos, principalmente, por hábito e por dependência. Mas não é raro haver um sentimento de ódio de um pelo outro, mesmo que inconsciente.

Dependência e hostilidade

A dependência emocional que se tem do outro gera ressentimento e hostilidade, quando se percebe o aspecto "perigoso" do ter necessidade. O psicólogo italiano Aldo Carotenuto acredita que, no fundo, todos nos defendemos da necessidade do outro, tanto é verdade que às vezes acabamos por fazer escolhas erradas, escolhas cômodas, buscando uma paz pela qual pagamos qualquer preço: a renúncia de viver a plenitude ou ao menos a promessa de uma experiência diversa. Na renúncia vivemos não só a falta de autenticidade, mas há algo pior: nós nos bloqueamos e deixamos fracassar miseravelmente uma possibilidade de transformação.[39]

Para solucionar a questão do rancor no casamento, só vejo duas saídas: ou as pessoas desistem de ter relações estáveis e duradouras, ou descobrem uma forma de perceber o outro sem idealização e de se relacionar pelo prazer de estar perto, não atribuindo a ele o que não lhe diz respeito.

Solidão a dois

Fátima, 53 anos, está casada há trinta. Desde que os filhos saíram de casa e ela e o marido passaram a morar sozinhos, ficou mais difícil negar o que durante tanto tempo não quis aceitar: a sua solidão. Eles vivem numa casa confortável, mas seu marido, aposentado, passa quase o dia todo trancado no escritório. "É desesperador. Quando tento puxar assunto, ele só responde por monossílabos. Só se dirige a mim para reclamar de alguma coisa de que não gostou na comida ou na arrumação. Agora, se eu precisar ir ao médico, ele me leva e fica no carro esperando. Nunca me procura para fazer sexo. Eu adoro sair, tomar um chope... fazer qualquer coisa, mas sempre que proponho irmos a um teatro ou cinema ele diz que está cansado. Noutro dia resolvi que ia sem ele. Convidei a minha irmã para sair comigo. Você acredita que enquanto eu esperava a minha irmã passar de carro para me pegar, o vi saindo de carro?"

A separação sem dúvida seria uma saída, mas as coisas não são tão simples assim. As pessoas têm medo de se separar. Medo de ficarem só, do desamparo, de sentirem falta do outro, de não encontrarem um novo amor, de não conseguirem se sustentar, de se sentirem jogadas fora. "As pessoas não se separam por estupidez, medo, compaixão. Se forem religiosas, aí a estupidez impera. Porque a religião não resolveu ainda esse problema. Deus abençoa e você tem que morrer com aquela pessoa ali, do seu lado, te fazendo mal. Os padres não dizem: tente salvar seu casamento, caso não dê certo, separe. Não. Eles acreditam no duplo suicídio entre duas pessoas morando sob o mesmo teto. O medo talvez seja o maior empecilho. Medo do que as pessoas vão dizer, medo de assumir o fracasso, de recomeçar", afirma o escritor Luís Daltro.[40]

Na busca de segurança afetiva, qualquer preço é pago para evitar tensões decorrentes de uma vida autônoma. Por medo da solidão as pessoas suportam o insuportável tentando manter a estabilidade do vínculo, e não raro se tornam dois estranhos ocupando o mesmo espaço físico. Como mecanismo de defesa, surge a tendência a não se pensar na própria vida. Tenta-se acreditar que casamento é assim mesmo. Mas, afinal, por que se teme tanto a solidão?

Zeldin afirma que o medo da solidão assemelha-se a uma bola e uma corrente que, atados a um pé, restringem a ambição, são obstáculos à vida plena, tal e qual a perseguição, a discriminação e a pobreza. Se a corrente não for quebrada, para muitos a liberdade continuará um pesadelo. Ele não tem dúvidas de que todos os movimentos de liberdade estacam diante da muralha da solidão. E a crença mais gasta, pronta para a lixeira, é a de que os casais não têm em quem confiar salvo neles próprios, o que é tão infundado quanto a crença de que a sociedade condena os indivíduos à solidão.[41]

Não há dúvida de que o medo da solidão é responsável por muitas opções equivocadas de vida. Fazemos qualquer coisa para nos sentir aconchegados e protegidos através da relação com outra pessoa, tentando nos convencer de que assim não seremos mais sozinhos. A ideia, tão valorizada e difundida pelo amor romântico, de que devemos buscar um parceiro que nos complete só contribui para que não enxerguemos o óbvio: a solidão é uma das nossas características existenciais.

Conversando com a escritora Marina Colasanti ouvi uma observação interessante: "Um dos elementos que causam a solidão dentro do casamento é que as pessoas evoluem em direções tão opostas que de repente uma não tem nada mais a ver com a outra. Eventualmente até transam, mas a transa nem sempre configura intimidade. Ou podem se afastar quando um dos dois se volta muito para si. Isso é comum acontecer com os velhos. Sempre se diz que a velhice traz sabedoria, mas é mentira. Temos que lutar para melhorar com a idade, porque a tendência é a gente ir piorando."

Concordo também com o psicoterapeuta e escritor Roberto Freire, que diz não ter dúvida de que risco é sinônimo de liberdade e que o máximo de segurança é a escravidão. Ele acredita que a saída é vivermos o presente através das coisas que nos dão prazer. A questão, diz ele, é que temos medo, os riscos são grandes e nossa incompetência para a aventura nos paralisa. Entre o risco no prazer e a certeza no sofrer, acabamos sendo socialmente empurrados para a última opção.

Estar só nem sempre é solidão

"Tenho 38 anos e estou muito mal pelo fato de nunca ter me casado. Não sei por que meus namoros duram tão pouco. Já pensei até que deve ter algo muito errado em mim. Todas as minhas amigas se casaram, e eu continuo sem ter com quem ir ao cinema. No último dia dos namorados fiquei deprimida. Não sei se funciona, mas já pensei até em procurar uma agência de casamento. Sou uma mulher bonita, mas tenho baixa autoestima. Sempre que conheço um homem, fico tão insegura que imagino que isso contribua para o desinteresse dele."

A ideia de que é impossível ser feliz sozinho condiciona as pessoas de tal forma que a maioria não se conforma em não ter um par amoroso. Desde cedo aprendemos que só é possível ser feliz tendo uma relação amorosa fixa e estável. Claro que não é verdade, mas as pessoas insistem em acreditar nisso, apesar do sofrimento que essa crença gera. A necessidade de se ligar profundamente a uma única pessoa é tida como verdade absoluta. E é por isso que muitos homens e mulheres procuram incessantemente um par amoroso, pagando qualquer preço para mantê-lo.

Acredita-se que só é possível alcançar a aceitação social quando se age igual aos outros. Todos, então, se tornam parecidos e desejam as mesmas coisas. As particularidades de cada um desaparecem, chegando a um ponto em que não dá mais para saber o que realmente se deseja ou o que se aprendeu a desejar. De que o ser humano necessita se unir e se comunicar com outras pessoas não há dúvida. Mas isso não significa que ele tenha, necessariamente, que se relacionar com uma pessoa de forma exclusiva. Quando alguém diz que não quer viver sozinho, está se referindo a não ter um parceiro amoroso.

A condição essencial para ficar bem sozinho é o exercício da autonomia pessoal. Isso significa, além de alcançar nova visão do amor e do sexo, se libertar da dependência amorosa exclusiva e "salvadora" de alguém. O caminho fica livre para um relacionamento mais profundo com os amigos, com crescimento da importância dos vínculos afetivos.

É com o desenvolvimento individual que se processa a mudança interna necessária para a percepção das próprias singularidades e do prazer de estar só. E assim fica para trás a ideia básica de fusão do amor romântico, que transforma os dois numa só pessoa. E quando se perde o medo se percebe que estar sozinho não significa necessariamente solidão.

SEDE DO NOVO

No passado, o que os amantes provavelmente mais temiam era a solidão. Embora muita gente continue ainda presa à ideia de que viver só é uma coisa triste, diminui progressivamente o esforço para se salvar uma união vacilante. O aprisionamento numa relação estática tornou-se preocupante. "A sede de novas experiências, do desconhecido, do novo, é maior do que

nunca. Assim, unir dois exilados para formar uma família segura e autossu-
ficiente deixou de ser satisfatório. A tentação moderna é por uma criatividade mais ampla. O fascínio pelo novo é tal e qual o jogo, um passo para a
criatividade", afirma Zeldin.[42] Na mesma medida, aumenta o número dos
que aceitam o risco de viver sem parceiro fixo e estável, recusando-se a se
fechar numa vida a dois.

———•◦•———

O casamento mudou mais nos últimos cinquenta anos do que em todo o
período de sua existência. A partir dos anos 1960, grandes transformações
— ligadas principalmente ao advento da pílula anticoncepcional e ao movimento feminista, que contribuiu para o aumento do nível de instrução
feminina e para o crescimento da participação das mulheres no mercado de
trabalho — afetaram a situação das mulheres na sociedade e na família: sua
autonomia pessoal e financeira foi consideravelmente ampliada em relação
aos homens. Apesar disso, a grande maioria dos casados, homens e mulheres, se declara insatisfeita com o casamento.

A escritora americana Laura Kipnis critica o modelo de casamento
atual, principalmente quanto à ideia de que é necessário "trabalhar" a relação para que o casamento seja satisfatório. "Quando a monogamia vira
trabalho, quando o desejo é organizado por contrato, com a contabilidade
registrada e a fidelidade extraída como o trabalho dos empregados, com
o casamento parecendo uma fábrica doméstica policiada por uma rígida
disciplina de chão de fábrica planejada para manter as esposas, os maridos
e os parceiros domésticos do mundo agrilhoados à maquinaria do status
quo — será que é isso que realmente significa um 'bom relacionamento'?"[43]

Acredito que um casamento pode ser ótimo. Mas para isso as pessoas
precisam reformular as expectativas que alimentam a respeito da vida a
dois, como, por exemplo, a ideia de que os dois vão se completar, nada mais
lhes faltando; de que um terá todas as suas necessidades atendidas pelo outro; de não fazer sentido algum interesse do qual o amado não faça parte; a
cobrança de exclusividade sexual. Mas o que observamos é que na maioria
dos casamentos as pessoas fazem inúmeras concessões inúteis. E quando as
frustrações se tornam insuportáveis, então se separam.

INVEJA NO AMOR

A vida que os homens levavam no início do século XX era invejada pelas mulheres. As mentalidades haviam mudado em relação ao século XIX, mas eles exerciam atividades variadas, em contato com muitas pessoas, enquanto as mulheres deveriam cuidar da casa e dos filhos. Hoje, com a emancipação da mulher, observamos que muitos casais têm na inveja a tônica de sua relação.

Sílvia está casada há oito anos. Ela e o marido são médicos. "Nossa relação é difícil devido à competição e às constantes críticas que ele me faz. Ele sempre tentou me derrubar. Se penso em fazer um novo concurso ele arranja um jeito de me desestimular. Ele também critica o meu jeito de ser, diz que sou comunicativa em excesso. Somos diferentes em muitos aspectos, mas o problema é que o tempo todo tenho que fazer um grande esforço para não me sentir diminuída e com a autoestima abalada. Agora ele deu até para inventar que estou com celulite."

É comum as pessoas se encantarem por outras que possuem características de personalidade que elas não têm e gostariam de ter. A dúvida é se numa relação amorosa entre pessoas tão diferentes há espaço para uma vida a dois satisfatória. Quando um homem tímido e inseguro se casa com uma mulher extrovertida, falante, cheia de amigos, o que pode acontecer à vida deles? À primeira vista só coisas boas, claro. Ela possui o que falta a ele e, portanto, pode ajudá-lo a ser mais comunicativo, se soltar mais, conhecer mais pessoas.

Um complementa o outro. Esse encaixe parece ser a solução perfeita. Além do tímido e da extrovertida, conhecemos também o decidido e a indecisa, o animado e a deprimida, o alienado e a sabe-tudo, a corajosa e o medroso, entre outros. Sem contar que existem várias outras diferenças sutis, difíceis de serem percebidas. Mas na maioria dos casos essa situação é bem mais complicada do que parece, e surgem problemas. O primeiro deles é a acomodação. Ela impede o crescimento pessoal; o indeciso acaba deixando o outro resolver todas as questões que necessitem de decisão, não se empenhando para modificar o que não gosta em si próprio.

Entretanto, há no amor entre duas pessoas muito diferentes um inconveniente mais sério e bastante comum: a inveja. Há quem diga até que a inveja nasce imediata e espontaneamente da admiração. O invejoso admira o invejado, desejaria estar em seu lugar, ser como ele é, e não consegue. O pior é quando o invejoso, não suportando a sua própria inveja, passa a depreciar no outro justamente os aspectos que gostaria de possuir. Ou então, o que também ocorre com frequência, sutilmente sabota as realizações do parceiro, numa tentativa desesperada de diminuir seu sentimento de inferioridade.

Na fase do encantamento apaixonado a inveja não se manifesta, por mais diferentes que sejam as pessoas. O que elas vivenciam é a ilusão da fusão romântica, em que os dois se transformam num só. Nesse momento não se deseja nada do outro além do seu amor. Contudo, todos sabemos que esse período inicial de paixão não resiste à convivência cotidiana.

Alguns escritores não diferenciam inveja de ciúme. Entretanto, "a inveja implica cobiça, malevolência e má vontade dirigida a alguém que tem algo de que você sente falta. O ciúme, ao contrário, implica no medo de perder para um rival um parceiro valioso que você já tem".[44]

CIÚME

Algumas pessoas que participaram ativamente dos movimentos de contracultura dos anos 1960-1970, entre elas o escritor Luiz Carlos Maciel, dizem que, apesar de toda a liberdade amorosa e sexual vivida na época, o ciúme sempre foi uma questão muito difícil. Sendo o ciúme fruto do condicionamento cultural, aprendemos a ser ciumentos. Acredito então que devemos refletir sobre ele, afinal é um mecanismo que pode ser modificado. Hoje, o ciúme continua a perturbar a vida de quem o sente e também de quem é o seu alvo.

"Fomos a um shopping no sábado à tarde, para comprar tênis para o nosso filho caçula. Eu fiquei vendo umas lojas, e o meu marido foi com as crianças para a loja de tênis. Quando cheguei lá, ele estava pagando a compra e a vendedora e a caixa se derramavam em cima dele, brincando, rindo, pedindo telefone. Eu já entrei furiosa, dando o maior vexame, perguntando se ele tinha encontrado alguma amiga de infância da minha sogra. A caixa ainda teve a cara de pau de explicar: 'Desculpe, dona, é que sábado é o dia dos pais descasados fazerem compras para os filhos e como o seu gato estava sozinho, a gente achou que podia atacar...' Depois, ainda aguentei muita reclamação dele e risadas das crianças."

"Acompanhei minha mulher ao salão de beleza, aliás, quase sempre vamos juntos. Ela estava na minha frente e uma das amigas teceu um comentário sobre como determinado artista era gostoso, que tinha pernas grossas etc... A minha mulher entrou no papo com o mesmo tipo de comentário. Eu não gostei, pois sempre sou bastante discreto. Peguei-a pelo braço e a forcei a ir embora comigo na mesma hora."

"Fiz uma loucura. Estávamos meio brigados e ele não me ligou no sábado. Telefonei pra casa dele, mas ele não atendeu. Fui até lá e vi seu carro na garagem. Aí subi e esmurrei a porta. Ele veio abrir e não queria me deixar entrar. Entrei assim mesmo e saí quebrando tudo. Eu tinha certeza de que tinha uma mulher no quarto. Não quis nem saber. Fui lá e enchi a mulher de tapas e socos."

Estes são alguns dos relatos que ouvi recentemente de pessoas ciumentas. A qualquer momento, inesperadamente, pode surgir o ciúme numa relação amorosa: na fase da conquista, no período da paixão, durante o namoro ou casamento e até mesmo depois de tudo terminado. O psicólogo Gordon Clanton da Universidade Estadual de San Diego, Estados Unidos, define o ciúme como "um sentimento de desprazer que se expressa como um medo de perda do parceiro ou como desconforto por uma experiência real ou imaginada que o parceiro tenha tido com uma terceira pessoa." [45]

O ciúme é natural?

Alguns consideram o ciúme universal, inato. Outros acreditam que sua origem é cultural, mas ele é tão valorizado, há tanto tempo, que passou a ser visto como parte da natureza humana. Concordo com o psicólogo Ralph Hupka, da Universidade do Estado da Califórnia. Para ele o ciúme é uma construção social: "É improvável que os seres humanos venham ao mundo 'pré-programados', digamos assim, para serem emocionais com qualquer coisa que não sejam as exigências de sua sobrevivência imediata."[46]

Já o psiquiatra Dinesh Bhugra, do Instituto de Psiquiatria, em Londres, argumenta que o ciúme é resultado da sociedade capitalista. Segundo ele, as sociedades capitalistas colocam um prêmio nas posses e propriedades pessoais, que se estende a possuir outras pessoas. A sociedade capitalista encoraja a "tratar o objeto amoroso como se fosse um objeto literal, assumindo que o parceiro seja posse ou propriedade pessoal do indivíduo".[47]

ANSIEDADE DE ABANDONO

O ciúme envolve uma espécie de ansiedade de abandono particularmente debilitadora. Vincent Miller traz algumas observações interessantes que sintetizo a seguir.[48] Para superar os crescentes sentimentos de impotência, o ciumento se esforça por sufocar o outro e manter-se por perto. Para proteger-se, a pessoa alvo do ciúme se coloca ainda mais longe, protestando sua inocência e até o seu amor, talvez porque realmente o sinta ou, talvez, apenas para se ver livre da pressão.

O ciumento mergulha fundo num ódio contra si mesmo e contra o outro, inclusive quando o persegue exigindo seu amor. Como a incerteza é intolerável para qualquer pessoa ciumenta, ela procura detalhes que firam e, às vezes, vai ao extremo de espionar o outro. Cada ambiguidade deve ser explicada, cada sombra, iluminada. Ainda assim, esse interesse obsessivo nos sentimentos e ações do outro estende-se apenas até onde eles possam afetá-lo. Se não o afetam, ele os deturpa até que o façam. Finalmente, acaba por conhecer seu parceiro apenas como um reflexo de si mesmo, uma silhueta exaurida de personalidade própria e de diversidade.

Táticas de terrorismo íntimo viram-se contra o terrorista da mesma maneira como ferem a vítima. Ambos saem machucados. O indivíduo ciumento diminui, com a ausência de autorrespeito, sua própria humanidade. Há uma vergonhosa exposição da sua vida interior, como se tivesse sido surpreendido com a psique desabotoada. Vulnerabilidade e autoexposição, sempre presentes na intimidade, ficam aqui rebaixadas à humilhação, porque não mais são uma escolha voluntária, mas uma demonstração obrigada. Mesmo quando tenta encobrir seus sentimentos, o ciumento se revela

— pois o outro pode ver perfeitamente através da artificialidade de sua tentativa de parecer indiferente.

Georg Simmel, sociólogo alemão do século XIX, diz que o total conhecimento paralisa a vitalidade das relações no casamento; e, sem dúvida, a pessoa ciumenta está absolutamente a descoberto. Os relacionamentos íntimos mais bem-sucedidos, Simmel também nos informa, "têm uma reserva inesgotável de dons psicológicos latentes e daí não poderem revelá-los e oferecê-los todos de uma vez, como uma árvore não pode dar os frutos do anos seguintes com os dessa estação."[49]

As reservas do ser, que podem continuar renovando a excitação na intimidade, não se encontram mais disponíveis para a pessoa dilacerada pelo ciúme. Essa jogou já todas as suas cartas. Mas isso a faz sentir-se cada vez menor e mais só, alimentando a ansiedade de abandono que suas ações tentam aliviar. Seus compulsivos interrogatórios e pedidos sem fim de confissões e garantia de fidelidade são tentativas de controle, tentativas de substituir a vontade do outro pela sua própria.

No terrorismo íntimo, ninguém sai vencedor. Os dois ficam ricocheteando as mútuas ansiedades, cada um aumentando a sua no processo. As precedentes táticas de terror são, em sua maior parte, relativamente polidas, as que usualmente mantêm a luta dentro dos limites do decoro da classe média. Mas nem sempre isso ocorre — se a frustração de um casal esquentar suficientemente pode fazê-los começar a atirar coisas um no outro.

O CIÚME É SEMPRE LIMITADOR

Há pessoas que se sentem lisonjeadas com qualquer manifestação de ciúme do outro e alimentam essa atitude por confundi-la com prova de amor. É comum se acreditar que sem ciúme não existe amor. Essa é mais uma daquelas afirmações que as pessoas repetem, sem nem saber bem por quê. Por ciúme se aceitam os mais variados tipos de violência contra o outro, sempre justificados em nome do amor, claro. Entretanto, penso que qualquer atitude ciumenta é um desrespeito à liberdade do outro.

Os que defendem a existência do ciúme na vida a dois fazem ressalvas apenas quanto ao exagero e a comportamentos agressivos. Mas, independentemente da forma que se apresente — discreto ou exagerado —, o ciúme é sempre tirano e limitador. Não só para quem ele é dirigido, mas também para quem o sente. O desrespeito que se observa numa cena de ciúme não se limita às agressões físicas ou verbais. Até uma cara emburrada durante um passeio, por exemplo, pode impedir que se viva com prazer. Não há nada mais sufocante do que a insegurança de alguém que aposta no controle do outro em vez de lidar com suas próprias questões.

MOTIVOS DO CIÚME

Mas por que o ciúme é aceito como fazendo parte do amor? Por que se defende a sua presença numa relação amorosa, mesmo sabendo que o preço a pagar é tão alto? Encontramos ao menos parte da resposta na forma como o adulto aprendeu a viver o amor, que é em quase todos os aspectos semelhante à forma da relação amorosa vivida com a mãe pela criança pequena. Por se sentir constantemente ameaçada de perder esse amor — sem o qual perde o referencial na vida e também fica vulnerável à morte física —, a criança se mostra controladora, possessiva e ciumenta, desejando a mãe só para si.

Esse risco, que é verdadeiro na infância, continua sendo alimentado por uma educação que não permite aos jovens se desligar da dependência emocional dos pais. Quando surge uma relação amorosa, eles passam de uma dependência para outra. Agora, por conta de todo o condicionamento cultural, é através da pessoa amada que se tenta satisfazer as necessidades infantis. Reeditando a mesma forma primária de vínculo com a mãe, o antigo medo infantil de ser abandonado reaparece e a pessoa amada se torna imprescindível. Não se pode correr o risco de perdê-la.

O controle, a possessividade e o ciúme passam, então, a fazer parte do amor. O ciumento controla o outro da mesma forma que a criança faz com a mãe, imaginando diminuir assim as chances de abandono. "O medo de que ninguém nos possa proteger e a suspeita de ser abandonado e rejeitado são os pesadelos da infância, mas também os fantasmas da maturidade."[50] Esse

319

receio leva a se exigir do parceiro que não tenha interesse nem ache graça em nada fora da vida a dois, longe da pessoa amada. Quanto mais intenso o sentimento de inferioridade, maior será a insegurança e mais forte o ciúme. Nesse caso, restringir ao máximo a liberdade do outro é o mais comum.

Quando a pessoa consegue elaborar bem a dependência infantil e também se libertar da submissão aos valores morais, se percebe menos ciumenta. Caso contrário, é difícil ter autonomia suficiente e podem reaparecer as antigas inseguranças, com exigência de exclusividade no amor. Como são poucos os que se sentem autônomos, observa-se uma busca generalizada de vínculos amorosos que permitam aprisionar o parceiro, mesmo à custa da própria limitação.

A questão do ciúme também está ligada à imagem que cada um faz de si. Quem tem a autoestima elevada e se considera interessante e com muitos atrativos não supõe que será trocado com facilidade. E se a relação terminar, sabe que vai ficar triste e sentir saudade, mas também sabe que vai continuar vivendo sem desmoronar. Entretanto, o ciúme não está ligado ao tamanho da paixão, do amor ou do desejo. Ele pode se manifestar de forma intensa mesmo quando não se ama.

AGRESSIVIDADE DO CIUMENTO

O ciúme leva a cenas violentas, quase sempre sem objetivo. O ciumento quer possuir tudo do parceiro, não somente o presente e o futuro, mas também o passado. O ciumento se sente frustrado, humilhado, inferiorizado em relação a um rival real ou imaginário. Ele exige que o outro não tenha nenhum interesse que não seja ele, o que não é realizável, na medida em que esse outro quer conservar a sua identidade. Resulta daí a angústia perpétua do ciumento diante de alguém capaz de melhor satisfazer o seu parceiro. Essa constante situação conflitante torna o ciumento agressivo e quase sempre acaba impelindo o parceiro a uma relação extraconjugal. O ciúme é um mal curável.[51] Geralmente, a agressão física por ciúme ocorre quando surge uma súbita ansiedade de abandono, que podia estar contida enquanto havia controle sobre o parceiro.

O estudo mais extenso de homicídios contra parceiros consistiu em 1.333 mulheres e 416 homens assassinados por seus parceiros íntimos no Canadá entre 1974 e 1990. Uma ampla variedade de estudos aponta para o ciúme como o motivo principal para o assassinato de parceiros e rivais. A descoberta da infidelidade e a determinação em terminar a relação são os catalisadores mais comuns. O sociólogo Peter Chimbos conduziu intensas entrevistas com 34 assassinos de esposas no Canadá. A fonte primordial do conflito foram as "questões sexuais" (casos e rejeições), que ocorreram em 85% dos casos. Nesse estudo, 76% dos matadores fizeram ameaças às vítimas no dia do assassinato, e 47% declararam que suas brigas na época do homicídio centravam-se nas rejeições sexuais ou casos extraconjugais. No Texas, Estados Unidos, até 1974, não era crime matar os amantes se isso fosse feito antes de eles saírem da cama.[52]

QUEM É O CIUMENTO?

O ciumento, geralmente, é quem apresenta duas características fundamentais: baixa autoestima e incapacidade de ficar bem sozinho. Quem é inseguro não se acha possuidor de qualidades e tem uma imagem desvalorizada de si próprio, teme ser trocado por outro a qualquer momento. Para evitar isso, restringe a liberdade do parceiro e tenta controlar suas atitudes. Há até os que preferem abrir mão da própria liberdade, desde que seja um bom argumento para controlar a liberdade do outro.

Só quem realmente acredita ser uma pessoa importante não sente ciúme. Sabe que ninguém vai dispensá-lo com tanta facilidade. E se tiver desenvolvido a capacidade de ficar bem sozinho, sem depender de uma relação amorosa, melhor ainda. Pode até sofrer em caso de separação, mas tem certeza de que a vida continua.

Uma pesquisa feita nos Estados Unidos comprovou que nenhum dos sexos é mais ciumento que o outro — embora se comportem de maneira diferente. As mulheres em geral são mais propensas a fingir indiferença, enquanto os homens com mais frequência terminam um relacionamento quando sentem ciúmes, acreditando que assim recuperam sua autoestima e reputação.

Estamos apenas começando a aprender a evitar o ciúme. Theodore Zeldin considera o ciúme o corpo estranho que faz ameaça constante ao sexo como criador do amor. Para ele, foi o desejo de possuir — inevitável, talvez, enquanto a propriedade dominou todas as relações — que tornou os amantes tão inseguros, com medo da perda, e se recusando a aceitar que um amor tem de ser sentido outra vez todos os dias.[53] Mas isso não é nada fácil.

No amor verdadeiro você quer o bem da outra pessoa, mas no amor romântico você quer a outra pessoa. O ciúme torna-se então inevitável. Entretanto, para que uma relação amorosa seja realmente satisfatória é fundamental haver liberdade e respeito pelo outro, que precisa ser percebido como um ser diferente e individual.

SEPARAÇÃO

Até os anos 1970, as mulheres que se separavam do marido sofriam muito. O casamento era a sua principal fonte de segurança financeira. Além disso, ela e os filhos eram discriminados. Atualmente, entretanto, o fim de um casamento é apenas a solução de um problema e não uma tragédia. No Ocidente, o número de divórcios não para de crescer. Mas isso não acontece somente aqui. De um jeito simples ou complicado, com raiva ou tranquilidade, o fato é que em todas as partes do mundo as pessoas se divorciam. E ao contrário da nossa cultura, que, em muitos casos, faz do divórcio um drama, alguns povos encaram com naturalidade a dissolução do casamento.

Um bom exemplo são os mongóis da Sibéria, que simplesmente adotam o óbvio ao estabelecer que "se duas pessoas não conseguem viver juntas, é melhor que vivam separadas". E chegamos ao extremo na velha China, onde uma lei permitia ao homem se divorciar da esposa tagarela. Entre os apaches o divórcio ocorria quando a esposa punha as roupas do marido fora de casa, sinal para ele retornar à mãe; ou então ele dizia que ia caçar e não voltava.

Em março de 2006, uma egípcia pediu e obteve o divórcio em um tribunal do Cairo, alegando não suportar a falta de higiene e o mau cheiro do marido. O casal vivia junto há oito anos e morava com seus três filhos. Os juízes convocaram o marido para dar explicações, e como ele não compareceu ao tribunal, decidiram conceder o divórcio por "incompatibilidade de odores".

ONTEM E HOJE

O casamento mudou mais nos últimos quarenta anos do que em todo o período de sua existência. A partir dos anos 1960, grandes transformações — ligadas principalmente ao advento da pílula anticoncepcional e ao movimento feminista, que contribuiu para o aumento do nível de instrução feminina e para o crescimento da participação das mulheres no mercado de trabalho — afetaram a situação das mulheres na sociedade e na família: sua autonomia pessoal e financeira foi consideravelmente ampliada em relação aos homens. Atualmente, muitos fatores transformaram a maneira pela qual é vivida a sexualidade. A mulher passou a reivindicar o direito de fazer do seu corpo o que bem quiser e assim a sexualidade se dissocia pela primeira vez da procriação, ou seja, já não é mais necessário estar casada para manter relações sexuais regulares. A troca sexual tornou-se um motor da conjugalidade, e não o contrário.

Para Badinter, outrora o casal constituía a unidade de base da sociedade. Formado por duas metades, cada uma insistindo em tocar sua "partitura", ele representava uma unidade transcendente a cada uma das partes. Socialmente, e até mesmo psicologicamente, era óbvio que um ficava incompleto sem o outro. O solteiro, desprezado ou lastimado, era percebido como um ser inacabado. O uso de um único sobrenome para os dois ainda reflete esta concepção totalizante do casal, que esconde as individualidades. Operação mental e social mais complicada de se efetuar quando cada um conserva seu próprio sobrenome e sua independência.[54]

"A tendência atual não está mais ligada à noção transcendente do casal, mas antes à união de duas pessoas que se consideram menos como as metades de uma bela unidade do que como dois conjuntos autônomos. A aliança dificilmente admite o sacrifício da menor parte de si. (...) É verdade que nossos objetivos mudaram e que não desejamos mais pagar qualquer preço apenas para que o outro esteja presente ao nosso lado. A procura da autonomia não significa necessariamente a incapacidade de estabelecer uma relação dual, mas a recusa de pagar qualquer preço por ela."[55]

Os motivos

Até o amor entrar no casamento, por volta de 1940, praticamente não havia separações. Elas só começaram a ocorrer quando as expectativas a respeito da vida a dois mudaram. Antes, bastava o marido ser provedor e respeitador; a esposa, boa dona de casa, boa mãe e mulher respeitável. Ninguém então se decepcionava e, portanto, não se pensava em separação. Quando a escolha do cônjuge passou a ser por amor, o casamento ganhou um novo significado: realização afetiva e prazer sexual. Se isso não ocorre, elas se separam.

Antes dos anos 1970, as causas que provocavam a dissolução do casamento eram atribuídas principalmente a um dos cônjuges. Geralmente, a alternativa para a separação, considerada um remédio extremo para um mal irremediável, era a de aguentar passivamente uma situação intolerável na vida conjugal. Hoje, esse fenômeno é mais aceito em todos os níveis e as separações amigáveis são mais frequentes. As razões que atualmente se alegam para obter a separação amigável — separação por culpa de ambos ou sem culpa — enquadram-se, na maioria dos casos, na categoria da incompatibilidade entre os parceiros. Podem ser considerados suficientes para justificar o rompimento do vínculo conjugal os seguintes fatores: a perda da intensidade da emoção, a insatisfação sexual, o fim do prazer de estar juntos, a perda da capacidade de comunicação.[56]

A autorrealização das potencialidades individuais passa a ter outra importância, colocando a vida conjugal em novos termos. Acredita-se cada vez menos que a união de duas pessoas deva exigir sacrifícios. Observa-se uma tendência a não se desejar mais pagar qualquer preço apenas para ter alguém ao lado. É necessário que o outro enriqueça a relação, acrescente algo novo, possibilite o crescimento individual. "O homem atual passa por uma nova Renascença — todas as aventuras são desejáveis, continentes novos devem ser descobertos e explorados, navegações por mares estranhos são encorajadas, limites devem ser transpostos... desde que para dentro de si mesmo. O novo mundo a ser descoberto é o próprio homem."[57]

O casamento torna-se, então, um pesado fardo, pois dificulta a realização do projeto existencial com suas metas individuais e independentes até das relações pessoais mais íntimas.[58] Badinter acredita que "o casal, longe de ser um remédio contra a solidão, frequentemente expele os seus aspectos mais detestáveis. Ele estabelece uma tela entre si e os outros, enfraquece os laços com a coletividade. Ao nos fazer abdicar de nossa liberdade e independência, torna-nos ainda mais frágeis, em caso de ruptura ou de desaparecimento do outro".[59]

Casais mais velhos, no Brasil e em outros países, têm dado preferência ao divórcio. O *New York Times* publicou, em 9 de agosto de 2004, matéria em que mostra que entre os norte-americanos mais velhos — aqueles com mais de 55 anos, assim como os que já passaram dos 80 — o divórcio é mais aceitável e comum que nunca, segundo o depoimento de advogados e terapeutas de casais. Esses profissionais, bem como as pessoas que estão passando pelo chamado "divórcio grisalho", dizem que vários fatores determinam o fenômeno, incluindo o aumento da longevidade dos norte-americanos e a crescente independência econômica das mulheres.

Os sinais

Muitas vezes, apesar de se ter uma visão clara do que está ocorrendo, adia-se qualquer tipo de decisão. "Antes de mais nada o indivíduo começa a se sentir corroído pela dúvida e pela esperança de ter interpretado mal as coisas, apesar de seu mal-estar reiteradamente confirmar a exatidão das conclusões a que chegou. Todavia, continua a adiar uma decisão definitiva, na esperança secreta de que um milagre o faça voltar aos felizes tempos em que eram amantes e companheiros de vida", diz o psicólogo italiano Edoardo Giusti.[60]

O psicoterapeuta José Ângelo Gaiarsa, após cinquenta anos de experiência em consultório, arrisca algumas estatísticas sobre o casamento: "Acho que existem 2% de bons casamentos. Uns 15 ou 20% dos casamentos eu diria que são aceitáveis, dá para ir levando, têm suas brigas, seus atritos, têm seus acertos, suas compensações. Na minha estimativa, 80% são de sofríveis para precários e péssimos. A vida em comum é muito ruim para a maioria das pessoas."[61] Um estudo americano concluiu que a maioria dos casais conversa no máximo meia hora por semana. Acredita-se tanto que só é possível ser feliz tendo alguém do lado que muitos pagam qualquer preço por isso.

A DIFICULDADE DE SE SEPARAR

Há casos em que se adia a separação indefinidamente, como se não houvesse saída; realmente, da perspectiva de um passado cheio de equívocos, alguns sem dúvida inconscientes, e de um presente tão obscuro, o futuro só pode parecer temível e ameaçador. Retrair-se na imobilidade é às vezes uma reação instintiva. Disso resulta uma vontade de adiar qualquer decisão, uma vontade, talvez até inconsciente, de não se mover. Muitas vezes ocorre que uma decisão definitiva de separação seja tomada depois de muitos anos de inquietude e angústia. De fato, quantos motivos se apresentam para querer a separação, tantas outras causas de resistência ao afastamento entram em funcionamento, e tantas outras interrogações, dúvidas e indecisões vêm à mente.[62]

É comum se considerar os filhos como a primeira causa para adiar a decisão, mas existem muitas outras causas agindo com mais ou menos intensidade em todos os casais, mesmo nos que não têm filhos. Nessa fase geralmente surgem uma profunda insegurança e o medo do desconhecido, constituindo o núcleo daquele "sentir" de onde emergem as mil e uma razões para adiar, não decidir, não querer ver. "Ambos temem que a separação seja um capricho do qual se arrependerão amargamente na solidão da vida futura. Eles têm a sensação não só de jogar fora anos de vida passados em

comum, como também de destruir com um só golpe tantos projetos comuns acalentados com entusiasmo."[63]

Mas temos que levar em conta também que, em muitos casamentos,
as pessoas não se separam porque dependem uma da outra emocionalmente, precisam do parceiro para não se sentirem sozinhas e para que ele
seja o depositário de suas limitações, fracassos, frustrações e também para
responsabilizá-lo pela vida tediosa e sem graça que levam. "Algumas vezes o casamento vai enferrujando tão completamente que, afinal, se quebra
em pedaços, e os dois se divorciam como se estivessem abandonando uma
peça de maquinaria que parou, sem possibilidade de conserto. Outros casamentos morrem de morte violenta, como um carro que bate num poste
telefônico, liberando dois corpos, que vão aterrar nas contorcidas posições
de pessoas com os ossos quebrados."[64]

ÓDIO NA SEPARAÇÃO

Em alguns casos o ódio surgido entre o casal resulta do sentimento de ver
traída a expectativa que tanto alimentaram. Imaginavam que através da
relação amorosa se colocariam a salvo do desamparo, e que encontrariam a
mesma satisfação que tinham no útero da mãe, quando os dois eram um só.
Se uma das pessoas não quer mais fazer parte da relação a ponto de começar a falar em terminá-la, está claro que só há uma pessoa envolvida. Não é
mais um relacionamento; é uma pessoa tendo a fantasia de que ele existe.[65]
"A separação denuncia o fim do amor e o fim dessa condição especial, defi-
nindo um estado de carência, uma ameaça de extinção, pela anulação de si
mesmo como 'ser amado' e como 'ser que ama'. A fantasia do 'par amoroso',
até então sustentada por mecanismos ilusórios, desfaz-se inevitavelmente,
obrigando-nos a enfrentar a angústia do vazio e da solidão."[66]

A DOR DE SER TROCADO POR OUTRO

Recebi o seguinte e-mail de uma leitora: "De repente a minha vida perdeu
a cor: meu marido se encantou por uma amiga de minha filha. Foi uma sí-

tuação bastante complicada. Ele não assumia a relação, mentia para mim e para minha filha, negava tudo, enfim... Muitas pessoas os viam juntos, mas nada comentavam. A situação foi ficando insustentável, a ponto de a mãe dela ir à minha casa e ficar me esperando voltar do trabalho. Foi horrível. Eu não sabia o que dizer, ao mesmo tempo que me sentia diminuída, a última das mulheres. Demorei muito tempo para me recuperar, se é que consegui me recuperar totalmente. É difícil entender o que leva um homem a expor tanto a sua família. Passamos maus momentos, eu e meus filhos. Meu marido só assumiu a garota quando ela engravidou. Saiu de casa e foram morar juntos. Acho que ambos entraram numa roubada e o tempo está mostrando isso".

Pensando no caso da leitora e na dor que o fato de ser trocado por outro provoca, lancei a seguinte pergunta no meu site: "Você já foi trocado(a) por outro(a)? Como foi?". O placar foi surpreendente: 71% das pessoas responderam SIM. Selecionei então algumas respostas:

"Foi horrível. Primeiro, ela disse que queria um tempo pra pensar e duas horas depois, numa festa, já estava com outro. Eu me senti tão inútil..."

"Fui trocada várias vezes. Meu ex foi trabalhar em outro país e vinha de férias a cada dois meses. Após um ano nessa situação ele se casou por lá mesmo... não voltou. Meu atual caso, nesses três anos que estamos juntos, sempre tem uma namoradinha, coisa que dura uns dois meses no máximo, e ele termina voltando. Ou seja, já virou uma doença... sou trocada de tempo em tempo."

"Perdi minha esposa para um moleque. Descobri que tinha ficado velho e ranzinza aos 35 anos. Recuperei minha autoestima, voltei a ser aquele 'safado e bom fdp'. Após virar amante de minha ex, 'roubei-a' de volta."

"Foi terrível. Descobri, pelo celular, que meu marido me traía. Disquei e uma voz feminina atendeu: 'Fala, amor!'. Caí do cavalo... Mandei ele embora, mas ele nunca foi; ainda está comigo. Não me sinto vitoriosa... Não esqueço da frase dela ao atender o telefone."

"Fui trocado por um amigo distante. Fui viajar e a minha namorada encontrou esse meu amigo. Começaram a conversar e quando se deram

conta já estavam transando. Como eu soube? Certo dia encontrei esse meu amigo e trocamos telefone. Numa bela noite ele me liga e me diz que havia transado com uma pessoa. Curioso, comecei a interrogá-lo e as peças foram se encaixando. Até que percebi que a pessoa com quem ele havia transado era a minha namorada. Fiquei muito chateado e decepcionado; passei a não acreditar nas pessoas. Abalado e deprimido, chorei muito. Afinal, aquela foi a pessoa a quem dediquei a maior parte da minha vida."

Pelos relatos acima comprovamos que essa situação não é nada fácil. Quando alguém é trocado por outro numa relação amorosa, o sofrimento é intenso e é difícil elaborar essa perda. A falta da pessoa amada provoca uma sensação de vazio e desamparo. Fomos ensinados a acreditar que apenas o parceiro amoroso é capaz de nos garantir não estarmos sós, sermos amados e nos sentirmos importantes, aumentando nossa autoestima.

Quando o parceiro prefere outra pessoa para viver ao seu lado, quem é excluído se sente profundamente desvalorizado, com a autoestima bastante comprometida. Acredita que falhou em alguma coisa e que sua falta de atrativos foi a grande responsável. Imagina que a pessoa escolhida é muito mais interessante, mais bonita, mais inteligente e melhor na cama. Para se sentir um pouco melhor, há quem tente desvalorizar o rival com comentários depreciativos, com se adiantasse alguma coisa: "Você viu como ela tem a canela fina?" ou "O cara é um imbecil que não sabe nem falar direito."

Mas nada disso adianta. É comum numa situação de rejeição serem reeditadas inconscientemente todas as rejeições sofridas desde a infância, exacerbando a dor do momento. Sem que se perceba, chora-se naquela perda todas as anteriores. Entretanto, se a pessoa não depende tanto de apreciações externas para alimentar sua autoestima, pode ficar triste, sofre pela perda, mas sabe que vai continuar vivendo bem e experimentar novas relações amorosas.

Os homens suportam menos do que as mulheres a dor de se saberem trocados por outro. Não ter conseguido segurar a própria mulher se reveste da dramática ideia de que não foi "macho" o suficiente, principalmente na cama. Muitos homens, desesperados, partem para agressões físicas ou entram em depressão.

Contudo, ser trocado por outro não significa que se é inferior. Em muitos casos, a troca ocorre porque a pessoa objeto da nova paixão possui algum aspecto que satisfaz inconscientemente uma exigência momentânea do outro, sem haver uma vinculação necessária com o parceiro rejeitado.

DOR E ALÍVIO NA SEPARAÇÃO

O fim de um relacionamento é tão doloroso que muitos consideram o sofrimento comparável em intensidade à dor provocada pela morte de uma pessoa querida. Mas a separação inicia seu processo lentamente, na maior parte das vezes de forma inconsciente. A relação vai se desgastando e a vida cotidiana do casal deixa de proporcionar prazer. Chegar a perceber que o casamento traz mais frustrações do que alegrias é uma trajetória complicada. Não são raras as tentativas de desmentir o que se está sentindo, principalmente pelas expectativas de realização afetiva depositadas na relação.

Michele, 36 anos, estava casada com Mauro há 12. Desde que o segundo filho nasceu, parou de trabalhar; vivia em função da família. Num domingo, em que se preparavam para almoçar fora, Mauro lhe disse que precisavam conversar. Contou-lhe então que havia se apaixonado por outra mulher e que não queria continuar mentindo. Sairia de casa naquele dia mesmo para morar com ela. Garantiu que não deixaria faltar nada para a família, mas que não havia a possibilidade de mudar de ideia. "Quando ouvi o que ele me disse, pensei que fosse desmaiar. Senti uma dor profunda no peito e não consegui parar de chorar por um bom tempo. A sensação era de que o mundo estava desmoronando, e me veio um enorme desejo de morrer."

Nem sempre o parceiro satisfaz ou preenche as necessidades afetivas e sexuais do outro, mas isso não é levado em conta. A separação é dolorosa porque impõe o rompimento com a fantasia do par amoroso idealizado, além de abalar a autoestima e exacerbar as inseguranças pessoais. Da mesma forma que a criança pequena se desespera com a ausência da mãe, o adulto, quando perde o objeto do amor — seja porque foi abandonado ou porque o abandonou —, é invadido por uma sensação de falta e de solidão. A pessoa se sente desvalorizada, duvidando de possuir qualidades. Surgem medos variados como o de decepcionar os parentes e os amigos, fazer os filhos sofrerem, ficar sozinho, ter problemas financeiros, e o mais ameaçador: o de nunca mais ser amado.

A ideia de felicidade através do amor no casamento influi diretamente na intensidade da dor na separação. Além da perda da pessoa amada, "na separação não é raro se perder amigos, filhos, estilos de vida. Assim as perdas criam um vazio difícil de suportar. Em todas as formas de separação, perda e sentimentos de vazio são fatos recorrentes, ainda que variem em qualidade e intensidade. Seja porque a pessoa foi deixada, seja porque é ela que deixa — amor, ódio, culpa, tristeza, medo, solidão, sensação de abandono, sentimento de fracasso, desorientação, quadros de estresse físico e emocional podem constituir a vida psíquica dessas pessoas por longo tempo".[67]

A experiência de perda do outro na separação é dolorosa por sofrer influência de vivências anteriores. Perdas e situações de desamparo vividas em outra época podem ser reeditadas, repercutindo sobre a perda atual. "Choram-se na separação conjugal também as perdas do passado. Nem se pode esquecer a constituição psicológica individual, tal como a personalidade possessiva ou dependente, cujas necessidades emocionais dificultarão o desvinculamento."[68]

Embora não pareça, nem sempre a pessoa rejeitada é a única a sofrer. Mesmo quem não quer mais permanecer junto pode se sentir ressentido e magoado, responsabilizando o outro pela diminuição do seu próprio desejo sexual e por não sentir mais prazer na convivência. É tão difícil romper uma relação estável, onde existem, além da dependência, amor e carinho entre o casal, que as pessoas, depois de separadas — mesmo sabendo que não há nenhuma chance —, se propõem a fazer novas tentativas de vida em comum. É claro que isso não dura muito, e quando ocorre novamente a separação, o outro volta a sofrer. O fim do casamento pode ser vivido como uma tragédia se as pessoas acreditarem que é uma união para a vida toda e que só é possível ser feliz formando um par amoroso. Por outro lado, há também quem sinta alívio na separação.

Júlia, uma arquiteta de 42 anos, com três filhos, sofreu muito quando Marcos, seu marido há 15 anos, decidiu se separar. Passados seis meses, Júlia conta como se sente. "Nos primeiros dias, eu sofria, imaginando que nunca mais seria feliz. Mas agora me sinto outra pessoa. Procurei amigos que não via há muito tempo e também conheci outros homens. Tenho uma vida social ótima. Para cuidar da casa e dos filhos, eu tinha me afastado bastante da vida profissional. Fazia um trabalho aqui outro ali.

"Decidi entrar em contato com arquitetos, que foram meus colegas de faculdade, e eles já estão me indicando para novos trabalhos. Quando estava casada, o sexo era pouco e bastante morno. Marcos sempre dizia que estava cansado. Essa rejeição era um peso. A gente quase não conversava nem saía. É incrível como fui me acostumando a uma vida assim. No momento, tenho três amigos com quem tenho um ótimo relacionamento afetivo e sexual. Ainda não estou querendo namorar ninguém. Quero experimentar tudo o que uma vida livre pode me proporcionar. Na verdade, a separação foi um alívio para mim."

Quando um dos parceiros comunica ao outro que quer se separar, aquele que de alguma forma não deseja isso pode sofrer num primeiro momento, mas depois de algum tempo concluir que foi a melhor coisa que poderia ter lhe acontecido. Isso é frequente. A aquisição de uma nova identidade, totalmente desvinculada da do ex-parceiro, abre possibilidades de descobertas de si próprio e do mundo. A oportunidade de crescimento e desenvolvimento pessoal gera um entusiasmo pela vida há muito tempo esquecido.

Não dá para comparar a dor que uma separação provoca hoje com a de cinquenta anos atrás. Agora existe uma busca generalizada de desenvolver as potencialidades pessoais. Alívio e forte sensação de renascimento podem surgir após a separação. Alguns ingredientes são importantes para que isso ocorra: atividade profissional prazerosa, vida social interessante, amigos de verdade, liberdade sexual para novas experiências e, principalmente, autonomia, ou seja, não se submeter a ideia de que estar só é sinônimo de solidão ou desamparo.

Se duas pessoas decidem se separar não significa que não existe mais amor entre elas. Não me refiro ao amor romântico, e sim ao amor em que os níveis de projeção e idealização não impedem de se perceber o outro com suas próprias características e amá-lo pelo seu jeito de ser. Pode-se viver junto, com satisfação, durante algum tempo, mas nada impede que, num determinado momento, surjam novos anseios. Não se deseja mais conviver diariamente com aquela pessoa nem ter projetos em comum com ela.

Entretanto, o amor pode continuar existindo. Gilberto Gil percebeu isso quando compôs "Drão" para a ex-mulher: "Drão/ não pense na separação/ não despedace o coração/ o verdadeiro amor é vão/ estende-se infinito/ imenso monólito/ nossa arquitetura/ Quem poderá fazer/ aquele amor morrer/ nossa caminha dura/ cama de tatame/ pela vida afora..."

Mas a maioria não pensa assim. É comum se aceitar o enquadramento do amor em limites tão estreitos que ele se torna um sentimento extremamente frágil. Poucos conseguem, depois de terminar um relacionamento, continuar amando seu antigo parceiro e sendo amado por ele. Um deve ser excluído para que se coloque outro no lugar. Mas para o amor não é necessário subtrair, pode-se somar. Aliás, quanto mais amores houver, melhor. A relação amorosa é rica, variada, podendo se realizar de modos diversos. Com o ex geralmente ela se transforma: passa a ter novos códigos e menos convívio. Mas não tem nada a ver com estar amando menos.

É mais ou menos como se plugássemos o afeto pelo antigo parceiro em outro canal, sem que ele diminua de importância para a nossa vida. Na hora em que nos dispusermos a viver a separação de forma diferente é possível que ela se torne bem mais fácil.

AS MULHERES

As mulheres, há 5 mil anos, são humilhadas, desprezadas, escravizadas e constantemente utilizadas como forma de prazer para os homens. Entre todos os papéis sociais, o que sofreu ataques especialmente intensos nos anos da contracultura foi o papel tradicionalmente atribuído às mulheres. O movimento feminista foi fundamental para a liberação da mulher e suas conquistas na sociedade.

O feminismo não nasceu em 1968, mas os acontecimentos desse ano lhe dão um inegável impulso que vai perdurar por vários anos. "Num nível mais profundo, o êxito do feminismo está relacionado com a reivindicação de igualdade total entre as mulheres e os homens. Trata-se de uma luta contra as discriminações sexistas, que encontra grande repercussão, entre as quais se impõe uma evidência: não é pelo fato de se ser mulher que se deve fazer isso e evitar aquilo; o sexo, por si só, não impõe nenhum comportamento específico. Os papéis sexuais devem deixar de existir: eles impedem que a pessoa se afirme e se expresse."[69]

BACKLASH: A ONDA CONSERVADORA

A reação esperada ao movimento feminista aconteceu na década de 1980. A mídia divulgou alarmantes sinais de que as mulheres haviam perdido muito com sua revolta contra a histórica opressão masculina. A revista *Newsweek* informou que o estresse atacava mulheres, que agora eram executivas de empresas. As mulheres solteiras e independentes estavam "deprimidas e confusas" devido à "falta de homens", disse o *New York Times*.

Uma terapeuta americana conclama os casais a não se separarem, mesmo havendo insatisfação na vida a dois; outra americana prega em seu livro que as mulheres devem obedecer e ser submissas a seus maridos; jovens declaram não querer ter profissão, mas se realizarem como donas de casa; cantoras famosas defendem a virgindade feminina...

A *Harper's Bazar*, revista de moda, opinou dizendo que o movimento feminista deu às mulheres mais perdas do que ganhos. Mas a crítica mais curiosa que o movimento recebeu foi de Mona Charen, uma jovem estudante de direito, que escreveu o seguinte: "O movimento feminista deu à minha geração altos rendimentos, os nossos próprios cigarros, a opção de ser mãe solteira, delegacias de mulheres e amor livre, mas retirou aquilo sobre o qual repousa a felicidade da maioria das mulheres: os homens."[70]

A PERTURBAÇÃO DE ESTAR SÓ

Outra frente de ataque do revanchismo contra o feminismo foi o estigma das mulheres solteiras. Elas foram dadas como mentalmente perturbadas, com esgotamento psíquico e até ameaçadas por terroristas, fruto de uma piada feita num artigo da *Newsweek*, que dizia que as mulheres sozinhas tinham mais chances de sofrer um atentado terrorista do que encontrarem um homem. Esta mesma revista acusava as solteiras de ganância, por buscarem um alto salário em vez de um marido; orgulho, por pensarem mais no guarda-roupa do que no homem perfeito; e preguiça, por não se esforçarem mais para conseguir um homem.

A CULPA DOS NÚMEROS

Shere Hite sofreu fortes recriminações da mídia por mostrar em seu livro, *As mulheres e o amor: uma revolução cultural em andamento*, a opinião de mulheres sobre a resistência da maioria dos homens em aceitar a igualdade delas. Ao mesmo tempo, o psicólogo Strully Blotnick ganhou espaço com seu livro *Otherwise Negaged: the Private Lives of Successful Women*, que defendia, com sua pesquisa, que as mulheres executivas eram infelizes. Em verdade a opção pelo livro de Strully desnuda o preconceito contra uma mudança de *status quo*. Tornou-se terrivelmente incômoda a competição das mulheres no mercado de trabalho; a antiga submissão das fêmeas começou a desmoronar; o mundo não era mais o mesmo.

RECORRENDO AO MACHO

A curiosa reação ao feminismo engendrou um sentimento de feminilidade do homem. O editor da *Harper's*, Lewis Lapham, defendeu a criação de clubes de machos: "Se deixarmos afrouxar as linhas de tensão equilibrada, a estrutura toda se dissolve na lama da androginia." A literatura e o cinema da década de 1980 lançaram sagas de heróis machos e o duelo presidencial opôs Bush e Michael Dukakis, que revelou argumentos como os seguintes: Bush — "Eu sou o pitbull de nossa estratégia de defesa" ou Dukakis — "Eu sou o durão". Essa retomada do macho foi analisada da seguinte maneira pela escritora Margareth Mead: "Na América a virilidade não tem a menor definição; precisa ser mantida e recuperada todos os dias, e um elemento fundamental na definição é ganhar da mulher em qualquer jogo em que os dois sexos se encontram."

A TELA EM TRANSE VIRIL

Os filmes que encarnaram o retrocesso, como *Atração fatal* (de Adrian Lyne), história de uma mulher solteira, que seduz e destrói a vida de um homem casado e feliz, levaram as plateias masculinas ao desespero. Os gritos na plateia, pedindo que Michael Douglas matasse "aquela puta", ecoavam nas salas escuras. A Fox atendera ao clamor psicótico do público masculino, que pedia um filme de suspense com a carga ideológica antimulher independente.

MULHERES NÃO ENTENDEM DE CIÊNCIA

Um golpe na luta pela emancipação das mulheres foi o discurso de Lawrence Summers, presidente da Universidade de Harvard, EUA, em janeiro de 2005, sobre a sub-representação das mulheres nos departamentos de ciência e engenharia. Ele expressou de maneira enfática a ideia de que essa desigualdade persistente se baseia em diferenças inatas.

A reação foi imediata e violenta. Ele foi obrigado a pedir desculpas e correu o risco de perder o cargo, mas, como nos tribunais, o que se disse foi ouvido e não há como esquecer. Foi um sinal claro de que a possível inaptidão das mulheres para o conhecimento científico é a nova arma da reação masculina contra o feminismo.

O QUE ESTÁ ACONTECENDO COM AS MULHERES?

Será verdade que o tempo desenrola-se ao contrário para conduzir as mulheres sobre o tapete vermelho de seu próprio sangue até os cadafalsos abandonados pela história? É o que parece indicar essa sucessão de fatos e matérias que, alegremente, nos mais importantes veículos de comunicação, anunciam a nova situação da mulher.

A luta das mulheres para se livrar da submissão ao homem tem sido longa e árdua. A elas, durante milênios, foram negadas quase todas as experiências do mundo. Consideradas incompetentes e desinteressantes, ficaram relegadas ao espaço privado. Mas, ainda bem, nem todas aceitaram conformadas essa desigualdade.

Simone de Beauvoir, por volta dos anos 1950, em seu livro *O segundo sexo*, diz: "A mulher é a Bela Adormecida, a Cinderela, a Branca de Neve, aquela que recebe e submete-se. As canções e as lendas contam de um rapaz aventureiro, partindo em busca de uma mulher; ele mata o dragão, enfrenta os gigantes; ela está trancafiada numa torre, num palácio, num jardim, numa caverna, amarrada a uma rocha, cativa, profundamente adormecida: ela aguarda." Até quarenta anos atrás, as diferenças entre homens e mulheres eram creditadas de tal forma à natureza que se aceitava como legítimo que eles não exercessem as mesmas tarefas, nem tivessem os mesmos direitos. Os espaços reservados a cada um dos sexos eram bem delimitados, reforçando a separação e a diferença.

O movimento feminista da década de 1970, amparado no advento da pílula anticoncepcional, contribuiu para pôr fim à discriminação sexual. As escolas passaram a ser mistas, todas as profissões tornaram-se acessíveis às mulheres — Forças Armadas, policiais, motoristas de ônibus, jogadoras de futebol. Os papéis sexuais se transformam profundamente, atenuando a distinção de gênero, trazendo como consequência o fim da guerra entre os sexos. Agora as mulheres podem escolher entre ser ou não mães. O controle da fecundidade da mulher pelo homem e a divisão de tarefas são coisas do passado.

A relação entre homens e mulheres vem sendo subvertida, assim como a visão do amor, do casamento e do sexo. O mundo mudou muito mais da década de 1960 para cá do que do Período Paleolítico até então. Entretanto, o processo de transformação das mentalidades não atinge todas as pessoas ao mesmo tempo e é por isso que nos deparamos de vez em quando com matérias em jornais e revistas contendo declarações tão absurdas contra a mulher.

Contudo, não é difícil entender que modificar a maneira de viver e de pensar gera ansiedade. O novo, o desconhecido, assusta. Entretanto, repetir o que é aprendido como verdade absoluta não é a solução. As mulheres, durante alguns milênios, foram cúmplices na perpetuação do sistema que as oprime, acreditando nessa inferioridade e transmitindo o mesmo sistema, através das gerações, aos filhos de ambos os sexos.

Esperamos, entretanto, que as afirmações citadas acima não sejam, como parte da mídia insiste em afirmar, um retorno aos antigos valores. Mesmo porque tanto homens como mulheres possuem o mesmo potencial para os diversos comportamentos. A supremacia masculina criada pelo patriarcado envenena todas as relações humanas, prejudicando também os homens.

Além disso, um estudo antropológico de comparação de culturas descobriu importante correlação entre estereótipos sexuais rígidos, necessários à manutenção da dominação masculina, e a incidência não só da guerra, mas também do espancamento de esposas, filhos e o estupro.

———•—•———

Apesar da onda conservadora que tentou limitar os avanços do Movimento Feminista, ele se consolida cada vez mais nos países ocidentais. Contudo, o caminho para uma igualdade entre homens e mulheres ainda é longo, mas as mudanças são irreversíveis. As novas gerações, filhos e filhas dos participantes da contracultura, demonstram, de forma inequívoca, que nada será como antes.

CONCLUSÃO

———•———

PARA ESCREVER ESTE LIVRO senti necessidade de mergulhar na História do Ocidente, afinal, não existe o ser humano natural; todo comportamento é modelado por uma cultura. Desde o nascimento somos invadidos pelo passado. Por estruturas e conflitos do passado. Essas estruturas são literárias, jurídicas, científicas, artísticas, técnicas, enfim tudo o que nos constitui. Somos o produto final de uma linha de montagem caótica e invasora que se refaz através dos séculos. Assim como Sartre afirmou que somos condenados à liberdade, podemos afirmar que nossa condenação é extensiva a prestar atenção ao passado. O custo de não o fazermos é não nos libertarmos dele.

Acredita-se que a primeira manifestação do amor humano ocorreu há aproximadamente 40 mil anos, quando os mortos passaram a ser enterrados em túmulos ornamentados. Mas o amor que faz parte da vida de cada um de nós é uma construção social; em cada período da História se apresenta de uma forma.

O amor na Grécia clássica era bem diferente do que conhecemos hoje. Não era uma finalidade na vida, e sim uma distração, ou, por vezes, uma aflição enviada pelos deuses. As mulheres eram desvalorizadas. Uma jovem permanecia confinada em casa, desde o nascimento até o casamento, e nada aprendia, além de poucas tarefas domésticas. Depois de casada, era condenada a passar a maior parte do tempo nos aposentos destinados às mulheres em seu lar, o gineceu. Os gregos consideravam o homem mais próximo da perfeição, o que o tornava objeto de amor ideal. Eles podiam ter relações extraconjugais com concubinas, cortesãs e efebos – jovens rapazes.

O amor, em Roma, era encarado, na maior parte das vezes, como diversão animada. Sexualmente intenso e não prejudicado pela noção de pecado, se apresentava misturado ao ódio. A infidelidade conjugal era a tônica. O amor não era visto como algo positivo por dois motivos. Primeiro por envolver dependência de uma mulher, uma inferior moral, o que reduzia o valor do homem. E também por levar o indivíduo a perder o controle numa cultura obcecada pela dominação. Os romanos desenvolveram a ideia de prudência, de lutar contra o amor, visando evitar o sofrimento do amor + ódio.

Na chamada Antiguidade Tardia, século III ao V, o cristianismo trouxe como principal novidade a ligação entre a carne e o pecado. Atribuiu grande mérito espiritual à renúncia aos prazeres da carne e deu ênfase a se repudiar as amenidades do amor. Uma fixação fanática a respeito da glória da virgindade, da maldade da mulher e da imundície do ato sexual foi sendo desenvolvida. O casamento não é um bem, mas "é melhor casar do que se abrasar", disse São Paulo.

Na Idade Média, ficou clara a dissociação entre amor e sexo – o primeiro, assunto de Deus, e o segundo, do Diabo. O amor jamais poderia ser recíproco entre um homem e uma mulher, deveria ser unicamente dirigido a Deus. Fora isso, o termo amor nunca era empregado num sentido positivo. O que chamamos de amor foi totalmente ignorado. Era sempre visto como paixão sexual irracional, selvagem, destrutiva.

No século XII, a Igreja tornou o casamento um sacramento – o que ele só se tornará verdadeiramente no século XV, quando passa a ser celebrado dentro das igrejas – e impôs seu modelo: casamento indissolúvel e monogamia. Assim, a Igreja passou a controlar melhor a vida cotidiana dos fiéis. Durante esse período da História, e mesmo nos séculos seguintes, o amor entre um homem e uma mulher não pertenceu ao casamento.

Esse século é também o do amor cortês, que trouxe uma grande transformação: a passagem do amor unilateral – amor a Deus – para o amor recíproco – amor extraconjugal, entre amantes desejosos e suas nobres damas. O amor cortês respeitoso pelas mulheres surgiu como tema central na poesia e na vida. Ao contrário da ideia estabelecida da mulher dominada e desprezada e do homem dominador e brutal, a visão trovadoresca reverteu essa imagem: a mulher poderosa é honrada e o homem honrado e gentil.

Nessa época, em que a selvageria masculina era a norma, os conceitos trovadorescos de cavalheirismo foram revolucionários. O ideal do amor cortês espalhou-se pelas cortes feudais de toda a Europa medieval e deu origem ao amor romântico, que povoa as mentalidades do Ocidente até hoje.

Houve grande renúncia e desvalorização do corpo na Idade Média. Esse período é a matriz de nosso presente; muitos de nossos comportamentos foram concebidos nesses séculos. Isto afeta nossas atitudes em relação ao corpo, apesar de duas reviravoltas terem ocorrido. A primeira, no século XIX, com o ressurgimento do esporte. A outra, no século XX, no domínio da sexualidade.

Na Renascença, mais precisamente no final do século XVI, aconteceu uma grande transformação na vida familiar. Até então a família era considerada, por nobres e mercadores ricos, uma espécie de estação, em que se detinham ocasionalmente a fim de reconstituir as energias e engravidar as esposas. Mas as batalhas haviam diminuído, os negócios mantinham os homens perto de seus lares. Marido e mulher passavam mais tempo juntos e era melhor que fosse uma união agradável; assim, a escolha de uma companheira desejável ganhou importância. Surgiram livros incentivando marido e mulher a desfrutar do companheirismo, da amizade e dos deleites do amor. O sexo e o amor combinados, muito lentamente começavam a se infiltrar no casamento.

Entretanto, exatamente na mesma época, floresceu uma aversão às mulheres sem igual em qualquer outro século. Elas foram consideradas a origem de todo o mal no mundo e, portanto, tinham que ser punidas e mortas. Milhares de mulheres foram queimadas vivas nas fogueiras acusadas de pacto com o demônio. A repressão sexual se acentuou; uma moral terrível pesou sobre a sexualidade.

Outra novidade importante surgiu na Renascença: a consciência de si. No período anterior, Idade Média, as pessoas não se percebiam como indivíduos; não havia a consciência precisa de si mesmo. A introspecção não podia ter por objetivo mais que descobrir a extensão dos pecados cometidos para deles se arrepender. As pessoas deviam pensar constantemente em Deus, temer a danação eterna e buscar a salvação. Isso impedia o acesso à vida interior de cada um. Na Renascença é inaugurada uma trajetória contínua de individualização da pessoa. O ser se torna realmente um indivíduo do ponto de vista espiritual, capaz de se reconhecer como tal.

Embora o cristianismo tenha tentado, desde a sua origem, aprisionar a sexualidade com proibições e interdições, a pressão moral só se intensifica verdadeiramente a partir de meados do século XVI. A consciência de si próprio leva à introjeção dos valores morais impostos, ou seja, cada um passa a censurar sua própria conduta sexual. Observa-se o aumento cada vez maior do autocontrole pessoal e da culpa a respeito do sexo e a condutas consideradas impudicas ou obscenas.

No século XVIII, período conhecido como Iluminismo, Século das Luzes ou Idade da Razão, o amor se torna ridículo. Ninguém queria ser escravo das emoções. Homens e mulheres tinham grande preocupação em ocultar seus verdadeiros sentimentos. Os rigores morais desaparecem. As aventuras amorosas beneficiam-se de uma grande indulgência coletiva e quase não acarretam sentimento de culpa. Entretanto, uma influência oposta começou a se fazer sentir: a força do romantismo. As emoções foram cultivadas como reação contra a objetividade dos pensadores racionalistas. Aquele período de hedonismo cede lugar aos rigores vitorianos, no século seguinte.

Ao contrário das emoções reprimidas, os românticos, do século XIX restringem a sexualidade e deixam fluir, com exagero, as emoções. O amor passou a ser considerado uma finalidade nobre da vida. Os homens admiram a mulher acanhada e virginal. O amor romântico volta a emergir. Um amor doméstico, puritano, casto, controlado e também cauteloso em suas maneiras, sob medida para a classe média. O véu da repressão sexual cai pesadamente entre 1800 e 1960.

Com toda a exagerada repressão sexual do século XIX, nasce a clientela de Freud. A rigorosa submissão das mulheres, a luta ativa contra a masturbação, a intensa culpabilização da homossexualidade, não são fáceis de suportar sem neurose. A sexualidade sendo vista como uma doença vergonhosa acarreta traumas, e serão necessários novos métodos para tratá-los. O conflito psíquico se manifesta em sintomas corporais diversos, como crise emocional com teatralidade ou outros mais duradouros como, paralisias, cegueira, surdez, etc. O estudo da histeria levou Freud a descobrir o inconsciente e criar a psicanálise. Ele percebeu que os sintomas físicos não possuíam necessariamente causa orgânica.

No final do século, as diversas transformações tecnológicas e culturais possibilitam novos comportamentos. Contudo, o véu da repressão sexual que caiu pesadamente a partir de 1800 só começa a ser levantado com os movimentos de contracultura dos anos 1960/70. Os jovens do pós-guerra passam a questionar os valores dos pais e da sociedade, e o advento da pílula anticoncepcional, libera a mulher de uma gravidez indesejada.

O avanço tecnológico tornou possível uma grande novidade no amor. Nas últimas décadas do século XX surgem as relações virtuais, que são o retrato amoroso de nosso tempo. A intermediação da máquina na rede de computadores permite que as pessoas digam coisas que normalmente não diriam, se não estivessem no anonimato. Com isso podem ser mais sinceras. Ajuda a desenvolver a habilidade do flerte; você tem que aprender como se tornar atraente para outra pessoa.

Contribui também para a liberdade das aparências físicas. A chance de mostrar uma dimensão que no mundo de valorização do físico imediato se perdia. Uma analogia possível sobre a transformação nas relações amorosas ocorrida com a informática é o período em que os bailes de máscara dominavam a Europa, no Iluminismo. Ali também havia uma anulação da estética física. Foi dito que as máscaras cobriram os rostos para revelar os espíritos.

O virtual reafirma a nossa certeza de que nada é natural no amor. Estamos em contínua evolução e na comunicação não é diferente. Se no período em que prevaleceu a fala no telefone como principal comunicação amorosa, o escrever bem perdeu espaço, ele agora retornou dentro de parâmetros próprios de linguagem, muito cifrada e exigindo o retorno imediato de quem está em frente ao monitor no outro extremo da interlocução.

As poucas décadas de mundo virtual já representam muitos formatos de contato amoroso. Os e-mails evoluíram para os chats e esses ainda resistem, mas se transformam pelo império das redes sociais. Os conservadores são céticos quanto à validade dos amores virtuais. Acreditam tratar-se apenas de fantasias solitárias de pessoas carentes. "Como é possível amar uma pessoa sem poder vê-la, tocá-la, sentir seu cheiro?", perguntam. Penso, entretanto, que essa estranheza ocorre porque qualquer forma de pensar e viver diferente daquela a que estamos habituados gera insegurança e medo. Afinal, o novo assusta. Ainda mais no que diz respeito aos relacionamentos amorosos.

Na verdade, não é possível julgar negativamente os relacionamentos virtuais em favor dos reais, porque nos dois casos estamos diante de processos culturais e sociais de construção de uma experiência que nunca é natural. No final da viagem que fizemos pela História do Ocidente, percebemos que os comportamentos amorosos humanos são extremamente variados, sendo impossível encontrar uma forma universal de amor.

Concordo com o professor Márcio Souza Gonçalves, da Faculdade de Comunicação da UERJ, que pesquisou o tema. Para ele, os amores virtuais não devem ser entendidos como amores incompletos, artificiais, desviantes, menores, e sim como amores plenos, ainda que de um tipo novo e estranho. Afinal, a história do amor é a de uma sucessão de artifícios e neste momento estamos diante de mais um, tão artificial quanto todos os outros. Se aliarmos às formas de pensar e viver, transformados pela contracultura dos anos 60, com aquelas advindas da internet, perceberemos um processo de profunda mudança das mentalidades. O amor está sendo reinventado.

O amor romântico, idealizado, que prega a ideia de que duas pessoas vão se transformar numa só, nada mais lhes faltando, está presente nas novelas, mas na vida real seus dias estão contados. A busca da individualidade, que caracteriza a nossa época, nos leva por um caminho oposto às propostas desse tipo de amor. É difícil harmonizar as necessidades individuais com uma vida a dois. Mas as pessoas não estão dispostas a sacrificar seus projetos pessoais. E isso, ao contrário do que muitos dizem, não me parece ter algo a ver com egoísmo. O grande dilema hoje se situa entre o desejo de simbiose e o desejo de liberdade, sendo que este último parece que começa a predominar.

Pelos sinais observados – o grande aumento de práticas como sexo a três, sexo grupal, swing – o amor romântico ao sair de cena leva com ele a sua principal característica: a exigência de exclusividade. Sem a ideia de encontrar alguém que lhe complete, abre-se um espaço para outros tipos de relacionamento. Acredito que, daqui a algum tempo, menos pessoas estarão dispostas a se fechar numa relação a dois e se tornará comum ter relações amorosas com vários parceiros ao mesmo tempo, escolhendo-as pelas afinidades. A ideia de que um parceiro único deva satisfazer todos os aspectos da vida tem grandes chances se tornar coisa do passado.

Independente do que irá predominar no futuro, tudo indica que a tendência nas relações amorosas é não haver modelos, ou seja, a escolha de cada um pela sua forma de viver. Até agora homens e mulheres foram cobrados a se enquadrar em modelos para alcançar aceitação social. A questão é que isso aniquila as singularidades, tornando todos parecidos.

Quem desejar se relacionar durante 30 anos com uma única pessoa, e só com ela fazer sexo, não será olhado com estranheza. Da mesma forma que os que desejarem ter vários parceiros também serão bem aceitos.

Os adolescentes do terceiro milênio distanciaram-se dos jovens da metade do século XX. Amor e sexo são discutidos nos vários meios de comunicação, e são aceitos comportamentos antes considerados ultrajantes. Mães solteiras, pais que criam sozinhas seus filhos, jovens que vivem juntos — sem pensar em casamento oficial —, namorados que dormem no quarto das namoradas — na casa dos pais dela, homo e bissexualidade, são comportamentos absorvidos cada vez com mais naturalidade. Muitos se assustam com o fato de não ter modelos para se apoiar. Afinal, o novo dá medo, o desconhecido gera insegurança, por isso, apesar da insatisfação, não são poucos os que resistem às mudanças.

Após a viagem que fizemos por vários séculos da história do amor ocidental, vimos como cada época constrói suas experiências amorosas e como o amor se modificou tanto em importância como em qualidade. Entretanto, valores e crenças do passado ainda nos afetam hoje, limitando nossa vida. Temos então duas opções. Repetir o que ouvimos e continuar sofrendo por conta de nossos desejos, culpas, medos e frustrações ou refletir sobre as crenças e valores aprendidos e nos livrarmos do moralismo e dos preconceitos para viver com mais satisfação e mais prazer. Temos que escolher.

NOTAS

ILUMINISMO — SEGUNDA METADE DO SÉCULO XVII E SÉCULO XVIII

1. Murstein, Bernard I., *Amor, sexo e casamento através dos tempos*, Tomo II, Arte-nova, 1976, p. 19, apud C. Laclos, *Dangerous Acquaintances*, p. 52).
2. Zschirnt, Christiane, *Livros*, Globo, 2006, p. 73.
3. Ibidem, p. 75.
4. Hunt, Morton M., *História natural do amor*, Ibrasa, 1963, p. 236.
5. Goffman, Ken e Joy, Dan, *Contracultura através dos tempos*, Ediouro, 2007, p. 169.
6. Falcon, Francisco José Calazans, *Iluminismo*, Ática, 1994, p. 83.
7. Ibidem, p. 84.
8. Russell, Bertrand, *História do pensamento ocidental*, Ediouro, 2001, p. 379.
9. Goffman, Ken e Joy, Dan, op. cit., p. 171.
10. Badinter, Elisabeth, *Émile, Émile: a ambição feminina no século XVIII*, Paz e Terra, 2003, p. 22.
11. Hunt, Morton M., op. cit., p. 238. Apud Edmond e Jules Goncourt, *La femme ao dix-huitième siècle*, p. 172.
12. Ibidem, p. 237.
13. Ackerman, Diane, *Uma história natural do amor*, Bertrand Brasil, 1997, p. 109.
14. Hunt, Morton M., op. cit., p. 254.
15. Idem.
16. Idem.
17. Murstein, Bernard I., op. cit., Tomo II, p. 16.
18. Idem, apud J. Boswell, *In Search of a Wife*, p. 47.
19. Castle, Terry, em Rousseau, G. S.; Porter, Roy, *Submundos do sexo no Iluminismo*, Rocco, 1999, p. 195.
20. Hunt, Morton M., op. cit., p. 252.
21. Swift, Jonathan, *Prose Works of Jonathan Swift*, volume IX, Oxford, 1948.
22. Hunt, Morton M., op. cit., p. 258.

23. Badinter, Elisabeth, op. cit., 2003, p. 35.
24. Yalom, Marilyn, *A história da esposa*, Ediouro, 2001, p. 36.
25. Hunt, Morton M., op. cit., p. 244. Apud prefácio de *Mundus Muliebris*, obra de sátira às mulheres, toda escrita em versos.
26. Ibidem, p. 245.
27. Ibidem, p. 238.
28. Ibidem, p. 239.
29. Ibidem, p. 240.
30. Goffman, Ken e Joy, Dan, *Contracultura através dos tempos*, Ediouro, 2007, p. 167.
31. Ibidem, p. 168.
32. Hunt, Morton M., op. cit., p. 240.
33. Ibidem, p. 242.
34. Ibidem, p. 243.
35. Ibidem, p. 261.
36. Idem.
37. Murstein, Bernard I., op. cit., Tomo II, p. 9.
38. Bologne, Jean-Claude, *História do casamento no Ocidente*, Temas e Debates, 1999, p. 222.
39. Ibidem, p. 314.
40. Murstein, Bernard I., op. cit., Tomo II, p. 9.
41. Idem.
42. Ibidem, p. 25.
43. Orest, Ranun, em *História da vida privada* volume III, Companhia das Letras, 1992, p. 259.
44. Murstein, Bernard I., op. cit., Tomo II, p. 27.
45. Muchembled, Robert, *O orgasmo e o Ocidente*, Martins Fontes, 2007, p. 181.
46. Yalom, Marilyn, op. cit., p. 190.
47. Idem.
48. Ozouf, Mona, em Dominique Simonnet, *A mais bela história do amor*, Difel, 2003, p. 94.
49. Murstein, Bernard I., op. cit., Tomo II, p. 35, apud E. Westermarck, *The History of Human Marriage*, volume 3.
50. Zschirnt, Christiane, op. cit., p. 72.
51. Ozouf, Mona, op. cit., p. 97.
52. Idem.
53. Muchembled, Robert, op. cit.
54. Tannahill, Reay, *O sexo na história*, Francisco Alves, 1983, p. 368.
55. Betty Milan, comentários na revista *Veja*.
56. Eliane Robert de Moraes, palestra "Sedução dos libertinos: Don Juan, Casanova e Sade".
57. Hunt, Morton M., op. cit., p. 262.
58. Ackerman, Diane, op. cit., p. 112.
59. Costa e Silva, Alberto, *Jornal do Brasil*, edição de 24 de julho de 2009, apud Ian Kelly.

60. Idem.
61. Goffman, Ken e Joy, Dan, op. cit., p. 176.
62. Goulemot, Jean-Marie, em *História da vida privada*, volume 3, p. 404.
63. Martins, Floriano, *Revista de Cultura* nº 53, setembro/outubro de 2006, "Eliane Robert Moraes: o marquês de Sade e a loucura da imortalidade".
64. Solé, Jacques, em *A mais bela história do amor*, op. cit., p. 90.
65. <http://bibariqueveralui.sites.uol.com.br/revfrancesa.html>.
66. Hobsbawm, E. J., *A Revolução Francesa*, Paz e Terra, 2008, p. 9.
67. Ibidem, p. 24.
68. Simonnet, Dominique, op. cit., p. 91.
69. Ozouf, Mona, em *A mais bela história do amor*, op. cit., p. 92.
70. Russell, Bertrand, op. cit., p. 373.
71. Muchembled, Robert, op. cit., 2007, p. 182.
72. Ibidem.
73. Ibidem, p. 18.
74. Carotenuto, Aldo, *Eros e Pathos*, Paulus, 1994, p. 64.
75. Fisher, Helen, *Anatomia do amor*, Eureka, 1992, p. 26.
76. Carotenuto, Aldo, op. cit., p. 60.

ROMANTISMO — 1800 A 1914

1. Simonnet, Dominique, op. cit., p. 107.
2. J. W. von Goethe, *The Sorrows of Young Werther*, p. 183.
3. Idem.
4. Ibidem, p. 181.
5. <http://www.casadobruxo.com.br/poesia/j/jgoethe11.htm>.
6. Zschirnt, Christiane, 296.
7. Ibidem, p. 295.
8. Ackerman, Diane, op. cit., p. 120.
9. Murstein, Bernard I., op. cit., Tomo II, p. 51.
10. Corbin, Alain, em *A mais bela história do amor*, p. 107.
11. Hunt, Morton M., op. cit., p. 290.
12. Ibidem.
13. Muchembled, Robert, op. cit., 2007, p. 212.
14. Ibidem, p. 213.
15. Ibidem, p. 214.
16. Murstein, Bernard I., op. cit., Tomo II, p. 64.
17. Idem.
18. Muchembled, Robert, op. cit., 2007, p. 212.
19. Tannahill, Reay, op. cit., p. 379.
20. Barstow, Anne Llewellyn, *Chacina de feiticeiras*, José Olympio, 1994, p. 175, apud Bonnie Anderson e Judith Zinsser, *A History of Their Own: Women in Europe*, vol. 1, xxii.
21. Idem, p. 176.

22. Le Goff, Jacques, *Uma longa Idade Média*, Civilização Brasileira, 2008, p. 133.
23. Tannahill, Reay, op. cit., p. 380.
24. Hunt, Morton M., op. cit., p. 292.
25. Ibidem, p. 294.
26. Murstein, Bernard I., op. cit., Tomo II, p. 69.
27. Priori, Mary Del, *História do amor no Brasil*, Contexto, 2005, p. 214.
28. Murstein, Bernard I., op. cit., Tomo II, p. 69.
29. Mello e Souza, Gilda de, *O espírito das roupas*, Companhia das Letras, 1993, p. 61.
30. Fonatanel, Béatrice, *Sutiãs e espartilhos*, GMT Editores, 1998, p. 52.
31. <http://paulabeh.blogspot.com/2007/03/era-vitoriana.html>.
32. Hunt, Morton M., op. cit., p. 302.
33. Fonatanel, Béatrice, op. cit., p. 52.
34. Idem.
35. Schmitt, Juliana, *Mortes vitorianas*, Alameda, 2010, p. 98.
36. Fonatanel, Béatrice, op. cit., p. 52.
37. Hunt, Morton M., op. cit., p. 302.
38. Tannahill, Reay, op. cit., p. 381.
39. Corbin, Alain, em *História da vida privada*, volume 4, p. 480.
40. Muchembled, Robert, op. cit., 2007, p. 226.
41. Tannahill, Reay, op. cit., p. 379.
42. Hunt, Morton M., op. cit., p. 299.
43. Idem.
44. Yalom, Marilyn, op. cit., p. 206.
45. Murstein, Bernard I., op. cit., Tomo II, p. 80.
46. Azevedo, Thales, *As regras do namoro à antiga*, Ática, 1986, p. 69.
47. Ibidem, p. 70.
48. Idem.
49. Perrot, Michelle, em *História da vida privada*, volume 4, p. 238.
50. Azevedo, Thales, op. cit., p. 69, apud Sigmund Freud, *Correspondência de amor e outras cartas*, Nova Fronteira, 1982.
51. Macfarlane, Alan, *História do casamento e do amor*, Companhia das Letras, 1990, São Paulo, p. 17.
52. Mello e Souza, Gilda de, p. 90.
53. Miller, Michael Vincent, *Terrorismo íntimo*, Francisco Alves, 1995, p. 98.
54. Hunt, Morton M., op. cit., p. 296.
55. Tannahill, Reay, op. cit., p. 382.
56. Yalom, Marilyn, op. cit., p. 212.
57. Ladas, Whipple e Perry, *O Ponto G*, Record, 1982, p. 21.
58. Idem.
59. Ozouf, Mona, em *A mais bela história do amor*, op. cit., p. 111.
60. Ackerman, Diane, op. cit., p. 125.
61. Tannahill, Reay, op. cit., p. 384.
62. Corbin, Alain, em *A mais bela história do amor*, p. 117.
63. Yalom, Marilyn, op. cit., p. 211.

64. Murstein, Bernard I., op. cit., Tomo II, p. 73.
65. Zeldin, Theodore, *Uma história íntima da humanidade*, Record, 1996, p. 110.
66. Idem.
67. Murstein, Bernard I., op. cit., Tomo II, p. 73.
68. Martin-Fugier, Anne, em *História da vida privada*, volume 4, p. 246.
69. Yalom, Marilyn, op. cit., p. 215.
70. Muchembled, Robert, op. cit., 2007, p. 223.
71. Ibidem, p. 219.
72. Corbin, Alain, em *A mais bela história do amor*, p. 110.
73. Muchembled, Robert, op. cit., 2007, p. 220.
74. Idem.
75. Le Goff, Jacques e Truong, Nicolas, *Uma história do corpo na Idade Média*, Civilização Brasileira, 2006, p. 152.
76. Muchembled, Robert, op. cit., 2007, p. 236.
77. Murstein, Bernard I., op. cit., Tomo II, p. 60.
78. Muchembled, Robert, op. cit., 2007, p. 236.
79. Ibidem, p. 237.
80. Idem.
81. Ibidem, p. 240.
82. Ibidem, p. 235.
83. Ibidem, p. 261.
84. Murstein, op. cit, Tomo II, p. 59.
85. Corbin, Alain, em *História da vida privada*, volume 4, p. 570.
86. <http://fashionst.wordpress.com/george-sand-a-mulher-que-revolucionou-a-alfaiataria>.
87. Yalom, Marilyn, op. cit., apud Henrick Ibsen, *A Doll's House and Other Plays*, Penguin Books, 1967, p. 228.
88. Ibidem, p. 294.
89. Idem.
90. Corbin, Alain, em *A mais bela historia do amor*, p. 119.
91. Yalom, Marilyn, op. cit., p. 299.
92. Hunt, Morton M., op. cit., p. 315.
93. Fonatanel, Béatrice, op. cit., p. 58.
94. Schmitt, Juliana, op. cit., p. 99.
95. Murstein, op. cit, Tomo II, p. 81.
96. Corbin, Alain, *História da vida privada*, volume 4, p. 544.
97. Corbin, Alain, em *A mais bela história do amor*, p. 122.
98. Hunt, Morton M., op. cit., p. 318.
99. Zschirnt, Christiane, op. cit, p. 89.
100. Yalom, Marilyn, op. cit., p. , 308.
101. Simonnet, Dominique, op. cit., p. 106.
102. Perrot, Michelle, em *História da vida privada*, volume 4, p. 612.
103. Eisler, Riane, *O prazer sagrado*, Rocco, 1995, p. 343.
104. Kreps, Bonnie, *Paixões eternas, ilusões passageiras*, Saraiva, 1992, p. 134.
105. Ibidem, p. 107.

106. Gaiarsa, José Ângelo, comunicação pessoal à autora.
107. Idem.

SÉCULO XX: PRIMEIRA METADE — 1900 A 1945

1. Bologne, Jean-Claude, op. cit., p. 305.
2. Hunt, Morton M., op. cit., p. 320.
3. Ibidem, p. 335.
4. Ibidem, p. 320.
5. Paz, Octavio, *A dupla chama: amor e erotismo*, Siciliano, 1993, p. 124.
6. Sevcenko, Nicolau, *A corrida para o século XXI*, Companhia das Letras, 2001, p. 68.
7. Sohn, Anne-Marie, em *A mais bela história do amor*, p. 128.
8. Simonnet, Dominique, op. cit., p. 127.
9. <http://educaterra.terra.com.br/literatura/temadomes/2004/03/01/002.htm>.
10. <http://chic.ig.com/materiais/391501-392000/391901/391901_1.html>.
11. Hickman, Tom, *Un siècle d'amour charnel*, Éditions Blanche, 1999, p. 53.
12. Hunt, Morton M., op. cit., p. 335.
13. Miller, Michael Vincent, op. cit., p. 94.
14. Hunt, Morton M., op. cit., p. 346.
15. Ibidem, p. 349.
16. Sohn, Anne-Marie, em *A mais bela história do amor*, p. 129.
17. Ibidem, p. 130.
18. Hunt, Morton M., op. cit., p. 365.
19. Ibidem, p. 360.
20. Ibidem, p. 362.
21. Idem.
22. Ibidem, p. 364.
23. Ibidem, p. 367.
24. Ibidem, p. 362.
25. Priori, Mary Del, op. cit., p. 242.
26. Cunha, Maria Teresa Santos, *Armadilhas da sedução: os romances de M. Delly*, Autêntica, 1999, p. 34.
27. Azevedo, Thales, op. cit., p. 115.
28. Cunha, Maria Teresa Santos, op. cit., p. 76.
29. Hickman, Tom, op. cit.
30. Muchembled, Robert, op. cit., 2007, p. 273.
31. Sohn, Anne-Marie, em *A mais bela história do amor*, p. 131.
32. Hunt, Morton M., op. cit.
33. Hickman, Tom, op. cit.
34. Azevedo, Thales, op. cit.
35. Hickman, Tom, op. cit.
36. Hunt, Morton M., op. cit., p. 336.
37. Zeldin, Theodore, op. cit., p. 112.

38. Idem.
39. Idem.
40. Sohn, Anne-Marie, em *A mais bela história do amor*, p. 128.
41. Idem.
42. Idem, p. 138.
43. Del Priori, Mary, op. cit., p. 54.
44. Sohn, Anne-Marie, em *A mais bela história do amor*, pg. 140.
45. Reich, Wilhelm, *Casamento indissolúvel ou relação sexual duradoura?*, Martins Fontes, 1972, p. 30.
46. Sohn, Anne-Marie, em *A mais bela história do amor*, p. 133.
47. Ibidem, p. 138.
48. Muchembled, Robert, op. cit., 2007, p. 274.
49. Idem.
50. Tannahill, Reay, op. cit., p. 438.
51. Ibidem, p. 439.
52. Sohn, Anne-Marie, em *A mais bela história do amor*, p. 141.
53. Tom Hickman, op. cit., p. 59.
54. Yalom, Marilyn, op. cit., p. 352.
55. Hickman, Tom, op. cit., p. 86.
56. Idem.
57. Yalom, Marilyn, op. cit..

Século XX: Pós-guerra — 1945 a 1964

1. Yalom, Marilyn, op. cit., p. 393.
2. Johnson, Robert, *We*, Mercuryo, 1987.
3. Bassanezi, Carla, *Virando as páginas, revendo as mulheres*, Civilização Brasileira, 1996.
4. Tannahill, Reay, op. cit., p. 440.
5. Zeldin, Theodore, op. cit., p. 113.
6. Bassanezi, Carla, op. cit, p. 332.
7. Ibidem, p. 245.
8. Ibidem, p. 216.
9. Zeldin, Theodore, op. cit., p. 113.
10. Bassanezi, Carla, op. Cit., p. 127.
11. Ibidem, p. 10.
12. Ibidem, p. 83.
13. Bassanezi, Carla, em *História das Mulheres no Brasil*, Contexto, 2006, p. 611.
14. Ibidem, p. 612.
15. Ferreira dos Santos, Joaquim, *Feliz 1958: o ano que não devia terminar*, Record, 2003.
16. Ibidem, p. 49.
17. Muchembled, Robert, op. cit., 2007.

18. Ibidem, p. 288.
19. Ibidem, p. 286.
20. Bassanezi, Carla, op. cit,, p. 63.
21. Ibidem, p. 89.
22. Ibidem.
23. Del Priori, Mary, op. cit., p. 283.
24. Bassanezi, Carla, op. cit,, p. 145.
25. Del Priori, Mary, op. cit., p. 286.
26. Vincent, Gérard, em *História da vida privada*, volume 5, p. 90.
27. Idem.
28. Yalom, Marilyn, op. cit., p. 384.
29. Ibidem, p. 402.
30. Ibidem, p. 403.
31. Idem.
32. Morgado, Belkis, *A solidão da mulher bem-casada*, José Olympio, 1985, p. 78.
33. Bassanezi, Carla, op. cit, p. 285.
34. Perrot, Michelle, *As mulheres e os silêncios da História*, Edusc, 2005, p. 447.
35. Bassanezi, Carla, op. cit., p. 275.
36. Ibidem, p. 313.
37. Ibidem, p. 364.
38. História que me foi relatada por uma paciente no consultório.
39. Tannahill, Reay, op. cit., p. 440.
40. Del Priori, Mary, op. cit., p. 295.
41. Idem.
42. Morgado, Belkis, op. cit., p. 78.
43. Hickman, Tom, op. cit.
44. Ibidem.
45. Ibidem.

Século XX: Revoluções — Dos anos 1960 até hoje

1. Miller, Michael Vincent, op. cit., p. 90.
2. Risério, Antônio, em *Anos 70: trajetórias*, Iluminuras, 2006, p. 26.
3. Almeida, Armando Ferreira, artigo "A contracultura ontem e hoje", apresentado em um ciclo de debates sobre o assunto, realizado em Salvador (BA), no mês de abril de 1996.
4. Maciel, Luiz Carlos, comunicação pessoal à autora.
5. Bruckner, Pascal, em *A mais bela história do amor*, p. 156.
6. *A mais bela história do amor*, p. 146.
7. Maciel, Luiz Carlos, *Anos 60*, L&PM, 1987, p. 93.
8. Almeida, Armando Ferreira, op. cit.
9. Idem.
10. Idem.
11. Risério, Antônio, *op. cit.*, p. 25.

12. Kehl, Maria Rita, em *Anos 70: trajetórias*, op. cit., p. 34
13. Almeida, Armando Ferreira, op. cit.
14. Prost, Antoine, em *História da vida privada*, volume 5, p. 136.
15. Yalom, Marilyn, op. cit., p. 396.
16. Hickman, Tom, op. cit., p. 183.
17. Yalom, Marilyn, op. cit., p. 403.
18. <http://anos60.wordpress.com/2008/04/07/a-queima-dos-sutias-a-fogueira-que-nao-aconteceu/>.
19. Prost, Antoine, em História da Vida Privada, volume 5, p. 138.
20. Orfali, Kristina, em *História da vida privada*, volume 5, p. 600.
21. Hickman, T., op. cit., p. 178.
22. Idem.
23. Ibidem, p. 179.
24. Costa, Ronaldo, P., *Os onze sexos*, Gente, 1994.
25. Giddens, Anthony, A transformação da intimidade, Unesp, 1992, p. 73.
26. Tannahill, Reay, op. cit., p. 460.
27. Ibidem, p. 461.
28. Ibidem, p. 462.
29. Garcia-Roza, Luiz Alfredo, comunicação pessoal à autora.
30. Rougemont, Denis de, *O amor e o Ocidente*, Guanabara, 1988.
31. Badinter, Elisabeth, *Um é o outro*, Nova Fronteira, 1986, p. 280.
32. Solomon, Robert, *O Amor: reinventando o romance em nossos dias*, Saraiva, 1992, p. 93.
33. Ibidem, p. 94.
34. *Amar, Trair*, Paulus, 1997, p. 134.
35. Gaiarsa, José Ângelo, comunicação pessoal à autora.
36. Idem.
37. Idem.
38. Idem.
39. Carotenuto, Aldo, op. cit., p. 64.
40. Daltro, Luís Cláudio, comunicação pessoal à autora.
41. Zeldin, Theodore, op. cit.
42. Ibidem, p. 80.
43. Kipnis, Laura, *Contra o amor*, Record, Rio de Janeiro, 2005, pg 28.
44. (Buss, p. 43).
45. Buss, David M., *A paixão perigosa*, Objetiva, 2000, p. 42.
46. Ibidem, p. 43.
47. Ibidem, p. 44.
48. Miller, Michael Vincent, op. cit., p. 54.
49. Ibidem, p. 55.
50. Pasini, Willy, *Ciúme*, Rocco, Rio de Janeiro, 2006, p. 15.
51. Ruffié, Jacques, *O sexo e a morte*, Nova Fronteira, 1979, p. 177.
52. Buss, David M., p. 138.
53. Zeldin, T., op. cit., p. 96.
54. Badinter, Elisabeth, op. cit.,1986.

55. Ibidem, p. 267.
56. Giusti, Edoardo, *A arte de separar-se*, Nova Fronteira, 1987.
57. Gomes, *Purificacion*, em Ieda Porchat, *Amor, casamento e separação: a falência de um mito*, Brasiliense, 1992, p. 132.
58. Ibidem.
59. Badinter, E., op. cit., 1986, p. 248.
60. Giusti, Edoardo, op. cit., 1987, p. 36.
61. Vários autores, *Vida a dois*, Siciliano, 1991, p. 37.
62. Giusti, Edoardo, op. cit.
63. Ibidem, p. 40.
64. Miller, Michael Vincent, op. cit., p. 161.
65. Kingma, Daphane Rose, *Separação*, Saraiva, 1993.
66. Muskat, Malvina, em Ieda Porchat, op. cit., p. 98.
67. Porchat, Ieda, Op. cit. p. 104.
68. Idem.
69. Prost, Antoine, em *História da vida privada*, volume 5, p. 138.
70. Hickman, T., op. cit., p. 189.

BIBLIOGRAFIA

Ackerman, Diane. *Uma história natural do amor*. Rio de Janeiro: Bertrand Brasil, 2003.

Adovasio, Jim M. *Sexo invisível*. Rio de Janeiro: Record, 2009.

Alexandrian, Sarane. *História da literatura erótica*, Rio de Janeiro: Rocco, 1994.

Almeida, Armando Ferreira. *A contracultura ontem e hoje*, apresentado em um ciclo de debates sobre o assunto, realizado em Salvador, Bahia, em abril de 1996.

Anapol, Deborah. *Polyamory: The New Love Without Limits*. San Rafael: intiNet Resource Center, 1997.

Ariès, Philippe (org.). *Sexualidades ocidentais*, São Paulo: Brasiliense, 1985.

_____. *História da morte no Ocidente*. Rio de Janeiro: Ediouro, 2003.

_____. *História social da criança e da família*. Rio de Janeiro: Guanabara, 1978.

Ariès, Philippe e Duby, Georges (dir.). *História da vida privada*, volumes 1, 2, 3, 4 e 5. São Paulo: Companhia das Letras, 1992.

Azevedo, Thales de. *As regras do namoro à antiga*. São Paulo: Ática,1986.

Badinter, Elisabeth. *Rumo equivocado*. Rio de Janeiro: Civilização Brasileira, 2005.

_____. *O conflito: a mulher e a mãe*. Rio de Janeiro: Record, 2011 .

_____. *Émile, Émile: a ambição feminina no século XVIII*. São Paulo: Paz e Terra, 2003 .

_____. *Um é o outro*. Rio de Janeiro: Nova Fronteira, 1986.

_____. *XY: sobre a identidade masculina*. Rio de Janeiro: Nova Fronteira, 1992 .

Bakhtin, Mikhail. *A cultura popular na Idade Média e no Renascimento*. São Paulo: Hucitec, 1996.

Barstow, Anne Llewellyn. *Chacina de feiticeiras*. Rio de Janeiro: José Olympio, 1994.

Bassanezi, Carla. *Virando as páginas, revendo as mulheres*. Rio de Janeiro: Civilização Brasileira, 1996.

Beauvoir, Simone de. *O segundo sexo*. Rio de Janeiro: Editora Nova Fronteira, 1980.

Bloom, Allan. *Amor e amizade*. São Paulo: Mandarim, 1996.

Bloch, Howard. *Misoginia medieval*. São Paulo: Editora 34, 1995.

Boccaccio, Giovanni. *Decamerão*. São Paulo: Rialto, 1974.

Bologne, Jean-Claude. *História do casamento no Ocidente*. Lisboa: Temas e Debates, 1999.

_____. *História do pudor*. Rio de Janeiro: Elfos, 1990.

Bottéro, Jean. *No começo eram os deuses*. Rio de Janeiro: Civilização Brasileira, 2011.

Bowker, David. *O livro de ouro das religiões*. Rio de Janeiro: Ediouro, 1995.

Bozon, Michel. *Sociologia da sexualidade*. Rio de Janeiro: FGV Editora, 2002.

Braunstein, Florence. *O lugar do corpo na cultura ocidental*. São Paulo: Instituto Piaget, 1999.

Bueno, André, *O que é a Geração Beat*. Rio de Janeiro: Brasiliense, 1984

Buffault, Anne-Vincent. *História das lágrimas*. São Paulo: Paz e Terra, 1988.

Bulfinch, Thomas. *O livro de ouro da mitologia*. Rio de Janeiro: Ediouro, 1999.

Buss, David M. *A paixão perigosa*. Rio de Janeiro: Objetiva 2000.

Campbell, Joseph. *O poder do mito*. Rio de Janeiro: Editora Palas Athena, 1995.

Capelão, André. *Tratado do amor cortês*. São Paulo: Martins Fontes, 2000.

Carneiro, Henrique. *A Igreja, a medicina e o amor*. São Paulo: Xamã, 2000.

Carotenuto, Aldo. *Eros e Pathos*. São Paulo: Paulus, 1994.

_____. *Amar, trair*. São Paulo: Paulus, 1997.

Caruso, Igor. *A separação dos amantes*. São Paulo: Cortez, 1986.

Cavafy. *Cien Poemas*. Caracas: Monte Avila Editores, 1987.

Cavalcante, Mourão. *O ciúme patológico*. Rio de Janeiro: Rosa dos Ventos, 1997.

Chaucer, Geoffrey. *Os contos de Cantuária*, São Paulo: T. A. Queiroz Editora, 1991.

Commelin, Pierre. *Mitologia grega e romana*. Rio de Janeiro: Ediouro, 1997.

Cook, Michael. *Uma breve história do homem*. Rio de Janeiro: Zahar, 2005.

Cooper, David. *A morte da família*. São Paulo: Martins Fontes, 1994.

Costa, Ronaldo P. *Os onze sexos*. São Paulo: Gente, 1994.

Cunha, Maria Teresa Santos. *Armadilhas da sedução: os romances de M. Delly*. Belo Horizonte: Autêntica, 1999.

Davis, Melinda. *A nova cultura do desejo*. Rio de Janeiro: Record, 2003.

Darmon, Pierre. *O tribunal da impotência*. São Paulo: Paz e Terra, 1979.

De Laclos, Choderlos. *As ligações perigosas*. São Paulo: Editora Abril, 1978.

Del Priore, Mary. *História do amor no Brasil*. São Paulo: Contexto, 2005.

_____ (org.). *História das mulheres no Brasil*. São Paulo: Contexto, 2006.

Dias, Lucy. *Anos 70: enquanto corria a barca*. São Paulo: Senac, 2003.

Donzelot, Jacques. *A polícia das famílias*. São Paulo: Edições Graal, 1980.

Duby, Georges. *Idade Média, idade dos homens*. São Paulo: Companhia das Letras,1990.

_____. *Heloísa, Isolda e outras damas do século XII*. São Paulo: Companhia das Letras,1995.

_____. *Eva e os padres*. São Paulo: Companhia das Letras, 2001.

_____. *Ano 1000, ano 2000: na pista dos nossos medos*. São Paulo: Unesp, 2004.

Eliade, Mircea e Couliano, Ioan. *Dicionário das religiões*. São Paulo: Martins Fontes, 1995.

Eisler, Riane. *O prazer sagrado*. Rio de Janeiro: Rocco, 1995.

Engels, Friedrich. *A origem da família, da propriedade privada e do Estado*. Rio de Janeiro: Civilização Brasileira, 1978.

Eluf Nagib, Luiza. *A paixão nos banco dos réus: casos passionais célebres*. São Paulo: Saraiva, 2002.

Evola, Julius. *A metafísica do sexo*. Lisboa: Vega, 1993.

Falcon, Francisco José Calazans. *Iluminismo*. São Paulo: Ática, 1994.

Faludi, Susan. *Backlash: o contra-ataque na guerra não declarada contra as mulheres*. Rio de Janeiro: Rocco, 2001.

Faria, Lia. *Ideologia e utopia nos anos 60*. Rio de Janeiro: EdUerj, 1997.

Ferreira-Santos, Eduardo. *Ciúme, o medo da perda*. São Paulo: Ática,1996.

Ferreira dos Santos, Joaquim. *Feliz 1958: o ano que não devia terminar*. Rio de Janeiro: Record, 2003.

Ferro, Marc. *Os tabus da história*. Rio de Janeiro: Ediouro, 2002.

Fisher, Helen. *Anatomia do amor*. São Paulo: Eureka, 1992.

_____. *Por que amamos*. Rio de Janeiro: Record, 2004.

Flandrin, Jean-Louis. *O sexo e o Ocidente*. São Paulo: Brasiliense, 1988.

Flaubert, Gustave. *Madame Bovary*. Porto Alegre: L&PM, 2003.

Fo, Jacopo; Tomat, Sergio; Malucelli, Laura. *O livro negro do cristianismo*. Rio de Janeiro: Ediouro, 2007.

Fontanel, Béatrice. *Sutiãs e espartilhos*. Salamandra: GMT Editores, 1998.

Foucault, Michel. *História da sexualidade — O uso dos prazeres*, Edições Graal, 1984.

_____. *História da sexualidade: A vontade de saber*. São Paulo: Edições Graal, 1985.

Franco Júnior, Hilário. *Cocanha — Várias faces de uma utopia*. São Paulo: Ateliê Editorial, 1998.

Foster, Barbara; Foster, Michael e Hadady, Letha. *Amor a três*. Rio de Janeiro: Rosa dos Tempos, 1998.

Freire, Roberto. *Ame e dê vexame*. São Paulo: Casa Amarela, 1999.

_____. *Sem tesão não há solução*. Rio de Janeiro: Guanabara, 1987.

Freire, Roberto e Brito, Fausto. *Utopia e Paixão*. São Paulo: Sol e Chuva, 1991.

Freud, Sigmund. *Obras completas*. Edição Eletrônica Brasileira das Obras Psicológicas. Rio de Janeiro: Imago.

Funari, Pedro Paulo. *A vida quotidiana na Roma Antiga*. São Paulo: Annablume, 2003.

Gaiarsa, José Ângelo. *Vida a dois*. São Paulo: Siciliano, 1991.

Gambaroff, Marina. *Utopia da fidelidade*. Porto Alegre: Artes Médicas, 1991.

Garber, Marjorie. *Vice-versa: bissexualidade e o erotismo na vida cotidiana*. Rio de Janeiro: Record, 1997.

Germaine, Greer. *A mulher eunuco*. São Paulo: Artenova, 1971.

Giddens, Anthony. *A transformação da intimidade*. São Paulo: Unesp, 1992.

Giusti, Edoardo. *A arte de separar-se*. Rio de Janeiro: Nova Fronteira, 1987.

Goffman, Ken e Joy, Dan. *Contracultura através dos tempos*. Rio de Janeiro: Ediouro, 2007.

Groneman, Carol. *Ninfomania*. Rio de Janeiro: Imago, 2001.

Guillebaud, Jean-Claude. *A tirania do prazer*. Rio de Janeiro: Bertrand Brasil, 1999.

Hickman, Tom. *Un siècle d'amour charnel*. Paris: Éditions Blanche, 1999.

Highwater, Jamake. *Mito e sexualidade*. São Paulo: Saraiva, 1992.

Hirigoyen, Marie-France. *A violência no casal*. Rio de Janeiro: Bertrand Brasil, 2005.

Hite, Shere. *As mulheres e o amor*. Rio de Janeiro: Bertrand Brasil, 1987.

_____. *O relatório Hite: um profundo estudo sobre a sexualidade feminina*. São Paulo: Difel, 1979.

Hobsbawm, Eric J. *A Revolução Francesa*. São Paulo: Paz e Terra, 2008.

Hollander, Anne. *O sexo e as roupas*. Rio de Janeiro: Rocco, 1996.

Huizinga, Johan. *O declínio da Idade Média*. Lisboa: Ulisseia.

Hunt, Morton M. *História natural do amor*. São Paulo: Ibrasa, 1963.

Johnson, Robert. *We: a chave da psicologia do amor romântico*. São Paulo: Mercuryo, 1987.

Katz, Jonathan Ned. *A invenção da heterossexualidade*. Rio de Janeiro: Ediouro, 1996.

Kingma, Daphane Rose. *Separação*. São Paulo: Saraiva, 1993.

Kingston, Anne. *A importância da esposa*. Rio de Janeiro: Record, 2005.

Kinsey, Alfred C. *Sexual Behavior in the Human Female*, Filadélfia: W. B. Saunders, 1953.

Kipnis, Laura. *Contra o amor*. Rio de Janeiro: Record, 2005.

Konder, Leandro. *Sobre o amor*. São Paulo: Boitempo, 2007.

Kramer, Heinrich e Spengler, James. *O martelo das feiticeiras*. Rio de Janeiro: Rosa dos Tempos, 1997.

Kreps, Bonnie. *Paixões eternas, ilusões passageiras*. São Paulo: Saraiva, 1992.

Ladas, Alice K.; Whipple, Berbely e Perry, John D. *O ponto G*. Rio de Janeiro: Record, 1982.

Lancelin, Aude. *Os filósofos e o amor*. Rio de Janeiro: Agir, 2008.

Lawrence, David H. *O Amante de Lady Chatterley*. Rio de Janeiro: Civilização Brasileira, 1982.

Le Goff, Jacques, *O deus da Idade Média*. Rio de Janeiro: Civilização Brasileira, 2007.

_____. *Uma longa Idade Média*. Rio de Janeiro: Civilização Brasileira, 2008.

_____. *Em busca da Idade Média*. Rio de Janeiro: Civilização Brasileira, 2005.

Le Goff, Jacques e Truong, Nicolas. *Uma história do corpo na Idade Média*. Rio de Janeiro: Civilização Brasileira, 2006.

Lemos, Paulo. *Educação afetiva*. São Paulo: Lemos Editorial, 1995.

Lerner, Gerda, *The Creation of Patriarchy*. Nova York: Oxford University Press, 1986.

Lima, Cláudio de Araújo. *Amor e capitalismo*. Rio de Janeiro: Civilização Brasileira, 1962.

Lívio, Tito. *História de Roma*. Trad. Paulo Matos Peixoto. São Paulo: Paumape, 1989. Livro I. 58.2-4. Citado por Alessandra Carbonero Lima em <http://www.hottopos.com/notand12/ale.htm>.

Macfarlane, Alan, *História do casamento e do amor*. São Paulo: Companhia das Letras, 1986.

Maciel, Luiz Carlos, *Anos 60*. Porto Alegre: L&PM, 1987.

_____. *As quatro estações*. Rio de Janeiro: Record, 2001.

Marques da Costa, Ângela e Schwarcz, Lilia. *Virando séculos: 1890-1914 no tempo das certezas*. São Paulo: Companhia das Letras, 2002.

Mello e Souza, Gilda de. *O espírito das roupas*. São Paulo: Companhia das Letras, 1993.

Miceli, Paulo. *As revoluções burguesas*. São Paulo: Atual, 1987.

Miller, Michael Vincent. *Terrorismo íntimo*. Rio de Janeiro: Francisco Alves,1995.

Montagu, Ashley. *Tocar*. São Paulo: Summus, 1988.

Montero, Rosa. *Paixões*. Rio de Janeiro: Ediouro, 1999.

Morgado, Belkis. *A solidão da mulher bem-casada*. Rio de Janeiro: José Olympio, 1985.

Muchembled, Robert. *O orgasmo e o Ocidente*. São Paulo: Martins Fontes, 2007.

_____. *Uma história do Diabo: século XII-XX*. Rio de Janeiro: Bom Texto, 2001.

Muraro, Rose Marie. *Textos da Fogueira*. Brasília: Letraviva, 2000.

Murstein, Bernard I. *Amor, sexo e casamento através dos tempos*, tomos I, II e III. São Paulo: Artenova, 1976.

Navarro Lins, Regina. *A cama na varanda*. Rio de Janeiro: Best*Seller*, 2007.

_____. *Na cabeceira da cama*. Rio de Janeiro: Rocco, 1998.

_____. *Conversas na varanda*. Rio de Janeiro: Rocco, 1999.

_____. *A cama na rede*. Rio de Janeiro: Best*Seller*, 2010.

_____. *Se eu fosse você...* Rio de Janeiro: Best*Seller*, 2010.

Navarro Lins, Regina e Braga, Flávio, *O livro de ouro do sexo*. Rio de Janeiro: Ediouro, 2006.

Neumann, Erich. *Amor e psiquê*. São Paulo: Cultrix, 1971.

Ortega y Gasset, Jose. *Estudos sobre o amor*. Rio de Janeiro: Livro Ibero-Americano, 1958.

Ovídio. *A arte de Amar*. Porto Alegre: L&PM, 2003.

Pacheco, Couto Soares. *O ciúme*. Porto: Edições Afrontamento, 1998.

Pagdon, Anthony. *Povos e impérios*. Rio de Janeiro: Objetiva, 2001.

Pasini, Willy. *Ciúme*. Rio de Janeiro: Rocco, 2006.

_____. *Intimidade*. Rio de Janeiro: Rocco, 1996.

Paz, Octavio. *A dupla chama: amor e erotismo*. São Paulo: Siciliano, 1993.

Perrot, Michele. *As mulheres e os silêncios da história*. São Paulo: Edusc, 2005.

Phillips, Adam. *O flerte*. São Paulo: Companhia das Letras,1998.

Platão. *O Banquete*. Rio de Janeiro: Difel, 1986.

Posadas, Carmen. *Um veneno chamado amor*. Rio de Janeiro: Objetiva, 1999.

_____. *A síndrome de Rebeca*. Rio de Janeiro: Record, 1988.

Porchat, Ieda. *Amor, casamento e separação: a falência de um mito*. São Paulo: Brasiliense, 1992.

Pound, Ezra. *ABC da literatura*. São Paulo: Cultrix, 1977.

Rabelais, François. *Gargântua e Pantagruel*. São Paulo: Rialto, 1972.

Reich, Wilhelm. *Casamento indissolúvel ou relação sexual duradoura?* São Paulo: Martins Fontes, 1972.

Ribeiro, Teté. *Divas abandonadas*. São Paulo: Jaboticaba, 2007.

Richards, Jeffrey. *Sexo, desvio e danação — As minorias na Idade Média*. Rio de Janeiro: Zahar, 1993.

Rinne, Olga. *Medeia: o direito à ira e ao ciúme*. São Paulo: Cultrix, 1988.

Roberts, John M. *O livro de ouro da história do mundo*. Rio de Janeiro: Ediouro, 2001.

Robles, Martha. *Mulheres, mitos e deusas*. São Paulo: Aleph, 1996.

Rossetti, Ana. *Roupas íntimas*. São Paulo: Martins Fontes, 1995.

Rouge, Kenneth e Lenson, Barry. *A síndrome de Otelo*. Rio de Janeiro: Best*Seller*, 2006.

Rougemont, Denis de. *O amor e o Ocidente*. Rio de Janeiro: Guanabara, 1988.

Rousselle, Aline. *Porneia: sexualidade e amor no mundo antigo*. São Paulo: Brasiliense, 1984.

Rousseau, George S. e Porter, Roy. *Submundos do sexo no iluminismo*. Rio de Janeiro: Rocco, 1999.

Ruffié, Jacques. *O sexo e a morte*. Rio de Janeiro: Nova Fronteira, 1979.

Russel, Bertrand. *O casamento e a moral*. Rio de Janeiro: Companhia Editora Nacional, 1955.

_____. *História do pensamento ocidental*. Rio de Janeiro: Ediouro, 2001.

Sallmann, Jean-Michel. *As bruxas noivas de Satã*. Rio de Janeiro: Objetiva, 2002.

Savage, Jon. *A criação da juventude*. Rio de Janeiro: Rocco, 2009.

Schmitt, Juliana. *Mortes Vitorianas*. São Paulo: Alameda, 2010.

Seixas, Heloísa (org.). *As obras-primas que poucos leram*, volumes 1, 2, 3 e 4. Rio de Janeiro: Record, 2005.

Sevcenko, Nicolau. *O Renascimento*. Campinas: Unicamp, 1988.

_____. *A corrida para o século XXI*. São Paulo: Companhia das Letras, 2001.

Simonnet, Dominique. *A mais bela história do amor*. Rio de Janeiro: Difel, 2003.

Singer, June. *Androginia*. São Paulo: Cultrix, 1990.

Solomon, Robert. *O amor: reinventando o romance em nossos dias*. São Paulo: Saraiva, 1992.

Sprenger, James e Kramer, Heinrich. *Malleus maleficarum: o martelo das feiticeiras*. Rio de Janeiro: Rosa dos Tempos, 1997.

Swinburne, Algernon Charles, *Laus Veneris*, em www.books.google.com.br.

Tannahill, Reay. *O sexo na história*. Rio de Janeiro: Francisco Alves, 1983.

Taylor, Timothy. *A pré-história do sexo*. Rio de Janeiro: Campus, 1996.

Vainfas, Ronaldo. *Casamento, amor e desejo no Ocidente cristão*. São Paulo: Ática, 1992.

Vários autores. *Vida a dois*. São Paulo: Siciliano, 1991.

Vários autores. *Anos 70: Trajetórias*. São Paulo: Iluminuras, 2006.

Veyne, Paul. *Sexo & Poder em Roma*. Rio de Janeiro: Civilização Brasileira, 2005.

_____. *Quando nosso mundo se tornou cristão*. Rio de Janeiro: Civlização Brasileira, 2010.

Vincent-Buffault, Anne. *História das lágrimas*. São Paulo: Paz e Terra, 1988.

Vrissimtzis, Nikolaos, *Amor, sexo & casamento na Grécia Antiga*. São Paulo: Odysseus, 2002.

Walton, Stuart. *Uma história das emoções*. Rio de Janeiro: Record, 2004.

Wiser, William. *Os anos loucos*. Rio de Janeiro: José Olympio, 1991.

_____. *Os anos sombrios*. Rio de Janeiro: José Olympio, 2010.

Yalom, Marilyn. *A história da esposa*. Rio de Janeiro: Ediouro, 2001.

Zeldin, Theodore. *Uma história íntima da humanidade*. Rio de Janeiro: Record, 1996.

_____. *Conversação*. Rio de Janeiro: Record, 1998.

Zschirnt, Christiane. *Livros*. São Paulo: Globo, 2006.

Este livro foi composto na tipologia Minion, em corpo 12/16, e impresso em papel off-white 80g/m² no Sistema Cameron da Divisão Gráfica da Distribuidora Record.